Comparticipação, pessoas colectivas e responsabilidade

Comparticipação, pessoas colectivas e responsabilidade

11 ESTUDOS DE DIREITO PENAL
E DIREITO DE MERA ORDENAÇÃO SOCIAL

Coordenação
Teresa Pizarro Beleza
Frederico de Lacerda da Costa Pinto

Autores
Diana Paraíso Vicente, Helena Guimarães
Hugo de Matos Tavares, Joana Amaral Rodrigues
Joana Morgado Margarido, Luciana Lois
Margarida Caldeira, Marlene Mendes
Núbia Nascimento Alves, Sérgio Mascarenhas de Almeida

COMPARTICIPAÇÃO, PESSOAS COLECTIVAS E RESPONSABILIDADE
11 ESTUDOS DE DIREITO PENAL E DIREITO DE MERA ORDENAÇÃO SOCIAL
COORDENALÇÃO
Teresa Pizarro Beleza
Frederico de Lacerda da Costa Pinto
EDITOR
EDIÇÕES ALMEDINA, S.A.
Rua Fernandes Tomás, n°s 76-80
3000-167 Coimbra
Tel.: 239 851 904 • Fax: 239 851 901
www.almedina.net • editora@almedina.net
DESIGN DE CAPA
FBA.
PRÉ-IMPRESSÃO
EDIÇÕES ALMEDINA, S.A.
IMPRESSÃO E ACABAMENTO
EUROPRESS, LDA.
Julho, 2015
DEPÓSITO LEGAL
395568/15

Apesar do cuidado e rigor colocados na elaboração da presente obra, devem os diplomas legais dela constantes ser sempre objecto de confirmação com as publicações oficiais.
Toda a reprodução desta obra, por fotocópia ou outro qualquer processo, sem prévia autorização escrita do Editor, é ilícita e passível de procedimento judicial contra o infractor.

BIBLIOTECA NACIONAL DE PORTUGAL – CATALOGAÇÃO NA PUBLICAÇÃO
COMPARTICIPAÇÃO, PESSOAS COLECTIVAS
E RESPONSABILIDADE: 11 estudos de direito penal
e direito de mera ordenação social
coord. Teresa Pizarro Beleza
ISBN 978-972-40-6069-9
I – BELEZA, Teresa Pizarro
CDU 343

ÍNDICE

Prefácio   7
Teresa Pizarro Beleza
Frederico de Lacerda da Costa Pinto

Sob o signo de Ariadne: da aplicabilidade do conceito de culpa
às pessoas coletivas   11
Helena Guimarães

A imputação formal da pessoa coletiva. I. A responsabilidade criminal
da pessoa coletiva pelos atos praticados pelos seus órgãos   49
Marlene Mendes

A imputação formal da pessoa coletiva. II. A responsabilidade criminal
da pessoa coletiva pelos atos praticados pelos seus trabalhadores   87
Marlene Mendes

As exceções de punibilidade referidas no artigo 11º do Código Penal
Português e o caso das entidades prestadoras de cuidados de saúde   119
Núbia Nascimento Alves

O princípio da pessoalidade da responsabilidade criminal e o regime
do nº 8 do artigo 11º do Código Penal   157
Margarida Caldeira

A escolha legislativa na responsabilização penal das pessoas coletivas   191
Luciana Lois

O crime tentado em casos de autoria mediata e instigação: um olhar sobre a lei e a jurisprudência   227
Joana Morgado Margarido

Instigação e coautoria: casos de fronteira   263
Diana Paraíso Vicente

Entre coautoria e cumplicidade: contributos para a análise do «vigia» do facto criminoso na jurisprudência portuguesa   293
Hugo de Matos Tavares

Comparticipação criminosa e comportamento organizacional   333
Sérgio Mascarenhas de Almeida

O conceito extensivo de autor no direito de mera ordenação social: análise a partir da jurisprudência constitucional   369
Joana Amaral Rodrigues

PREFÁCIO

A Faculdade de Direito da Universidade Nova de Lisboa tem vindo a publicar, em colaboração com a Almedina, a que nos ligam laços já antigos, vários textos de trabalhos de alunos de doutoramento revistos e coordenados pelos seus Professores.

Uma das áreas mais profícuas tem sido a do Direito Penal e Processual Penal, em que os seminários de terceiro ciclo dos últimos anos têm incidido sobre aspectos centrais de ligação da jurisprudência à dogmática e à legalidade, testando a coerência ou incoerência entre os vários aspectos e perspectivas de que se pode e deve olhar a 'coisa' penal.

O livro que agora apresentamos reúne um conjunto de estudos sobre dois temas que, por razões diferentes, exigem uma especial atenção e aprofundamento pelos estudiosos do Direito Penal: a imputação de responsabilidade criminal a pessoas colectivas e a imputação de responsabilidade em situações de comparticipação criminosa.

A necessidade de aprofundar o primeiro tema resulta do facto de o legislador ter criado em 2007 um regime de imputação de responsabilidade criminal a pessoas colectivas que não tinha ainda entre nós desenvolvimento doutrinário ou experiência judiciária que o apoiasse. As dificuldades e até perplexidades que esta alteração criou justificam de pleno o interesse e urgência do tema como objecto de um seminário de doutoramento e também o da publicação de algum do seu produto académico. O objectivo do ensino universitário não é apenas treinar os seus alunos como futuros profissionais, mas também e talvez sobretudo ensiná-los a pensar e a discutir os problemas e depois transmitir o produto desse trabalho à comunidade académica e profissional de juristas, quando não à própria 'comunidade' mais em geral. É-nos particularmente grata a recepção atenta que os meios judiciais têm mostrado às nossas publicações. A crescente presença de Magistrados nos nossos Cursos e actividades também tem contribuído para essa desejável atenção da Academia à magistratura e o recíproco interesse. Desde o seu início que a Nova Directo celebrou protocolos com as organizações sindicais das duas magistraturas e além da ligação escolar ou académica várias iniciativas têm tido a colaboração 'sinalagmática' de ambos os lados.

A necessidade de tratar o segundo tema resulta em boa medida de razões opostas, por assim dizer: as figuras da comparticipação criminosa têm uma larga tradição de desenvolvimento doutrinário, mas a realidade judiciária têm sentido desafios algo complexos em casos específicos, como designadamente a delimitação de tarefas entre os agentes, a clarificação das fronteiras típicas entre instigação, co-autoria e autoria mediata, o papel do 'vigia', a determinação do momento do início da execução do facto ou, ainda, os problemas criados pelo ambiente empresarial em que os agentes se relacionam.

Em muitos destes casos, a jurisprudência nacional tem assumido desenvolvimentos criativos e adaptado o regime legal a novas soluções, como acontece com muita da jurisprudência analisada nesta obra, incluindo o próprio Tribunal Constitucional na matéria do conceito extensivo de autor no domínio das contra-ordenações.

Trata-se, em suma, de temas que por razões teóricas e práticas necessitam de estudo e análise cuidada, com vista ao seu aprofundamento académico e segurança jurisprudencial.

O Direito Penal está constitucionalmente sujeito a princípios de legalidade e interpretação estrita, quanto às normas incriminadoras e penalizadoras. Mas as discussões académicas e as próprias decisões jurisprudenciais apoiam-se muitas vezes, de uma forma porventura excessiva, nas opiniões da 'doutrina' e na análise 'dogmática'. E, no caso da jurisprudência, nas decisões anteriores dos próprios tribunais, mesmo em sistemas – como o Português – que supostamente *não* são 'de precedente', ao contrário dos sistemas da chamada *Common Law*.

Claro que isso também acontece em muitas áreas outras do Direito, mas no Direito Penal a questão levanta possíveis objecções constitucionais muito mais sérias.

É isto mesmo que temos feito, levando a cabo uma investigação centrada em 'estudos de caso' que possam mesmo ir ao encontro do especial interesse dos doutorandos, para verificar até que ponto o princípio da legalidade é violado, ou pelo contrário fortalecido, pelo recurso a 'precedentes' jurisprudenciais e a discursos dogmáticos.

É um exercício que, além de pouco habitual nos estudos académicos portugueses, nos permite verificar qual é o 'Direito Penal realmente aplicado" em Portugal, e em que medida é ou não respeitado o princípio da legalidade.

Também tem acontecido que este tipo de estudo e trabalho demonstra o carácter algo evanescente da *legalidade estrita* no campo penal. Não tanto nem apenas por uma qualquer possível 'desatenção' por parte da jurisprudência, mas porque em si mesma a ideia de *legalidade* pressupõe uma clareza e uma objectividade de que a lei, como criação humana que é, não é susceptível nem capaz. Todo o enunciado, por mais claro e óbvio que pareça, necessita de interpretação. E por isso mesmo o conhecimento das decisões a jurisprudência é essencial ao estudo académico e à investigação universitária, mesmo, ou porventura sobretudo, nas áreas de maior sensibilidade do ponto de vista dos direitos fundamentais. O Direito Penal e os riscos que este envolve para a liberdade, o bom nome e reputação e tantos outros direitos é apenas, afinal, o caso mais evidente.

Aos Estudantes e aos Colegas que contribuíram para que este Livro se concretizasse, às Edições Almedina, à Fundação para a Ciência e Tecnologia e à Faculdade de Direito da Nova e seu Centro de I&D (CEDIS), os nossos gratos agradecimentos.

Lisboa e Universidade Nova (Campolide), Maio de 2015

Teresa Pizarro Beleza
Frederico de Lacerda da Costa Pinto

Sob o Signo de Ariadne: da Aplicabilidade do Conceito de Culpa às Pessoas Coletivas

Helena Guimarães[1]

SUMÁRIO: Introdução. I. Tecendo o labirinto. 1. A culpa jurídico-penal no contexto de uma culpa da vontade – Ter atuado contra o dever, quando se *podia* ter atuado de acordo com ele. 1.1. Culpa como decisão consciente pelo ilícito. O problema da negligência inconsciente. 1.2. Culpa como capacidade de motivação pela norma. Imputabilidade, imputabilidade diminuída e exigibilidade. 1.3. Culpa da vontade referida ao carácter. Culpa na *condução* da vida/na *decisão* da vida/culpa do *agente*. 2. Livre-arbítrio, retribuição e perigosidade. II. Face a face com o Minotauro. III. *Holzwege?*. IV. Culpa no Direito Penal Português. V. Culpa e Pessoa Coletiva – Contraponto. 3. É possível «flexibilizar» o princípio da culpa que reclama inteligência e vontade próprias como sua condição essencial?. 4. Atinge essa penalização, indistintamente, culpados e inocentes?. 5. Da inaplicabilidade de certas penas. VI. Pela mão de Hannah Arendt – em jeito de conclusão.

Introdução

Este trabalho propõe-se esboçar uma resposta ao duplo desafio de, por um lado, refletir criticamente sobre o conceito de culpa penal, e de, por outro, pensar, a partir daí, as aporias específicas da sua aplicação às pessoas coletivas.

---

[1] Mestre em Filosofia pela Faculdade de Letras da Universidade do Porto. Investigadora/Doutoranda na Faculdade de Direito da Universidade Nova de Lisboa. O trabalho de investigação da Autora é apoiado por uma Bolsa de Investigação Científica equivalente a "Bolsa de Doutoramento" (BD), com a referência SFRH/BD/78369/2011 (Fundação para a Ciência e a Tecnologia), financiada por fundos nacionais do Ministério da Educação e Cultura (MEC).

Na primeira parte, ensaiarei, de forma irremediavelmente breve, uma análise das teorias que foram animando o debate em torno do conteúdo material da culpa, para o que convocarei Figueiredo Dias e Claus Roxin – Figueiredo Dias, porque me auxiliará a revisitar as questões suscitadas por uma teoria da culpa jurídico-penal enquanto culpa da vontade, e, do mesmo passo, a problematizar a teoria da culpa na formação da personalidade, proposta do próprio Professor; Roxin, porque me permitirá mostrar como, partindo da mesma crítica ao livre-arbítrio, pode uma reflexão confrontar, de uma só vez, um Direito Penal retributivo – essencialmente orientado para a procura da compensação da culpabilidade – e um Direito Penal meramente preventivo – onde o conceito de culpa, pura e simplesmente, desapareceu –, ao mesmo tempo que procura o equilíbrio enquanto teoria da culpa articulada com os fins das penas – apostada na proteção da convivência pacificamente organizada e essencialmente vocacionada para a prevenção e para a ressocialização.

Como logo se constatará, a abordagem porque optei não podia, de ambiciosa, senão resultar superficial, mas parecia-me ser, ainda assim, a necessária à segunda parte deste trabalho. É que, congregando o nosso Código Penal, como creio, elementos das teorias da culpa da vontade, da culpa na formação da personalidade e preocupações de ordem político-criminal – elementos de todas as teorias sumariamente contempladas, portanto, à exceção da que se consubstancia num sistema cuja operatividade depende, exclusivamente, de medidas de segurança –, importava ter antes descortinado as dificuldades de aplicação – desde logo à pessoa singular – inerentes a cada uma delas, para depois avaliar o impacto dessas mesmas aporias relativamente às pessoas coletivas.

Assim, será a segunda parte deste estudo dedicada ao que alguma doutrina tem considerado serem os problemas maiores, ao nível do conceito de culpa, com que nos confrontam aquelas entidades, para finalmente me atrever, em jeito de conclusão, a uma leitura pessoal – na verdade, fazendo meu um olhar alheio – do que se joga na busca de um Direito Penal moderno e humanista.

I. Tecendo o Labirinto

Lontano lontano come un cieco m'hanno portato per mano

(G. UNGARETTI)

Se Figueiredo Dias reconhece à tese do livre-arbítrio como fundamento da culpa o mérito de buscar um fundamento ético para a culpa na consciência – e por isso na possibilidade – da liberdade, contra o pensamento mecanicista (e determinista) causal, logo a confronta com a sua aporia fundamental: o pressuposto de que parte é não esclarecido e de explanação impossível[2]. Na verdade, o indeterminismo psicológico está inalienavelmente ligado a uma concepção ética de culpa, que se consubstancia na decisão da vontade contra o dever quando havia o «poder de agir de outra maneira». Contudo, é precisamente esta aparente evidência do livre-arbítrio que se trata de questionar, pois, para o Prof. Figueiredo Dias, as dificuldades que levanta um conceito de culpa jurídico-penal como culpa da vontade não lhe granjeiam senão um estatuto de verdade de crença ou de adesão.

1. A culpa jurídico-penal no contexto de uma culpa da vontade – Ter atuado contra o dever, quando se *podia* ter atuado de acordo com ele

Seja na figura da decisão consciente da vontade pelo ilícito, da capacidade de motivação pela norma ou até referida ao caráter, não se sustentará um direito penal que assente sobre um pressuposto não esclarecido, que substitui a vida por hipóteses metafísicas indemonstráveis. Quase lembrando o dito heraclitiano, o argumento é claro: para se verificar o poder concreto de agir de outro modo, seria necessário pôr o mesmo indivíduo na mesma situação, para avaliar se se produziria uma ação diferente da

---

[2] JORGE DE FIGUEIREDO DIAS, *Liberdade, Culpa, Direito Penal*, Biblioteca Jurídica, Coimbra: Coimbra Editora, 1983, p. 55-56: «Na verdade: ou ele se compreende como capacidade *moral* característica de toda a pessoa humana e é então só um puro postulado do dever-ser ("tu podes, pois tu deves"), que nada tem a ver com a capacidade da pessoa concreta na situação; ou ele se compreende como autêntica capacidade *real* do homem concreto na situação – caso em que, porém, a sua afirmação ou negação terá de esperar um conforto da experiência empírico-psicológica, que todavia lhe é rotundamente negado».

que deu origem ao ilícito, o que se revela manifestamente impossível, «porque já não poderia voltar a ser a mesma nem a individualidade, nem a situação»[3]. Ora, assim sendo, não restará senão partir para uma abstração do indivíduo e da situação concreta, a favor de uma generalização que pressupõe um poder «médio» ou «normal», de que resultaria inevitável o desligamento do «poder agir de outro modo» da liberdade do agente ou da sua determinação.

1.1. Culpa como decisão consciente pelo ilícito. O problema da negligência inconsciente

Reconhecendo Figueiredo Dias o esforço desta tese no sentido de dotar o «poder agir de outra maneira» de um substrato material, isto é, de reconhecer esse poder «abstrato» como mero pressuposto de toda a culpa e concretizando-o como decisão consciente da vontade *pelo* ilícito e *contra* o Direito, confronta-a, logo de seguida, com uma dificuldade: é que, a ser assim, «o substrato material da culpa jurídico-penal será sempre e só o *dolo*, enquanto a responsabilização por actuação negligente [em rigor, como precisará depois, a negligência inconsciente] nunca terá na sua base uma culpa material»[4], não havendo, pois, verdadeira culpa, nem, consequentemente, punição.

Ora, entende Figueiredo Dias que, não só a negligência inconsciente *é* verdadeira culpa – porque também nesse caso «o agente fez mau uso do livre-arbítrio que continuava a possuir»[5] –, como *tem de sê-lo*, sob pena de nos confrontarmos com «o canto do cisne de um direito penal de culpa, pois que este teria de reconhecer-se impotente para cumprir a missão, eticamente relevante como assinalou Kant (...), de *defesa social* que indiscutivelmente lhe incumbe (...)»[6].

---

[3] Jorge de Figueiredo Dias, *Liberdade...* (cit. nt. 2), p. 35.
[4] Jorge de Figueiredo Dias, *Liberdade...* (cit. nt. 2), p. 60.
[5] *Idem, ibidem*, p. 62.
[6] *Idem, ibidem*, nota 13. Pensa o Professor Figueiredo Dias, concretamente, no caso dos delitos rodoviários.

1.2. Culpa como capacidade de motivação pela norma. Imputabilidade, imputabilidade diminuída e exigibilidade

No âmbito desta teoria, a culpa da vontade enquanto tal é relegada para segundo plano, acentuando-se, em vez disso, o poder do agente de atuar de acordo com a norma, poder esse que é, portanto, entendido como pressuposto e conteúdo do conceito jurídico-penal de culpa.

Assim sendo, quer o conhecimento do dever jurídico, quer a capacidade de determinar o comportamento de acordo com ele, serão apenas «partes não autónomas da total capacidade do agente para se motivar de acordo com a norma (...), único e decisivo elemento da culpa (...). Uma tal tese, porém (...), não pode deixar de nos lançar na maior inquietação»[7]. Consiste tal inquietação, para Figueiredo Dias, no facto de se ver ameaçada a compreensão tradicional do problema da imputabilidade, uma vez que, sendo a culpa função exclusiva da capacidade do agente de se motivar de acordo com a norma, não fará sentido considerar capazes de culpa todos quantos, não em virtude da idade ou de anomalia psíquica, são comprovadamente incapazes de motivação de acordo com a norma – o criminoso que revela «tendência inveterada para o crime», o «embotado de sentimentos», ou o jovem espiritual e moralmente subdesenvolvido, por força de um meio «pernicioso a que não pode escapar»[8].

A mesma teoria põe, contudo, outro problema. Mais uma vez, ver-se-á ameaçado um direito penal de culpa se, consequentemente com o reconhecimento de uma diminuição da genérica capacidade de motivação pela norma, se determinar igualmente a diminuição da culpa e da pena, «pois todos aceitam (...) que uma percentagem importante da mais significativa criminalidade (aquela que assume maior probabilidade de reincidência) tem na sua base uma imputabilidade diminuída [e] não se pode suportar uma sensível e geral atenuação da pena aplicável a tais delinquentes»[9].

Uma teoria da culpa como capacidade de motivação pela norma, enfim, levanta ainda algumas questões relativas à exigibilidade. Com efeito, «o

---

[7] *Idem, ibidem*, p. 66.
[8] *Idem, ibidem*, p. 67-70.
[9] Jorge de Figueiredo Dias, *Liberdade...* (cit. nt. 2), p. 72.

sentido originário e autêntico do problema – escreve Figueiredo Dias – foi posto na doutrina portuguesa a claro, de forma inteiramente correcta, por Eduardo Correia. Assim (...) como uma "disposição interior" do agente para o facto pode furtar-lhe a capacidade de motivação que constituiria a culpa (...), também tem de aceitar-se que o mesmo efeito possa ser determinado por uma "disposição exterior" das coisas (...) tal como no chamado estado de necessidade (...) [e] com isso fica excluído o pressuposto de toda a censura»[10].

Ora, considera o Prof. Figueiredo Dias que os motivos da ação devem ser objeto, não da valoração individual por parte do agente, mas da valoração objetiva pela ordem jurídica, não sendo a questão resolvida, na sua perspetiva, pela ficção do «homem médio» por que optou certa doutrina, pois «Aceitar um tal critério [a capacidade de motivação de acordo com a norma] na culpa e repeli-lo na exigibilidade haverá sempre de constituir a mais irremissível e patente contradição»[11].

1.3. Culpa da vontade referida ao carácter. Culpa na *condução* da vida/na *decisão* da vida/culpa do *agente*

Resta abordar a teoria da culpa como capacidade de motivação pela norma ligando a culpa, já não ao facto ou à motivação, ao que o agente faz, mas ao que o agente *é* «e que, dentro de certos pressupostos, vem a revelar-se o fundamento de todo o "fazer"»[12].

Recuperando Aristóteles, afirma Figueiredo Dias que se o caráter do homem «deve reconhecer-se inevitavelmente condicionado por constelações endógenas e exógenas estranhas à vontade e contra as quais ele nada pode, é também, ao menos em parte, obra da vontade livre do homem; (...) a resultante do seu trabalho e dos seus esforços sobre si próprio e, portanto, sobre as predisposições com que nasceu e sobre o meio que encontrou»[13]. Não esquecendo a culpa do facto, qualquer teoria da

---

[10] *Idem, ibidem*, p. 74.
[11] *Idem, ibidem*, p. 78.
[12] *Idem, ibidem*, p. 87.
[13] Jorge de Figueiredo Dias, *Liberdade...* (cit. nt. 2), p. 88.

culpa referida ao caráter constitui, portanto, «*uma óptica outra*, mais anterior e profunda *da própria culpa do facto*»[14].

Em suma, numa tal teoria, o facto consubstanciaria o substrato meramente *formal* da culpa, cujo substrato *material* se reconheceria, antes, na formação do caráter que o fundamenta.

Que dificuldades pode levantar esta teoria nas suas várias versões («Culpa na condução da vida», «Culpa na decisão da vida» ou «Culpa do agente»)?

Razões de economia levam-me a optar por não desbravar com detalhe todas as críticas esboçadas pelo jurista. Muito brevemente, a culpa do caráter, conforme uma ou outra formulação, acaba, ora por se mover no mesmo plano que a culpa do facto, «no plano da vontade (psicológica e finalista) e do poder de agir de outra maneira, no plano da concreta capacidade de o agente se motivar de acordo com a norma»[15], ora por não atingir ainda «uma responsabilidade pelo modo de ser, antes este modo de ser é reconduzido a um fazer (a uma decisão) anterior e, portanto, a uma culpa do facto»[16].

Também não analisarei, aqui, a tese de Eduardo Correia – uma vez que a proposta de Figueiredo Dias se declara abertamente sua herdeira, deixarei para momento posterior uma sua abordagem mais exaustiva e aprofundada.

2. Livre-arbítrio, retribuição e perigosidade

Como Figueiredo Dias, Roxin reconhece que a questão decisiva é saber o que realmente fundamenta, no aspeto material, a censura da culpabilidade[17]. Para isso, também ele se ocupará de denunciar as aporias

---

[14] *Idem, ibidem*, p. 90.
[15] *Idem, ibidem*, p. 100.
[16] *Idem, ibidem*, p. 103.
[17] Questão em que se joga, afinal «o destino do Direito Penal e com ele o poder punitivo do Estado e tudo o que ele representa; uma matéria em que, por isso, é fácil incorrer em apriorismos metafísicos, em preconceitos ideológicos e em "lutas de escolas" e a que faltam os suportes de uma clara decisão legislativa, precisamente pela falta de clareza e pela confusão reinantes na doutrina aferrada neste ponto a velhas tradições carentes em absoluto de base científica» (Francisco Muñoz Conde, *in*: Claus Roxin, *Culpabilidad y prevención en derecho penal*, trad. Francisco Muñoz Conde, Madrid: Reus, 1981, p. 15).

que coloca o conceito de livre-arbítrio enquanto fundamento da culpa, distanciando-se, contudo, do pensador português, ao apresentar uma argumentação que, por um lado, se centrará numa crítica à teoria da pena como retribuição da culpa, ao mesmo tempo que, no extremo oposto, se dirigirá a uma conceção de Direito livre de penas e unicamente fundado num sistema de medidas de segurança.

Assim, o postulado «ter agido contra o Direito quando era possível ter-se agido de acordo com ele» chama igualmente a atenção de Roxin, para quem «esta conceção tropeça em dificuldades, tanto nos seus pressupostos como nas suas consequências. Baseia-se na aceitação de uma liberdade da vontade (ou livre-arbítrio) que escapa à comprovação empírica»[18], e além disso, deixa por explicar algumas causas de exclusão da culpabilidade. Com efeito, e a título exemplificativo, «Se nos tão discutidos "casos de eutanásia" queremos desculpar os médicos que no tempo de Hitler colaboraram no homicídio de doentes mentais para evitar algo pior e salvar, ao menos, uma parte dos pacientes que se lhes havia confiado, em caso algum poderemos basear-nos no argumento de que os médicos eram incapazes de agir de outro modo, porque podiam perfeitamente ter deixado que as coisas seguissem o seu curso; portanto, a desculpa há-de basear-se noutras considerações»[19].

Com efeito, na perspetiva deste autor, é no conceito mesmo de culpa que habita o problema a confrontar e resolver, uma vez que, enquanto a culpabilidade for concebida como um problema de conhecimento – tentarei mostrar, adiante, porque me parece este ponto de importância crucial – e o legislador se autorizar a debater problemas do Ser, não será possível sair-se da conceção de um Direito Penal retributivo, tendencialmente preocupado apenas com a «expiação» e não com a ressocialização e a prevenção que, para Roxin, devem ser as ideias reguladoras de qualquer Direito Penal moderno. Com efeito, considera Roxin cientificamente insustentável o pressuposto lógico daquela teoria, a saber, o de que a culpabilidade pode ser «anulada» ou «expiada», a partir do qual se legitimaria o efeito prejudicial sobre o acusado. Na verdade, este pressuposto, cuja vocação seria orientada por um ensejo de compensação da

---

[18] CLAUS ROXIN, *Culpabilidad...* (cit. nt. 17), p. 61.
[19] *Idem, ibidem*, p. 63.

culpa e de restabelecimento da justiça, mais que de proteção de bens jurídicos e de reabilitação do delinquente, sustenta também a visão do juiz como um executor terreno de um tribunal divino, fazendo derivar o poder estatal de uma instância que não o poder do povo (que aquele verdadeira e democraticamente consubstancia). Neste sentido, Roxin esboça três críticas fundamentais[20]: numa teoria da culpa como retribuição, a pena aparece como um fim em si mesmo, uma vez que pressupõe a necessidade de punição que deveria fundamentar; ora, a própria possibilidade de culpabilidade humana pressupõe o livre-arbítrio, cuja existência é indemonstrável; a ideia mesma de retribuição compensadora só se pode tornar plausível mediante um ato de fé, pois não se vê como sofrer uma pena pode apagar um mal cometido, a não ser que se assumisse o carácter meramente vingativo daquela; uma tal teoria, enfim, seria ainda, como ainda há pouco se insinuou, insuficiente e prejudicial de um ponto de vista criminal, uma vez que: «uma execução da pena só pode ter êxito quando tenta corrigir as insuficiências sociais que levaram o condenado a delinquir, quer dizer, quando está configurada como execução ressocializadora de carácter preventivo social»[21].

É assim que, contra a convicção de Maurach – que Figueiredo Dias partilharia – de que «a pena, inclusivamente nos casos de escassa ou nula necessidade de prevenção... não pode descer abaixo do limite que impõe a necessidade de uma justa retribuição da culpabilidade reflectida no delito»[22] –, entende Roxin, não só que na determinação da pena só deverá optar-se pelo grau máximo se razões de prevenção geral ou especial o exigirem, mas também que, em rigor, não se compreende como se legitima uma necessidade de retribuição justa sem esse chão de necessidade preventiva.

---

[20] Cf. CLAUS ROXIN, *Fundamentos político-criminales del Derecho penal*, Buenos Aires: Hammurabi (Jose Luis Depalma Editor), 2008, p. 50-54. Na mesma obra (p. 55-61), ROXIN procede também a uma crítica das teorias de prevenção especial e geral, de algum modo já anunciando uma solução que, efetivamente comprometida com necessidades político-criminais de prevenção, não abandona a culpa como limite da pena e, por isso, como limite, também, do poder estatal de punir.
[21] CLAUS ROXIN, *Culpabilidad...* (cit. nt. 17), p. 44.
[22] *Idem, ibidem*, p. 45.

Entretanto, a crítica ao livre-arbítrio como fundamento da culpa tem a sua expressão mais radical na tese que dela deduz a supressão, pura e simples, do conceito de culpa e, consequentemente, de pena, substituindo o Direito Penal por um sistema de medidas de segurança que faz da perigosidade social o único motivo de tratamento estatal, circunstância em que não seria impensável a aplicação de penas intimidatórias que fossem além da culpa individual, com vista à dissuasão da comissão de factos puníveis.

Um argumento – de pendor, diríamos, filosófico – de Roxin contra tal tese reza assim: «Mas as concepções deste tipo devem ser rejeitadas, porque a possibilidade de uma adaptação social coativa ilimitada coartaria de sobremaneira o livre desenvolvimento da personalidade, que é um dos pressupostos da feliz convivência humana. A tranquilidade humana exige também a liberdade da conduta não conforme e – enquanto não se prejudique com isso gravemente a liberdade alheia –, até certo ponto, a inadaptação social»[23]. O problema fundamental, contudo, consiste em que só o princípio da culpabilidade regula e oferece garantias contra a potencial arbitrariedade do poder punitivo do Estado. Na verdade, é por esta razão que a aplicação de medidas se configura como última ratio das possibilidades de reação estatal, nos escassíssimos casos em que o «superior interesse público» se sobrepõe à regra da proteção da liberdade individual.

Como se verá, para Roxin, só uma teoria do fim das penas «explica sem dificuldade por que o legislador às vezes castiga e às vezes prescinde da sanção, pese o poder geral de atuar de outro modo e pese a culpabilidade que por isso existe; porque, ainda que dando por suposta a possibilidade de culpabilidade humana, faz depender a responsabilidade jurídico-penal de considerações preventivas»[24].

---

[23] *Idem, ibidem*, p. 47-48.
[24] Claus Roxin, *Culpabilidad...* (cit. nt. 17), p. 74

II. Face-a-Face com o Minotauro

> *A própria luta para atingir os píncaros basta para encher um coração de homem. É preciso imaginar Sísifo feliz.*
>
> (A. CAMUS)

Que propõem, pois, os nossos autores?

Figueiredo Dias apresenta-nos uma noção de culpa fundada na liberdade pessoal ético-existencial, que virá a concretizar-se como teoria da culpa da pessoa na formação da personalidade; Roxin, uma reflexão sobre as necessidades político-criminais de prevenção, que virá a concretizar-se como teoria da culpa articulada com uma teoria do fim das penas.

Reconhecendo o caráter biologicamente condicionado do ser humano, Figueiredo Dias salienta, não obstante, uma outra categoria que, muito embora não biologicamente fundada, nem por isso tem um caráter menos orgânico, isto é, igualmente extensível à unidade de todas as funções essenciais da estrutura vital do Homem, a saber, uma pulsão, tendência ou *aspiração*, no homem, à realização integral e própria: «a minha existência – escreve – a existência que eu *sou*, é-me tão própria que eu *tenho que* a realizar, por mais que o meu *poder-ser* seja dependente, condicionado, previamente dado e limitado pelas minhas possibilidades materiais»[25]. Uma pulsão que apela, portanto, a uma específica realização pessoal – *pela liberdade*.

Na verdade, para o Prof. Figueiredo Dias a liberdade não traduz senão a necessidade de um mediador «entre a abertura e o inacabamento que se revelam na estrutura biológica do homem, de um lado, e a incomensurabilidade e transcendência do existir humano, de outro»[26], e é neste hiato que se cava entre o condicionamento que nos define e a dependência de nós mesmos para a nossa realização como pessoas; é neste permanente contraditório entre a contingência e a não contingência do humano que a liberdade parece operar.

Uma tal conceção transcendental da liberdade, isto é, no sentido kantiano de anterior a toda a experiência e condição de possibilidade de toda

---

[25] JORGE DE FIGUEIREDO DIAS, *Liberdade...* (cit. nt. 2), p. 141.
[26] JORGE DE FIGUEIREDO DIAS, *Liberdade...* (cit. nt. 2), p. 143.

a experiência, implica ainda que o homem não *está aí*, como as coisas, mas *é aí*, quer dizer, «"tem de ser", é para si próprio uma tarefa absoluta que tem de cumprir»[27].

Mais: a essa decisão sobre si próprio não pode o ser humano furtar-se, refugiando-se num qualquer «se» que pudesse condicioná-la: está perante uma decisão existencial que se cumpre, sem reserva, na *ação* que, porque se define em e define *quem* age, permanentemente clama por *sentido*. É precisamente nesta medida que, para Figueiredo Dias, «a eleição de uma acção concreta tem pois de ser reconduzida, necessariamente, a uma decisão – "prévia" porque fundante, mas que temporalmente se funde no próprio acto – através da qual *o homem se decide sobre si mesmo, criando o seu próprio ser, ou* (o que é o mesmo deste ponto de vista), *afirmando a sua própria essência*. (...) [A] liberdade daquele que tem de agir daquela forma porque é como é»[28].

A liberdade do homem aparece, pois, como verdadeiramente ontológica, inserida na necessidade do Ser: fazemos o que somos e somos o que vamos fazendo, entre – mas para além – de todos os condicionalismos.

Ora, esta liberdade de decisão, contudo, só se cumpre na ação concreta, inscrita no mundo, indissociável de condições previamente esboçadas pela sociedade. É assim e por isso, afinal, que o ser-livre do homem há-de ser também responsável, bem como, assim e por isso, capaz de culpa.

Apurado o sentido da liberdade e da responsabilidade humanas como fundamento da culpa, e que um conceito de culpa especificamente jurídico-penal há-de partilhar – a liberdade existencial do homem, fundamento ético do agir –, será agora possível concretizá-la como violação de um dever-ser particular, a saber, como culpa, também ela existencial, na realização da humana essência do ser-livre-no-mundo-e-com-os-outros.

Ora, as exigências do Direito, em geral, e do Direito Penal, em particular, não fazem senão referir este dever-ser ético-existencial aos bens protegidos pelas normas jurídicas que, porque *participam* – elas mesmas «obra» do ser livre – da própria essência desse dever-ser, *valem* objetivamente para o homem no seu concreto existir. E é assim que «*Culpa jurí-*

---

[27] *Idem, ibidem*, p. 146.
[28] *Idem, ibidem*, p. 147.

dica (jurídico-penal) é a violação pelo homem do dever de conformar o seu existir por forma a que, na sua actuação na vida, não viole ou ponha em perigo bens juridicamente (jurídico-penalmente) protegidos»[29].

Este é, pois, o sentido último de toda a culpa jurídica. Atentemos agora na culpa jurídico-penal, que, como culpa referida ao facto realizado na ação concreta, terá de vencer o desafio de estabelecer a ligação entre esse facto e a «pessoa» do agente, de modo que faça daquele íntima pertença deste. Vencê-lo-á referindo a culpa ao «substrato que medeia a realização da conformação essencial na acção concreta: a pessoa ou personalidade do agente»[30] que é, assim, seu conteúdo material.

A pessoa é, pois, o seu fazer; liberdade, pessoa e facto, incindível unidade, pelo que «a culpa jurídico-penal realizada é, afinal, materialmente, o ter que *responder pela personalidade que fundamenta o facto ilícito-típico*»[31].

«O meu ponto de partida – escreve Roxin – é que os limites das faculdades de intervenção penal devem extrair-se da função social do Direito Penal. Logicamente, tudo o que for além desta, não pode ser objeto do Direito Penal. O Direito Penal tem como finalidade oferecer aos cidadãos uma existência pacífica, livre e socialmente segura, na medida em que tais objectivos não possam conseguir-se mediante outras medidas sociopolíticas menos intrusivas na esfera da liberdade dos cidadãos»[32].

Trata-se, portanto, de pensar uma síntese entre justiça e prevenção, de esboçar um princípio teórico-penal que afaste o conceito de uma pena absoluta que renuncia a finalidades preventivas e que, simultaneamente, não reduza os fins da pena a intuitos puramente preventivos.

É nesta medida que, para Roxin, se torna necessário manter o conceito de culpabilidade, mas de uma culpabilidade sem pressuposto ontológico, de uma culpabilidade que, por si própria, enfim, não baste para justificar a imposição de uma pena, sendo esta, antes, determinada segundo necessidades político-criminais que não podem ignorar os fins de reeducação e reinserção social do indivíduo delinquente. Faz-se, deste modo, um esforço de combinar uma máxima proteção da liberdade individual com uma máxima eficácia político-criminal, e é nesta medida que a culpabili-

---

[29] Jorge de Figueiredo Dias, *Liberdade...* (cit. nt. 2), p. 160.
[30] *Idem, ibidem*, p. 164.
[31] *Idem, ibidem*, p. 165.
[32] Claus Roxin, *Fundamentos...* (cit. nt. 20), p.122.

dade não deverá ser abandonada senão como *fundamento* da pena – que é, agora, a responsabilidade, cujo conteúdo é determinado por critérios preventivos –, continuando-se a atribuir-lhe o papel de seu princípio *limitador*. Ou seja, por um lado, a culpa é condição necessária, mas não suficiente, da aplicação de penas e a punição do comportamento culpado é limitada pela necessidade preventiva, o que significa que a existência de culpa não implica, necessariamente, a aplicação de pena; por outro, uma teoria da culpa como limitadora da pena colhe o seu caráter garantístico ao impor que aquela não possa nunca ultrapassar, seja em termos de gravidade, seja em termos de duração, o grau de culpabilidade determinado, delineando uma orientação normativa por princípio favorável ao delinquente.

É neste sentido, de resto, que «a conceção aqui proposta não abandona o conceito de culpabilidade e não limita menos o poder punitivo, mas sim mais, que a concepção tradicional. Não se trata de castigar apesar da comprovação da impossibilidade de atuar de um modo distinto; mas, pelo contrário, de deixar claro que as necessidades preventivas, em muitos casos, apesar da existência de culpabilidade, não reclamam uma sanção penal»[33].

Assim se compreende como, sendo verdade que, quer as penas, quer as medidas de segurança, devem conciliar aqueles interesses preventivos do Estado e a proteção do delinquente, não é indiferente, na prossecução desse objetivo, a utilização de umas ou outras, uma vez que essa «harmonização é levada a cabo, em cada caso, segundo princípios completamente distintos. O critério limitador na "culpabilidade" vincula-se retrospetivamente a um facto antijurídico concreto e – *se se admite, em princípio, a capacidade de actuar de outro modo* – ao âmbito de liberdade subjetiva do delinquente existente no momento da execução do facto. A "proporcionalidade" das medidas determina-se, ao contrário, prospetivamente, atendendo exclusivamente ao perigo objectivo que pode esperar-se do delinquente no futuro»[34].

As implicações práticas desta distinção, bem como o modo como Roxin afasta, para a *aplicação* do Direito, considerações sobre o justo e

---

[33] CLAUS ROXIN, *Culpabilidad...* (cit. nt. 17), p. 170.
[34] *Idem, ibidem*, p. 53.

o injusto, deixam-se agora discernir com maior clareza. Retomando o exemplo dos casos de eutanásia durante o regime nazi, e apoiando-se no conceito de responsabilidade que propõe, escreve: «conforme aquela, deve perguntar-se se tal conduta, no caso de a considerarmos antijurídica, requer uma sanção penal por razões de prevenção geral ou especial. Mas a resposta há-de ser negativa porque em cada um desses dois aspectos a necessidade de pena fica excluída por uma dupla circunstância: pela absoluta singularidade de tais situações e pela finalidade do autor de preservar bens jurídicos. Os sujeitos, encontrando-se numa inevitável situação de conflito em que não viam claramente, no momento do facto, o modo como deviam actuar, escolheram uma saída que posteriormente não se pode qualificar como correta, mas que, dado que esses sujeitos queriam evitar o pior, deixa intacta a integridade social dos mesmos e também não rebaixa o valor do bem jurídico "vida" aos olhos da generalidade. Isso fundamenta a exclusão da responsabilidade jurídico-penal, apesar de os sujeitos terem sido "culpados"».[35]

III. *Holzwege?*

> *O discurso é um grande soberano, que com o mais diminuto e inaparente corpo as mais divinas obras executa.*
>
> (GÓRGIAS)

Resta, pois, ensaiar uma reflexão crítica relativamente às opções fundamentais dos dois autores que nos vêm acompanhando. Num caso e noutro, começarei pelas objeções que eles próprios enumeram e rebatem, para depois indicar o que me parecem ser as suas contradições mais flagrantes[36].

---

[35] CLAUS ROXIN, *Culpabilidad...* (cit. nt. 17), p. 88-89.
[36] Uma ressalva: como escreveu H. ARENDT a propósito de MARX, «Tão fundamental e flagrante contradição *raramente se encontra em escritores de segunda categoria; na obra dos grandes autores, essa contradição conduz directamente ao centro do seu trabalho*» (HANNAH ARENDT, *La Condición Humana*, Barcelona: Ediciones Paidós, 1993, p. 116 (sublinhados meus)).

No caso de Figueiredo Dias, a mais pacífica dentre elas consiste em apontar a abertura que todas as teorias da culpa na formação da personalidade deixam que se rasgue à utilização, delas, por parte de ideários totalitários. Com o Prof. Figueiredo Dias, julgo estarmos aqui perante um problema de inversão das premissas. Na verdade, não é nesta conceção de culpa que habita o perigo daquela utilização, mas na conceção do Direito – se ainda pudermos chamar-lhe assim – própria daqueles ideários, que, pelas exigências ou comandos que postula, o concretiza[37].

Mais importante parece ser que, cabendo à culpa da personalidade «o irrecusável mérito de opor um veto terminante à degradação da pessoa para puro *objecto* de tratamento ou "correcção", segregação ou eliminação»[38], não possa ainda assim deixar de se perguntar se a elevação da pessoa a *sujeito* que se lhe fica a dever não encontrará o seu ponto de partida num pressuposto eventualmente ferido de irremediável e exasperadamente subjetivista arbitrariedade – com um preço, como se verá, a não desconsiderar.

A terceira dificuldade advém da possibilidade de a conceção de culpa em análise poder estar a ultrapassar a fronteira do jurídico e a invadir o domínio da culpa moral. Responde o Prof. Figueiredo Dias que, não obstante participarem ambas de uma mesma culpa ética, constituem perspetivas diferentes, porquanto à segunda interessam valores morais, enquanto à primeira apenas os bens jurídicos relevantes. «A culpa – escreve – (...) não é tanto um momento constitutivo, como um momento *limitador* da responsabilidade do agente pelo seu facto: o direito castiga as violações do dever-ser externo-social, mas *só* quando elas forem culposamente levadas a cabo»[39]. Ora, até que ponto a reflexão de Figueiredo Dias sobre a liberdade não acabará por contrariar o esforço de retirar à culpa a força de momento constitutivo, para lhe atribuir apenas o estatuto de momento limitador? Quero dizer: se a pessoa é puro efeito da sua liberdade, se pessoa e personalidade são também o fazer, se «através da liberdade a pessoa e o seu facto são uma e a mesma coisa, a expressão de uma

---

[37] Numa dinâmica de perversão de princípios que ninguém, como ARENDT, tão acutilantemente demonstrou, e que, nesse sentido, poderá verificar-se qualquer que seja a teoria da culpa considerada.
[38] JORGE DE FIGUEIREDO DIAS, *Liberdade...* (cit. nt. 2), p. 220 (sublinhado meu).
[39] *Idem, ibidem*, p. 166-167.

vida onde o "eu" e o mundo são pertença do mesmo existir»[40], se, finalmente, liberdade é ter de se agir de determinada forma *porque se é como é*, como não ler, onde se diz liberdade, também culpabilidade? É nesta medida, de resto, que a resposta à questão diametralmente oposta à anterior – *Falsa eticização de um pensamento positivista?* – eu arriscaria responder negativamente. E não porque a distinção entre personalidade enquanto expressão da pessoa e caráter naturalístico satisfaça. Na verdade, é possível que se esteja perante um pensamento antes de mais fundado em termos radicalmente ético-filosófico-existenciais[41] o que, precisamente, constituiria a sua maior "fragilidade".

Rebate ainda o Prof. Figueiredo Dias a acusação de sustentar este conceito de culpa uma conceção pessimista do homem. Repudiando um entendimento da personalidade e do caráter enquanto grandezas imodificáveis, e concedendo-lhes, ao invés, os atributos da *ductibilidade* ou *preparabilidade*, a resposta não deixa de ser curiosa. É que tais ductibilidade e preparabilidade só parecem ser consideradas *a posteriori e a fortiori* – em nome da (justa) cumplicidade com um Direito Penal moderno que encontra na recuperação social do delinquente um dos seus mais nobres imperativos –, mas não *a priori*, isto é, como margem que de algum modo aliviaria o juízo que se faz da «violação pelo homem do dever de conformar o seu existir (de afirmar a sua essência) por forma que, na sua actuação socialmente relevante, respeite os bens jurídico-penalmente protegidos»[42]. Quero referir-me ao preço a pagar pelo ser-se erigido em *sujeito* a que há pouco aludi e que Teresa Pizarro Beleza traduz nos

---

[40] *Idem, ibidem*, p. 164-165.
[41] Jorge de Figueiredo Dias, *Liberdade...* (cit. nt. 2), p. 160, nota 4: «A deficiente valoração – para não dizermos, numa apreciação severa, o completo desconhecimento – desta participação do direito no "dever-ser" ético existencial e do consequente reconhecimento da ordem jurídica como "obra" do ser-livre vicia, as mais das vezes, excelentes investigações sobre as relações entre a liberdade e a culpa, *cavando ilegítimo fosso entre a culpa jurídica e outras formas mais "autênticas" de culpa* (ética, moral, religiosa, metafísica, ontológica, etc.)» (sublinhados meus).
[42] Jorge de Figueiredo Dias, *Liberdade...* (cit. nt. 2), p. 165. Uma expressão a que, se bem entendi, subjaz aquilo que Dyellber Fernando de Oliveira Araújo designa por *secularização de um estado de pecado jurídico* e assunção da *função de divindade pessoal*. Cfr. *Direito Penal hoje – Novos desafios e novas respostas*, org. António Manuel da Costa Andrade e Rita Castanheira Neves, Coimbra: Coimbra Editora, 2009, p. 157.

seguintes termos: «[...] se a responsabilidade penal começa aos 16 anos – e a personalidade obviamente se formará, pelo menos em parte, se não em grande parte, muito antes disso – que sentido faz responsabilizar uma pessoa por uma personalidade que ela desenvolve antes de, em termos legais, ser responsável? Isto, evidentemente, *para além da questão de saber se fará sentido em qualquer das hipóteses falar em responsabilidade por uma certa personalidade*»[43] – pelo que a mesma crítica vale, parece-me, para a questão da censurabilidade, em Figueiredo Dias não dirigida ao mau uso do poder de agir de outra maneira, como vimos, mas «a um dever de responder às exigências éticas que se fazem (que faz o direito, como o fazem a moral e quaisquer outros sistemas normativos) à personalidade do agente»[44].

Explica ainda o Prof. Figueiredo Dias que não se trata do que poderia ser entendido como uma posição moral-subjetiva perante o bem e o mal. Com efeito, do que se trata nesta questão da "atitude pessoal" «é de uma posição ainda mais profunda, anterior a toda a experiência e a toda a vontade consciente, que constitui a imediata objectivação, no domínio da personalidade, *da em si inapreensível opção prévia e fundamental, da decisão do homem sobre si mesmo*. Nela é dada claramente uma direcção da pessoa no sentido de determinados valores, positivos ou negativos, que justifica, ao nível mais profundo, que seja o valor ético da atitude pessoal, ou o seu tipo de valor ou desvalor, a fundamentar em último termo o valor, o desvalor ou o tipo de valor ou desvalor do actuar»[45]. Ora, este trecho não pode senão suscitar perplexidade. Por um lado, não se trata, de facto, de uma posição moral-subjetiva perante o bem e o mal, antes de uma liberdade essencial do homem, anterior e condição de possibilidade de toda e qualquer experiência; por outro, é neste transcendental que se dá a direção da pessoa no sentido de determinados valores, positivos ou negati-

---

[43] Teresa Pizarro Beleza, *Direito Penal*, 2º volume, Lisboa: AAFDL, 1999, p. 297 (sublinhados meus). Não se trata, creio, para quem subscreve esta crítica, de negar a responsabilidade de respondermos por quem somos, mas de advertir para o substrato que foi chão do que somos e que, em grande medida, escapou ao nosso poder. Além disso, parece subjacente à concepção da culpa na formação da personalidade a exigência nos *pormos à janela para nos vermos passar na rua*, o que, pelo menos em permanência, se revela impossível.
[44] Jorge de Figueiredo Dias, *Liberdade...* (cit. nt. 2), p. 175.
[45] *Idem, ibidem*, p. 178-179 (sublinhados meus).

vos. O pressuposto tem implicações (ao menos filosóficas) de relevo na questão-limite da inimputabilidade. Com efeito, na esteira de Frankl, diz o Prof. Figueiredo Dias que, verdadeiramente, nem a anomalia psíquica atinge a pessoa do doente, «o seu ser-livre que conforma a personalidade – mas tão só o seu carácter»[46], pelo que não é essa, em rigor, a razão da sua inimputabilidade, uma vez que se vislumbraria possível o tratamento do doente «a partir da *zona não destruída pela doença*, i. é., *a partir do Espírito e da sua liberdade*»[47]. O que, sim, determina a inimputabilidade é o facto de a anomalia psíquica *ocultar a pessoa*, o que resulta na impossibilidade de sobre ela se emitir um juízo de valor. Ora, não se pondo já esse problema relativamente à imputabilidade diminuída, a conclusão, desta vez na esteira de Eduardo Correia, parece ainda mais surpreendente: não sendo a culpa o mau uso do *poder* de agir de outra maneira, mas a violação de um *dever* de conformação da personalidade do agente às exigências do direito, então haveria, no caso dos imputáveis diminuídos, cuja personalidade se revela mais desconforme com a que a ordem jurídica supõe, «um *dever maior* de a formar, [que ditaria que fosse] maior a sua culpa e maior a sua pena, seja embora *menor o poder* de actuar de acordo com o devido»[48].

Finalmente: se naquela inapreensível e fundamental opção prévia é dada claramente uma direção da pessoa no sentido de determinados valores, positivos ou negativos, não se porá, já os tendo assim classificado, a questão de saber que papel desempenha a evolução histórica que, supõe-se, se vai plasmando no seu conteúdo? Estaremos, nesta medida, perante uma «ficção para tentar salvar uma ideia de culpa e de retribuição em casos em que a necessidade de pena é obviamente ditada, pelo menos imediatamente, por razões de prevenção especial ou por razões de prevenção geral»[49]?

Em suma, a teoria da culpa na formação da personalidade parece enfermar – e assim ao menos algumas consequências que dela se possam

---

[46] *Idem, ibidem*, p. 187.
[47] *Idem, ibidem* (sublinhados meus).
[48] Jorge de Figueiredo Dias, *Liberdade...* (cit. nt. 2), p. 109. Na mesma página, nota 94, citando Eduardo Correia, todas as dúvidas se dissipam: «onde... a dificuldade de correcção é maior, parecendo, portanto, dever ser menor a culpa do agente..., aí mesmo a intensidade do dever, e por isso a culpa da sua violação, será mais grave».
[49] Teresa Pizarro Beleza, *Direito Penal* (cit. nt. 43), p. 297-298.

extrair – de uma contradição fundamental, ironicamente, a mesma que Figueiredo Dias sistematicamente apontou, como vimos, a todas as outras formulações: a de escolher para pressuposto e fundamento – como fomos tentando apontar ao longo desta parte do trabalho – o absolutamente inverificável. E não no-lo vai confessando, afinal, o próprio Professor?[50]

Seguindo a enumeração, agora feita por Roxin, das críticas possíveis à sua proposta, centremo-nos na que consiste em apontar que, se a culpabilidade é fator limitador da pena, acabará sempre por ser, também, seu fundamento, sem que se consiga, afinal, dirimir o problema de saber se a culpabilidade e a liberdade existem em geral[51]. Roxin contrapõe – julgo que com coerência, mas, eventualmente, também com alguma fragilidade – que a própria existência de medidas de segurança demonstra que a culpabilidade não é pressuposto de todas as reações que o Direito Penal prevê; aquelas não estão necessariamente dependentes desta – ditadas que são, como vimos, por finalidades político-criminais de prevenção. De resto, o radical abandono de todo e qualquer conceito de culpa justificado a pretexto da constatação da impossibilidade de demonstração da

---

[50] JORGE DE FIGUEIREDO DIAS, *Liberdade...* (cit. nt. 2), p. 162: «[...] a liberdade pessoal que é, como vimos, fundamento irrenunciável de toda a culpa, *só se realiza na acção concreta* [...] transmudando-se, de liberdade existencial da pessoa, em liberdade ôntica da acção. Simplesmente: é seguro que a liberdade existencial furta-se por completo à apreciação de terceiros, é para eles completamente indiscernível. [...] Fora do campo de observação fica-nos então porém o mais importante: a ligação entre o facto e a "pessoa do agente", a carga "espiritual" do facto, a íntima e mais decisiva "pertinência" do facto ao agente, como facto *do agente*». Não terá sido senão a consciência dos riscos de um fundamento puramente existencial que terá levado outra penalista portuguesa – FERNANDA PALMA – a desviar-se, como lamenta FIGUEIREDO DIAS, do pressuposto de cariz levinasiano de uma responsabilidade pela alteridade absoluta que expunha em *Crimes de terrorismo e culpa penal*: [«(...) somos-com os outros, como acentua FIGUEIREDO DIAS e a nossa consciência, tal como a nossa liberdade, não é o *prius* em que o Direito pode assentar. Como antes referi, citando LÉVINAS, é a relação com o outro na sua total independência o ponto de partida de qualquer ideia de dever e da própria identidade ética. Onde a consciência é invocada fora da preservação do outro, neste sentido ontológico do outro – o outro como vida personalizada –, será ainda difícil admitirmos que ainda há participação em valores gerais» (MARIA FERNANDA PALMA, *Crimes de terrorismo e culpa penal*, in: *Liber Discipulorum para Jorge Figueiredo Dias*, Coimbra: Coimbra Editora, 2003, p. 257).
[51] CLAUS ROXIN, *Culpabilidad...* (cit. nt. 17), p. 49. ROXIN reproduz o argumento, citando LENCKNER: «Se a culpabilidade é um fator limitador da pena, deverá ser também seu pressuposto – toda a condição (adicional) da penalidade limita-a simultaneamente, e, inversamente, tudo o que limita essa penalidade é, ao mesmo tempo, pressuposto do castigo».

existência mesma da culpabilidade – porque indemonstrável o pressuposto da «liberdade da vontade» –, conduziria a uma conceção de direito exclusivamente apoiada – e não é o caso – num sistema de medidas de segurança, cerceadoras da liberdade individual a favor de um potencialmente ilimitado poder de intervenção estatal[52].

À próxima, mas formulada de outro modo, objeção ao princípio da culpa como limite da pena baseada na impossibilidade de se calcular com exatidão a pena correspondente à culpabilidade, contrapõe Roxin que esse cálculo não é, sequer, necessário, porquanto o seu limite é sempre aquele que mais favoreça o infrator. Resposta, aparentemente, sem mácula, revelar-se-á, porventura, mais frágil – como assinalei, há pouco, relativamente também a outra questão – do que à primeira vista parecia. É que uma crítica há a que, creio, Roxin dificilmente poderá furtar-se e que, pelo menos em parte, pode chegar a ferir alguns dos argumentos que se expuseram. Nas palavras de Muñoz Conde: «Roxin admite que a culpabilidade é certamente insuficiente para justificar a imposição de uma pena; mas não diz, e aí está, precisamente, o problema, que isso se deve à debilidade mesma do conceito tradicional de culpabilidade que continua a manter. [...] Concede que a culpabilidade [enquanto possibilidade de atuar de um modo diverso de como realmente se atua] é um conceito fictício de raízes metafísicas, incapaz, por si só, de servir de fundamento à imposição de uma pena, e depois, contudo, atribui a esse conceito fictício nada menos que uma função limitadora do poder de intervenção estatal»[53]. É certo – avisa Roxin – que «O *decisivo não é poder atuar de outro modo, mas que o legislador, a partir de pontos de vista jurídico-penais, queira responsabilizar o autor pela sua atuação*. Por isso já não falarei de cul-

---

[52] Cf. Claus Roxin, *Problemas básicos del derecho penal*, trad. Diego-Manue Luzón Pena, Madrid: Reus, 1976, p. 211, escreve o autor: «[...] *em caso de não poder agir de outro modo*, ficam excluídas a culpabilidade e a punibilidade; mas se – *dando por suposto o livre-arbítrio* – se comprova que o autor (ainda) podia agir de outro modo, com isso não se decidiu, ainda, da sua punibilidade. Há que partir, pelo contrário, da base a partir da qual o legislador perguntou a si próprio se, além disso, político-criminalmente (isto é, do ponto de vista de prevenção especial ou de prevenção geral) é o castigo necessário» (os sublinhados são meus, porquanto os recuperarei criticamente, adiante).
[53] Francisco Muñoz Conde, em comentários de nota à Claus Roxin, *Culpabilidade...* (cit. nt. 17), p. 25.

pabilidade, mas de responsabilidade»[54]. Mas bastará a noção roxiniana de *responsabilidade* para ultrapassar a aporia? Não lhe corresponderá, por um lado, um esvaziamento do substrato ético da culpa, atribuído que foi a esta um caráter meramente residual, enquanto limite imposto a excessos punitivos? A ser assim, não terão sido ultrapassadas as fronteiras de uma justificação ética do Direito Penal? E não acabará, por outra parte, colocando exatamente os mesmos problemas que procurou resolver[55]?

Eis, pois, a encruzilhada.

Será possível, por um lado, recuperar o momento ético da culpa que une o agente à sua liberdade e ambicionar para esse fundamento, simultaneamente, um cariz empiricamente verificável – não metafísico ou puramente filosófico[56] –, sob pena de se comprometer o seu conteúdo material? Fará hoje sentido, por outro, a pressuposição, para o Direito, da noção de "verificabilidade empírica" como condição da sua "cientificidade"? De Comte a Schrödinger, não está (para já) assente que, mesmo em ciência, experiência é sempre experiência construída, mediada por "narrativas"[57] prévias, que assim a constituem, não como ponto de partida, mas como confirmação da reflexão? Poderá, até, a verificabilidade manter-se como critério? Como se tentou mostrar com o auxílio dos dois pensadores, os fundamentos propostos para as várias teorias da culpa têm uma certa fragilidade fundacional, ancoradas que são em postulados meramente argumentativos. Não encontrarão o direito e as instituições jurídicas na sua contingente condição de representações da ordem social e histórica a pista a seguir? Não virá em nosso socorro uma revolução copernicana do conceito de culpa, sob pena de, pura e simplesmente termos de o abandonar?

Se, portanto, se escolheu para título deste trabalho "Sob o signo de Ariadne", não foi porque, percorrido o labirinto, haja fio que auxilie no

---

[54] CLAUS ROXIN, *Problemas...* (cit. nt. 52), p. 210.
[55] Se é verdade que o decisivo consiste em que o legislador entenda necessário responsabilizar o agente pelo facto cometido, não será verdade também que, ao fazê-lo, e ainda que atenda ao critério de favorecimento do infrator, a medida da pena fica dependente da «medida da culpa» a que antes não se atendeu como seu fundamento?
[56] E por isso tendencialmente a-histórico, essa característica de que tão bem fornecem prova «as disputas oratórias [tanto quanto] as sábias comparações entre teorias rivais». Cf. MICHEL MIAILLE, *Introdução Crítica ao Direito*, Lisboa: Editorial Estampa, 3ª edição, 2005, p. 56.
[57] No sentido em que BERNARD JACKSON as entendeu.

caminho de regresso, Ariadne à nossa espera. Ao contrário, pretendeu-se apenas sugerir que, no que a um conceito de culpa sem arestas diz respeito, talvez tenhamos ainda – quem sabe por quanto tempo – de a procurar.

IV. Culpa no Direito Penal Português

Se bem interpreto, a culpa é entendida, no nosso Código Penal, como culpa da vontade, como *ter agido contra o ordenamento jurídico, devendo e tendo podido agir de outra maneira*. Além disso, apesar de ter feito desaparecer a disposição do Art. 2º do Projeto de 1963 [«Quem age sem culpa não é punível. A medida da pena não pode exceder essencialmente a culpa do agente pelo seu facto ou pela sua *personalidade criminalmente perigosa*» (sublinhados meus)], parecem manter-se vestígios de uma teoria da culpa na formação da personalidade, com a inclusão, no atual Art. 71º, nº 2, da al. *f)* [«na determinação concreta da pena o tribunal atende a todas as circunstâncias que, não fazendo parte do tipo de crime, depuserem a favor do agente ou contra ele, considerando, nomeadamente: (...) *f) A falta de preparação para manter uma conduta lícita*, manifestada no facto, quando essa falta deva ser censurada através da aplicação da pena» (sublinhado meu)]. Finalmente, a culpa é, pois, *fundamento*, mas também *medida* da pena [conforme o Art. 40º, nº 2 «Em caso algum a pena pode ultrapassar a medida da culpa»], não obstante o nosso Código assumir também preocupações de prevenção, ao admitir a aplicação de medidas de segurança, com a ressalva imposta pelo nº 3 do Art. 40º [«A medida de segurança só pode ser aplicada se for proporcionada à gravidade do facto e à perigosidade do agente»].

No que toca à fundamentação da necessidade/legitimidade da responsabilização das pessoas coletivas, a argumentação parece ter vindo a alicerçar-se em preocupações de cariz essencialmente preventivo[58].

---

[58] Na verdade, razões que em data muito anterior já se invocavam, concretamente ao nível do Direito Penal Secundário. Cf. EDUARDO MANSILHA, «Responsabilidade penal das pessoas colectivas: *Societas delinquere potest*», disponível em: <www.verbojuridico.com>, consultado em: 15 Out. 2009: «Foram exactamente razões pragmáticas as que estiveram na base do Ac. Relação de Lisboa de 24 de Novembro de 1974, no qual se afirma que "a responsabilidade penal

Com efeito, escreve Costa Andrade: «... cedo se deu conta da ineficácia de qualquer política de repressão ou prevenção criminal *que não atinja directamente as organizações burocráticas e impessoais que entretanto se converteram nos principais operadores do mundo dos negócios*. Não se estranhará, por isso, se a criminalidade económica (ou análoga, *v.g.* criminalidade ecológica) aparecer como o campo privilegiado da punição das pessoas colectivas»[59]. Neste sentido, também uma deliberação do STJ: «[...] IV – Por seu turno, o Art. 11º do CP, consagrando o princípio da individualidade ou individualização da responsabilidade criminal, salvo disposição em contrário, quebra a rigidez do princípio de que as pessoas colectivas não podem delinquir, *face à constatação moderna da falta de eficácia da repressão criminal junto de organizações burocráticas, políticas e económicas*, que, convertendo-se em factores de intervenção, política, social e económica, de enorme impacto junto da massa anónima dos cidadãos, cujos destinos controlam, tornando-se operadores por excelência naqueles sectores, reclamam a aplicação de medidas punitivas, quando os seus agentes se movem no âmbito dos seus interesses, afrontam a lei e, por isso, também devem ser responsabilizadas».[60]

---

pode excepcionalmente ser estabelecida em relação a uma pessoa colectiva *como exigência das necessidades da vida nos seus aspectos de coordenação das actividades sociais*". No mesmo sentido, o Ac. Supremo Tribunal de Justiça de 28 de Abril de 1976 reconhece que "*todo um circunstancialismo social e económico* fez surgir nas modernas legislações, e também na nossa, algumas disposições que impõem, neste domínio, a responsabilização das sociedades". Ainda com a mesma orientação vem o Ac. da Relação do Porto de 17 de Janeiro de 1978 referir que "(...) só em casos excepcionais, em que a repressão de certas actividades delituosas se apresente como necessária e imprescindível para a defesa e protecção eficiente da ordem jurídica ameaçada ou perturbada, como sucede *quando essa ameaça ou perturbação se projecta na própria economia nacional*, é que se justifica a imputação de responsabilidade criminal às pessoas colectivas". Ainda que estes três exemplos jurisprudenciais se referissem apenas à possibilidade de às pessoas colectivas serem aplicadas multas e medidas de segurança criminais, era já um primeiro passo para o alargamento do âmbito de responsabilização criminal das pessoas colectivas» (todos os sublinhados são meus).

[59] António Manuel da Costa Andrade, *O Novo Código Penal e a Moderna Criminologia*, *Jornadas de Direito Criminal*, p. 218, *in*: M. Simas Santos e M. Leal Henriques, *Noções Elementares de Direito Penal*, Lisboa: Rei dos Livros, 2009, p. 69 (sublinhados meus).

[60] *Acórdão do STJ*, de 06-09-2006, Processo nº 679/06-3, disponível em: <www.stj.pt>, consultado em: 11 Out. 2009 (sublinhados meus). Note-se ainda que, no ponto V da mesma deliberação, pode ler-se: «V – Não se trata, em tal caso, de transmissão de penas, mas de respon-

Não sendo capaz de elencar todas as dificuldades que têm sido levantadas à responsabilização da pessoa coletiva, atentarei, de todo o modo, às seguintes:

a) *Não há responsabilidade sem culpa* – a culpa implica inteligência e vontade próprias, o ente coletivo exige órgãos por intermédio dos quais o ilícito se concretiza;
b) *Princípio da personalidade das penas* – a penalização coletiva atingiria inocentes;
c) *Inaplicabilidade de certas penas* – concretamente as privativas de liberdade;
d) *Fins das penas* – a pessoa coletiva não é suscetível de intimidação, arrependimento ou reeducação.

V. Culpa e Pessoa Coletiva – Contraponto

Aqui chegada, parece-me incontornável a necessidade de pensar aquilo que designei por "estatuto ontológico" da pessoa coletiva, concretamente no sentido de apurar se ela é resultado de uma pura soma de vontades individuais, ou se, pelo contrário, é um todo resultante das diversas vontades, mas que redunda em algo diferente da simples soma das mesmas. Não sem alguma surpresa, a exposição que se segue dá conta da sintonia entre as perspetivas que até aqui nos apareceram como antagónicas. Procederei, portanto, por pura facilidade metodológica, gradativamente, quero dizer, partindo das argumentações de vocação existencial, para as que assumem um caráter mais pragmático.

3. É possível «flexibilizar» o princípio da culpa que reclama inteligência e vontade próprias como sua condição essencial?

Sendo esta, dentre todas as objeções, decerto a que mais profundamente pode ferir a intenção pragmática, é também a que, porventura, mais atenção tem merecido.

---

sabilização por actos dos seus agentes, e a pessoas cujos interesses promovem, pelo que se não atropela o Art. 30º, nº 3 da CRP».

São palavras do Prof. Figueiredo Dias: «Certo que, na acção como na culpa, tem-se em vista um "ser livre" como centro ético-social de imputação jurídico-penal e esse é o do homem individual. Mas não deve esquecer-se que as organizações humano-sociais são, tanto como o próprio homem individual, "obras de liberdade" ou "realizações do ser-livre" pelo que parece aceitável que em certos domínios especiais e bem delimitados [...] ao homem individual possam substituir-se, como centros ético-sociais de imputação jurídico-penal, as suas obras ou realizações colectivas e, assim, as pessoas colectivas, associações, agrupamentos ou corporações em que o ser-livre se exprime»[61].

É um esforço notável de ampliação dos limites a que uma teoria da culpa na formação da personalidade, como se tentou mostrar, nos circunscreve, quem sabe porque lhe subjaz a preocupação, manifestada num outro texto, relativa à impunidade em que redundaria a dificuldade de estabelecer um nexo causal entre a atuação individual e a pessoa coletiva[62] - uma preocupação, portanto, que remete para ao equacionamento das necessidades político-criminais impostas por determinado contexto sócio histórico.

Aqui também começa José de Faria Costa por escorar a sua argumentação. Remete-nos para as mutações político-económicas, jurídico-económicas e ético-culturais que, com a sociedade técnica pós-industrial, consagraram à empresa o estatuto de entidade suscetível de gerar comunicação, capaz de produzir uma narrativa jurídica, e por isso um estatuto de centro gerador de normatividade. Porque «[A empresa] não é só o lugar "onde" ou "por onde" a criminalidade económica se pode desencadear, ela é fundamentalmente o topos "de onde" a criminalidade económica pode advir. E porque assim é, uma tal concepção das coisas leva a que a empresa se apresente ou possa apresentar como um verda-

---

[61] JORGE DE FIGUEIREDO DIAS, *apud* JOSÉ DE FARIA COSTA, «A Responsabilidade jurídico-penal da empresa e dos seus órgãos (ou uma reflexão sobre a alteridade nas pessoas colectivas à luz do Direito Penal)», in: *Direito Penal, Económico e Europeu – Textos Doutrinários*, vol. I (Problemas Gerais), Coimbra: Coimbra Editora, 1998, p. 510.
[62] Cf. SIMAS SANTOS e LEAL HENRIQUES, *Noções Elementares de Direito Penal*, 3ª edição revista e atualizada, Lisboa: Rei dos Livros, 2009, p. 69.

deiro centro gerador de imputação penal»[63]. Além disso, também este autor nos avisa da relevância das necessidades político-criminais, dadas as indiscutíveis dificuldades de prova que se verificam se, em busca de uma responsabilização meramente individual, se é obrigado a percorrer reversamente as cadeias hierárquicas que sustentaram a comissão do ato ilícito[64].

Como abordar, então, o problema da imputação de responsabilidade ao ente coletivo, com base numa argumentação que vá além da ideia de necessidade e que, assim fazendo, não deixe de ensaiar uma resposta jurídico-penal materialmente fundada à principal objeção dogmática de que o ente coletivo não suporta um juízo de culpa e não é, sequer, verdadeiramente capaz de agir? Para Faria Costa, cruzando as finalidades político-criminais com os axiomas desenvolvidos pela dogmática e os valores essenciais da comunidade historicamente situada, com vista a encontrar a racionalidade material dos *lugares inversos*.

Confesso, aqui, grandes dificuldades. Por um lado, porque, começando Faria Costa por afirmar que «Temos para nós que a legitimidade da punição das pessoas colectivas se deve, em última instância, encontrar na racionalidade material dos *lugares inversos*»[65], conclui, afinal, que «a compreensão dos lugares inversos – lugares esses pré-compreensivamente escolhidos de modo a darem coerência discursiva – não atinge, nem é esse seu propósito primacial, a determinação essencial da responsabilização das pessoas colectivas»[66]. Tratar-se-ia, portanto, de um exercício meramente argumentativo com vista a uma explicação coerente, a uma racionalização do «*dado* mas também [d]o dever-ser que acompanha a projecção ou impulso normativos que, por seu turno, sustentam a própria solução jurídico-penalmente relevantes»[67], mas ficamos sem saber, creio, que critérios determinam que tais inversões se legitimem e se não

---

[63] José de Faria Costa, «A Responsabilidade jurídico-penal da empresa...» (cit. nt. 61), p. 506.
[64] *Idem, ibidem*, p. 507.
[65] *Idem, ibidem*, p. 511.
[66] *Idem, ibidem*, p. 513.
[67] José de Faria Costa, «A Responsabilidade jurídico-penal da empresa...» (cit. nt. 61), p. 513.

reduzam a comparações (diríamos, *analogias inversas*) razoavelmente arbitrárias.

Mais pacífica, pareceu-me, é a reflexão, do mesmo autor, em torno da questão das relações com *o outro* que se concretizam na pessoa coletiva.

Com efeito, tanto na sua dimensão externa, como na interna (que aqui fundamentalmente nos interessa), a pessoa coletiva tece-se em relações de alteridade. Externamente porque, enquanto real construído, a pessoa coletiva se articula em relações com o outro (*relationes ad alterum*); interna e essencialmente, em relações no outro (*relationes in altero*), isto é «numa relação em que o "outro" (o órgão ou representante da pessoa colectiva) está *necessariamente presente*»[68] – porque é através deste outro que a pessoa coletiva acede à anteriormente referida discursividade jurídico-penalmente relevante, porque o «lugar» em que se move não é coincidente com o da pessoa singular e física enquanto agente do facto de conexão.

Já Teresa Quintela de Brito formula a questão em termos mais pragmáticos: «Por outro lado, a organização exerce uma influência condutora da acção sobre as pessoas nela integradas ou com ela colaborantes. Não tanto por afectar, diminuindo-a, a responsabilidade dos seus membros, mas por causa da regularidade dos processos, modos e termos de funcionamento aprendidos pelos colaboradores e rotineiramente aplicados, ou seja, perpetuados pela própria organização»[69]. É claro que, para a jurista, o conceito de culpa a jogar na questão da responsabilidade penal do ente coletivo não pode nunca ser decalcado daquilo a que, relativamente às pessoas singulares, cairia no âmbito da «culpa pelo carácter» ou pela «condução de vida» – o que, no caso em análise, equivaleria a uma noção de imputação de uma (auto) estruturação errada. Que outra via? «[...] um

---

[68] *Idem, ibidem*, p. 515.
[69] Teresa Quintela de Brito, «Crime Omissivo e Novas Representações da Responsabilidade Social», in: *Liber Amicorum de José de Sousa Brito em comemoração do 70º Aniversário*, Lisboa: Almedina, 2009, p. 926. Cfr. André Vitu e Merle Roger, *Tratado de Direito Criminal*, Vol. I, 7ª edição, Paris: Cujas, 1997, p. 743. A hipótese subjacente a esta interpretação prende-me especialmente a atenção. É que, se, face ao corpo do argumento, a conclusão pelo sentido coletivo de identidade (*v.* página seguinte) parece configurar-se como um tanto simplista, a verdade é que a História vem mostrando à saciedade como a «regularidade de processos», as rotinas, «modos e termos de funcionamento» impostos por dada organização ou sistema facilmente potenciam uma dinâmica de alienação social – mas nem por isso ir-responsável – capaz do inominável.

domínio da organização concretamente conformador da execução do ilícito típico em causa, que a pessoa jurídica tem de exercer para poder ser responsabilizada pelo próprio facto cometido pela pessoa natural»[70] – e que se consubstancia, nos termos do nº 4 do Art. 11º do nosso Código penal, nos *órgãos e representantes da pessoa coletiva e quem nela tiver autoridade para exercer o controlo da sua atividade*. Contudo, para a responsabilização da pessoa coletiva não é à identificação da personalidade individual detentora daquela autoridade que se trata de proceder, mas à identificação *funcional* do líder[71], em termos do domínio da organização que possa ter para a execução do facto típico – e é por isso, de resto, que esta identificação não subordina a culpa da pessoa coletiva à culpa individual dos agentes do facto de conexão, porque, para efeitos de responsabilização do ente coletivo, a atuação destes tem obrigatoriamente de poder ser enquadrada como *fazendo parte da coletividade* e como manifestando uma *vontade impu-*

---

[70] Teresa Quintela de Brito, «Responsabilidade criminal das pessoas jurídicas e equiparadas: algumas pistas para a articulação da responsabilidade individual e colectiva», in: *Estudos em Honra do Professor Doutor José de Oliveira Ascensão*, vol. II, Lisboa: Almedina, 2008, p. 1427.
[71] Confesso alguma dificuldade em compreender o exato alcance desta distinção. Se entendo bem, no entanto, é possível confrontá-la com algumas questões, concretamente as que encontrei em Carlos Adérito Teixeira, «A Pessoa Colectiva como sujeito processual – ou a "descontinuidade" processual da responsabilidade penal», CEJ – Jornadas sobre a revisão do Código Penal (1º Semestre 2008), disponível em: <www.cej.mj.pt>, consultado em: 14 Out. 2009, a saber: «Dir-se-ia que estamos perante uma responsabilidade penal (imputação objectiva e subjectiva) autónoma, desligada da acção concreta de alguém, desde que a comissão do crime possa ser, causal e socialmente, atribuída à pessoa colectiva. Esta leitura postularia um regime arrojado, com uma extensão da punibilidade sem contornos definidos e dificilmente sufragado no plano dos princípios do Direito Penal, além de que o legislador no artº 11º não configurou soluções que se articulem ou concretizem tal perspectiva. Ou teria o legislador pretendido que a responsabilidade da pessoa colectiva não dependa da identificação da pessoa física que actuou, dispensando a determinação do administrador ou trabalhador que agiu, em concreto? A ser o caso, é de considerar que a consagração da responsabilidade da pessoa colectiva teria um sentido útil acrescido, sem dúvida, resolvendo problemas práticos de prova. (...) Apesar da bondade deste entendimento, não creio que seja este o desígnio do legislador com aquela estipulação. Na verdade, nada mais se disse quanto ao modo como se estabeleceria a responsabilidade da entidade colectiva, caso dispensasse a individualização do agente executor. (...) Acresce que, sem substrato pessoal de uma conduta, difícil ou impossível se tornaria estabelecer a imputação subjectiva da pessoa colectiva, a menos que o legislador tivesse suprido tal dificuldade com a adopção de um esquema estratificado de "culpa social" das colectividades, na base de uma *corporate culture* ou de uma "culpa convencionada" por reporte à culpa do órgão.

tável à pessoa coletiva (traduza-se essa vontade em termos ativos os omissivos). Nesta linha, para a autora não colherá também, portanto, a objeção da incapacidade de consciência da ilicitude por parte do ente coletivo, porquanto na pessoa jurídica há um sentimento coletivo de identidade.

Evidente parece ser que, cada vez mais e sobretudo relativamente à criminalidade económica – contexto em que se constata que é, sobretudo, através do ente coletivo que o comportamento lesivo tem lugar –, os legisladores vão dando sinais de algum utilitarismo, numa tentativa de contornar a velha conceção da pessoa coletiva como uma *ficção* a que, enquanto tal, não seria possível atribuir responsabilidade. Na verdade, contudo, mesmo em contexto de utilitarismo, continua a detetar-se um incómodo relativamente àquele que é, verdadeiramente, o problema de raiz: a ideia mesma de culpa individual.

Manuel António Lopes Rocha pergunta: «a própria ideia de culpa individual não será uma *criação do Direito* para legitimar a reacção da sociedade politicamente organizada contra a violação da ordem jurídica?»[72]. Para este jurista, além das querelas doutrinárias a que subjazem opções filosóficas e pragmáticas, para além do reconhecimento – e esta é a sua escolha – da evidência daquela contingente condição do Direito enquanto representação social/criação do espírito a que antes me referi, é sobretudo importante extrair, a partir daí, todas as consequências. Assim, na linha de Teresa Quintela de Brito – mais que na de José de Faria Costa – Manuel António Lopes Rocha assenta a sua argumentação a favor da responsabilização do ente coletivo no princípio do caráter *real* deste, e real enquanto todo cuja vontade não é produto da simples soma das vontades individuais dos que o integram. Esta distinção entre a vontade individual e a vontade coletiva era já salientada, de resto, pelo Professor Marcello

---

[72] Manuel António Lopes Rocha, «A Responsabilidade Penal das Pessoas Colectivas – Novas perspectivas» – in: *Direito Penal, Económico e Europeu – Textos Doutrinários*, vol. I (Problemas Gerais), Coimbra: Coimbra Editora, 1998, p. 441. E, à p. 442, citando Louk Hulsman: «Existe uma consonância herdada dos séculos e profundamente ancorada nas consciências, entre o sistema punitivo que nós conhecemos e uma certa representação religiosa do mundo. É uma espécie de passivo que pesa nos nossos espíritos. A componente ideológica do sistema de justiça criminal está ligada à cosmologia da teologia escolástica medieval. [...] É por isso que a dicotomia *culpado-inocente*, sobre a qual repousa o sistema penal, é tão facilmente aceite. [...] É desta maneira irrisória, fora de qualquer consciência lúcida, que se veicula uma justiça herdade de uma teologia do juízo final».

Caetano: «[...] O órgão tem natureza institucional e objectiva, sendo um centro de vontade da pessoa colectiva que não se confunde com os indivíduos que nele actuam e que constituem os titulares do órgão»[73], e Germano Marques da Silva crê encontrá-la vertida no nosso CP[74].

4. Atinge essa penalização, indistintamente, culpados e inocentes?

Este não parece ser, verdadeiramente, problema que se coloque, a não ser que haja disponibilidade para o colocar também relativamente à pessoa singular, cuja condenação tantas vezes tem efeitos que alcançam terceiros inocentes – é o caso das famílias que percam o elemento de quem dependia o sustento, ou dos empregados lançados no desemprego por privação da liberdade do empresário relativamente ao qual são dependentes. Além disso, «o estudo comparado das *vítimas* da criminalidade económica e da criminalidade tradicional revela igualmente um desequilíbrio em proveito da primeira, sendo certo que são numerosas as suas vítimas potenciais: os *associados* [...], o *Estado* [...], os *empregados* [...], os *consumidores* [...] e os *vizinhos* [...]»[75].

---

[73] MARCELLO CAETANO, *Princípios Fundamentais de Direito Administrativo*, Coimbra: Almedina, 1996, p. 50.

[74] GERMANO MARQUES DA SILVA, «Responsabilidade penal das pessoas colectivas», CEJ – Jornadas sobre o Código Penal, 27 de Setembro de 2007, disponível em: <www.cej.mj.pt>, consultado em: 14 Out. 2009, a saber: «A lei portuguesa não se basta com que a infracção seja praticada pelo órgão ou representante da pessoa colectiva, ou, na terminologia do Código, pelas pessoas que nela ocupem uma posição de liderança, exige ainda que o facto seja praticado em nome e no interesse dela. Esta exigência como que delimita negativamente os casos em que a vontade do órgão, do representante ou demais pessoas que exercem funções de liderança não se confunde necessariamente com a vontade própria da pessoa colectiva. Assim, a legislação reconhece e aplica a teoria da vontade própria da pessoa colectiva dirigida para o cometimento do acto criminoso, criando critérios subjectivos e objectivos para a sua aferição. Com efeito, ao incluir entre as condições para a imputação à pessoa colectiva aquelas que exigem decorrer a infracção de decisão de pessoa que nela exerça uma posição de liderança, actuando funcionalmente, e de que esta decisão ou acto delituoso prossigam a realização do interesse colectivo, reconheceu, ao mesmo tempo, a capacidade de opção da pessoa jurídica e a existência de motivação em seus actos, exigindo simultaneamente o atendimento de requisitos formais e materiais para a averiguação do conteúdo volitivo do acto praticado. A prossecução do interesse colectivo é o móbil do crime».

[75] MANUEL ANTÓNIO LOPES ROCHA, «A Responsabilidade Penal das Pessoas Colectivas...» (cit. nt. 72), p. 480.

5. Da inaplicabilidade de certas penas

Menos controversa, apesar de tudo, afigura-se a questão da inaplicabilidade de certas penas e do fim a que elas devem destinar-se. Nas palavras de Eduardo Mansilha: «Por último refere-se, na esteira de Beleza dos Santos, a desadequação dos fins das sanções criminais porque a pessoa colectiva não é capaz de arrependimento ou de reeducação pois "não sente, não compreende e não quer" (Jean Constant, "La responsabilité pénale non individuelle", X Congresso Internacional de Direito Comparado, Budapeste, 1978). Quanto a este ponto, não se compreende como a privação do direito a subsídios ou subvenções, o encerramento do estabelecimento, a admoestação, a perda de bens, etc., não produza nos órgãos da pessoa colectiva efeitos dissuasores e de prevenção da reincidência. Para mais, a possibilidade de publicação de sentenças condenatórias, funciona também como elemento dissuasor»[76]. Na verdade, se, por exemplo, as penas privativas da liberdade se reservam, evidentemente, à pessoa singular, é igualmente evidente que outras sanções aplicáveis à pessoa jurídica – entre as quais a dissolução ou as penas pecuniárias – podem ter a eficácia que se procura, e uma eficácia que, de resto, não é líquido que não possa concretizar-se em termos de *intimidação ou de emenda* das pessoas coletivas sobre as quais as sanções recaíram.

A partir daqui, entrar-se-ia no campo das medidas de segurança, onde a presença do elemento subjetivo da culpa se já não põe, mas apenas o da perigosidade para a sociedade – a avaliar de acordo com critérios político-criminais. E findo o raciocínio, convido o leitor à reflexão, em mim inconclusa, sobre algumas reservas que não pude evitar me assaltassem:

a) Ao determinar o Art. 11º do nosso Código Penal, no seu nº 1, que «*Salvo* o disposto no número seguinte e nos casos especialmente previstos na lei, só as pessoas singulares são susceptíveis de responsabilidade criminal» [sublinhado meu], e, no seu nº 2, «(...) *com exceção* do Estado, de outras pessoas coletivas públicas e de organizações internacionais de direito público (...)» [sublinhado meu], não fica a não-responsabilização de *todas* as pessoas coletivas, de forma um pouco bizarra, com um estatuto de exceção da exceção?

---

[76] Eduardo Mansilha, «Responsabilidade penal das pessoas colectivas: *Societas delinquere potest*», disponível em: <www.verbojuridico.com>, consultado em: 15 Out. 2009.

b) Não excluindo a responsabilização da pessoa coletiva a responsabilização da pessoa singular, não poderemos ficar, apuradas uma e outra, em situação de uma dupla culpabilização desta?
c) Qual o *fundamento* desta responsabilização? A ser, ainda, a noção de culpa, é ela a mesma que impõe o Código Penal para a pessoa singular?
d) Poderemos estar perante a tentação do que Roxin designa de «leis penais simbólicas»[77], sustentadas, além do mais, numa conceção de Direito perigosamente próxima do designado Direito Penal do Inimigo[78]?

VI. Pela Mão de Hannah Arendt – Em Jeito de Conclusão

> *Um peleiro de Luca, tendo ido ao banho público e tendo-se despido, foi de repente tomado pelo pânico, com a ideia de perder a sua identidade no meio da multidão anónima dos corpos. Põe então sobre o ombro direito uma cruz de palha e agarra-se a este sinal como a uma tábua de salvação. Mas a cruz descola-se e desliza para o vizinho, que dela se apodera: "Sou eu que sou tu; desaparece, estás morto!" e o peleiro, completamente perdido, persuade-se da sua própria morte.*
>
> (FÁBULA TOSCANA)

À mais antiga das questões colocadas, tanto pela filosofia, como pela ciência – e também, assim se viu, pelo Direito – a saber, o que é que faz com que qualquer coisa ou qualquer pessoa apareça, e o que é que a faz

---

[77] Cf. CLAUS ROXIN, *Fundamentos...* (cit. nt. 20), p. 129.
[78] É o que parecem deixar subentender as palavras com que CARLOS ADÉRITO TEIXEIRA caracteriza o poder e a ameaça representada pelas pessoas coletivas: «Em qualquer caso, a pessoa colectiva surge no contexto da globalização (do mercado, das marcas, das empresas, dos capitais, da criminalidade), como uma *estrutura de poder*: que induz a prática de infracções em seu benefício ou facilita o aproveitamento do seu poderio na realização de escopos criminosos particulares; que detém uma enorme capacidade lesiva de bens jurídicos; que actua de forma invisível ou opaca (também face à investigação criminal); e que dispõe de uma grande "capacidade de acção" processual. Bem se pode dizer, com CELIA WELLS, que as entidades colectivas e os indivíduos "têm um encontro diferente com a lei"» («A Pessoa Colectiva como sujeito processual...» (cit. nt. 71), consultado em: 14 Out. 2009).

aparecer com esta forma e este comportamento e não outro? –, a tradição filosófica respondeu com a noção de *causa*, de grau ontologicamente mais alto do que aquele que reconhecia à aparência, delineando uma dicotomia entre o Ser verdadeiro (o *fundo*) e as simples aparências (a *superfície* em que se manifesta). Ora, propõe Hannah Arendt, não será o próprio mundo das aparências anterior a qualquer outra região que o filósofo possa escolher como lugar onde se sente em casa, uma vez que, «quando o filósofo se despede do mundo oferecido aos nossos sentidos e faz meia-volta (*periagōgē*, em Platão) em direção à vida do espírito, é ainda àquele que pede um fio condutor que lhe revelará a verdade subjacente»[79]? Em *A Vida do Espírito*, escreve: «O mundo onde nascem os homens engloba um grande número de coisas, naturais e artificiais, vivas e mortas, provisórias e eternas, que têm todas em comum aparecer e, por aí mesmo, serem feitas para se ver, ouvir, tocar, para serem sentidas e saboreadas por criaturas sensíveis dotadas de sentidos apropriados»[80]. Estar vivo, portanto, significa ocupar um mundo em que aparecemos uns aos outros, ser movido pela necessidade de se *mostrar*. É como se – por sermos dignos de ser vistos e destinados a aparecer aos outros, cada um fosse movido «pelo desejo de *parecer*, de se integrar no mundo das aparências, desvelando, não o seu "eu interior", mas o *indivíduo* que constitui»[81]. Na verdade, nada existe que não suponha um espectador, e, por isso, nada do que existe, existe no singular. «Não é o homem, mas os homens que povoam o nosso planeta. *A pluralidade é a lei da terra.* [...] Os seres vivos são tão "feitos de mundo" que não há sujeito que não seja, simultaneamente, objeto, que assim aparece ao outro»[82], e é esse outro – mais que a consciência – que lhe garante a realidade «objetiva». Nenhum tipo de vida humana é possível, portanto, sem a mediação de um mundo que, direta ou indiretamente, dê testemunho da presença do Outro. Esse mundo, que se desdobra em múltiplos espaços de aparência, é caraterizado pela ação, através da qual os seres humanos se apresentam, se representam e se submetem a si próprios ao olhar do Outro, e é por isso, também, o lugar «daquelas atividades através das quais os seres humanos constroem relações cívi-

---

[79] Hannah Arendt, *La Vie de L'Esprit*, vol. I, La pensée, Paris: PUF, 1981, p. 38.
[80] *Idem, ibidem*, p. 33.
[81] *Idem, ibidem*, p. 45 (sublinhado meu).
[82] *Idem, ibidem*, p. 34.

cas que transcendem o tempo particular que cada ser humano passa na terra»[83]. Em suma, estamos destinados a habitar e a participar na construção de um mundo comum – pela partilha de ações e de palavras – que é também projeto, promessa de bem-viver-em-conjunto. É que, se existe uma natureza humana, essa instância nuclear nada tem de natural. Desconstruída por Hannah Arendt enquanto essência profunda que depois se revestiria pelas produções humanas secundárias, ela reside, ao invés, no mais *manifesto*, enquanto direito ao aparecer, enquanto liberdade de revelação, movimento por meio do qual o indivíduo ilumina, com o seu contributo, uma parte – a que lhe cabe – do mundo comum. E é assim que, creio, poderá pensar-se o Direito, concretamente o Direito Penal: se este mundo comum é espaço de aparência onde nos mostramos por atos e palavras, não será (também) ao Direito que caberá zelar por que ninguém se veja excluído, garantindo que cada um possa e deva ser julgado por aquilo que pode e deve responder, enquanto «autor responsável tanto da sua culpa como da sua inocência (...), isto é, por aquilo que ele decide livremente *dar a ver de si próprio* por meio dos seus atos e das suas palavras, *e não por aquilo que ele "é"*»[84]?

Ora, estando o Direito inscrito no tempo – e no humano! –, ele próprio um produto de movimentos e interesses, centrípetos e centrífugos, da comunidade que pretende ordenar, parece difícil questionar, se não a forma como o faz, ao menos o facto mesmo da necessidade de uma instância que agregue aquelas regras que nos preexistem, quando nascemos, e que nos permitem entrar no grande jogo do mundo. É certo que «Posso querer mudar as regras do jogo, como faz o revolucionário, ou abrir uma exceção para mim próprio, como faz o criminoso; mas negá--las por princípio significa, não a mera "desobediência", mas a recusa de entrar na comunidade humana»[85]. Talvez seja disto, e só disto, creio, que podemos ser culpados. Habitantes e demiurgos de um mundo comum de aparências, erigimo-nos como sujeitos capazes de uma culpa que encon-

---

[83] Eric B. Gorham, *The theater of politics, Hannah Arendt, political science, and higher education*, Lexington Books, 2000, p. 29.
[84] Anne-Marie Roviello, *Senso Comum e Modernidade em Hannah Arendt*, Lisboa: Instituto Piaget, 1997, p. 171 (sublinhados meus).
[85] Hannah Arendt, *On Violence*, Nova York: A Harvest Book, Harcourt Brace & Company, 1970, p. 97.

tra o seu fundamento ético num substrato, antes de tudo, político – verificável! –, mais que moral, ontológico ou existencial.

Tomados pelo pânico, com a ideia de perdermos a nossa identidade no meio da multidão anónima dos corpos, agarramo-nos às cruzes que nos distinguem como a uma tábua de salvação – já nos ensinou a História que «o mundo não encontrou nada de sagrado na nudez abstracta de se ser apenas humano»[86]. Mas há cruzes de palha e cruzes de ferro. E se nada existe no singular, se, enfim, *não é o homem, mas os homens que povoam o nosso planeta e a pluralidade é a lei da terra*, então há-de caber-nos, a todos, a dignidade de responder pelo que dizemos e fazemos. A todos, também, a consciência de que há algo que irremediavelmente se perde, de cada vez que aquele que se furtou às regras do jogo do mundo é deixado para trás. Porque se fica mais pobre se ao Outro não restou senão persuadir-se da sua própria morte. Mas poderá esse Outro ter um rosto múltiplo? Por tudo o que ficou dito, tenho dificuldade em alargar a responsabilização das pessoas coletivas ao âmbito penal. Seria possível, porventura, alicerçá-la num conceito de *responsabilidade*, tal qual Roxin a entendeu, mas é maior o meu receio das «leis simbólicas», a que o mesmo autor se referiu. Não é, note-se, a realidade de uma responsabilidade coletiva que se contesta. Apesar de relativas a uma questão diversa – a da culpabilidade do povo alemão –, uma apropriação criativa das palavras de Hannah Arendt poderá ser esclarecedora: «existe uma responsabilidade por coisas que não cometemos, mas pelas quais podemos ser, ainda assim, considerados responsáveis. Mas ser ou sentir-se culpado por coisas que se produziram sem que nelas tenhamos tomado parte ativa é impossível. (...) O "Todos somos culpados", que parecia tão nobre e sedutor quando ouvido pela primeira vez, não serviu senão para desculpar, em grande parte, os verdadeiros culpados. Todos somos culpados, ninguém é culpado. A culpabilidade, contrariamente à responsabilidade, é o facto de um indivíduo: é estritamente pessoal. Refere-se a um ato, não a intenções ou virtualidades (...)»[87]. É nesta medida que, mais do que de categorias jurídicas ou morais, o interesse e pertinência da expressão «responsabili-

---

[86] HANNAH ARENDT, «The Perplexities of the Rights of Man», in: *The Portable Hannah Arendt*, Penguin, England: Middlesex, 2000, p. 41.
[87] Cf. HANNAH ARENDT, «La responsabilité collective», in : *Politique et pensée – Colloque Hannah Arendt* – Paris: Petite Bibliothèque Payot, 1989, p. 193- 202.

dade coletiva» parecem decorrer de categorias políticas, traduzindo «(...) o preço a pagar por não vivermos sozinhos, mas entre outros homens, e por a faculdade de agir, que é, antes de mais, a faculdade política por excelência, não poder cumprir-se senão numa das numerosas e diversas formas da comunidade humana»[88].

---

[88] *Idem, ibidem*, p. 203.

A Imputação Formal da Pessoa Coletiva I: A Responsabilidade Criminal da Pessoa Coletiva pelos Atos Praticados pelos seus Órgãos

Marlene Mendes[1]

SUMÁRIO: Introdução. I. Imputação à pessoa coletiva. II. A "imputação coletiva" através da atuação dos seus órgãos. 1. Considerações gerais. 2. Órgãos da pessoa coletiva. 2.1. Órgão de administração. 2.2. A assembleia geral, o conselho fiscal e os órgãos consultivos. 2.2.1. A assembleia geral. 2.2.2. O conselho fiscal. 2.2.3. Os órgãos consultivos. 3. A especificidade: órgãos de composição singular e órgãos de composição plural. III. Atos cometidos em nome e no interesse coletivo. IV. Responsabilidade por omissão. V. Análise. Conclusão.

Introdução

As pessoas coletivas[2] constituem atualmente centros de imputação "não corpóreos", através dos quais a "criminalidade organizada"[3] perpe-

---

[1] Mestre em Ciências Jurídico-Empresariais. Doutoranda na Faculdade de Direito da Universidade Nova de Lisboa.
[2] Sobre as teorias relativas à natureza da pessoa coletiva (a teoria da ficção; a teoria do património-fim; as teorias individualistas; a teoria orgânica; a teoria da instituição; a teoria da realidade jurídica e a teoria dos sistemas), cfr. LUÍS BRITO CORREIA, *Os Administradores de Sociedades Anónimas*, Coimbra: Almedina, 1993, p.175-189; ANTÓNIO MENEZES CORDEIRO, *Tratado de Direito Civil Português*, IV, Parte Geral – Pessoas, 3ª ed., Coimbra: Almedina, 2011, p. 545 e ss. A teoria da realidade jurídica, sendo a dominante no nosso ordenamento jurídico, concebe a pessoa coletiva dotada de vontade própria, complexa e particular, normativamente diversa da

trada por meio destes novos atores obriga o direito penal, enquanto "instrumento de liberdade"[4], a reformular a sua dogmática, até agora baseada nos atos praticados por sujeitos singulares e "corpóreos". Efetivamente, os entes coletivos assumem-se como verdadeiros agentes sociais e têm tanta capacidade para afetar a vida em sociedade como o próprio ser humano. Estes novos "atores principais"[5] surgem como estruturas de poder que podem induzir a prática de infrações em seu benefício ou facilitar o aproveitamento do seu poderio na realização de fins criminosos específicos e que, atuando de forma invisível ou opaca, dispõem de grande "capacidade de acção"[6], potencialmente lesiva de bens jurídicos. No plano substantivo, a pessoa coletiva constitui um verdadeiro "centro de imputação"[7] de ilícitos penais e, no plano processual, constitui "um personagem de muitos actores"[8].

---

dos indivíduos que a formam. Cfr. MANUEL A. DOMINGUES DE ANDRADE, *Teoria Geral da Relação Jurídica*, I, reimpressão, Coimbra: Almedina, 2003, p. 49 e ss; J. DIAS MARQUES, *Teoria Geral do Direito Civil*, I, Coimbra: Coimbra Editora, 1958, p. 161 e ss; Luís CARVALHO FERNANDES, *Teoria Geral do Direito Civil*, I, 3ª ed., Lisboa: Universidade Católica Editora, 2001, p. 509 e ss.
[3] ANABELA MIRANDA RODRIGUES, «Política Criminal – novos desafios, velhos rumos», in: *Revista Lusíada. Direito*, nº 3, 2005, p. 16.
[4] ANABELA MIRANDA RODRIGUES, *ibidem*, p. 15. Também no sentido em que o "direito penal alia instrumentos e critérios repressivos a instrumentos e critérios inovadores e modernos, dando lugar ao lado do direito penal de "colarinho azul", repressivo da violência, a um direito penal de "colarinho branco", tecnocrático, de orientação pelos fins", cfr. ANABELA MIRANDA RODRIGUES, *ibidem*, p. 19, citando W. HASSEMER.
[5] Tradução nossa. Cfr. FERNANDO MIRO LLINARES, «Reflexiones sobre el principio societas delinquere non potest y el artículo 129 del Código Penal», in: *Responsabilidad de las personas jurídicas en los delitos económicos: especial referencia a los consejos de administración: actuar en nombre de otro*, Madrid: Consejo General del Poder Judicial, 2007, p. 192.
[6] CARLOS ADÉRITO TEIXEIRA, «A pessoa colectiva como sujeito processual ou a "descontinuidade" processual da responsabilidade penal», in: *Revista do CEJ*, nº 8 – Jornadas sobre a Revisão do Código Penal (estudos), 2008, p. 101.
[7] Cfr. MÁRIO PEDRO MEIRELES, «Sanções das (e para as) pessoas colectivas», in: *Revista Portuguesa de Ciência Criminal*, Ano 10, Fascículo 4º, Outubro/Dezembro de 2000, p. 511 e ss. Admitindo que, em "certos domínios especiais e bem delimitados, seja aceitável que ao homem individual possa substituir-se como 'centros ético-sociais de imputação jurídico-penal', as suas obras ou realizações colectivas e assim, as pessoas colectivas em que o ser livre se exprime", cfr. *Acórdão do TC* nº 213/95, Processo nº 479/93, relator Conselheiro MONTEIRO DINIZ, disponível em: <www.tribunalconstitucional.pt>, consultado em: 25 Mar. 2013, p. 13.
[8] CARLOS ADÉRITO TEIXEIRA, «A pessoa colectiva como sujeito processual...» (cit. nt. 6), p. 101.

As pessoas coletivas passaram a constituir um meio de "irresponsabilidade organizada"[9] face à incapacidade preventiva geral das penas tradicionais para evitar a criminalidade de empresa. A insuficiência das sanções administrativas e civis para prevenir a realização de comportamentos criminais pelas empresas, aliada à sua capacidade para facilmente substituir os seus "peões"[10] e ao caráter fechado da empresa, na qual pode existir uma moral ilícita própria, dão mostra da ineficácia preventiva de um sistema penal baseado unicamente na atuação da pessoa singular.

Nesta senda, e para que o sistema jurídico-penal reconheça as pessoas coletivas como sujeitos de direito penal, há que definir quais os processos que emanam das pessoas coletivas e que constituem ações, determinar-lhes os requisitos, configurar a sua capacidade intelectiva e volitiva[11]. Com o intuito de defender a legitimação da responsabilidade criminal das pessoas coletivas surgem entre nós a teoria da analogia, preconizada por Figueiredo Dias[12], e a teoria da racionalidade material dos lugares paralelos inversos, preconizada por Faria Costa[13],[14].

---

[9] FERNANDO MIRO LLINARES, «Reflexiones sobre el principio....» (cit. nt. 5), p. 194. No mesmo sentido, JUAN M. TERRADILLOS BASOCO, *Empresa y Derecho Penal*, Buenos Aires: Ad hoc, Srl., Vilela Editor, 2001, p. 188.

[10] FERNANDO MIRO LLINARES, *ibidem*, p. 195. Equacionando a emergência da consagração da responsabilidade criminal das pessoas coletivas, cfr. JOSÉ MIGUEL ZUGALDÍA ESPINAR, *La responsabilidad penal de empresas, fundaciones y asociaciones – presupuestos sustantivos y procesales*, Valencia: Tirant lo Blanch, 2008, p. 105 e ss.

[11] Cfr. GERMANO MARQUES DA SILVA, *Responsabilidade penal das sociedades e dos seus administradores e representantes*, Lisboa: Verbo, 2009, p. 169.

[12] FIGUEIREDO DIAS afirma que "certo que, na acção como na culpa, tem-se em vista um 'ser livre' como centro ético-social de imputação jurídico-penal e aquele é o homem individual. Mas não deve esquecer-se que as organizações humano-sociais são, tanto como o próprio homem individual, 'obras de liberdade' ou realizações do ser livre; pelo que parece aceitável que em certos domínios especiais e bem delimitados – de acordo com o que poderá chamar-se, segundo MAX MULLER, o princípio da identidade da liberdade – ao homem individual possam substituir-se, como centros ético-sociais de imputação jurídico-penal, as suas obras ou realizações colectivas e, assim, as pessoas colectivas, associações, agrupamentos ou corporações em que o ser livre se exprime. Que se torna necessário usar aqui de um pensamento analógico, relativamente aos princípios do direito penal clássico – onde a máxima da responsabilidade individual deve continuar a valer sem limitações -, é evidente", cfr. JORGE DE FIGUEIREDO DIAS, *Direito Penal, Parte Geral*, Tomo I, Coimbra: Coimbra Editora, 2004, p. 281-282. Cfr. JORGE DE FIGUEIREDO DIAS, «Pressupostos da Punição e Causas que Excluem a

O legislador português, através da reforma penal de 2007, introduziu como princípio geral no direito penal de justiça a responsabilidade penal das pessoas coletivas, delimitando o leque de crimes nos quais podem incorrer as pessoas coletivas e entidades equiparadas[15] e optando por não

Ilicitude e a Culpa», in: *Jornadas de direito criminal*, I, Lisboa: Centro de Estudos Judiciários, 1983, p. 51 e ss. Cfr. GERMANO MARQUES DA SILVA, *Responsabilidade penal...* (cit. nt. 11), p. 163.

[13] FARIA COSTA entende que o fundamento ou legitimidade da punibilidade das pessoas coletivas – para quem é dirigido todo um complexo normativo de juridicidade, que as mesmas reconhecem – encontrar-se-ia, para além da necessidade de punição, explicada por razões de política-criminal, num agir comunicacional penalmente relevante da pessoa coletiva enquanto verdadeiro centro de imputação construído. A proposta deste autor consiste na referência à racionalidade material dos lugares paralelos inversos, como metodologia de legitimidade da punição das pessoas coletivas, através da qual, à medida que se restringe o âmbito da imputabilidade p. ex., aos menores – onde apesar de tudo, de um ponto de vista social ou mesmo onto-existencial, se pode surpreender uma capacidade de valoração, logo a serem abstratamente passíveis de imputação de um juízo de censura ou de culpa – pode, no outro extremo, alargar-se tal "ficção" às pessoas coletivas, já que estas se encontram inequivocamente no "mundo da discursividade jurídico-penal relevante". Propõe este autor, deste modo, a superação do conceito de culpa por um conceito social de culpa: estará em causa não a reprovabilidade mas uma imputação social, derivada de fundamentos político-criminais; donde a culpa poder ser regulada normativamente, logo sendo transponível para as pessoas jurídicas. Cfr. FARIA COSTA, «A responsabilidade jurídico-penal da empresa e dos órgãos», in: *Direito Penal Económico e Europeu: Textos doutrinários*, Vol. I – Problemas Gerais, Coimbra: Coimbra Editora, 1998, p. 511-512. Cfr. GERMANO MARQUES DA SILVA, *Responsabilidade penal...* (cit. nt. 11), p. 170-171.

[14] Estas teorias inserem-se na ampla discussão da teorização da responsabilidade criminal da pessoa coletiva. Assim, a discussão entre a adoção de um modelo de auto ou hetero-responsabilidade, cfr. FERNANDO MIRO LLINARES, «Reflexiones sobre el principio...» (cit. nt. 5), p. 198-199; CARLOS GÓMEZ-JARA DÍEZ, *La culpabilidad penal de la empresa,* Madrid: Marcial Pons, 2005, p. 51 e ss. E, no âmbito da auto-responsabilidade, a discussão em relação à existência de um modelo de responsabilidade direta ou indireta ou por representação, cfr. GERMANO MARQUES DA SILVA, *Responsabilidade penal...*(cit. nt. 11), p. 175 e ss. No ordenamento da *Common Law,* na discussão por responsabilidade por *actus mens rea* ou *respondeat superior;* ou até mesmo, a assunção de uma responsabilidade criminal das pessoas coletivas independente de culpa, como o caso da *strict liability* do direito americano, cfr. GERMANO MARQUES DA SILVA, *ibidem*, p. 171 e ss.

[15] O nosso legislador tinha ao seu dispor várias possibilidades para resolver o problema da responsabilidade criminal das pessoas coletivas, enunciadas por PAULO PINTO DE ALBUQUERQUE, «A responsabilidade criminal das pessoas colectivas ou equiparadas», in: *Revista da Ordem dos Advogados,* Ano 66, Vol. II, 2006, p. 4, disponível em: <www.oa.pt>, consultado em: 15 Jan. 2010, nomeadamente: 1) alargar o número de exceções de responsabilidade contraordenacional; 2) alargar as exceções de responsabilidade criminal das pessoas coletivas; 3) rever

consagrar um capítulo específico do Código Penal à responsabilidade das pessoas coletivas; facto que não permitiu construir um regime próprio para as pessoas coletivas, em que claramente se determinasse em que termos os atos praticados por pessoas singulares são da responsabilidade da pessoa coletiva e quais são as pessoas singulares cujos atos podem responsabilizar a pessoa coletiva.

O objeto do presente trabalho é a reflexão sobre a responsabilidade da pessoa coletiva ou equiparada pelos crimes cometidos nos termos do artigo 11º, nº 2, alínea *a)*, "em seu nome e no interesse colectivo por pessoas que nelas ocupem uma posição de liderança", em conjugação com o nº 4, nos termos do qual "entende-se que ocupam posição de liderança os órgãos (...) da pessoa colectiva". Refletiremos sobre os órgãos executivos (administração) e os órgãos não executivos (assembleia geral, conselho fiscal e eventuais órgãos consultivos), de acordo com a estrutura delineada, em cada caso, pelos sócios/associados fundadores da pessoa coletiva[16].

Situamo-nos, portanto, como refere Germano Marques da Silva[17], no âmbito da avaliação da presença de ato volitivo da pessoa coletiva com base no critério formal ou objetivo, que atende à fonte originária da manifestação da vontade, considerando-se como ato próprio da pessoa coletiva aquele cuja manifestação de vontade tiver sido proferida por um seu órgão.

I. Imputação à pessoa coletiva

Como refere Roxin, "a questão jurídica fundamental não consiste em averiguar se determinadas circunstâncias se dão mas em estabelecer os

---

o princípio geral da responsabilidade contraordenacional; 4) introduzir o princípio geral da responsabilidade criminal das pessoas coletivas com observância do critério de imputação baseado no interesse das pessoas coletivas e atos cometidos pelos seus órgãos ou representantes; 5) introduzir o princípio geral da responsabilidade criminal das pessoas coletivas com um critério de imputação coincidente com o do direito internacional.

[16] Tendo como base o direito civil e o direito das sociedades comerciais no que respeita às associações e às sociedades comerciais sempre que referidas como pessoas coletivas ao longo do presente trabalho.

[17] GERMANO MARQUES DA SILVA, *Responsabilidade penal...* (cit. nt. 11), p. 194.

critérios em relação aos quais queremos imputar a uma pessoa determinados resultados"[18]. Pensar quais os critérios de imputação de responsabilidade penal às pessoas coletivas é pensar em que termos os atos praticados por pessoas individuais, em nome de uma vontade coletiva, se repercutem sobre essa pessoa coletiva. No entanto, o estabelecer destes critérios de imputação não afasta a possibilidade de as pessoas individuais serem, por si próprias, suscetíveis de responsabilidade criminal, podendo verificar-se uma situação de cumulação de sanções penais, aplicáveis em simultâneo a pessoas singulares e coletivas. Por outro lado, também a punibilidade da pessoa coletiva não é afastada em virtude do facto de não se identificar a pessoa ou pessoas singulares que, ao atuar, corporizam a pessoa coletiva[19]. Cumpre-nos então analisar como se estabelece a conexão de factos físicos cometidos pela pessoa singular como factos da própria pessoa coletiva. Assim, se por um lado é importante identificar quais os sujeitos cujos atos são atos próprios da pessoa coletiva, por outro lado é também necessário identificar os requisitos de que essa atuação se tem de revestir, o "envolvimento", o "enquadramento" dessa atuação para que, efetivamente, se responsabilize a pessoa coletiva pela prática desses atos ilícitos.

---

[18] CLAUS ROXIN, *Problemas fundamentais de direito penal*, trad. de ANA PAULA NATSCHERADETZ, 3ª ed., Lisboa: Veja, 1998, p. 145.

[19] Na senda do que, de resto, já tem sido decidido pelos nossos tribunais no âmbito do direito contraordenacional, cfr. *Acórdão do TRG*, processo nº 459/05.0GAFLG, relator FERNANDO VENTURA, disponível em: <www.dgsi.pt>, consultado em: 15 Jun. 2012. Neste processo, estando em causa a aplicabilidade de uma multa a uma sociedade comercial, esta recorre invocando entre outros argumentos que não foi identificada a pessoa física, e qual o órgão em que esta se integra que cometeu a contraordenação, pelo que esta não lhe poderá ser aplicada. Não é feita qualquer referência ao órgão que, agindo no exercício das respetivas funções, haja praticado a contraordenação. Mais adiante este acórdão que: "o raciocínio do recorrente parte de um equívoco quanto ao sentido da expressão de que a responsabilidade contra-ordenacional da pessoa colectiva assume a natureza de 'responsabilidade reflexa', decorrente da responsabilidade pela actuação de uma pessoa física. Com efeito, esse tipo de responsabilidade, como qualquer outra, mormente a responsabilidade civil, administrativa ou criminal da pessoa colectiva são sempre 'reflexas' na medida em que os entes colectivos constituem uma construção jurídica, não existem na natureza e não são, em si mesmos, capazes de acção: atuam sempre através de uma ou mais pessoas físicas. Porém, daí não decorre que a responsabilidade dos entes colectivos, a qualquer título, seja um mero reflexo da responsabilidade individual, pois constituem realidades sociais *a se* dotados de consciência e vontade próprias".

Pois, se o artigo 11º do Código Penal, no seu nº 2, alínea *a)*, refere que as pessoas coletivas são responsáveis pela atuação de "pessoas que nelas ocupem posição de liderança", explicitando-se no nº 4 que ocupam posição de liderança "os órgãos e representantes da pessoa colectiva e quem nela tiver autoridade para exercer o controlo da sua actividade", o mesmo artigo 11º, no seu nº 2, alínea *a)*, adita como critérios a atuação "em seu nome e no interesse colectivo" e ainda acrescenta, na alínea *b)*, "em virtude de uma violação dos deveres de vigilância ou controlo que lhes incumbem"; portanto, identificando-se os sujeitos habilitados à prática dos atos que podem para a pessoa coletiva gerar responsabilidade criminal e definindo as características que essa atuação deve revestir. Dispõe o artigo 11º que serão as pessoas com "posição de liderança" "quem aja sob a autoridade" dessas pessoas com posição de liderança e "os representantes" estabelecendo-se um vínculo de contacto, a necessidade de existência de uma ligação à pessoa coletiva. Assim, o critério de imputação terá de assentar nos agentes cuja atuação deva ser considerada como "a voz e o corpo" da pessoa coletiva, por ela poder controlar tais agentes[20] ou por tais agentes serem nada mais "que ela própria", como é o caso dos órgãos da pessoa coletiva. Mais se indicam os requisitos especiais da atuação típica: a atuação em nome e no interesse da pessoa coletiva e a violação de deveres de vigilância e de controlo[21].

II. A "Imputação Coletiva" através da atuação dos seus órgãos

1. Considerações gerais

"Cada um de nós põe em comum a sua pessoa e todo o seu poder sobre a suprema direcção da vontade geral; e recebemos colectivamente cada mem-

---

[20] MARIA FERNANDA PALMA, declaração de voto de vencida no *Acórdão do TC* nº 395/2003, processo nº 134/03, relator Conselheiro PAMPLONA OLIVEIRA, disponível em: <http://www.tribunalconstitucional.pt>, consultado em: 20 Abr. 2010.

[21] Por constituir matéria para uma discussão paralela (embora complementar a esta), não abordaremos se a atuação destes agentes, revestida com estas características, tem ou não de ser uma atuação dolosa ou se basta a existência de uma atuação negligente para preencher o tipo do ilícito penal. Também, não abordaremos a questão da remodelação do conceito de culpa de modo a adaptá-lo à realidade colegial que constitui este novo centro de imputação de responsabilidade jurídico-penal.

bro como parte indivisível do todo. Imediatamente, em vez da pessoa singular de cada contraente, este acto de associação produz um corpo moral e colectivo composto por tantos membros quantos os votos da assembleia, e esse corpo recebe deste mesmo acto a sua unidade, o seu eu comum, a sua vida e a sua vontade." (Jean-Jacques Rousseau)[22]

Como Rousseau reconhece no *Contrato Social*, a pessoa coletiva pode expressar uma vontade própria e única, vontade que é expressa e construída através da atuação dos indivíduos que a compõem e lhe "conferem substancialidade".

Têm sido desenvolvidas várias teorias sobre a organização das pessoas coletivas, teorias que se podem agrupar em dois grupos fundamentais: a teoria da representação e a teoria orgânica[23].

A teoria da representação[24] apresenta-se em duas vertentes: a teoria da representação voluntária e a teoria da representação legal. A teoria da representação voluntária tem como base a ideia de que a pessoa coletiva é uma ficção, não tendo vontade própria nem capacidade de agir e, por isso, carece de representação para poder exercer a sua atividade jurídica. Para esta teoria, a assembleia geral de sócios é a forma de apresentação da própria pessoa coletiva, enquanto os administradores seriam representantes (da pessoa coletiva, ou seja, dos seus sócios). Trata-se aqui de uma forma de representação por substituição de vontades, uma vez que a vontade do administrador substitui a vontade dos sócios, já que seria impraticável, no dia a dia, todas as decisões serem tomadas pelos sócios. Por outro lado, é uma forma de representação voluntária, uma vez que os administradores são designados por ato de vontade da assembleia geral dos sócios, ou seja, da sociedade[25]. A teoria da representação legal tem na sua base o enten-

---

[22] Jean-Jacques Rousseau, *O Contrato Social*, trad. Leonaldo Pereira Brum, 3ª ed., Lisboa: Publicações Europa-América, p. 24.
[23] Cfr. Brito Correia, *Os Administradores...* (cit. nt. 2), p. 191 e ss.
[24] Em relação ao conceito de representação cfr. Brito Correia, *ibidem*, p. 191-196.
[25] Várias críticas têm sido apresentadas à teoria da representação voluntária: 1) é a lei que impõe a existência de administradores e que lhes define as funções e poderes, pondo em causa a liberdade contratual; 2) não explica a responsabilidade da sociedade por atos dos administradores, mesmo quando estes não têm poderes de representação; 3) não explica a responsabilidade dos administradores perante terceiros por atos praticados no âmbito dos seus poderes de representação; 4) os administradores não se podem fazer substituir, pelo

dimento de que os poderes dos administradores decorrem da lei e que, face à impossibilidade do interessado realizar por si negócios jurídicos, a lei subtrai essa faculdade ao "incapaz", atribuindo-a a outra pessoa a quem confia a competência para cuidar dos interesses do "incapaz", da gestão dos seus assuntos e da representação nos seus negócios[26].

De acordo com a teoria orgânica[27], a pessoa coletiva como ente abstrato, juridicamente real mas sem existência físico-psíquica, só pode agir no mundo do Direito na medida em que pessoas físicas ponham ao serviço dela a sua vontade atuante. Mas a pessoa coletiva não é incapaz, os seus órgãos como suas partes integrantes expressam a sua vontade. Não são pessoas físicas que agem para a pessoa coletiva mas a própria pessoa coletiva que quer e age. Assim, a vontade do órgão, expressa pelas pessoas singulares eleitas ou nomeadas seus titulares, é atribuída em si mesma à pessoa coletiva e é válida como vontade desta[28]. Para esta teoria, órgão é o cargo ou centro de imputação de poderes funcionais exercidos pela pessoa física nele investida (o titular, membro ou suporte do órgão)[29]. Esta questão tem particular relevância em relação aos órgãos de composição plural, na medida em que a vontade do órgão é a vontade do conjunto ou

---

menos quanto a certos poderes, ao contrário dos mandatários-representantes; 5) não explica a responsabilidade penal que incide sobre os administradores.

[26] Têm sido apontadas as seguintes críticas à teoria da representação legal: 1) tendo a mesma delimitação da representação por substituição de vontades, não se coaduna com a posição dos administradores na sociedade; 2) a determinação do administrador não resulta da lei, este tem de ser eleito pelo coletivo de sócios. Assim, só em relação à assembleia geral da sociedade se poderia dizer que a qualidade de titular do órgão decorre da lei, visto ser coincidente com a qualidade de acionista, mas a assembleia geral não tem poderes de representação da sociedade. Cfr. BRITO CORREIA, *Os Administradores...* (cit. nt. 2), p. 200-201.

[27] "A pessoa coletiva é uma pessoa composta. A sua unidade não se exprime numa essência humana singular, mas, antes, num organismo social que, na sua estrutura orgânica surge, tradicionalmente, como um 'corpo', com 'cabeça' e 'membros' e com 'órgãos funcionais', mas apenas como imagem social" (OTTO VON GIERKE, *Deutsches Privatrecht*, vol. I – *Allgemeiner Teil und Personenrecht* (1895), p. 472, *apud* MENEZES CORDEIRO, *Tratado...* (cit. nt. 2), p. 579).

[28] Cfr. BRITO CORREIA, *Os Administradores...* (cit. nt. 2), p. 202. Cfr. GERMANO MARQUES DA SILVA, *Responsabilidade penal...*(cit. nt. 11), p. 135 e ss, referindo que "desde que a lei aceitou a concepção orgânica da sociedade, com isso estabeleceu necessariamente um regime. Se são suportes dos órgãos, a sociedade responde pelos actos dessas pessoas. Esta construção repercute claramente a visão social da sociedade".

[29] Cfr. BRITO CORREIA, *Os Administradores...* (cit. nt. 2), p. 203.

do colégio, resultado da conjugação de vontades expressas através dos votos dos vários membros da pessoa coletiva.

O nosso ordenamento jurídico, considerando a pessoa coletiva enquanto realidade autónoma e distinta face aos sujeitos individuais que a compõem – portanto, uma realidade jurídica[30] –, consagra a conceção orgânica. Conceção esta que é igualmente aceite pelos nossos tribunais[31], nos termos da qual são os órgãos da sociedade que exprimem a vontade que pelo Direito é tomada como juridicamente relevante como sendo a vontade própria da sociedade[32]. Trata-se, portanto, de uma verdadeira "representação orgânica"[33]. A pessoa coletiva adquire "vida" e expressa

---

[30] De acordo com o entendimento doutrinário maioritário no nosso país, apelidado de realismo jurídico, a pessoa coletiva é uma realidade jurídica e não uma ficção (como era preconizado pela doutrina tradicional, *v.g.* SAVIGNY). A teoria da realidade jurídica, entre nós defendida por MANUEL DE ANDRADE, nos termos da qual a lei, ao personalizar as organizações, ao atribuir personalidade jurídica e um substrato real diverso do que constitui a pessoa singular, não finge que desconhece a diversidade de existência entre estas organizações e as pessoas singulares, identificando os dois substratos. Neste sentido, cfr. MANUEL DE ANDRADE, *Teoria Geral...* (cit. nt. 2), p. 49 e ss; CARLOS ALBERTO DA MOTA PINTO, T*eoria Geral do Direito Civil*, 3ª ed., reimpressão, Coimbra: Coimbra Editora, 1999, p. 124.

[31] Pode ler-se, por exemplo, no *Acórdão do STJ* de 8/10/1997, publicado no BMJ, 470, p.162 que "as pessoas colectivas ou equiparadas actuam necessariamente através dos titulares dos seus órgãos ou dos seus representantes, pelo que factos ilícitos por estes praticados, em nome e no interesse daquelas, são tratados pelo direito como factos das mesmas, nomeadamente quando deles advenham responsabilidade criminal, contra-ordenacional ou civil".

[32] Cfr. JOSÉ DE FARIA COSTA, «A responsabilidade jurídico-penal da Empresa e dos seus órgãos», in: *RPCC*, Ano 2, nº 4, 1992, p. 557. No mesmo sentido, JOSÉ MIGUEL ZUGALDÍA ESPINAR, *La responsabilidad penal...* (cit. nt. 10), p. 154.

[33] A pessoa coletiva, enquanto ficção jurídica, precisa para o exercício da sua atividade da existência de 'concurso de pessoas físicas' que, como órgãos da sociedade, manifestem a vontade da pessoa coletiva e que obriguem com os seus atos a sociedade. Representação que é de caráter essencial e necessário e que, por recair sobre os administradores, se qualifica como representação orgânica. Cfr. ENRIQUE GARCIA-CHAMÓN CERVERA, «Organización, funciones y responsabilidad civil de consejos de administración en la delincuencia económica», in: *Responsabilidad de las personas jurídicas en los delitos económicos: especial referencia a los consejos de administración: actuar en nombre de otro*, Madrid: Consejo General del Poder Judicial, 2007, p. 273. Também, GERMANO MARQUES DA SILVA, *Responsabilidade penal...* (cit. nt. 11), p. 137: "Nos casos de 'representação orgânica' é a própria pessoa colectiva que age, precisamente por meio dos seus órgãos, participando assim por actos próprios na actividade jurídica; diversamente no caso dos representantes voluntários ou legais em que apenas os efeitos dos actos do representante se repercutem na esfera da pessoa colectiva". PEDRO PAIS DE VASCONCELOS, *Teoria*

a sua vontade através dos seus órgãos, de acordo com o definido legal e estatutariamente.

O órgão, segundo Marcelo Caetano, é o "elemento da pessoa colectiva que consiste num centro institucionalizado de poderes funcionais a exercer pelo indivíduo ou colégio de indivíduos que nele estiverem providos com o objectivo de exprimir a vontade juridicamente imputável a essa pessoa colectiva"[34]. O órgão como centro de imputação de poderes funcionais é imprescindível no seio da pessoa coletiva, que com caráter de permanência tem de ter a possibilidade de formar e declarar uma vontade[35].

2. Órgãos da pessoa coletiva

Perante a necessidade da existência de órgãos e de diferentes órgãos[36], entre os quais haverá que repartir poderes e estabelecer uma certa hierarquia – não só porque, no seio da pessoa coletiva, existe uma diversidade de direitos, deveres e formalidades a observar que moldam a vida "colegial"[37], mas também porque a tomada de decisões para ser eficaz tem de ser adotada em tempo útil –, é importante definir aqueles que, encar-

---

Geral do Direito Civil, 2ª ed., Coimbra: Almedina, 2003, p. 160, 161 e 702, comenta a expressão "representação orgânica", na medida em que se trata de uma expressão que correspondendo à relação entre a pessoa coletiva e os seus respetivos órgãos não consiste numa verdadeira representação (que implica uma relação de duas pessoas distintas); mas a expressão está muito enraizada no nosso ordenamento, sendo compreendida como a relação entre a pessoa coletiva e os respetivos órgãos, para além de as regras sobre representação lhes serem aplicáveis *mutatis mutandis*, pelo que não se verifica ser necessária a sua substituição.

[34] MARCELO CAETANO, *Manual de Direito Administrativo*, vol. I, 10ª ed., Coimbra: Coimbra Editora, 1983, p. 204.

[35] Cfr. LUÍS CARVALHO FERNANDES, *Teoria Geral*...(cit. nt. 2), p. 428-429.

[36] Para maior desenvolvimento, cfr. JORGE HENRIQUE PINTO FURTADO, *Curso de Direito das Sociedades*, 3ª ed., Coimbra: Almedina, 2000, p. 323 e ss.

[37] Um dos exemplos é a importância da informação como meio de fiscalização interna da sociedade (a prestação de informação constitui um dever dos órgãos colegiais e um direito dos sócios). Também, "a prestação de contas justificadas", "o tomar contas aos administradores", a realização de exames e inspeções e a apresentação de propostas, aparecem enquadradas no Código das Sociedades Comerciais sob a epígrafe de obrigações e direitos dos sócios. Cfr. MIGUEL PEDROSA MACHADO, «Sobre a tutela penal da informação nas sociedades anónimas: problemas da reforma legislativa», in: *O Direito*, Anos 106º-119º, 1974-1987, p. 217 e ss.

regues de praticar esses atos, de formar, expressar e executar a vontade coletiva, garantam que a vontade manifestada corresponda, efetivamente, à vontade coletiva e que prossegue os seus legítimos interesses[38]. Considerando que as decisões fundamentais devem ser tomadas pela maioria dos associados, através de deliberação colegial dos sócios reunidos em assembleia geral, e tendo presente que conseguir consenso permanente é uma utopia, a lei e os estatutos da pessoa coletiva devem identificar, definir e caracterizar o modo de funcionamento da assembleia geral e o modo de adoção de decisões que, tomadas pela generalidade dos sócios, correspondam à vontade da pessoa coletiva. No entanto, e para as questões de "gestão corrente" da sociedade, por razões de celeridade e de eficácia, é essencial restringir o número de pessoas com poder de decisão, procedendo-se desse modo à escolha e nomeação dos administradores (pessoas escolhidas de entre os sócios ou terceiros alheios à sociedade). Com o objetivo de fiscalizar a eficácia da atividade desenvolvida e de verificar que essa atividade prossegue o interesse e vontade coletivos, é criado o órgão de fiscalização. Através de previsão nos estatutos da pessoa coletiva, podem ainda ser criados órgãos que, não se revestindo normativamente de caráter obrigatório, internamente ajudam a formar ou a consolidar a vontade coletiva através do apoio que prestam aos restantes órgãos da pessoa coletiva, nomeadamente através da emissão de pareceres de caráter científico, pedagógico, estratégico, publicitário, jurídico, entre outros.

A existência de órgãos resulta da "natureza das coisas", traduzindo-se não só numa exigência económico-social mas numa necessidade jurídica[39].

Sob os órgãos da pessoa coletiva têm recaído várias classificações. De acordo com o número de titulares, classificam-se os órgãos em singulares ou plurais[40]. Distingue-se entre órgãos ativos e órgãos consulti-

---

[38] Neste sentido, BRITO CORREIA, *Os Administradores...* (cit. nt. 2), p. 68.
[39] Neste sentido, BRITO CORREIA, *Os Administradores...* (cit. nt. 2), p.69.
[40] Atendendo ao modo de funcionamento dos órgãos plurais, estes podem ser simplesmente plurais (se os vários titulares têm o poder de desempenhar independentemente, cada um deles só por si, a total função do órgão, consistindo no designado método disjuntivo) ou podem constituir órgãos coletivos (se os diversos titulares só puderem agir conjuntamente, obedecendo a regra da unanimidade, formando o que se designa como método conjuntivo)

vos[41] e de entre os órgãos ativos, entre órgãos internos e órgãos externos[42]. São órgãos ativos os que formam ou emitem uma vontade juridicamente imputável à pessoa coletiva. São órgãos consultivos os que se limitam a preparar elementos (em geral de ordem científica, técnica ou jurídica), com base nos quais os órgãos ativos vão emitir a sua deliberação ou decisão. São órgãos internos (ou não "representativos") os que, não expressando perante terceiros a vontade da pessoa coletiva, contribuem internamente para a formação da sua vontade. A vontade formada e resultante da atuação destes órgãos tem relevância jurídica no plano das relações internas da pessoa coletiva, pois cria, modifica ou extingue relações jurídicas tendo por sujeitos a sociedade e os titulares dos órgãos. São órgãos externos os que estabelecem a ponte entre a pessoa coletiva e terceiros, exteriorizando a vontade da pessoa coletiva perante terceiros, praticando atos jurídicos e materiais que afetam as relações da sociedade perante terceiros. São estes órgãos externos os que se designam como representativos[43].

Para Germano Marques da Silva[44], em rigor, só os órgãos ativos são verdadeiros órgãos, na medida em que aos órgãos consultivos falta a participação nos poderes internos da pessoa coletiva; embora reconheça ser corrente enquadrar estes órgãos consultivos no conceito de órgão da pessoa coletiva.

No entanto, e como vimos, o Código Penal, ao prever a responsabilidade criminal das pessoas coletivas, determina que estas são responsáveis pelos crimes aí positivados quando esses crimes sejam cometidos, em nome e no interesse coletivo, por indivíduos que ocupem posições de liderança nessas pessoas coletivas; considerando-se que os órgãos da pessoa coletiva ocupam uma posição de liderança, como resulta da con-

---

(cfr. Pinto Furtado, *Curso de Direito das Sociedades* (cit. nt. 36), p. 324). Distinguindo em função da sua estrutura: os órgãos coletivos são constituídos por vários órgãos singulares, enquanto os órgãos colegiais são constituídos por uma pluralidade de pessoas que em colégio formam a vontade da pessoa coletiva (*vide* João de Castro Mendes, *Teoria Geral do Direito Civil*, vol. I, Lisboa: AAFDL, 1978, p. 230).
[41] Cfr. Germano Marques da Silva, *Responsabilidade penal...* (cit. nt. 11), p. 230.
[42] Cfr. Pinto Furtado, *Curso de Direito das Sociedades* (cit. nt. 36), p. 331-333.
[43] Cfr. Brito Correia, *Os Administradores...* (cit. nt. 2), p. 204-205.
[44] Cfr. Germano Marques da Silva, *Responsabilidade penal...*(cit. nt. 11), p. 230.

jugação da alínea *a)* do nº 2 e do nº 4 do artigo 11º do Código Penal e não discriminando quais os órgãos.

Vejamos então:

2.1. Órgão de administração

Em todas as pessoas coletivas existe um órgão de administração que se consegue diferenciar da coletividade dos sócios. Este órgão forma o executivo da sociedade, constitui o seu governo[45] e apresenta como características as seguintes[46]: é necessário, permanente, executivo, autónomo[47], permite a distinção entre propriedade e administração e permite a concentração de poderes de direção. A este órgão incumbem poderes de gestão e de representação da pessoa coletiva[48], poderes que são prosseguidos pelos administradores, enquanto "meio de transmissão da vontade da sociedade". Administrador é "aquele que gere ou administra, aquele que tem sobre si a responsabilidade da gestão ou administração, dando instruções ou mesmo executando-as, no interesse da sociedade"[49]. A gestão social[50] implica uma série de faculdades e de obrigações tenden-

---

[45] PINTO FURTADO, *Curso de Direito...* (cit. nt. 36), p. 323.

[46] Identificando como características dos órgãos de direção, cfr. ENRIQUE GARCIA-CHAMON CERVERA, «Organización, funciones y responsabilidade civil...» (cit. nt. 33), p. 268.

[47] É um órgão necessário quer para possibilitar a criação e existência da sociedade, quer para a sua permanência; é permanente porque é responsável pelo desenvolvimento quotidiano da sociedade e pela sua atividade continuada; é executivo pois é o órgão decisor, sendo através dele que a sociedade atua e que são executadas as decisões dos restantes órgãos sociais e é autónomo na medida em que os administradores possuem uma certa independência de ação, embora no respeito pelas decisões da assembleia geral.

[48] Desde logo, nos termos do art. 163º do Código Civil se pode ler que: "1. A representação da pessoa colectiva, em juízo e fora dele, cabe a quem os estatutos determinarem ou, na falta de disposição estatutária, à administração ou a quem por ela for designado. 2. A designação de representantes por parte da administração só é oponível a terceiros quando se prove que estes a conheciam". No mesmo sentido, cfr. arts. 405º a 408º do Código das Sociedades Comerciais. Pormenorizadamente, cfr. PINTO FURTADO, *Curso de Direito das Sociedades* (cit. nt. 36), p. 323 e ss.

[49] *Acórdão do TRE*, processo nº 1241/07-1, relator FERNANDO RIBEIRO CARDOSO, disponível em: <htpp://www.dgsi.pt>, consultado em: 16 Jun. 2010.

[50] Não obstante os vários sentidos, mais ou menos amplos, que se podem usar em relação à expressão "gestão" do art. 406º do CSC e do termo "gestão" na linguagem empresarial, vide BRITO CORREIA, *Os Administradores....* (cit. nt. 2), p. 59-62; num primeiro sentido, um

tes à prossecução dos fins sociais[51], pautadas através de um conjunto de orientações que o órgão de administração deve adotar, tanto que, os atos

sentido amplo de administração como sendo o conjunto de decisões relativas à afetação de quaisquer recursos à satisfação de quaisquer necessidades e prossecução (direta ou indireta) de objetivos sociais. Administrar como uma atividade de uma pessoa singular ou coletiva que diga respeito ao seu património e pessoa e que tanto pode consistir na delimitação de objetivos a curto, médio e longo prazo, como na organização, provimento, direção e controlo da atividade. Neste sentido e face ao regime das Sociedades Anónimas, administrar corresponde à atuação de qualquer dos órgãos da pessoa coletiva (coletividade de sócios reunidos em Assembleia Geral, administração e fiscalização). Um segundo sentido, como conjunto de atividades ou funções dos gestores nos vários setores (comercial, financeiro, produção, pessoal, investigação e desenvolvimento) e nos vários níveis da empresa: organização (determinação das atividades necessárias para alcançar os objetivos, a classificação dessas atividades em funções ou tarefas, a atribuição dessas tarefas aos postos de trabalho que as irão executar, a definição da estrutura de relações entre esses postos de trabalho e a concessão de poderes adequados), planeamento (definição de objetivos da empresa), provimento (definição de necessidades de colaboradores e a especificação dos requisitos exigidos para cada posto de trabalho), direção (a motivação, a comunicação e o comando dos colaboradores, de modo a conseguir que eles atuem de maneira a alcançar os objetivos) e controlo (verificação do trabalho realizado em confronto com planos e programas e a sua correção, em vista ao alcance dos objetivos traçados). O termo administração como sinónimo de gestão inclui uma atividade de controlo e de fiscalização, sendo claro que os administradores controlam e fiscalizam os seus subordinados. Mas, quando pensamos em estrutura de uma sociedade, a administração aparece como um órgão distinto do de fiscalização, tendo este último como missão a fiscalização das atividades do órgão de administração e dos colaboradores deste. De qualquer modo, está incluído o poder de representação da sociedade por parte do órgão de administração. *Vide*, também, PEDRO PAIS DE VASCONCELOS, *Teoria Geral*.... (cit. nt. 33), p. 164.

[51] Que compreendem o dever de diligência; a apreciação anual da situação das sociedades; a informação a prestar aos acionistas relativa à aquisição de bens nos dois primeiros anos, antes da submissão do assunto a assembleia geral; em relação às ações, é competência dos administradores: subscrever os títulos representativos das ações; cumprir as obrigações em matéria de ações próprias e sobre participações recíprocas; relativamente às assembleias gerais: convocar as assembleias, assistir às sessões, proporcionar aos acionistas as informações e esclarecimentos acerca dos assuntos compreendidos na ordem do dia; certificar as atas e acordos sociais; relativamente ao funcionamento do órgão de administração: os administradores devem desempenhar o seu cargo com zelo e diligência e lealdade e guardar segredo sobre as informações de caráter confidencial; estabelecer a regulação do funcionamento do próprio conselho e a delegação permanente das suas faculdades; no que respeita a aspetos económicos: executar o aumento de capital quando decidido pela assembleia geral; conceder prazos aos acionistas para o exercício do direito de preferência na subscrição de mais ações; cumprir os requisitos e as garantias para a redução do capital social; apresentar as contas anuais e a proposta de aplicação de resultados e proceder ao seu depósito na Conservatória do Registo

praticados pelos gerentes, administradores e diretores[52], em nome da sociedade e dentro dos poderes que a lei lhes confere, a vinculam perante terceiros. Pois, existe um elo de imputação entre a atuação representativa-orgânica dessas pessoas – os titulares dos órgãos representativos – e a esfera jurídica da sociedade que representam[53].

Pode assim concluir-se que a administração vincula a pessoa coletiva: 1) enquanto órgão interno ao qual incumbe a prática das operações materiais ou jurídicas de execução de deliberações do órgão deliberativo; 2) enquanto órgão externo ao qual incumbe a missão de exteriorizar a vontade coletiva; 3) enquanto órgão executivo da pessoa coletiva, e com poderes para a representar, quando atue no âmbito de atuação que lhe foi conferido pela lei ou pelos estatutos.

2.2. A assembleia geral, o conselho fiscal e os órgãos consultivos

2.2.1. A assembleia geral

A assembleia geral é o órgão deliberativo das pessoas coletivas. Neste órgão participam todas as pessoas individuais que sejam sócios/associados da pessoa coletiva e que, através das suas deliberações[54] – "forma de expressão grupal"[55] –, determinam o destino da sociedade. A deliberação será "a fala institucional ou orgânica da concreta colectividade"[56]. No plano jurídico, o termo deliberação exprime, mais precisamente, "a

---

Comercial; propor a modificação dos estatutos sociais e fornecer informação escrita com a justificação da mesma; convocar a assembleia em caso de necessidade de discussão de dissolução da sociedade e prestar toda a sua colaboração para a prática das operações de liquidação.

[52] Art. 260º, nº 1; 409, nº 1 e 431º, nº 3, todos do CSC, no que se refere às sociedades comerciais.

[53] Cfr. arts. 252º, nº 2; 405º, nº 2 e 431º, nº 2, todos do CSC.

[54] Abordamos aqui as deliberações enquanto processo de formação da vontade coletiva no âmbito da assembleia geral de sócios. No entanto, qualquer outro órgão da pessoa coletiva com caráter plural tem como forma de tomar decisões coletivas precisamente as deliberações. Ou seja, as deliberações, não sendo atos exclusivos da assembleia geral, são neste órgão necessárias, ao passo que nos restantes órgãos a sua existência dependerá da sua natureza plural ou singular.

[55] JORGE HENRIQUE DA CRUZ PINTO FURTADO, *Deliberações de Sociedades Comerciais*, Coleção Teses, Coimbra: Almedina, 2005, p. 21.

[56] PINTO FURTADO, *ibidem*, p. 22.

própria manifestação ou declaração resultante – a qual (...) afirmará uma vontade – constituindo então uma declaração de vontade (um *iubemus*)"[57], sendo, portanto, deliberações "emitidas pela própria sociedade, como organização jurídica, na sua síntese unitária específica"[58].

Tratando-se tipicamente de um órgão interno, nem por isso as suas decisões deixam de determinar o destino da pessoa coletiva, sendo que a vontade da pessoa coletiva é aquela que resulta do processo que juridicamente permite a sua formação, ou seja, através da submissão dos assuntos cujas decisões importa tomar, chamando cada sócio para que através do seu voto possa contribuir para a decisão.

A assembleia geral, enquanto órgão da pessoa coletiva, tem competências legais: a destituição dos titulares dos órgãos da pessoa coletiva; a aprovação do balanço; a alteração dos estatutos; a extinção da pessoa coletiva; a autorização para a pessoa coletiva demandar os administradores por factos praticados no exercício do cargo. A assembleia geral tem, igualmente, competência estatutária e competência subsidiária ou residual[59].

Efetivamente, em sede de estipulação de competências dos órgãos da pessoa coletiva:

"(...) o princípio da soberania da assembleia geral tende a admitir que, sendo os sócios os senhores da sociedade, constituem, quando reunidos em assembleia geral, o seu órgão supremo, com o poder de ditar directrizes aos outros órgãos e, mesmo, de se substituírem à administração, num concreto acto de gestão, quando o considerem conveniente. O próprio contrato constitutivo poderia sempre, nesta ordem de ideias, restringir os poderes da administração, impondo livremente a necessidade de prévia deliberação da sociedade para a prática de certo acto de gestão. E, em alguns casos, como por exemplo, no caso das sociedades por quotas determina-se que os gerentes devem 'praticar os actos que forem necessários ou convenientes para a realização

---

[57] PINTO FURTADO, *ibidem*, p. 23.
[58] PINTO FURTADO, *ibidem*, p. 23.
[59] A propósito da competência das assembleias gerais das Associações, cfr. MENEZES CORDEIRO, *Tratado...* (cit. nt. 2), p. 771; PEDRO PAIS DE VASCONCELOS, *Teoria Geral...* (cit. nt. 33), p. 164.

do objecto social, com respeito pelas deliberações dos sócios'[60], admitindo-se um sistema de submissão à soberania da assembleia geral. Nas sociedades anónimas, onde é mais complexa e compartimentada a sua estrutura orgânica, não é no entanto admissível uma soberania assim tão extensa e ilimitada, que confira aos sócios um autêntico poder absoluto, rompendo o equilíbrio organizacional, laboriosa e injuntivamente estabelecido por lei."[61]

Em resumo, a assembleia geral é o órgão da pessoa coletiva onde têm assento todos os indivíduos que pertencem a essa pessoa coletiva. Este órgão de caráter interno tem a seu cargo o exercício de algum controlo (mais ou menos apertado de acordo com o tipo de pessoa coletiva em concreto considerada) e a tomada de decisões em relação a assuntos que, em regra, se identificam como "atos de administração extraordinária", porquanto assuntos de grande relevo para a vida societária. Este órgão não tem, salvo se os estatutos o determinarem, poder para representar externamente a pessoa coletiva, mas o resultado do seu funcionamento é determinante para a formação da vontade coletiva, visto que é este o órgão mais representativo da vontade coletiva, uma vez que é no seu seio que têm assento todos os membros da pessoa coletiva.

2.2.2. O conselho fiscal

Compete ao órgão fiscal[62], enquanto órgão interno da pessoa coletiva, fiscalizar a administração da sociedade; vigiar pela observância da lei e do contrato de sociedade; verificar a regularidade dos livros, registos contabilísticos e documentos; verificar a exatidão da prestação de contas; receber comunicações de irregularidades apresentadas por accionistas, colaboradores da sociedade ou outros; fiscalizar todo o processo referente à informação financeira; portanto, este órgão tem a seu cargo, regra geral, toda a competência que lhe permite exercer um controlo da gestão por parte do órgão executivo da pessoa coletiva.

---

[60] Cfr. art. 259º do CSC.
[61] PINTO FURTADO, Deliberações... (cit. nt. 55), p. 33.
[62] Nas sociedades anónimas como previsto no art. 420º do CSC. Cfr. PEDRO PAIS DE VASCONCELOS, Teoria Geral... (cit. nt. 33), p. 164.

No âmbito da regulação do conselho fiscal assumem, ainda, relevância o seu regulamento interno, os estatutos da pessoa coletiva e os deveres que incidem sobre os membros do conselho fiscal, tais como: exercer uma fiscalização consciensciosa e imparcial; guardar segredo dos factos e informações de que tiveram conhecimento em razão das suas funções; registar por escrito todas as verificações, fiscalizações e diligências que tenham feito e o resultado das mesmas; comunicar ao presidente do conselho fiscal qualquer facto ou circunstância que afete ou venha a afetar a sua independência ou que gere uma incompatibilidade legal para o exercício do cargo.

2.2.3. Os órgãos consultivos[63]

Por serem órgãos facultativos e internos, é escassa a literatura existente em que se proceda à análise dos vários tipos de órgãos consultivos que podem existir numa pessoa coletiva (*v.g.* numa sociedade). No entanto, os sócios são livres para, se assim entenderem, estipularem a existência de um órgão consultivo afeto a tecnicamente fornecer informação aprofundada e fidedigna relativamente a alguns aspetos de gestão da pessoa coletiva, por exemplo, aconselhamento técnico em matéria de compras e vendas, estratégias de marketing, domínio fiscal ou jurídico, de apoio em gestão de recursos humanos, entre outros.

Por falta de indicação legal, é essencialmente por via estatutária que se procede à fixação do número de membros do órgão consultivo, do seu modo de funcionamento, do agendamento ou previsão das reuniões e tipo de reuniões (se for o caso), sua competência, regras de funcionamento. Para além do mais, podem os membros dos órgãos consultivos ser nomeados ou indicados pela própria assembleia geral, pelo conselho fiscal ou pela administração. No essencial as suas funções consistem em rever e avaliar, aconselhar e orientar os administradores da pessoa coletiva na preparação de planos estratégicos e definições de política operacional, no

---

[63] Para além dos órgãos consultivos podem as pessoas coletivas criar comissões de apoio, acompanhamento e aconselhamento dos órgãos. Estas comissões não se inserem, em regra, no conceito de órgão.

apoio à tomada de decisões[64]. O resultado da atividade exercida por este órgão será essencialmente de caráter interno e, em regra, reportando-se à administração. Assim, se a administração toma uma decisão cuja base consiste num estudo elaborado e "falseado" por este órgão consultivo, essa decisão vincula a sociedade e pode fazê-la incorrer em responsabilidade criminal, caso o facto praticado seja um ilícito penal. Do mesmo modo, se os estatutos atribuírem poder de representação externa a este órgão, de modo que este para determinados assuntos constitua a "voz" da pessoa coletiva, a transmissão de vontade daí decorrente vinculará a pessoa coletiva. Em relação a estes órgãos da pessoa coletiva, de natureza facultativa, caracteristicamente internos e aos quais a lei não confere o poder de representação da pessoa coletiva, a nossa doutrina e jurisprudência praticamente não se pronunciam, e como já vimos, Germano Marques da Silva nem considera estes órgãos, em rigor, como órgãos da pessoa coletiva, na medida em que lhes falta a participação nos poderes internos da pessoa coletiva.

2.3. A especificidade: órgãos de composição singular e órgãos de composição plural

Nos órgãos de composição singular, por muitas vezes, se confundir a responsabilidade individual do titular do órgão da pessoa coletiva (administrador[65]) com a responsabilidade do próprio órgão ao qual cumpre

---

[64] Podendo caber-lhes, por exemplo, a elaboração de relatórios para serem presentes às diversas autoridades estatais com quem a pessoa coletiva no âmbito da sua atividade se relaciona; a apresentação de propostas com o objetivo de expandir a atividade e aumentar o volume de negócios; a avaliação de interesse e coordenação de eventuais colaborações e/ou parcerias a estabelecer pela pessoa coletiva com outras entidades; o aconselhamento técnico e científico especializado em todas as matérias solicitadas pelos restantes órgãos e para as quais o órgão consultivo tenha competência.

[65] O órgão executivo da pessoa coletiva pode ser de composição singular ou plural. Todos os restantes órgãos são de composição plural. Por isso, esta questão da demarcação da vontade individual da vontade coletiva tem tido desenvolvimento doutrinal relativamente à administração. Efetivamente, o único gerente de uma sociedade "empresta" a sua vontade à sociedade, mas essa sua vontade individual pode ou não coincidir com a vontade da sociedade. Importante se torna, para efeitos de imputabilidade de responsabilidade criminal, averiguar qual a vontade que está a ser expressada por aquela pessoa singular que (não deixando de o

manifestar a vontade juridicamente relevante da pessoa coletiva, a forma de manifestação da vontade relevante da pessoa coletiva é determinante.

Já nos órgãos de composição plural não se verifica, necessariamente, esta confundibilidade, visto que a vontade juridicamente vinculante para a pessoa coletiva é a que resulta de deliberação do órgão; deliberação essa tomada e formada de acordo com o procedimento legalmente estabelecido[66]. Ainda assim, nos órgãos de composição plural podem relevar essencialmente três questões: *a)* quando é que o membro responde por participar na adoção de decisão colegial; *b)* como se determina a responsabilidade individual pela intervenção na adoção da deliberação; *c)* quem responde pela execução da deliberação.

Entende Germano Marques da Silva[67] que nos órgãos colegiais de composição plural a imputação de responsabilidade criminal aos membros do órgão não se afasta da solução quanto à responsabilidade civil consagrada no Código das Sociedades Comerciais, pelo que apenas os que votaram favoravelmente no sentido em que se formou a maioria são responsáveis pelo facto. Os que votaram contra não manifestam vontade criminosa[68]. A solução já será outra, de acordo com este autor, se o membro do órgão tendo direito de oposição não o exerceu, viabilizando desse modo a deliberação criminosa. De acordo com este entendimento, a abstenção, viabilizando a maioria, equivale à adesão voluntária ao voto maioritário. No que respeita ao executor, geralmente a deliberação não constitui por si só um crime autónomo, mas fase prévia ou componente

---

ser) é em simultâneo o único titular de um órgão (ou seja, é o órgão) de determinada pessoa coletiva.

[66] Pormenorizadamente em relação às regras de funcionamento do conselho de administração, cfr. Raúl Ventura, *Comentário ao Código das Sociedades Comerciais – estudos vários sobre sociedades anónimas*, reimpressão, Coimbra: Almedina, 2003, p. 534 e ss. Mas, mesmo quando o órgão é de composição plural, cada um dos seus membros, *v.g.* cada administrador, embora não detendo só por si poderes decisórios, tem poderes-deveres de informação e vigilância de tudo quanto na sociedade se passa.

[67] Germano Marques da Silva, *Direito penal tributário – sobre as responsabilidades das sociedades e dos seus administradores conexas com o crime tributário*, Lisboa: Universidade Católica Editora, 2009, p. 309.

[68] Cfr. G. Jakobs, «Responsabilidad penal en supuestos de adopción colectiva de acuerdos», S. Mir Puig / D. M. Luzón Peña, *Responsabilidad penal de las empresas y sus órganos y responsabilidad por el producto*, Barcelona: Bosch, 1996, p. 84-86.

do mesmo. Entende Germano Marques da Silva[69] que "é muito difícil que a tomada de decisão no âmbito da empresa constitua um acto preparatório punível, a responsabilidade penal só terá relevância quando a execução da deliberação constitua execução de um facto típico penal, isto é, só será relevante o modo como o órgão conformou a vontade do executor quando a decisão de cometer o crime se exterioriza para a sua execução". As hipóteses a considerar são a instigação e a coautoria, mediata ou imediata[70].

Ou seja, os administradores da sociedade não ficam ilibados da responsabilidade funcional, enquanto titulares do órgão de administração das sociedades, pelos atos ilícitos praticados no exercício das suas funções. Também a responsabilidade dos administradores das sociedades pode ser por ação ou por omissão. A responsabilidade por ação é a que resulta de atos praticados pelo próprio ou com a sua direta participação. A responsabilidade por omissão é a resultante de omissão de comportamentos devidos em razão da qualidade funcional exercida. Assim, o administrador ou representante pode ser responsabilizado pelo que fez, mandou fazer ou ajudou a fazer, mas também pelo que não fez, tendo o dever de fazer. Neste âmbito, verifica-se tendência dos tribunais de imputar factos aos administradores pela simples razão de dirigirem a empresa. Se na empresa quem "manda é a administração", então os administradores devem responder por tudo que nela se passa[71].

No âmbito do direito penal tributário existem atualmente muitos autores que consideram que "só as sociedades deveriam ser responsabilizadas pelos crimes praticados no seu seio e decorrentes da actividade porque os administradores, actuando funcionalmente ao serviço da sociedade que administram, não manifestam uma vontade própria; a vontade no crime é a da sociedade, gerada pelos seus órgãos segundo o procedimento legalmente estabelecido, e não a dos titulares desses órgãos, individualmente considerados, que apenas participam na formação da vontade da sociedade"[72].

---

[69] GERMANO MARQUES DA SILVA, *Direito penal tributário...* (cit. nt. 67), p. 309.
[70] ELENA NÚÑEZ CASTAÑO, *Responsabilidad Penal en La Empresa*, Valencia: Tirant lo Blanch, 2000, p. 162.
[71] Citado por GERMANO MARQUES DA SILVA, *Direito penal tributário...* (cit. nt. 67), p. 303.
[72] Cfr. GERMANO MARQUES DA SILVA, *ibidem*, p. 294.

III. Atos cometidos em nome e no interesse coletivo

Nos termos do Código Penal, a pessoa coletiva será responsável pelos atos cometidos em seu nome e no interesse coletivo, de acordo com os critérios estabelecidos no artigo 11º, nº 2, alínea *a*) que a seguir se indicam:

i) Em nome da pessoa coletiva – Demarcando bem que a vontade exteriorizada corresponde à vontade da pessoa coletiva, que é distinta da vontade individual de cada um dos sujeitos individuais que compõem a pessoa coletiva. Ora, o órgão de gestão da pessoa coletiva é, como vimos, o órgão que por excelência representa a pessoa coletiva. Se utilizarmos um pensamento analógico com o corpo humano, este órgão seria a "voz" da pessoa coletiva. É através dele que a pessoa coletiva se inter-relaciona com o mundo exterior, é a este órgão que cabe a representação da pessoa coletiva e, portanto, o elemento psicológico exteriorizado como vontade coletiva a esta será imputável. A atuação em nome da pessoa coletiva pode consistir, por exemplo, no poder de firma ou de assinatura[73], como poder geral de intervir, mesmo oralmente, em nome da sociedade: quem pode firmar ou assinar, também pode simplesmente falar em nome da pessoa coletiva. Ou, como defende Jorge dos Reis Bravo, deve entender-se a expressão em seu nome como a circunstância de aqueles agentes (singulares) atuarem no exercício de funções[74].

ii) Atuação no interesse coletivo – Este critério de imputação tende mais uma vez a diferenciar os interesses individuais daquele que é o interesse coletivo[75]. Este interesse coletivo coincidirá com a prossecução do objeto

---

[73] Cfr. Pinto Furtado, *Curso de Direito das Sociedades* (cit. nt. 36), p. 333.

[74] Cfr. Jorge dos Reis Bravo, «Critérios de imputação jurídico-penal de entes colectivos (elementos para uma dogmática alternativa da responsabilidade penal de entes colectivos)», in: *Revista Portuguesa de Ciência Criminal*, Ano 13, nº 2, 2003, p. 236.

[75] Tentando responder à questão de saber se existe um interesse social distinto do interesse de agrupamento de sócios, a teoria contratualista (preconizada por Raúl Ventura) e a teoria institucionalista (preconizada por Brito Correia), cfr. Raúl Ventura, *Sociedades por Quotas*, vol. III, reimpressão, Coimbra: Almedina, 1996, p. 150 e ss.; Brito Correia, *Direito Comercial. Sociedades Comerciais*, 2º vol., reimpressão, Lisboa: AAFDL, 2000, p. 49; Inês Fernandes Godinho, *A responsabilidade solidária das pessoas colectivas em direito penal económico*, Coimbra: Coimbra Editora, 2007, p. 101; Zugaldía Espinar, *La responsabilidad penal de empresas...* (cit. nt. 10), p. 220 e ss.

social da sociedade. Mas poderá não existir coincidência[76] e, mesmo assim, verificar-se a existência de um interesse que transcende cada um dos sujeitos individuais *per se* considerados. O conceito de interesse coletivo deverá ser entendido como a verificação de proveitos ou vantagens advenientes para a pessoa coletiva, em resultado da prática do crime, diferentes dos que resultariam para um ou mais agentes individualmente considerados[77].

A infração deve, deste modo, ser cometida por ocasião de atividades destinadas a assegurar a organização e o funcionamento da pessoa coletiva[78], excluindo-se deste modo a responsabilidade das pessoas coletivas por infrações ligadas à vida privada do agente individual titular do órgão da pessoa coletiva. O que se pretende com a noção de interesse é que "o acto não seja praticado em benefício do agente ou de terceiros alheios à sociedade, ou seja, que o acto seja praticado em razão da prossecução dos fins sociais da sociedade"[79]. Remata Germano Marques da Silva no sentido de considerar que "age no interesse da sociedade o órgão ou representante que pratica o facto em ordem à organização, ao funcionamento ou à realização dos fins da sociedade, mesmo se desses factos não resulte

---

[76] A pessoa coletiva tem capacidade jurídica para prosseguir todos os atos necessários para a prossecução do seu objeto social. O objeto social é necessariamente, no nosso campo de análise, um objeto lícito. Mas o modo, a estratégia para concretizar esse objeto e o fim da pessoa coletiva é que pode ser realizado através de meios ilícitos. Ou seja, o conjunto de decisões e de atos a praticar podem isolada ou conjuntamente consubstanciar crime sem que a *ultima ratio*, o fim a atingir, o objeto da sociedade seja ferido dessa ilicitude.

[77] Jorge dos Reis Bravo, «Critérios de imputação jurídico-penal de entes colectivos...» (cit. nt. 74), p. 236; Carlos Adérito Teixeira, «A pessoa colectiva como sujeito processual ou a "descontinuidade" processual da responsabilidade penal», in: *Revista do CEJ*, nº 8 – Jornadas sobre a revisão do Código Penal (estudos), 2008, p. 131-136; Gonçalo Nicolau Cerqueira Sopas de Melo Bandeira, *Responsabilidade penal económica e fiscal dos entes colectivos: à volta das sociedades comerciais e sociedades civis sob a forma comercial*, Coimbra: Almedina, 2004, p. 341, acentua que pode mesmo advir um prejuízo para a pessoa coletiva, estando mesmo assim verificado o pressuposto de ação no interesse coletivo, tratando-se, pois, de uma pretensão ou possibilidade de adquirir essas vantagens ou proveitos. Vantagens ou proveitos esses que não têm necessariamente de ser económicos. Ou seja, o benefício pode ser eventual ou atual, direto ou indireto, moral ou material.

[78] Cfr. Germano Marques da Silva, *Responsabilidade penal...* (cit. nt. 11), p. 91, a propósito da doutrina dominante em França.

[79] Germano Marques da Silva, *ibidem*, p. 257.

para a sociedade qualquer proveito financeiro ou até acarrete dano. Tratar-se-á, sempre, de um acto funcional do órgão ou representante"[80].

IV. Responsabilidade por omissão

Os órgãos da pessoa coletiva podem ainda gerar responsabilidade criminal imputável à pessoa coletiva se, estando legal ou estatutariamente obrigados à prática de qualquer uma das ações que lhes são determinadas nos termos da lei ou dos estatutos, as não praticarem. A doutrina tem questionado se existe um dever de garante que recaia sobre a administração (e sobre os respetivos titulares) e que permita a justificação da responsabilidade criminal por omissão de atos, que pode ser imputada à pessoa coletiva. É nesta base que se torna pertinente, no âmbito de uma organização empresarial, o critério de imputação de um facto ilícito típico de um subordinado a um dirigente de tal organização, a chamada doutrina dos deveres jurídicos de garante, desenvolvida em geral no âmbito da problemática dos crimes omissivos impróprios ou impuros. A nossa jurisprudência tem aplicado este princípio do dever de garante para fundamentar a responsabilidade, quer de administradores quer das próprias pessoas coletivas, pela omissão do cumprimento de obrigações e/ou deveres. Tome-se, por exemplo, alguns acórdãos do Tribunal Constitucional nos quais o tribunal se pronuncia no sentido de que:

> "sobre estes dirigentes recai o dever de garantir o cumprimento das obrigações impostas aos partidos em matéria de financiamento e organização contabilística. Trata-se de um dever de garante, pelo que, como tal, compete a tais dirigentes, no exercício dos seus poderes, desenvolver (...) fórmulas procedimentais e mecanismos de responsabilização interna, de modo a tornar mais difíceis as condições que comprometam o cumprimento das obrigações (...)"[81]; (...) no domínio das infracções de estrutura omissiva cometidas no âmbito das pessoas colectivas, a regra é a de que, em se tratando de

---

[80] GERMANO MARQUES DA SILVA, *Responsabilidade penal...* (cit. nt. 11), p. 261, onde a questão é debatida em termos detalhados.
[81] *Acórdão do TC* nº 198/10, processo nº 13/CPP, relator Vice-Presidente, disponível em: <www.tribunalconstitucional.pt>, consultado em: 08 Jun. 2010.

concretizar o critério de imputação objectiva, a estrutura orgânico-formal e hierarquizada da entidade dará a conhecer o titular do dever de garante: titulares do dever de garante serão todos aqueles a quem, de acordo com as linhas da hierarquia da pessoa colectiva formalizadas nos respectivos estatutos, esteja atribuída competência para a prática dos actos, a dinamização dos procedimentos ou a implementação dos mecanismos idóneos a (...) assegurar a verificação do resultado juridicamente conforme ou a dificultar a possibilidade da sua não ocorrência. Todavia, se o critério de imputação não prescinde do recurso à estrutura hierarquizada da pessoa colectiva, aquela, embora dê para o problema a quase totalidade da resposta, poderá, ainda assim, não dar a resposta toda (...)"[82].

Os acórdãos *supra* citados são demonstrativos da existência e do reconhecimento a nível jurisprudencial de um dever de garante que incide sobre os dirigentes das estruturas coletivas e que pode ser imputado à pessoa coletiva, em si mesma, se o interesse prosseguido for o interesse coletivo, assim como se os restantes órgãos, nomeadamente o conselho fiscal e a assembleia geral, a quem incumbem deveres de vigiar a atuação da administração, tiverem conhecimento das infrações e nada fizerem. Ou seja, a existência de um dever de garante recai inclusive nos próprios órgãos da pessoa coletiva, em todos eles e de acordo com as competências que lhes sejam atribuídas. O não cumprimento dos deveres que lhes estão adstritos pode, quando não observado em virtude de existência de um interesse coletivo, gerar responsabilidade por omissão para a própria pessoa coletiva. Imagine-se, por exemplo, o conselho de administração que decide praticar atos com vista ao incremento do volume de negócios da pessoa coletiva e esses atos consistem na realização de um conjunto de crimes. O conselho fiscal sabendo da situação, ou dela suspeitando, nada faz, na medida em que considera que a atuação da administração, sendo para aumentar o volume de negócios, só por si justifica os meios que porventura tenham de ser utilizados. Efetivamente, o conselho fiscal tem o dever de agir porque assim lhe foi legalmente designado. Porquanto a não tomada de decisão ou posição, o não exercício do controlo com o

---

[82] *Acórdão do TC* nº 99/09, processo nº 11/CPP, relator Conselheiro Presidente e *Acórdão do TC* nº 643/09, processo nº 12/CPP, relator Conselheiro Presidente, disponíveis em: <www.tribunalconstitucional.pt>, consultado em: 12 Nov. 2013.

objetivo de "deixar passar", contribui para a formação da vontade coletiva e, por isso, pode ser imputado à pessoa coletiva.

O dever de garante que recai sobre os órgãos da pessoa coletiva encontra fundamento no elenco de competências que a estes órgãos são legalmente atribuídas.

V. Análise

Como refere Manuel de Andrade:

"A vontade do órgão é referida ou imputada por lei à pessoa colectiva, constituindo, para o Direito, a própria vontade desta pessoa. Correspondentemente, os actos do órgão valem como actos da própria pessoa colectiva, que assim agirá mediante os seus órgãos jurídicos, do mesmo modo que a pessoa singular atua e procede através dos seus órgãos físicos. Se os indivíduos encarregados de gerir os interesses da pessoa colectiva são órgãos dela, os factos ilícitos que pratiquem no âmbito das suas funções serão actos da mesma pessoa; a culpa com que tenham procedido será igualmente culpa dessa pessoa; e sobre esta recairá a competente responsabilidade civil e criminal, que será, para o Direito, responsabilidade pelos próprios actos e pela própria culpa, que não por actos e por culpa de outrem. Mas, verdadeiros órgãos serão as pessoas físicas que têm a seu cargo decidir e atuar pelas pessoas colectivas"[83].

Porque as pessoas coletivas não têm outra vontade que a proveniente da vontade dos seus órgãos e é "por isso que tem de ser encaradas como centros ético-sociais de imputação jurídico-criminal: por serem o resultado de vontades (necessariamente livres, para vontades serem) individuais dirigidas a uma finalidade comum" e "(...) para se assumir como pessoa jurídica, tem de atuar necessariamente através dos seus órgãos ou representantes (...)"[84]. As pessoas coletivas "(...) só têm sentido e inten-

---

[83] MANUEL DE ANDRADE, *Teoria geral...* (cit. nt. 2), p. 143 e ss.
[84] FARIA COSTA, «A responsabilidade jurídico-penal da empresa e dos seus órgãos» (cit nt. 32), p. 555.

cionalidade jurídico-penal no momento em que se estabelece o nexo indissociável entre aquilo que se quer construir e os órgãos reais de ligação (directa) ao mundo jurídico. A relação entre a pessoa colectiva e os seus órgãos ou representantes assume, pois, um caráter essencial"[85]. Só pelo órgão ou representante a pessoa coletiva "ascende à discursividade jurídico-penalmente relevante"[86]. Ou, como refere Germano Marques da Silva[87]: "...graças à sua estrutura organizativa, as pessoas colectivas estão equipadas com as capacidades dos sujeitos de Direito e portanto dispõem das necessárias características para assumirem, como destinatárias das normas, os mandados de conduta", e como tal, são direta e autonomamente destinatários das normas de proteção de bens jurídicos e de ordenação social, porque suscetíveis de culpa – seja culpa por deficiência da organização, seja culpa analógica[88] da do ser humano pela respetiva violação. E como reconhece a nossa jurisprudência, os órgãos, enquanto "órgãos da pessoa coletiva", por analogia com o corpo da pessoa singular, são o modo de formação e manifestação da vontade desta; pelo que, efectivamente, os atos por si praticados vinculam criminalmente a pessoa coletiva e sem necessidade da decisão administrativa ou judicial condenatória da pessoa coletiva ter de fazer referência expressa ao órgão ou agente que por conta da pessoa coletiva atuou[89]. Até porque, na esmagadora maioria dos casos, em virtude da diluição de responsabilidades no seio das sociedades, a identificação do órgão ou agente que atuou é por vezes tarefa praticamente impossível.

Eis porque a responsabilidade criminal da pessoa coletiva decorrente dos atos praticados pelos seus órgãos consiste numa responsabilidade por ato próprio e não por ato alheio, sendo a pessoa coletiva equiparada à pessoa singular e acolhendo-se plenamente a teoria da analogia. Pessoas singulares e pessoas coletivas constituem, em termos idênticos, centros de imputação de responsabilidade penal.

---

[85] *Idem, ibidem*, p. 556.
[86] *Idem, ibidem*, p. 557.
[87] GERMANO MARQUES DA SILVA, *Responsabilidade penal...* (cit. nt. 11), p. 161.
[88] FIGUEIREDO DIAS, *Direito Penal – Parte Geral*, Tomo I, 2ª ed., Coimbra: Coimbra Editora, 2007, p. 298-299.
[89] Neste sentido, *Acórdão do TRG*, processo nº 459/05.0GAFLG, relator FERNANDO VENTURA, disponível em: <www.dgsi.pt>, consultado em: 15 Jun. 2010, p. 4.

Se em relação ao órgão de administração não existem dúvidas de que o comportamento vincula jurídica e penalmente a pessoa coletiva, dado a este órgão caber o poder legal de representar a pessoa coletiva assim exteriorizando a vontade coletiva, já em relação aos restantes órgãos pode não ser tão linear retirar essa conclusão. E se equacionarmos os órgãos consultivos mais questões podem surgir.

Gonçalo Bandeira, a propósito da possibilidade de vinculação da sociedade por crimes económicos, entende que "embora todos os órgãos (...) sejam órgãos sociais, parece ser certo que os poderes de vinculação da sociedade são monopolizados pelos órgãos com funções de administração. (...) Parece que, não obstante os órgãos não executivos poderem participar em infracções fiscais, não podem estas ser consideradas cometidas por aqueles"[90], adiantando este autor que o artigo 376º, nº 1, alínea *a)* do CSC refere que a assembleia geral deve reunir para "deliberar sobre o relatório de gestão e as contas do exercício, quando a assembleia seja o órgão competente para isso", mas tal função não poderá constituir a prática de infração fiscal. Além disto, os artigos 262º, 420º, alínea *c)* e 446º, nº 4 do CSC, dispõem que os órgãos de fiscalização estão encarregues de zelar pela regularidade dos livros de registo de contabilidade e documentos similares se não dispuserem de poderes de representação nesse ponto, nem podem praticar atos que, por si só, responsabilizem penalmente a sociedade comercial. No entanto, o conselho fiscal, como órgão de fiscalização, pode ter uma importância extrema numa sociedade comercial, de acordo com o artigo 408º, nº 4 do CSC[91]".

Paulo Pinto Albuquerque refere que "(o líder) é a pessoa com função de direcção, administração ou fiscalização da actividade da pessoa colectiva ou membro de qualquer órgão de direcção, administração (seja membro executivo ou não executivo) e fiscalização[92]", palavras de onde deduzimos se poder imputar à pessoa coletiva os atos cometidos pelo órgão de administração ou pelo órgão de fiscalização da pessoa coletiva.

A nossa jurisprudência em sede de análise de responsabilidade contraordenacional decidiu que as pessoas coletivas constituem "realidades

---

[90] GONÇALO BANDEIRA, *Responsabilidade penal económica...* (cit. nt. 77), p. 372-373.
[91] GONÇALO BANDEIRA, *ibidem*, p. 373.
[92] PAULO PINTO DE ALBUQUERQUE, *Comentário do Código Penal*, Lisboa: Universidade Católica Editora, 2008, p. 83.

sociais *a se* dotados de consciência e vontade próprias. Existe uma incorporação de actos, sem necessidade de decompor a intervenção humana que conduziu à sua materialização, o que, em termos organizativos, corresponde a mais das vezes a uma pluralidade de intervenientes, distribuídos por uma cadeia decisória complexa e muito dificilmente discernível do seu exterior"[93].

De todas as fontes analisadas a terminologia utilizada é sempre a de "órgão", também não realizando qualquer distinção entre os vários tipos de órgãos que podem existir.

Atendendo ao já referido por Germano Marques da Silva, que voltamos a transcrever: "é muito difícil que a tomada de decisão no âmbito da empresa constitua um acto preparatório punível, a responsabilidade penal só terá relevância quando a execução da deliberação constitua execução de um facto típico penal, isto é, só será relevante o modo como o órgão conformou a vontade do executor quando a decisão de cometer o crime se exterioriza para a sua execução"[94].

Entendemos que qualquer órgão da pessoa coletiva, inclusive os órgãos consultivos, poderá estar apto a, através dos seus atos, provocar a imputabilidade criminal à pessoa coletiva. Efetivamente, se foi a conduta, a decisão, o comportamento desse órgão que determinou a prática do crime ou se foi através desse órgão que se cometeu o crime, então esse ilícito estará em condições de ser imputado à pessoa coletiva.

Deste modo, os atos de qualquer órgão da pessoa coletiva ser-lhe-ão imputados por uma de duas vias:

i) Ou por via da imputação através do órgão de administração que constituindo o órgão com poderes de representação exterioriza o resultado das decisões da pessoa colectiva, cuja vontade foi determinada e/ou formada pela assembleia geral, pelo conselho fiscal ou pelos órgãos consultivos. Esta será a via "normal" de imputação da responsabilidade criminal às pessoas coletivas pelos atos cometidos quer pelo órgão de administração quer pelos restantes órgãos que, como se referiu, têm essencialmente uma função interna.

---

[93] Cfr. *Acórdão do TRG*, processo nº 459/05.0GAFLG (cit. nt. 89).
[94] GERMANO MARQUES DA SILVA, *Direito penal tributário...* (cit. nt. 67), p. 303.

ii) Ou por via de imputação através da sua própria atuação, sempre que a lei ou os estatutos lhes confiram a faculdade de agir em nome e no interesse coletivo. Nestes termos, se os estatutos tiverem previsto que o órgão consultivo (*v.g.* conselho jurídico) exteriorize a vontade da pessoa coletiva para todos os assuntos da sua competência e área de trabalho, e se por força desse processo é cometido um crime, então a imputação far-se-á diretamente na pessoa coletiva.

Portanto, sempre que a decisão ou a atuação do órgão tenha determinado a prática do crime, independentemente de qual o órgão no seio do qual foi tomada a decisão ou realizada a atuação, esse ato, desde que cometido em nome e no interesse da pessoa colectiva, é criminalmente imputável à pessoa coletiva. Essa imputabilidade poderá ser, quiçá, afastada se no âmbito de competência própria de cada órgão essa atitude criminosa for vedada.

Não se vislumbra nenhuma razão justificativa de o coletivo de sócios, reunido em assembleia geral, deliberar no sentido do cometimento de um crime e desde logo encarregar um dos sócios, presente na reunião da assembleia geral, de concretizar a deliberação. Se se verificarem os requisitos típicos da atuação (atuação em nome e no interesse da pessoa coletiva), porque não pode esta deliberação tomada pelo órgão plenário e representativo de todos os sócios de uma pessoa coletiva vincular a pessoa coletiva? Não nos parece existir qualquer obstáculo, até porque: *i)* tem-se discutido a questão da atuação pelos designados órgãos de facto da pessoa coletiva, sendo a doutrina unânime em considerar que a atuação destes órgãos, permitida ou tolerada pelos órgãos de direito e revestida dos elementos da atuação típica (atuação em nome e no interesse da pessoa coletiva), seria imputável à pessoa coletiva; *ii)* os designados atos *ultra vires*, correspondentes à atuação dos órgãos para além das suas competências, do mesmo modo, desde que permitidas ou toleradas tais atuações por parte de um órgão, pelos restantes órgãos tais atuações vinculam a pessoa coletiva, de acordo com a doutrina maioritária em sede de direito civil e societário. E, neste caso, mais uma vez, verificando-se a atuação em nome e no interesse coletivos.

Também não se visiona nenhuma justificação para que uma decisão do órgão de administração devidamente fundamentada por um parecer do órgão consultivo, emitido com vista à prossecução dos interesses da pessoa coletiva, não possa ser imputada à pessoa coletiva, invocando a administração estar em erro, ter sido induzida em erro pelo parecer do conselho consultivo e, assim, ilibar de responsabilidade quer a administração quer a pessoa coletiva. Se o conselho consultivo atuou no âmbito das funções que lhes foram conferidas pelos estatutos, se os seus membros foram escolhidos pela administração, pela assembleia geral ou pelo conselho fiscal, se a emissão do parecer prossegue o interesse coletivo, embora quando executado leve ao cometimento de um crime, então esse crime poderá ser imputado à pessoa coletiva. Pois, a verdade é que o legislador estabeleceu como critérios a atuação em nome e no interesse da pessoa coletiva. Critérios estes que a jurisprudência aplica no âmbito do direito penal secundário e do direito contraordenacional:

> "A responsabilidade criminal da pessoa colectiva foi consagrada em termos prudenciais pela nossa lei, exigindo-se que haja sempre uma conexão entre o agente da pessoa colectiva e esta, devendo aquele atuar em representação e no interesse desta (...) a exposição para venda ao público de produto em cuja composição entra substância proibida pela lei, implica a responsabilidade da sociedade e seus representantes, a qual não é excluída pelo facto de alegarem ter recebido garantias do produtor que o produto obedeça à lei portuguesa, sendo impensável que uma empresa de forte dimensão não disponha de um departamento capaz de a orientar nesse domínio"[95].

> "O arguido é sócio gerente da arguida sociedade de panificação. No âmbito da sua actividade, a arguida faz encomendas regulares de produtos necessários à confecção de pastelaria e pão, designadamente de... o ente colectivo só deve ser sancionado 'para completar os efeitos da reação dirigida à pessoa singular, nomeadamente quando aquele tirar proveito da infração', o que é o caso nos autos, pois se provou que os produtos em causa eram para ser utilizados para o fabrico de bolos que depois seriam vendidos"[96],[97].

---

[95] *Acórdão do TRL*, processo nº 0059995, relator Franco de Sá, disponível em: <www.dgsi.pt>, consultado em: 27 Abr. 2010.
[96] *Acórdão do TRP*, processo nº 0110190, relator Baião Papão, disponível em: <www.dgsi.pt>, consultado em: 15 Jun. 2010 (acórdão no qual se discute a responsabilidade criminal no âmbito do DL nº 28/84, de 20/01).
[97] Este entendimento da nossa jurisprudência é acompanhado pela jurisprudência francesa,

Face a todo o exposto, e similarmente ao já defendido no âmbito do direito penal secundário por Manuel Lopes da Rocha[98], para que exista responsabilização da pessoa coletiva "não basta que o agente tenha actuado na qualidade de órgão ou representante, nem que tenha agido no interesse colectivo, pois os dois requisitos são cumulativos, exigindo--se assim que o facto seja praticado por quem atua em termos de exprimir ou vincular a vontade da sociedade, procurando a satisfação de interesses, embora ilícitos, dessa sociedade"; entendimento que subscrevemos e que julgamos inteiramente aplicável no âmbito do direito penal de justiça.

Deste modo, parece-nos que o artigo 11º, nº 2, alínea *a)* do CP, ao considerar os órgãos no âmbito do critério formal de imputação, se quis referir a todo e qualquer órgão, cabendo aos restantes critérios (de índole material) definir e afastar a imputabilidade da responsabilidade à pessoa coletiva. Assim, se a atuação do órgão não for uma atuação em nome da pessoa coletiva (no seu âmbito funcional) e no interesse da pessoa coletiva, esta não será responsável pelos eventuais ilícitos penais cometidos.

É a exteriorização da vontade da pessoa coletiva que a vincula perante terceiros, fazendo-a incorrer em responsabilidade contraordenacional,

---

que reconhecendo a possibilidade de existência simultânea de interesses individuais e colectivos, admite não existir qualquer incompatibilidade entre si. Cfr. o caso apreciado na Cass. Crim. 14 Maio de 2003, Bull. Crim., nº 97, D 2003, AJ 1766, note A LIENHARD relativo ao abuso de bens sociais: uso para fins ilícitos e interesse pessoal. O tribunal vem considerar que o abuso de bens sociais foi grosseiramente acompanhado da emissão de faturas falsas que não foram registadas na contabilidade. Ou seja, os gerentes utilizaram os bens sociais para obter privilégios e uma vez condenados defendem-se alegando ter agido não com interesse pessoal mas com interesse coletivo, na medida em que teriam atuado para desenvolver a atividade da sociedade através de um jogo de influências e que o benefício seria para a sociedade através do aumento do seu volume de negócios.
O tribunal vem a considerar que, num destes casos, com a prática de tais condutas, a própria pessoa coletiva se expõe ao risco de cometer crimes ela própria e na pessoa dos seus dirigentes que atentem ao seu crédito e reputação. Considera o tribunal que agiram no interesse da sociedade na medida em que a intenção é desenvolver a atividade da sociedade. Mais, decide o tribunal não existir incompatibilidade entre o desejo de desenvolver a sociedade e a busca de um interesse pessoal. Mas são identificáveis um com o outro, cfr. DIDIER REBUT, «Infractions relevant du droit des sociétés», in: *Revue de science criminelle et de droit penal comparé*, nº 4, Outubro/Dezembro de 2003, p. 797 e ss.
[98] MANUEL LOPES DA ROCHA, «Responsabilidade penal das pessoas colectivas – novas perspectivas», in: *Direito Penal Económico e Europeu: Textos Doutrinários*, Coimbra: Coimbra Editora, 1998.

civil ou penal. O método de formação da vontade coletiva é um método interno, pelo que não desvaloriza a intervenção e o papel que cada um dos órgãos estatutários da pessoa coletiva desempenha no seu seio.

Cremos assim, partilhando a opinião de Germano Marques da Silva, que é inteiramente aplicável o ensinamento de Manuel de Andrade a respeito da responsabilidade civil extracontratual[99]: "será mister que o órgão ou agente tenha procedido em tal veste ou qualidade; que tenha actuado ao gerir os negócios da pessoa colectiva, na medida em que estejam a seu cargo; que, mais precisamente, tenha praticado o facto ilícito no desempenho das suas funções – dos 'serviços' que lhe estão confiados, das suas obrigações ou 'atribuições' – e por causa dessas mesmas funções, que não apenas por ocasião delas". Para além de ser "necessário que o nexo do facto ilícito com as funções do órgão ou agente seja directo, interno, causal, não bastando uma simples relação indirecta, externa, puramente ocasional. No fim de contas, parece que tudo se reconduz a esta ideia fundamental: tratar-se-á de um acto próprio das funções do órgão ou agente – posto que realizado ilicitamente"[100].

Esta interpretação está, ademais, ainda de acordo com a interpretação utilizada na grande maioria dos ordenamentos jurídicos que, ao admitirem a responsabilidade criminal da pessoa coletiva, estabelecem como critério de imputação a atuação pelos seus órgãos enquanto atos da própria pessoa coletiva. Assim, estipula nos regimes da *Common Law* a teoria da identificação[101], nos termos da qual o membro de um órgão de uma pessoa coletiva não atua enquanto membro do órgão, mas enquanto pessoa coletiva em si mesma, mediante a comparação da pessoa coletiva ao corpo humano[102], o mesmo se verificando nos sistemas europeus que

---

[99] Manuel de Andrade, *Teoria Geral...* (cit. nt. 2), p. 150-152, *apud* Germano Marques da Silva, *Responsabilidade Penal...* (cit. nt. 11), p. 251.

[100] Germano Marques da Silva, *Responsabilidade Penal...* (cit. nt. 11), p. 251, citando Manuel de Andrade.

[101] Descrevendo as características da teoria da identificação, cfr. Gerry Fergusson, *Corruption and criminal liability,* disponível em: <www.icclr.law.ubc.ca>, consultado em: 19 Abr. 2010, p. 9.

[102] No caso *Tesco Supermarkets Ltd. v. Nattrass* o tribunal comparou a pessoa coletiva a um corpo humano: os diretores gerais representariam o sistema nervoso, que controlaria a pessoa coletiva, pelo que as *mens rea* e os *actus reus* dessas pessoas são automaticamente atribuídos à pessoa coletiva sem necessidade de utilização de qualquer outro método de prova. Deste modo,

admitem este critério de imputação da responsabilidade criminal à pessoa coletiva[103].

Conclusão

"As pessoas colectivas constituem realidades sociais *a se* dotadas de consciência e vontade próprias"[104] e, por isso, a responsabilidade criminal que sobre elas incida será uma responsabilidade por ato próprio. Por serem dotadas de consciência e vontade próprias, as pessoas coletivas tornam-se centros de imputação de responsabilidade criminal absolutamente autónomos das pessoas singulares que a compõem. No entanto, essas pessoas singulares enquanto titulares ou membros dos órgãos da pessoa coletiva permitem uma "incorporação de actos", o que torna próprios da pessoa coletiva atos, decisões, atitudes e comportamentos resultantes da manifestação de vontade dos membros que integram cada um dos seus órgãos. E por serem atos próprios da pessoa coletiva, não existe "necessidade de decompor a intervenção humana que conduziu à sua materialização, o que, em termos organizativos, corresponde na maioria das vezes a uma pluralidade de intervenientes, distribuídos por uma cadeia decisória complexa e muito dificilmente discernível do seu exterior"[105]. Ciente desta complexidade característica das pessoas coletivas em geral e muito particularmente das pessoas coletivas de maior dimensão e com maior poderio económico, o nosso legislador, para além de eleger os órgãos da pessoa coletiva como sujeitos habilitados e cujos atos constituem atos da pessoa coletiva, alarga o elenco aos representantes e às pessoas que no seio da estrutura organizativa da sociedade exerçam autoridade ou tenham poder de controlo sobre as atividades desenvolvidas pela pessoa coletiva.

Relativamente aos órgãos, a letra da lei refere simplesmente órgãos, não discriminando quais os órgãos. Ora, uma pessoa colectiva, para que

um administrador controla a pessoa coletiva em idênticos termos em que o cérebro controla o corpo humano. Cfr. ANCA IULIA POP, *Criminal liability of corporations – comparative jurisprudence*, disponível em: <www.law.msu.edu>, consultado em: 19 Abr. 2010, p. 31.
[103] Em termos de direito comparado, pormenorizadamente, cfr. ANCA IULIA POP, *ibidem*, p. 29.
[104] *Acórdão do TRG*, processo nº 459/05.0GAFLG (cit. nt. 89).
[105] *Acórdão do TRG*, processo nº 459/05.0GAFLG (cit. nt. 89).

possa adquirir personalidade jurídica, tem de ser obrigatoriamente composta pelo menos por três órgãos: a administração, a assembleia geral e o conselho fiscal[106]. E, para além destes, ainda pode existir um ou mais órgãos consultivos.

Deste modo, e face à fórmula ampla adotada pela letra do artigo 11º, entendemos que a imputabilidade de responsabilidade criminal à pessoa coletiva se pode efetuar pela atuação de qualquer um dos seus órgãos de acordo com os seguintes fundamentos:

1) O nosso legislador adota o critério de imputação que já era o adotado em sede de direito penal secundário e de direito contraordenacional que, em simultâneo, se encontra de acordo com o critério de imputação adotado a nível europeu e, por isso, com reflexo nos regimes penais da maioria dos países europeus que reconhecem a responsabilidade criminal das pessoas coletivas, consagrada nos respetivos códigos penais.

Assim, tendo como fonte a mesma expressão "órgãos", se o legislador pretendesse restringir e identificar quais os órgãos em concreto habilitados a, através dos seus atos, imputar a responsabilidade à pessoa coletiva, tê-lo-ia feito expressamente, não deixando tal interpretação ao cuidado da doutrina e jurisprudência.

2) O que importa identificar é a existência de uma vontade coletiva e essa vontade coletiva, regra geral, não é formada por um só órgão. Mas mesmo que, num determinado caso em concreto, a vontade coletiva seja formada num dos órgãos da pessoa coletiva, *v.g.* a administração, ainda assim os restantes órgãos, nos termos das competências que lhes cabem, podem fiscalizar essa atuação.

3) Em virtude da complexa estrutura organizativa da pessoa coletiva, seria por vezes difícil discernir qual o órgão cuja atuação foi determinante para a consumação do crime e, por isso, seria fazer "letra morta" do regime da responsabilidade criminal das pessoas coletivas se se admitisse que uns órgãos utilizassem como "escudo" outros órgãos, para assim conseguir a impunidade da pessoa coletiva.

---

[106] Com a ressalva feita em relação ao conselho fiscal, na medida em que este, nas sociedades de menor dimensão, pode ser "dispensado" e "substituído" no exercício das suas funções pelos sócios da pessoa coletiva ou pelo técnico oficial de contas.

4) Para que o nexo de imputação se realize pela atuação do órgão, através da identificada "representação orgânica", este deve ser um órgão de direito, existente por força da lei ou dos estatutos.

5) E, finalmente, ter presente que administrar, em sentido amplo, consiste no conjunto de decisões relativas à afetação de quaisquer recursos à satisfação de quaisquer necessidades e prossecução (direta ou indireta) de objetivos sociais. Administrar como uma atividade de uma pessoa coletiva que diz respeito ao seu património e pessoa e que tanto pode consistir na delimitação de objetivos a curto, médio ou longo prazo, como na organização, provimento, direção e controlo da atividade, pelo que, neste sentido, administrar corresponde à atuação de qualquer dos órgãos da pessoa coletiva.

A atuação deve ser em nome e no interesse da pessoa coletiva, requisitos da atuação típica que permitem delimitar a vontade manifestada como vontade coletiva, distinta da vontade individual da pessoa ou pessoas singulares titulares dos órgãos. Só a vontade coletiva, exteriorizada e exercida em nome e no interesse da pessoa colectiva, é imputável à pessoa coletiva.

Em conclusão, o nexo de imputação resultante da conjugação da alínea *a)* do nº 2 com o nº 4 do CP, consubstanciado na expressão "órgãos", engloba todos os órgãos da pessoa coletiva legal ou estatutariamente instituídos. No entanto, não basta a atuação por um órgão da pessoa coletiva para que o ato seja imputado à pessoa coletiva, é ainda necessário que a atuação seja manifestação da vontade coletiva e que seja realizada em nome e no interesse da pessoa coletiva. Este nexo de imputação refere-se, essencialmente, à imputação por ação, de acordo com o que refere o nº 1 do artigo 11º do CP, *in fine*, "quando cometidos". Não obstante, sobre os órgãos da pessoa coletiva incide o dever de cumprir as funções que lhes sejam atribuídas pela lei ou pelos estatutos e desse modo assegurar que "o organismo" da pessoa coletiva se encontra saudável; o mesmo é dizer que, ao desenvolver a sua atividade com vista à concretização do fim social da pessoa coletiva, esta adota um comportamento que se pauta pelo cumprimento do Direito. Com efeito, é necessário eliminar ou fazer todos os esforços possíveis para reduzir os riscos inerentes ao desempenho de uma atividade através de uma complexa estrutura orgânica (coordenação dos vários órgãos da pessoa coletiva, com vista à formação da vontade coletiva) e de uma não menos complexa estrutura hierárquica e funcional (coordenação das diversas pessoas singulares, *v.g.* os trabalhadores que, no dia a dia, cumprindo as funções para que foram contratados, permitem a concretização dos fins sociais), sob pena de ocorrer responsabilização criminal por omissão da pessoa coletiva. Sobre os órgãos da pessoa coletiva recai um dever de garante que será aferido normativamente, em primeiro lugar, através da análise das competências de cada um dos órgãos e, em segundo lugar, através da verificação de que foi exatamente o não cumprimento dessas competências e/ou funções que proporcionou o cometimento do ilícito penal.

A Imputação Formal da Pessoa Coletiva II: A Responsabilidade Criminal da Pessoa Coletiva pelos Atos Praticados pelos seus Trabalhadores

Marlene Mendes[1]

SUMÁRIO: Introdução. I. A "imputação coletiva" através da atuação dos seus trabalhadores. 1. Elemento subjetivo – que trabalhadores? 2. Elemento objetivo – atuação em nome e no interesse da pessoa coletiva? 3. Como interpretar, então, a alínea *b)* do nº 2 do artigo 11º do Código Penal? 3.1. Possíveis fontes. 3.2. Pelo trilho de uma possível interpretação. 3.3. Uma possível interpretação. Conclusão.

Introdução

Estabelece a alínea *b)* do nº 2 do artigo 11º do Código Penal (CP) que as pessoas coletivas são responsáveis pelos crimes previstos nos artigos 152º-A e 152º-B; nos artigos 159º e 160º; nos artigos 163º a 166º, sendo a vítima menor, e nos artigos 168º; 169º.; 171º a 176º; 217º a 222º; 240º; 256º; 258º; 262º a 283º; 285º; 299º; 335º; 348º; 353º; 363º; 367º; 368º-A e 372º a 374º, quando esses crimes sejam cometidos "por quem aja sob a autoridade das pessoas referidas na alínea anterior" – *v.g.* as pessoas que ocupem nessas pessoas coletivas uma posição de liderança –, "em virtude de uma violação dos deveres de vigilância que lhes incumbem". Nos termos do nº 4 do mesmo artigo, "ocupam uma posição de liderança

---

[1] Mestre em Ciências Jurídico-Empresariais. Doutoranda na Faculdade de Direito da Universidade Nova de Lisboa.

os órgãos e representantes da pessoa colectiva e quem nela tiver autoridade para exercer o controlo da atividade" e, nos termos do nº 6, "a responsabilidade das pessoas colectivas e entidades equiparadas é excluída quando o agente tiver actuado contra ordens ou instruções expressas de quem de direito".

No âmbito do presente artigo analisa-se em que termos se poderá imputar à pessoa coletiva a prática de atos de pessoas que com ela colaboram e que não integram qualquer um dos seus órgãos sociais nem detêm nenhuma posição de liderança no seio da estrutura hierárquica da pessoa coletiva ou entidade equiparada. Por necessidade de delimitação do objeto, só refletiremos sobre os atos praticados pelos trabalhadores cujo vínculo jurídico se estabelece através de um contrato de trabalho. Excluídas estarão as situações em que o trabalhador tenha atuado contra ordens expressas da pessoa coletiva – aqui, empregador – sendo esta última hipótese desde logo ressalvada pela redação do nº 6 do artigo 11º do CP.

O equacionar da possibilidade de imputar à pessoa coletiva atos praticados pelos seus trabalhadores é feito com recurso a dois elementos: um que designaremos como elemento subjetivo – em que se questiona se poderá ser todo e qualquer trabalhador da pessoa coletiva – e outro que designaremos como elemento objetivo – em que se questiona se a atuação do trabalhador tem de ser em nome da pessoa coletiva ou se basta uma atuação funcional tendente a assegurar o funcionamento e a prossecução dos objetivos da pessoa coletiva.

I. A imputação coletiva através da atuação dos seus trabalhadores

1. Elemento subjetivo – que trabalhadores?

Os sujeitos, *in casu*, considerados como trabalhadores serão todos aqueles cujo vínculo jurídico com a pessoa coletiva se estabeleça mediante a celebração de um contrato de trabalho. Sendo o contrato de trabalho, nos termos do artigo 11º do Código do Trabalho[2], "aquele pelo qual uma pessoa singular se obriga, mediante retribuição, a prestar a sua actividade

---

[2] *Código do Trabalho*, aprovado pela Lei nº 7/2009, de 12 de Fevereiro, com a redação em vigor.

a outra ou outras pessoas[3], no âmbito de organização e sob a autoridade destas". A característica essencial e distintiva do contrato de trabalho face a figuras similares é a existência de subordinação jurídica, a qual consiste no poder que o empregador tem de dar ordens e de aplicar sanções disciplinares ao trabalhador – os designados poderes de direção e disciplinar[4]. Cabe, portanto, ao empregador "estabelecer os termos em que o trabalho deve ser prestado", dirigindo e organizando a empresa tendo em vista os objetivos que pretende ver prosseguidos[5]. Cabe também ao empregador o poder-dever[6] de aplicar sanções disciplinares aos seus trabalhadores, em caso de não cumprimento das ordens legítimas que lhes são dadas ou do seu cumprimento defeituoso ou, no caso de inobservância dos deveres gerais e contratuais, a que estão adstritos os trabalhadores por força da celebração do contrato de trabalho[7]. O dever de cumprir as ordens emanadas pelo empregador é afastado sempre que essas ordens sejam contrárias à lei, à ordem pública ou ofensivas dos bons costumes[8]. Não obstante o facto de o trabalhador ter capacidade para ajuizar se determinada ordem é contrária à lei, muitas vezes esse mesmo trabalhador não se questiona sobre a licitude dessa ordem, quer porque o seu ato – considerado isoladamente – é lícito, quer porque o cumprimento dessas ordens e orientações visa prosseguir determinados objetivos que ele, trabalhador, desconhece e/ou a que é alheio e dos quais não é o beneficiário.

O enquadramento jurídico-laboral é ainda importante na medida em que nos mostra que o empregador – pessoa coletiva –, tem vida e inte-

---

[3] O beneficiário da prestação de trabalho – o empregador – poderá ser uma pessoa singular ou coletiva, admitindo-se que possa existir pluralidade de empregadores (artigo 101º do Código do Trabalho), ou seja, a celebração de um contrato de trabalho que tem como sujeitos um trabalhador e vários empregadores entre os quais exista uma relação societária de participações recíprocas, de domínio ou de grupo, ou que tenham estruturas organizativas comuns.
[4] Artigos 97º e 98º do Código do Trabalho.
[5] *Acórdão do STJ*, processo nº 06S2715, relator VASQUES DINIS. Acórdão referido a título de exemplo do que tem sido entendimento uniforme da nossa jurisprudência, por MARLENE MENDES, SÉRGIO ALMEIDA, JOÃO BOTELHO, *Código do Trabalho Anotado*, Lisboa: Petrony, 2009, p. 138.
[6] *Acórdão do STJ*, processo nº 001661, relator SALVIANO SOUSA, referido por MARLENE MENDES, SÉRGIO ALMEIDA, JOÃO BOTELHO, *Código do Trabalho Anotado* (cit. nt. 5), p. 138.
[7] Os deveres dos trabalhadores encontram previsão legal nos artigos 126º e 128º. O elenco de sanções disciplinares tem previsão no artigo 328º, todos do Código do Trabalho.
[8] Artigo 124º do Código do Trabalho.

resses próprios, efetivados nomeadamente através do desempenho da atividade laboral por aqueles que estão sob a sua dependência jurídica (e económica) – os seus trabalhadores. E estes interesses são prosseguidos através de uma estrutura organizativa própria. Esta estrutura organizativa e hierárquica da pessoa coletiva pode fazer transparecer uma cultura empresarial para os trabalhadores, de modo que estes considerem como normais algumas das atitudes e decisões empresariais que, em outras circunstâncias, se revelariam contrárias à lei e/ou à ordem pública.

2. Elemento objetivo – atuação em nome e no interesse da pessoa coletiva?

O n.º 2 da alínea *b)* do artigo 11.º do CP, ao referir-se a quem aja sob a autoridade das pessoas que ocupem uma posição de liderança no seio da pessoa coletiva, não exige que a atuação seja em nome e no interesse da pessoa coletiva. Nenhum elemento literal podemos retirar nesse sentido da letra da lei.

Jorge dos Reis Bravo comenta que a lei, ao aparentemente prescindir da exigência de que tal atuação seja "no interesse colectivo", coloca um problema de desnivelamento relativamente à exigência contida na alínea *a)*, no sentido de que a atuação do agente individual deve ser sempre no "interesse colectivo", ainda que presumido, indireto ou mediato. Entende este autor ser conveniente esclarecer a exigência de que a atuação de qualquer quadro, empregado ou subordinado da pessoa coletiva ou entidade equiparada, revista um interesse coletivo[9].

Mas o "quem aja sob a autoridade" não implicará em si mesmo a existência de um vínculo funcional que terá subjacente a atuação em nome e no interesse da pessoa coletiva? Para além de que, sempre que não se verifique o interesse da pessoa coletiva mas um interesse pessoal, a responsabilidade criminal não será desde logo imputada à pessoa singular e não à pessoa coletiva?

---

[9] Jorge dos Reis Bravo, *A punibilidade de entes colectivos em Direito Penal de Justiça – considerações a partir da Proposta de Lei n.º 98/X, de Revisão do Código Penal*, texto correspondente à palestra proferida pelo Autor em 27 de Abril de 2007, no Centro de Estudos Judiciários, Lisboa, p. 4, disponível em: <www.penal2trabalhos.blogspot.com>, consultado em: 13 Out. 2009.

3. Como interpretar, então, a alínea *b)* do nº 2 do artigo 11º do Código Penal?

3.1. Possíveis fontes

A preocupação com a implementação de medidas pelos Estados-Membros que garantam que a pessoa coletiva possa ser responsabilizada é uma constante nos instrumentos legislativos comunitários. Responsabilização das pessoas coletivas que se verificaria "sempre que a falta de supervisão ou de controlo por parte da pessoa singular tenha possibilitado a prática dos actos previstos em benefício dessa pessoa colectiva, por parte de pessoa agindo sob a sua autoridade"[10] ou quando os crimes fossem cometidos em benefício dessas pessoas coletivas por uma pessoa singular: com poder para exercer controlo no seio da pessoa coletiva e por omissão de controlo por essa pessoa singular, sob quem, legal ou estatutariamente, impende uma posição de garante[11].

---

[10] Assim, na *Decisão-Quadro 2003/80/JAI* do Conselho, de 27 de Janeiro de 2003 (JO L nº 29, de 05/02/2003, p. 55-58), relativa à proteção do ambiente através do direito penal (artigo 6º); na *Decisão-Quadro 2002/629/JAI* do Conselho, de 19 de Julho de 2002 (JO L nº 203, de 01/08/2002, pp. 1-4), relativa à luta contra o tráfico de seres humanos (artigo 4º); na *Decisão-Quadro 2001/413/JAI* do Conselho, de 28 de Maio de 2001 (JO L nº 149, de 02/06/2001, p. 1-4), relativa ao combate à fraude e à contrafação de meios de pagamento que não em numerário (artigo 7º); na *Decisão-Quadro 2000/383/JAI* do Conselho, de 29 de Maio de 2000 (JO L nº 140, de 14/06/2000, p.1-3), sobre o reforço da proteção contra a contrafação de moeda na perspetiva da introdução do euro (artigo 8º). Idênticas disposições se encontram, ainda, no artigo 12º da *Convenção ETS nº 185* relativa ao cibercrime, de 23/11/2001; no artigo 10º da *Convenção nº 196* sobre a prevenção do terrorismo, de 3/05/2005; no artigo 22º da *Convenção nº 197* sobre a ação contra o tráfico de seres humanos, de 3/05/2005; no artigo 10º da *Convenção nº 198* sobre o branqueamento dos produtos do crime e sobre o financiamento do terrorismo, de 3/05/2005; na *Recomendação do Comité de Ministros do Conselho da Europa em matéria criminal nº R(96) 8*, de 5/09/1996, relativa ao combate ao crime económico; na *Recomendação Rec (2000) 11*, de 19/05/2001, relativa ao tráfico de pessoas com vista a exploração sexual; na *Recomendação Rec (2001) 11*, de 19/09/2001, relativa ao combate ao crime organizado; na *Recomendação Rec (2001) 16*, de 31/10/2001, relativa à exploração de crianças.

[11] Assim, na *Convenção ETS nº 173* relativa à lei criminal sobre corrupção, de 27/01/1999; na *Convenção ETS nº 185*, de 23/11/2001; na *Convenção ETS nº 197*, de 3/05/2005; na *Convenção ETS nº 198*, de 3/05/2005. Cfr. PAULO PINTO DE ALBUQUERQUE, «A responsabilidade criminal das pessoas colectivas ou equiparadas», in: *Revista da Ordem dos Advogados*, Ano 66, Vol. II, 2006, p. 4, disponível em: <www.oa.pt>, consultado em: 15 Jan. 2010.

No âmbito do direito nacional encontramos referências quer no direito contraordenacional quer no penal. No direito contraordenacional os critérios de imputação de responsabilidade criminal às pessoas coletivas ou equiparadas consistem na prática de "factos cometidos no exercício das respectivas funções ou em seu nome e por sua conta, pelos titulares dos seus órgãos sociais, mandatários, representantes ou trabalhadores"[12] ou mediante a prática de "actos de membros dos órgãos, de titulares de cargos de direcção ou chefia, ou por qualquer empregado, se os mesmos forem cometidos no exercício de funções; e actos de representantes praticados em nome e no interesse da pessoa colectiva"[13]. No direito penal as pessoas coletivas "ficam solidariamente responsáveis pelas multas e indemnizações em que forem condenados os seus representantes ou empregados que tenham agido nessa qualidade e no interesse das mesmas"[14].

Em termos de direito comparado: no direito holandês as pessoas coletivas podem ser pessoalmente responsáveis em virtude de "responsabilidade funcional" (admitindo-se que deve existir uma relação, de facto, entre a sociedade e a pessoa singular, de tal modo que esta tenha atuado ao serviço e no quadro das atividades e no interesse da pessoa coletiva, assim como no âmbito da sua competência, pelo que o ato de um simples empregado pode determinar a responsabilidade da pessoa coletiva desde que o comportamento do agente da infração a beneficie). A jurisprudência holandesa tem demonstrado algum alargamento relativamente à necessidade de existência de vínculo funcional do agente à pessoa coletiva, considerando não ser necessário sequer que os praticantes e ofensores diretos sejam oficial e legalmente trabalhadores da pessoa coletiva, como decidido nos casos *Papa Blanca* e *Nut-case*, em que o juiz aceitou a autoria criminal da pessoa coletiva pelo facto de se poder afir-

---

[12] Cfr. *Código de Mercado de Valores Mobiliários* (artigo 401º, nº 2, do CMVM, aprovado pelo DL nº 486/99, de 13/11, com a redação atual).
[13] Cfr. Lei nº 11/2004, de 27/03, relativa ao branqueamento de capitais.
[14] Cfr. Decreto-Lei nº 630/76, de 28/07, diploma que procede à reformulação da lei penal aplicável às infrações verificadas no domínio das operações cambiais, transações de mercadorias e de capitais.

mar que no "contexto social" a pessoa coletiva tinha sido a ofensora[15]. No direito penal belga, considera-se a pessoa coletiva como uma realidade social capaz de cometer crimes por si própria e, por isso, ser por eles responsável, pelo que se estabelecem como critérios de imputação o cometimento da infração intrinsecamente ligado à realização do objeto social ou à defesa dos interesses da pessoa coletiva e quando se demonstre que as infrações foram cometidas por conta da pessoa coletiva; no direito penal suíço, consagram-se duas modalidades de imputação de responsabilidade criminal às pessoas coletivas: uma, de caráter geral, relativamente a qualquer crime cometido no seio da empresa no exercício de atividades comerciais conformes com os seus fins e modalidade, nos termos da qual o crime é imputado à empresa se não puder ser imputado a nenhuma pessoa física por motivo de falta de organização da empresa em conseguir identificar a pessoa singular responsável; outra, relativa a um número de crimes mais restrito, em que o crime é diretamente imputado à empresa independentemente da punibilidade das pessoas singulares, se a empresa dever ser censurada por não ter tomado as medidas de organização razoáveis e necessárias para impedir a prática da infração[16]. No ordenamento de *Common Law*, para os crimes que requerem *mens rea*, as pessoas coletivas respondem de acordo com a teoria da identificação e só pelos atos daqueles que representam a sociedade e as pessoas que tenham autoridade[17]. No entanto, considera a jurisprudência que se a lei impõe uma obrigação, a pessoa coletiva tem o dever de se organizar de forma correta de modo a cumprir a lei, sob pena de responder criminalmente por omissão: é a teoria do *respondeat superior*, que admite a existência de responsabilidade criminal da pessoa coletiva prevendo na sua base, como elemento subjetivo, a atuação ou omissão dos que "constituem a mente

---

[15] Decisão jurisprudencial, *in:* HR, 16 de Junho de 1980, NJ, 1981, p. 586, *apud* GONÇALO NICOLAU CERQUEIRA SOPAS DE MELO BANDEIRA, *"Responsabilidade" penal económica e fiscal dos entes colectivos – à volta das sociedades comerciais e sociedades civis sob a forma comercial"*, Coimbra: Almedina, 2004, p. 394.

[16] Pormenorizadamente, GERMANO MARQUES DA SILVA, *Responsabilidade penal das sociedades e dos seus administradores e representantes*, Lisboa: Verbo, 2009, p. 101.

[17] ANCA IULIA POP, *Criminal Liability of Corporations – comparative jurisprudence*, disponível em: <www.law.msu.edu>, consultado em: 19 Abr. 2010, p. 32.

diretora e a vontade da pessoa coletiva"[18]. Ou seja, esta teoria tem sido restringida, não se aplicando a todo e qualquer trabalhador, de acordo com a ideia de que só os atos e omissões de quem tem, no seio da pessoa coletiva, autoridade e poder de direção, é que podem ser imputados à pessoa coletiva; pelo que este regime não admite, sem quaisquer reservas, a responsabilidade das pessoas coletivas por atos cometidos pelos trabalhadores cujas funções não consistam no exercício de autoridade ou controlo e vigilância[19]. Através do conhecido caso *Meridian* alargou-se a admissão da possibilidade da pessoa coletiva ser responsável pelos atos de seus trabalhadores, que não sejam os seus diretores, administradores, as suas "mentes diretivas"[20]; mas logo este entendimento foi restringido pelo Supremo Tribunal, no sentido de ser aplicável apenas nas situações em que os estatutos da pessoa coletiva o previssem. No direito penal dos EUA[21], admite-se que "outras" pessoas físicas que atuem no interesse da pessoa coletiva a possam responsabilizar criminalmente, consagrando-se uma responsabilidade funcional pelos atos ou omissões dos colaboradores da pessoa coletiva (*vicarious liability*); mais, se tendo passado a identificar as deficiências organizativas existentes no seio da pessoa coletiva, com o objetivo de prevenir atuações ilícitas concretas da organização[22]. Efetivamente, no direito dos EUA encontramos uma referência a esta possibilidade de a pessoa coletiva responder pelos atos dos seus traba-

---

[18] Neste sentido, JOHN THORTON, «Criminal Liability of Organisations», in: *International Society for the Reform of Criminal Law, 22th Internacional Conference* "Codifying the criminal law: modern initiatives", Dublin, Austrália, 2008, disponível em: <www.isrcl.org>, consultado em: 30 Abr. 2010.

[19] Regime marcado pela decisão *Tesco Supermarkets Ltd v Nattrass*, em que se assume que a pessoa coletiva é responsável pelos atos e omissões das pessoas que constituam as suas mentes dirigentes.

[20] Alargamento consagrado no caso *Meridian Global Funds Management Ásia Ltd v Securities Commission* (1995) 2 AC 500, *apud* JOHN SMITH, *Smith and Hogan - Criminal Law, Cases and Materials*, 8ª ed., United Kingdom: Butterworths Lexis Nexis, 2002, p. 238.

[21] O direito penal dos EUA, embora prevendo um regime diferente do nosso e do existente na maioria dos ordenamentos europeus, apresenta a vantagem de permitir formular um juízo comparativo, daí a sua inserção no presente trabalho.

[22] Cfr. GERMANO MARQUES DA SILVA, *Responsabilidade penal das pessoas colectivas – alterações ao Código Penal introduzidas pela Lei nº 59/2007, de 4 de Setembro*, conferência proferida nas Jornadas do CEJ sobre Código Penal, em 27 de Setembro de 2007, p. 103-104, disponível em: <www.cej.mj.pt>, consultado em: 30 Mar. 2010.

lhadores. O sistema dos EUA adotou o modelo da teoria *respondeat superior*, já utilizado na lei civil, cujo princípio consiste em que o *actus reus* e a *mens rea* dos indivíduos que atuem em benefício da pessoa coletiva sejam automaticamente atribuídos à pessoa coletiva. Pelo que a pessoa coletiva é responsável pelos crimes cometidos pelos empregados que, agindo no exercício das suas funções o façam em benefício da pessoa coletiva. A pessoa coletiva pode ser responsável pelos crimes cometidos, nestes termos, por qualquer seu trabalhador e não só pelos atos cometidos pelos seus diretores. Este princípio consagrado na lei federal é aplicado pelos tribunais. Tem é de existir a atuação no âmbito do seu trabalho, das suas funções, as funções genéricas que aquele trabalhador tenha autoridade para exercer e que caibam no âmbito das suas funções em concreto. Não existe sequer a necessidade de identificar a pessoa singular que cometeu o crime, basta que alguém no seio da pessoa coletiva tenha cometido o crime. O direito americano foi, inclusive, mais longe e consagrou a responsabilidade da pessoa coletiva baseada no ato de um trabalhador e na culpa de outro: a designada teoria da agregação (*aggregation theory*)[23]. De acordo com esta teoria, mesmo que só um trabalhador detenha a *mens rea* e verificando-se a atuação através de outros indivíduos, mesmo neste caso a responsabilidade incide sobre a pessoa coletiva, inclusive sem necessidade de existência de responsabilidade de qualquer uma das pessoas singulares que se constituíram agentes no cometimento do ato criminoso. O trabalhador tem é de atuar em benefício da pessoa coletiva, não se exigindo, no entanto, que esse benefício seja imediato[24]. No entanto, e na

---

[23] Teoria da agregação: a pessoa coletiva pode ser responsável criminalmente pelos atos de qualquer trabalhador e pela culpa de um ou mais trabalhadores, que, cumulativa ou individualmente preencham o *actus reus* e a *mens rea* do crime.

[24] No caso *Automated Medical Laboratories Inc v. U.S.A*, o tribunal pronuncia-se no sentido da responsabilidade da empresa pelos atos do seus trabalhadores, cuja atuação seja no âmbito do emprego e pelo menos em parte com a intenção de benefício para a pessoa coletiva. Decisão disponível em: <www.openjurist.org>, consultado em: 20 Abr. 2010. No caso *Old Monastery Company v U.S.A.*, o tribunal clarificou que não é necessário que o benefício seja atual para a pessoa coletiva, na medida em que o benefício não é um critério para a responsabilidade criminal. O benefício é uma evidência, não um facto operativo. Sobre a aplicabilidade e interpretação da teoria da agregação, cfr. RICHARD S. GRUNER, *Corporate criminal liability and prevention*, ALM Properties, Inc., Law Journal Press, New York, 1953, p. 44, disponível em: <www.books.google.com>, consultado em: 20 Abr. 2010.

hipótese de o trabalhador se pretender favorecer a si e à empresa, ainda assim a empresa será responsável. A responsabilidade da empresa só não ocorrerá se o trabalhador pretender retirar, da prática do ilícito criminal, um benefício exclusivamente para si[25].

Em termos jurisprudenciais: da nossa jurisprudência, que tem por base legislativa o direito contraordenacional e o direito penal secundário, decorre que:

a) "(…) a responsabilidade criminal da pessoa colectiva só seja excluída quando o agente tiver actuado contra ordens ou instruções expressas de quem de direito, pois se assim não fosse facilmente os entes colectivos se libertariam de qualquer punição através da demonstração de instruções ou regulamentos internos no sentido de serem cumpridos todos os preceitos legais"[26], decisão jurisprudencial da qual se poderia retirar a ideia de que o agente, seria todo e qualquer trabalhador, toda e qualquer pessoa com vínculo à pessoa coletiva. Sendo que:

"(…) ordens ou instruções 'expressas' contrapõem-se ordens ou instruções 'genéricas', sendo que no caso destas não ocorre tal desresponsabilização – o facto do banco arguido ter delegado em determinados colaboradores/trabalhadores, que exercem funções de chefia relativamente aos demais, a obrigação de procederem de determinado modo, esta obrigação não afasta a responsabilidade contraordenacional do banco, visto poder-se correr o risco da obrigação que está adstrita ao banco por lei não ser executada em conformidade com as ordens emanadas"[27].

---

[25] Anca Iulia Pop, *Criminal liability of corporations…* (cit. nt. 17), p. 33-34.
[26] *Acórdão do TRP*, processo nº 0110190, relator Baião Papão, disponível em: <www.trp.pt>, consultado em: 15 Jun. 2010.
[27] *Acórdão do TRC*, processo nº 573/06.4TTCBR.C1, relator Goes Pinheiro, disponível em: <www.dgsi.pt>, consultado em: 15 Jun. 2010. Neste caso, em concreto, não ficou provado que o Banco através dos seus órgãos próprios tenha especificamente ordenado ao gerente da agência que modificasse o mapa de horário de trabalho ali afixado incluindo nele os novos trabalhadores, como não ficou provado, sequer, que a recorrente tenha dado qualquer ordem concreta ao gerente da mesma agência em matéria de mapas de horário de trabalho. O que se encontra provado é que, num manual de instruções emitido pela recorrente se atribui aos responsáveis das agências, gerentes ou subgerentes, a competência para afixação do mapa de horário de trabalho e a comunicação à Inspeção Geral do Trabalho das respetivas alterações.

No mesmo sentido, o Acórdão de 13 de Junho de 2005[28], numa situação semelhante alega que:

"ter delegado em determinados colaboradores/trabalhadores, que exercem funções de chefia relativamente aos demais, essa obrigação não afasta a sua responsabilidade contraordenacional, visto poder correr o risco da obrigação que lhe está adstrita por lei não ser executada em conformidade com as suas ordens. Assim, não tendo os seus colaboradores cumprido o que lhes foi delegado, o dever de cuidado do banco arguido não se esgotou com a atribuição aos mesmos da obrigação de proceder ao registo de que estava incumbido pela lei, pelo que as contraordenações por tal omissão não podem deixar de ser-lhe imputadas".

b) "Apesar de uma sociedade comercial ter instalado no seu sistema informático *software* sem autorização dos legítimos titulares, não se reuniu indícios suficientes da prática de tais factos pela funcionária arguida e a quem a autoria material poderia ser imputada. Também não pode ser a pessoa colectiva cuja responsabilidade penal sempre dependeria da responsabilidade penal de quem tivesse agido como seu órgão ou representante"[29], caso em que, a responsabilidade criminal da pessoa coletiva existiria se um órgão ou um representante desta tivesse dado ordem à funcionária no sentido de instalar o *software* sem autorização; ou se se provasse que essa era política da empresa.

3.2. Pelo trilho de uma possível interpretação

A questão da possibilidade de imputar responsabilidade criminal à pessoa coletiva através dos atos praticados pelos seus trabalhadores reveste-se de particular interesse. Efetivamente, se lermos o artigo 11º, nº 2, alínea *b)* do CP, onde se consagra que as pessoas coletivas são respon-

---

Ora, trata-se de uma norma interna de caráter abstrato, aplicável à generalidade das agências da recorrente e que, verdadeiramente, não contém uma ordem mas uma definição de atribuições.
[28] Publicado na *Coletânea de Jurisprudência*, Tomo 2, p. 234.
[29] *Acórdão do TRL*, processo nº 3194/05-9, relator Fernando Estrela, disponível em: <www.dgsi.pt>, consultado em: 30 Abr. 2010.

sáveis criminalmente por "quem aja sob a autoridade", somos levados a pensar na existência de um vínculo de subordinação que legitime o exercício dessa autoridade. Ao mesmo tempo, percebemos que deve existir uma conexão, uma proximidade à estrutura da pessoa coletiva. Tratar-se-á, portanto, de alguém que estabelece um contato subordinado com a pessoa coletiva, hierarquicamente estruturada e organizada.

Desta primeira análise, concluímos desse modo que todo e qualquer trabalhador pode integrar a categoria de sujeitos referido no nº 2, alínea *b)*, do artigo 11º do CP.

No entanto, o que se tem de questionar, para aferirmos da efetiva imputabilidade desses atos à pessoa coletiva, é quais os agentes cujos atos lesivos de bens jurídicos tutelados pelo direito penal podem ser imputados às pessoas coletivas.

Casos como o do desastre industrial de Bhopal, do acidente nuclear de Chernobil, são apontados como casos de crimes corporativos. Mas é o caso do *MV Herald of Free Enterprise* que marca a mudança de paradigma relativamente à responsabilidade criminal das pessoas coletivas. No caso *MV Herald of Free Enterprise*[30], o relatório realizado (*Report of the Court nº 8074, Dept of Transport, 1987*) concluiu que a Companhia estava *"infected with the disease of sloppiness"*[31] *from the top to bottom*. E, a Comissão (*Law Commision Nº 237, Involuntary Manslaughter* (1996) considerou que uma empresa é responsável por homicídio se: *a)* uma falha na gestão é a causa ou uma das causas de morte de uma pessoa; *b)* a falha constitui um comportamento muito "abaixo" do que se pode razoavelmente esperar da empresa ou das circunstâncias. Nos termos do relatório, existe uma falha de gestão (*management failure*) de uma empresa se o modo como as suas

---

[30] O caso *Herald of Free Enterprise* foi o caso mais paradigmático. Cfr. DAVID ORMEROD, *Smith & Hogan – criminal Law*, 11ª ed., Oxford: Oxford University Press, 2005, p. 287-289; NICOLA LACEY, CELIA WELLS, OLIVER QUICK, *Reconstruting Criminal Law –texts and materials*, 3ª ed., United Kingdom: LexisNexis, 2003, p. 667-670. Mas também em outros casos, como no caso *Paddington*, novamente são questões de segurança que estão em causa. Foi considerado pelo tribunal que "a cultura empresarial da *Railtrack* era muito pobre no que respeitava a segurança".

[31] Admitindo-se que um determinado "estado de espírito" pode ser atribuído a uma pessoa coletiva e que a pessoa coletiva pode ser responsável por um acidente fatal causado por negligência grosseira na gestão da sua organização e das suas atividades, cfr. JOHN SMITH, *Smith and Hogan...* (cit. nt. 20), p. 290.

atividades são geridas e organizadas falha na garantia da saúde e segurança dos seus trabalhadores; ou se estes são afetados por essas atividades e se essa falha puder ser vista como a causa da morte de uma pessoa, não obstante a causa imediata seja o ato ou omissão de um indivíduo em particular[32].

Em cada um dos casos acabados de referir, os atos criminosos não foram cometidos pelas pessoas que detêm uma posição de liderança no seio da pessoa coletiva – os "agentes executores"[33] –, foram outros sujeitos, pessoas individuais detentoras de um vínculo funcional para com a pessoa coletiva. Veja-se, por exemplo, no caso de Chernobil, foi o trabalhador que carregou no botão que acionou o sistema de funcionamento do reator, que depois veio a explodir. Foi essa pessoa que premiu o botão, no entanto, o crime não lhe é a si imputável. Ele mais não foi que "a mão" utilizada no cometimento do ilícito, não tendo sequer consciência de que tal tragédia poderia acontecer.

Ora, não fará sentido responsabilizar alguém que encontrando-se na base da complexa e hierarquizada estrutura coletiva tenha sido o agente do crime (ou um dos agentes do crime), quando em muitas das situações esse agente nem sequer tinha noção de que o ato que estava a praticar, considerado isolado ou conjuntamente com outros atos, pudesse constituir ilícito penal. No seio das organizações caracterizadas pelo exercício de atividades através de um complexo organigrama em que predominam a divisão de funções no plano horizontal e a relação hierárquica no plano vertical, não se pode situar o centro de imputação de responsabilidade somente pela autoria exclusiva do último elo da cadeia – o executor –, deixando sem punição condutas não executivas mas tão ou mais importantes que as condutas executivas propriamente ditas.

Daí que, como refere Pedro Albergaria[34], "perante uma situação de criminalidade de empresa o método a seguir é o de, em primeira linha,

---

[32] DAVID ORMEROD, *Smith & Hogan – criminal Law* (cit. nt. 30), p. 290-291. *Vide*, também, NICOLA LACEY, CELIA WELLS, OLIVER QUICK, *Reconstructing Criminal Law...* (cit. nt. 30), p. 674.

[33] Expressão nossa.

[34] PEDRO SOARES DE ALBERGARIA, «A posição de garante dos dirigentes no âmbito da criminalidade de empresa», in: *Revista Portuguesa de Ciência Criminal*, Ano 9, Fascículo 4, Outubro/Dezembro de 1999, p. 619.

estudar a estrutura organizacional formal da empresa e, depois, indagar em concreto até que ponto a mesma foi respeitada e em que medida lhe foram introduzidos entorses"[35]. Continua este autor no sentido de que "o que caracteriza a organização típica de uma empresa é a cisão entre responsabilidade e acção[36], no sentido de que o facto ilícito típico, a lesão do bem jurídico, é quase sempre levada a cabo, materialmente, por princípio de hierarquia e de um princípio de divisão funcional do trabalho". Ou, como refere Munõz Conde:

"(...) do que se trata é de reformular os conceitos de autoria, de instigação, co-autoria face à realidade que é a estrutura empresarial. A mudança de paradigma deve verificar-se face à necessidade de situar num primeiro plano a responsabilidade da direcção e dirigentes de uma organização que decidem, organizam e controlam a realização de actos delituosos, não participando na sua execução. O problema dogmático consiste em encontrar fundamento, critério material que permita atribuir a estas pessoas a qualidade de autor em sentido restrito"[37].

Na opinião deste autor:

"(...) o fundamento dogmático não se deve encontrar só na estrutura e modo de funcionamento das organizações em cujo seio se cometem crimes, mas também na própria natureza do crime em causa dado que não é o mesmo a realização de um genocídio através de um aparelho de poder estatal e uma administração fraudulenta no âmbito de uma sociedade bancária. Nem tão pouco é o mesmo um atentado terrorista que leva a cabo um comando de acordo com instruções que lhe são dadas mais ou menos genericamente ou

---

[35] Seguindo Shunemann, «Insuffisances du concept classique de la responsabilité pénale pour faute dans la societé contemporaine: tendences nouvelles et perspectives», in: *Responsabilité pénale et responsabilité civile des profissioneles – Actualité ed avenir des notions de négligence et de risque – Actes du 22éme Colloque de droit européen*, La Laguna, 17-19 Nov. 1992, Conseil de l'Europe, p. 30. Cfr. Pedro Soares de Albergaria, «A posição de garante...» (cit. nt. 34), p. 619.
[36] Shunemann, «Cuestiones básicas de dogmática jurídico-penal y de política criminal acerca de la criminalidad de empresa», in: *Anuario de Derecho Penal y Ciencias Penales* (1988), p. 531, apud Pedro Soares de Albergaria, «A posição de garante...» (cit. nt. 34), p. 619.
[37] Francisco Munõz Conde, «La superacion del concepto objectivo-formal de autoria y la estructura de las organizaciones empresariales», in: *Revista Lusíada. Direito*, nº 3, 2005, p. 59.

o dano ambiental que se produz por defeito de funcionamento de uma instalação industrial, ou na elaboração, distribuição e venda dos alimentos"[38].

Efetivamente, nesta perspetiva, "o executor no âmbito empresarial, é em linguagem coloquial, um personagem de importância secundária, cuja missão consiste simplesmente em praticar ou executar as decisões tomadas por altos cargos e directivos da empresa, decisões nas quais ele executor nem sequer participa"[39].

O reconhecimento de que "os delitos que se cometem no âmbito empresarial, em que as funções decisórias e organizativas são não só juridicamente mas também social e economicamente consideradas mais importantes que as funções executivas, propriamente ditas"[40], leva a considerar que "o que caracteriza a actuação das grandes empresas, multinacionais, financeiras e distribuidoras de produtos é que 'os centros de decisão' são mais importantes que os 'centros de execução'. Deste ponto de vista seria absurdo considerar estes centros de decisão como meros instigadores e os executores como verdadeiros autores"[41]. A tudo isto acresce que, como também é característico das estruturas hierarquizadas, os casos com que se debate o Tribunal são casos complexos que normalmente se realizam através de vários atos e por vezes de forma massiva, durante um lapso de tempo mais ou menos longo e em diferentes lugares, por várias pessoas, cada uma cumprindo uma função previamente estabelecida, dentro de uma organização, formando parte de uma política ou estratégia comum previamente estabelecida por quem tem o controlo da organização.

Equacionando esta realidade, tem-se afirmado que a teoria proposta por Roxin para estabelecer a responsabilidade criminal de todos os que intervêm na relação de um delito através de aparelhos organizados de poder poderia ser aplicada à criminalidade no seio das pessoas coletivas[42]. Também a teoria baseada no défice de organização tem sido apon-

---

[38] *Idem, ibidem*, p. 59.
[39] *Idem, ibidem*, p. 61.
[40] *Idem, ibidem*, p. 59.
[41] *Idem, ibidem*, p. 59.
[42] ESPINOSA CEBALLOS, ELENA B. MARIN, *Criminalidad de empresa: la responsabilidad penal en las estructuras jerárquicamente organizadas*, Valencia: Tirant lo Bllanch, 2002, p. 64.

tada como uma resposta plausível para o estabelecimento de critérios de imputação de responsabilidade criminal à pessoa coletiva por factos cometidos e ocorridos no seu seio.

A teoria do domínio de organização foi concebida por Roxin no âmbito da autoria mediata[43]. De acordo com este autor, podem existir formas de dominar um evento sem participar na sua execução. É o domínio do facto[44] que constitui o elemento determinante da autoria; e esse domínio do facto pode efetuar-se através de um aparelho de poder que assegure a execução de ordens mesmo sem coação e engano[45].

A ideia subjacente é a de que o aparelho pelo facto de existir garante, por si próprio, a realização dos atos potencialmente criminosos. A existência e funcionamento do aparelho não necessita de recorrer quer a coação quer a engano do autor material ou executor do crime, na medida em que mesmo que o executor falhe na execução do que lhe é destinado, o aparelho dispõe de um número suficiente de outros "potenciais" executores para assumir a função. O aparelho permite também que o "homem por trás" nem sequer conheça pessoalmente o executor material[46].

---

[43] CLAUS ROXIN, «Autoria mediata através de domínio da organização», in: *Revista Lusíada*, nº 3, 2005, p. 41 e ss., trad. de JOÃO CURADO NEVES.

[44] Nas teorias do domínio do facto importa observar que existem diferenças entre os elementos subjetivo e objetivo em relação à determinação do conceito de domínio do facto. Daí a divisão entre as teorias do domínio do facto subjetivamente acentuadas e as teorias do domínio do facto objetivamente acentuadas. As teorias do domínio do facto subjetivamente acentuadas veem como elementos essenciais do domínio do facto a disposição de decisão e conformação da ação pelo dirigismo da vontade orientada à realização do facto; já as teorias do domínio do facto objetivamente acentuadas centram-se mais na realização do tipo, de forma que, autor é quem aspira o resultado de tal maneira que continue sendo detentor do domínio do facto, ou seja, mantendo em suas mãos o decurso do acontecimento típico. É justamente nestas últimas que se situa o modelo elaborado por ROXIN.

[45] Outras formas de domínio são identificadas por CLAUS ROXIN, como a atuação através de engano em que se induz o executante ou através de coação exercida sobre o executante.

[46] ROXIN exemplifica esta forma de autoria mediata com o domínio do poder nacional-socialista. Quando HITLER, HIMMLER ou EICHMANN davam uma ordem de morte, podiam estar seguros da sua execução, pois a eventual recusa de cumprimento por parte daquele a quem fosse dada a ordem não podia impedir que o facto ordenado fosse praticado; se o executor inicialmente encarregue do facto se recusasse a cumpri-lo, esse mesmo facto seria efetivado por outro. Este tipo de autoria verifica-se no caso típico do "criminoso de secretária" que se caracteriza por ter o domínio do facto, mas só o exercer através de outrem, que se constitui

Na conceção de Roxin, é "autor mediato aquele que está instalado na alavanca de comando de um aparelho de poder – qualquer que seja o nível na respectiva hierarquia – e que pode provocar, por comando, a prática de infracções criminais relativamente às quais não tenha relevo a individualidade do executante". Esta conceção do domínio do aparelho de poder caracteriza-se ainda pela "fungibilidade" do autor material, ou seja, a possibilidade de substituição do autor material garante ao "homem por trás" dominar o evento, permitindo-lhe ter a garantia da efetiva execução do facto. O executor de facto mais não é que uma "rodinha" substituível no mecanismo do aparelho de poder[47]. Daí que o principal argumento invocado consista no facto de "este tipo de organização (...) tem uma vida independente da composição variável dos seus corpos. Funciona sem que esteja em causa a individualidade do executante, como que automaticamente"[48]; porquanto nesta teoria: 1) a autoria mediata é baseada na fungibilidade do autor direto; 2) verifica-se um domínio automático do subordinado por parte do aparelho organizado de poder. Portanto, o domínio por organização tem como pressuposto o domínio sobre uma coletividade de executores (a organização), sendo que o autor mediato ("o homem de trás") realiza o facto por meio de alguns dos executores pertencentes à organização dirigida por ele, e que, em razão das condições funcionais, o autor direto se caracteriza como um sujeito fungível (fácil ou automaticamente substituível) e carente de significação; portanto, não sendo sequer necessário que o autor mediato o conheça[49].

Ou seja, as características desta teoria são as seguintes[50]:

a) Pluralidade de sujeitos ativos;
b) Estrutura organizada hierarquicamente com divisão de trabalho;

---

em autor material do facto criminoso, em executor. *Vide*, CLAUS ROXIN, «Autoria mediata...» (cit. nt. 43), p. 41-42.

[47] CLAUS ROXIN, *ibidem*, p. 42
[48] *Idem, ibidem*, p. 44.
[49] PABLO RODRIGO AFLEN DA SILVA, «O domínio por organização na dogmática penal brasileira do concurso de pessoas», in: *Direito em Revista*, vol. 3, nº 01, disponível em: <www.buscalegis.ufsc.br>, consultado em: 26 Jun. 2010.
[50] Detalhadamente sobre os fundamentos estruturais do domínio de organização, cfr. EVA FERNANDEZ IBÁÑEZ, *La autoria mediata en aparatos organizados de poder*, Granada: Comares, 2006, p. 122 e ss.

c) O aparelho deve funcionar de forma automática, isto é, como uma máquina;
d) Os subordinados executores são sujeitos fungíveis;
e) Os aparelhos de poder estão à margem da lei[51].

A teoria de Roxin teve acolhimento em várias decisões jurisprudenciais de que destacamos:

a) Tribunal de Justiça da Argentina, em decisões datadas de 1985 e 1986 nos crimes da antiga Junta de Generais. De acordo com as conclusões do Tribunal:

"(...) os arguidos tinham o domínio do facto, pois controlavam a organização que produziu os factos (...) neste contexto o executor concreto do facto perde significado. O domínio daqueles que controlam o sistema sobre a consumação dos factos que ordenaram é total, pois, mesmo que se encontrasse um subordinado que se recusasse a cumprir, seria automaticamente substituído por outro, de que resulta que o plano traçado não falha devido à vontade (contrária) do executante, que tem o papel de mera roda dentada numa máquina gigantesca. (...) O instrumento de que 'o homem de trás' se serve é o próprio sistema (...) composto por mediadores fungíveis do facto...".

b) O *Bundesgerichtshof* – Tribunal de Justiça Federal Alemão (BGH), em decisão datada de 1988, reconhece que "nos casos de crimes organizados por um aparelho de poder existe 'autoria por trás do autor', independentemente de o agente ser plenamente responsável pelos seus actos". Mais tarde, em 1994, este mesmo tribunal condena membros do Conselho de Defesa Nacional da ex-RDA como autores mediatos de homicídio no muro de Berlim de cidadãos que tentavam fugir transpondo a fronteira. Esta condenação por autoria mediata justificava-se porquanto estes haviam ordenado, através de instruções gerais, os disparos dos soldados fronteiriços e a colocação de minas junto ao muro, pelo que o Tribunal considerou que estes dominavam o evento através da posição que

---

[51] Detalhadamente, cfr. Francisco Munõz Conde, «Domínio de la voluteado en virtude de aparatos organizados en organizacionais – no desvinculadas deli Derecho?», in: *Revista Penal*, Julho de 2000, p. 104 e ss.

detinham no aparelho de poder que dirigiam. Sublinhe-se que os autores executantes na fronteira não ficavam ilibados de responsabilidade como autores materiais. No entanto, por trás destes autores estavam aqueles que detinham o poder e que, de resto, haviam emanado as ordens. Neste processo, a argumentação do BGH teve a mesma base, defendida por Roxin no sentido de que:

> "(...) há... grupos de casos nos quais, apesar da plena responsabilidade do agente mediador do facto, o contributo do 'homem por trás' conduz quase automaticamente à realização do facto típico por este pretendida. Tal pode acontecer quando 'o homem de trás' utiliza, através de estruturas organizacionais, um determinado enquadramento que leva a que o seu contributo para o facto desencadeie uma sequência regular (...) se, nestas condições, 'o homem de trás' actuar com conhecimento destas circunstâncias, é considerado autor na forma de autoria mediata. Tem o domínio do facto"[52].

Aliás, o BGH, ao aplicar a teoria da autoria mediata através de domínio de organização, como o fez no caso supra citado, acrescenta que "também o problema da responsabilidade na exploração de empresas económicas se pode solucionar deste modo"[53].

Tem-se sustentado, na senda do sugerido pelo Tribunal Alemão, que esta teoria do domínio da organização através de um aparelho organizado de poder poderia ser transposto para o âmbito da criminalidade cometida no seio das pessoas coletivas[54]. E efetivamente, do ponto de vista estrutural, também a organização da pessoa coletiva pode consistir numa estrutura organizada e hierarquizada em que sujeitos colocados nos patamares

---

[52] CLAUS ROXIN, «Autoria mediata...» (cit. nt. 43), p. 45.
[53] TERESA SERRA, «A autoria mediata através do domínio de um aparelho organizado de poder – a propósito da responsabilidade jurídico-penal dos membros do Conselho de Defesa Nacional da ex-RDA pelos homicídios ocorridos nas fronteiras com a RFA», in: *Revista Portuguesa de Ciência Criminal*, Ano 5 – 3º e 4º, Julho/Dezembro de 1995, p. 313.
[54] Cfr. ESPINOSA CEBALLOS, ELENA B. MARÍN, *Criminalidad de empresa* (cit. nt. 42), p. 64; JUAN CARLOS FERRÉ OLIVÉ, *Blanqueo de capitales y criminalidad organizada en delincuencia organizada. Aspetos penales, procesales v organizada*, Huelva: Publicaciones Universidad de Huelva, 1999, p. 91; JESÚS MARIA SILVA SÁNCHEZ, «Responsabilidad penal de las empresas y de sus órganos en Derecho español», in: *Libro Homenaje a Claus Roxin, Fundamentos de un sistema europeo de derecho penal*, Barcelona: Bosch, 1995, p. 40.

superiores da estrutura dão ordens aos sujeitos dos patamares inferiores com vista ao cumprimento de finalidades várias, que em regra consistem no desenvolvimento do interesse coletivo. Mas esta similitude de situações não é suficiente para justificar, sem mais, a aplicabilidade da teoria relativamente às pessoas coletivas.

O facto de a teoria formulada por Roxin ter sido formulada na base da existência de organizações "à margem da lei" não invalida que se aplique a organizações cujo enquadramento e atuação se situe dentro do direito, mas em que ocorre a prática de alguns ilícitos penais[55]. Todavia, esta aplicação tem de ser sujeita a algumas adaptações, de modo a ser plenamente aplicável a entidades cuja atuação é conforme ao direito.

Apesar de esta teoria permitir punir como autor o mentor do facto (portanto, não executor) foram-lhe apontadas críticas relativamente à sua aplicabilidade no seio das pessoas coletivas, nomeadamente:

a) A fungibilidade dos executores[56], se é certo que em relação a alguns trabalhadores, cujas funções sejam de caráter indiferenciado, se possa verificar a sua substituição com alguma facilidade, em relação a trabalhadores cujas funções consistem no exercício de determinadas funções técnicas, requerendo conhecimentos, habilitações ou aptidões específicas, essa facilidade de substituição pode já não ser uma verdade. Mas, de facto, independentemente do caráter das funções que o trabalhador desempenha, a verdade é que muitas das vezes desempenha as suas

---

[55] Efetivamente, como tem sido afirmado a este propósito, face à necessidade de aplicar diferentes sanções a organizações que atuem "dentro" e "fora" do direito, tem sido apontado que, para estas últimas, uma vez que o seu objeto seria ilícito, esta pertença a uma organização criminal teria como critério de imputação "a todos e a cada um dos membros da organização se responsabiliza pelo estado de coisas perigosas para a paz pública que constitui a organização, ainda que cada um dos membros, em separado não constitua, obviamente, esse perigo para a paz, nem tão pouco se possa afirmar que domine o referido perigo colectivo", e que, para além da punição pelos crimes cometidos através da organização, a própria participação na organização deve ser suscetível de punição. Cfr. Jesús Maria Silva Sánchez, «¿ "pertencia" o "intervención"? – del delito de "pertenencia a una organización criminal" a la figura de la "participación a través de organización" en el delito», in: *Revista Lusíada. Direito*, nº 3, 2005, p. 107.

[56] Apontando críticas e dificuldades na aplicação da teoria do domínio de organização, relativamente a esta sua caraterística de fungibilidade dos executores, cfr. Francisco Muñoz Conde, «La superación...» (cit. nt. 37), p. 66-67.

funções limitando-se a cumprir as ordens que lhe são dadas, seguindo as instruções dos seus superiores, sem que do resultado dessas condutas obtenha qualquer proveito pessoal nem tenha consciência de estar a participar num ato criminoso;

b) O domínio do facto[57] é também questionado, na medida em que o "homem por trás" não consegue estar absolutamente seguro da realização do facto típico, uma vez que o executor material, seu trabalhador subordinado tem autonomia e capacidade de pensar e de agir próprias, podendo decidir não realizar o facto criminoso. Efetivamente, apesar da posição de subordinação em que se encontra o trabalhador, a verdade é que este como indivíduo dotado de capacidade jurídica deve recusar-se a cumprir uma função quando essa função seja contrária à lei, à ordem pública e aos bons costumes. Logo, sempre que se trate de um crime, o trabalhador deve recusar o seu cumprimento sem que dessa recusa lhe possa advir qualquer sanção.

A teoria do défice de organização preconizada por Tiedemann[58], afirma que a responsabilidade criminal imputada à pessoa coletiva decorre do facto de sobre as pessoas coletivas como sujeitos de direito recaírem deveres. Esses deveres, de vária índole, porque suscetíveis de lesar bens jurídicos fundamentais, são tutelados pelo direito; pelo que, quando essa lesão ocorra no seio de uma estrutura que mais não é que "o corpo" da pessoa coletiva, então será a pessoa coletiva a responsável. O défice de organização refere-se, então, ao não cumprimento das obrigações, dos deveres que recaem sobre a pessoa coletiva, a uma não *compliance* com o direito. Atos ou decisões, atitudes, comportamentos, ordens que deviam ter sido executadas, ter sido veiculadas e que se o tivessem sido impedi-

---

[57] Contra, CLAUS ROXIN, no sentido de com este argumento apenas se demonstra que esta forma de autoria mediata, como qualquer das outras, também pode não passar da fase da tentativa (cfr. CLAUS ROXIN, «Autoria mediata...» (cit. nt. 43), p. 45-46).

[58] Preconiza a responsabilidade da pessoa coletiva sempre que esta "(...) através dos seus órgãos ou representantes, não tenha tomado as medidas de cuidado necessárias para garantir um negócio ordinário, não delitivo", TIEDEMANN, *apud* JOSÉ MIGUEL ZUGALDÍA ESPINAR, *La responsabilidad penal de empresas, fundaciones y asociaciones – presupuestos substantivos y procesales*, Valencia: Tirant lo Blanch, p. 159.

riam o cometimento do ilícito penal ou pelo menos diminuiriam o risco de verificação desses comportamentos lesivos de bens jurídicos.

Neste âmbito, os comportamentos dos agentes verificam-se porque a estrutura da pessoa coletiva o permite ou por vezes até incentiva esse tipo de comportamentos, tratando-se em algumas situações de um "estilo de vida" de uma "cultura empresarial". Este conceito de "cultura empresarial"[59]– *corporate culture*[60], desenvolvido no *Common Law*, constitui a chave para a responsabilização, na medida em que são as empresas que definem as práticas e as políticas adotadas para os seus métodos operacionais e o seu modo de funcionamento.

3.3. Uma possível interpretação

No nosso ordenamento jurídico e até à entrada em vigor da nova redação do artigo 11º do CP, a questão tem sido equacionada do ponto de vista da possibilidade de responsabilidade por omissão. O desenvolvimento da dogmática da imputação por omissão desenvolve-se a partir do Código Penal de 1982, mercê do seu artigo 10º, nº 2[61], a propósito dos administradores, enquanto pessoas singulares titulares do órgão de administração. Até então, era frequente a legislação socorrer-se de presunções, como sucedia com o DL nº 41204, de 24 de Julho de 1957, que dispunha presumir-se que os trabalhadores e colaboradores na empresa atuavam por ordem dos administradores[62] e por isso os administradores respondiam

---

[59] Assim tendo sido invocado, por exemplo, no caso do ferry *Herald for free enterprise*. Também no caso *Paddington* eram questões de segurança que estavam em causa.
[60] JOHN THORNTON, «Criminal Liability of Organisations» (cit. nt. 18).
[61] Cfr. MANUEL CAVALEIRO DE FERREIRA, *Direito Penal Português*, I, Lisboa: Editorial Verbo, 1981, p. 243 e ss.
[62] DL nº 41204, art. 2º: "Presume-se que aqueles que actuam em nome e por conta de outrem procedem em virtude de instruções recebidas, sem embargo da responsabilidade que pessoalmente lhes possa caber". Todo o trabalho dos advogados, mandatários das pessoas coletivas partes nos processos, era centrado no afastamento da presunção que a lei estabelecia e nas empresas mais complexas ou estruturadas; acabavam sempre por ser só condenados os executores (os trabalhadores), porque havia geralmente uma ordem dada por escrito para que respeitassem a legalidade, afixada atrás de qualquer porta do local de trabalho.

na qualidade de instigadores[63]. Verificada a admissibilidade doutrinal da responsabilidade por omissão, é importante, na perspetiva de Germano Marques da Silva[64], equacionar a existência de um dever de garante, na medida em que o exercício de funções de administrador implica o dever de praticar os atos que a lei impõe às respetivas empresas, pelo que, cumpre à administração praticar os atos que por lei são impostos às empresas, donde que a omissão desses atos é objetivamente imputável aos seus administradores, e depois, por esta via imputável à própria pessoa coletiva, em sede de responsabilidade criminal da pessoa coletiva. E assim, no que respeita aos crimes de omissão pura, a questão essencial é a da fundamentação do dever dos administradores de praticarem os atos cuja omissão é tipificada na lei como crime imputável às sociedades, ou seja, resulta dos deveres inerentes às funções de administrador de praticar todos os atos que a lei impõe à sociedade, sob pena de responsabilidade desta. Tal dever resulta do próprio estatuto funcional do administrador. A administração deve praticar os atos necessários ou convenientes para a realização do objeto da sociedade e o cumprimento desse dever é imposto aos administradores, nos termos previstos na lei e nos estatutos das sociedades, nomeadamente no artigo 64º do CSC[65].

Os administradores da pessoa coletiva respondem por omissão quando sobre eles recaia o dever de garante. Cumprindo-lhes organizar a empresa, são os responsáveis pelos atos criminosos que nelas se venham a praticar, se omitirem os factos necessários na organização empresarial que deveriam prevenir eventos lesivos de bens jurídicos causados no seio da empresa pelos seus colaboradores subordinados. Mais, os administradores respondem também por omissão pelos atos praticados ou omitidos pelos seus subordinados quando esses atos lhes puderem ser imputados por violação dos deveres de vigilância ou controlo que lhes incumbem

---

[63] Como refere GERMANO MARQUES DA SILVA, *Direito Penal Tributário – sobre as responsabilidades das sociedades e dos seus administradores conexas com o crime tributário*, Lisboa: Universidade Católica Portuguesa, 2008, p. 304.
[64] GERMANO MARQUES DA SILVA, *ibidem*, p. 306.
[65] ANTÓNIO MENEZES CORDEIRO, *Da responsabilidade civil dos administradores das sociedades comerciais*, Lisboa: Lex - Edições Jurídicas, 1996, p. 369; LUIS BRITO CORREIA, *Os administradores de sociedades anónimas*, Coimbra: Almedina, 1993, p. 57 e ss; PAULO OLAVO DA CUNHA, *Direito das sociedades comerciais*, Coimbra: Almedina, 2006, p. 565 e ss.

(tal como prescrito no artigo 11º, nº 2, alínea *b*) do CP). O fundamento deste dever resulta da responsabilidade pela organização da empresa[66]. A atividade empresarial constitui uma fonte de perigo para determinados bens jurídicos e os responsáveis pela empresa, em conformidade com o respetivo estatuto, têm o dever de agir para vigiar e controlar essa fonte de perigos, para proteção de bens jurídicos que esses perigos representam. Trata-se do dever de garante derivado da ingerência[67].

Admitida a responsabilidade por omissão dos administradores das pessoas coletivas, logo se admitirá a responsabilidade por omissão da própria pessoa coletiva; porquanto o administrador seja titular de um órgão da pessoa coletiva (e por isso, expresse a vontade desta) e os factos sejam praticados em nome e no interesse da pessoa coletiva[68]. Efetivamente, e na medida em que a pessoa coletiva pode ser criminalmente responsável pelas omissões dos seus órgãos, que ao não executarem as funções que lhes são, legal ou estatutariamente, atribuídas, permitem que se crie no seio das pessoas coletivas um risco de não cumprimento da lei ou até de incremento de condutas criminalmente censuráveis, porque ofensivas de bens jurídicos dignos de tutela penal.

Pedro Albergaria[69], em reflexão sobre a existência de um dever de garante, afirma que "quanto ao dever de garante pelo domínio fáctico sobre os elementos (coisas e procedimentos) perigosos do estabelecimento, haver-se-ão de distinguir diferentes níveis consoante a posição que cada indivíduo ocupe em relação àqueles". Para este Autor:

> "(...) se é possível falar de uma relativa fungibilidade dos subordinados no âmbito de uma organização empresarial, cremos que se trata de uma coisa qualitativamente distinta do que se passa em relação às aludidas organizações estaduais e criminosas, não havendo, pois, que confundir a chamada criminalidade de empresa, com os problemas das hoje chamadas empresas

---

[66] G. Jakobs, *Derecho Penal/Parte General* (trad. Joaquin Cuello Contreras; José Luís Serrano Gonzalez de Murillo), Madrid: Marcial Pons, 1995, p. 970.

[67] Jorge de Figueiredo Dias, *Direito Penal, Parte Geral,* Tomo I, 2ª ed., Coimbra: Coimbra Editora, p. 944 e ss.

[68] Em relação a estes critérios, remetemos para o artigo sobre a imputabilidade de responsabilidade criminal às pessoas coletivas em virtude dos atos praticados pelos seus órgãos.

[69] Pedro Soares de Albergaria, «A posição de garante...» (cit. nt. 34), p. 619.

criminais, essas sim estruturas altamente organizadas e rigidamente hierarquizadas com uma orientação empresarial e capitalista, que se servem do crime como meio sistemático de alcançar benefícios económicos"[70].

A teoria do domínio da organização tem sido ponderada no direito penal nacional. Teresa Quintela de Brito, em face da alínea *b)* do nº 2 do artigo 11º, afirma que "o domínio da organização tanto pode ser exercido por acção (criando a estrutura organizativa ou mobilizando-a para a prática da infracção através de ordens) como por omissão (não alterando a estrutura organizativa, nem os termos e modos de funcionamento já existentes ou colegialmente acordados, apesar de o poder de direcção permitir fazê-lo)", porque "se a execução típica se considera realizada por acção ou por omissão depende apenas da aplicação das regras gerais de distinção entre acção e omissão da execução típica", donde "releva, já não um domínio directo do facto por acção ou por omissão própria, mas um domínio indirecto do facto por via de um domínio da organização para a execução típica do facto". Assim, admite-se a responsabilização da pessoa coletiva através do domínio indireto da organização para a execução do facto típico praticado pelo subalterno. Tal é possível por via omissiva, na medida em que a pessoa com posição de liderança, violando os deveres de vigilância e controlo que lhe incumbiam, proporcionou a ocorrência do facto típico praticado pelo subalterno.

Também na doutrina e jurisprudência brasileiras a teoria do domínio do facto tem tido adesão, considerando-se que é autor "quem, com vontade de autor (*animus auctoris*), produz uma contribuição objetiva para a realização do tipo e quer o facto como próprio (por ter interesse no resultado)"; o critério decisivo para a autoria é o possuir o domínio do facto, no sentido de deter nas mãos o curso do acontecimento típico e para isso é importante que se tenha o domínio da decisão (o domínio sobre o "se" do facto) e o domínio da forma (domínio sobre o "como" do facto). De acordo com isso, considera-se autor "aquele que, enquanto personagem central ou figura chave realiza o acontecimento através da sua decisão e o configura de acordo com a sua vontade, ou seja, pode deixar ocorrer ou impedir a execução do facto, sendo que, no caso de autoria mediata o

---

[70] *Idem, ibidem*, p. 516-517.

domínio do facto se baseia na possibilidade de condução do executor, isto é, do chamado instrumento".

A nossa jurisprudência não admite que a pessoa coletiva seja responsável pelos atos praticados por um qualquer seu trabalhador, mesmo que este esteja a exercer as funções que lhe estão destinadas e mesmo que o ato seja praticado no interesse da pessoa coletiva. Assim se pode concluir da parca jurisprudência produzida[71].

O que se verifica, portanto, é que se admite a responsabilidade da pessoa coletiva por omissões, por violação dos deveres que lhes incumbem, mas das pessoas que sejam a pessoa coletiva ou que detenham na pessoa coletiva uma posição de autoridade.

Este entendimento é conforme com o entendimento que subjaz do artigo 11º, nº 2, alínea b) do CP, pelo que as omissões pelas quais a pessoa coletiva poderá criminalmente responder respeitam a omissões das pessoas que nelas ocupem posição de liderança, ou seja, os seus órgãos, representantes ou pessoas individuais que no seio da pessoa coletiva tenham autoridade para exercer o controlo da atividade. Isto é, a pessoa coletiva é responsável pelos atos praticados pelos seus trabalhadores enquanto agentes de determinado crime se o cometimento de tais crimes se dever a "violação dos deveres de vigilância e de controlo" que incumbem às pessoas que detém poder de autoridade, vigilância e controlo, ou seja, por défice de organização.

De facto, enquanto pessoa coletiva sem existência física mas dotada de juridicidade, a pessoa coletiva pode ter a seu cargo vários deveres de conduta ou sofrer sanções criminais em virtude do seu não cumprimento. Este é o típico caso em que uma pessoa coletiva tem o dever de cumprir determinados deveres e nenhuma conduta é realizada[72].

Daí que, partindo deste pressuposto e recordando que a pessoa coletiva é uma realidade jurídica[73] complexa dotada de órgãos e estrutura próprias que lhe conferem uma "vida própria", a adaptação da teoria de Roxin parece-nos insuficiente, na medida em que, nas situações em que não seja possível identificar a pessoa singular – agente, que foi o executor

---

[71] No mesmo sentido, GONÇALO BANDEIRA, *"Responsabilidade" penal...* (cit. nt. 15), p. 392.
[72] JOHN SMITH, *Smith and Hogan...* (cit. nt. 20), p. 235.
[73] De acordo com a doutrina maioritária no nosso país.

do crime, não se poderá realizar a imputação à pessoa coletiva, visto esta teoria não nos fornecer os critérios segundo os quais se poderá proceder à responsabilização da pessoa coletiva.

Parece, por isso, mais adequada a teoria fundada no défice de organização na medida em que, mais uma vez, se responsabiliza a pessoa coletiva pelo modo como se encontra organizada, estruturada, pelo modo como funciona, refletindo o modelo de responsabilidade criminal baseado na auto-responsabilidade.

Deste modo, e com base nesta responsabilidade de organização, assim como na base da omissão de um dever de vigilância, haveria que definir quais os critérios de imputação que têm de existir no atuar de uma pessoa coletiva para que, independentemente da existência de uma atividade delituosa de uma pessoa física, se aplique à pessoa coletiva uma pena. Segundo Zugaldía Espinar[74], devem utilizar-se para impor a aplicação de uma pena à pessoa coletiva os seguintes critérios:

1) A atuação no âmbito da pessoa coletiva e dentro da sua estrutura legal;

2) A ação como própria da pessoa coletiva e atuação em nome e no interesse da pessoa coletiva, para comprovar os critérios objetivos de imputação;

3) O princípio de que a culpa não pode impor uma consequência se:

   a) A pessoa coletiva não tiver omitido a adoção de medidas de prevenção/precaução;
   b) O órgão não tenha sido escolhido, mas imposto por um terceiro;
   c) Na realização do facto não houve culpa da pessoa coletiva;
   d) A pessoa coletiva atua negligentemente e o delito em questão apenas é doloso;

4) Os critérios de individualização da pena.

---

[74] Fernando Miro Llinares, «Reflexiones sobre el principio Societas delinquere non potest y el artículo 129 del Código Penal», in: *Responsabilidad de las personas jurídicas en los delitos económicos: especial referencia a los consejos de administración: actuar en nombre de otro*, Madrid: Consejo General del Poder Judicial, 2007, p. 207, citando Zugaldía Espinar.

Conclusão

Face ao exposto, e em nossa opinião, parece que o elemento subjetivo estabelecido nos termos da alínea *b)* do nº 2 do artigo 11º do CP é o mesmo que se encontra exposto na alínea *a)*, mas por via omissiva. Ou seja, a não atuação da pessoa a quem incumbem deveres de vigilância e controlo por força da lei ou dos estatutos da pessoa coletiva. *In casu*, face às pessoas coletivas, por "pessoas que nelas ocupem uma posição de liderança"[75], o mesmo é dizer, enquadrando no âmbito do presente trabalho, os órgãos da pessoa coletiva, em virtude de " violação dos deveres de vigilância".

Situando-nos no âmbito do nexo de imputação objetiva de responsabilidade criminal à pessoa coletiva, no caso em concreto da alínea *b)* do nº 2, parece-nos, ainda, tratar-se de um elemento objetivo, no sentido de que não interessa quem é o agente em concreto, mas que esse ato tenha sido cometido no seio da pessoa coletiva por uma pessoa "das suas relações de proximidade", ou seja, por um sujeito individual que detenha com a pessoa coletiva uma relação juridicamente estabelecida. Daí que a lei não tenha estabelecido "em concreto" a necessidade ou não de existência de uma atuação no interesse coletivo. Até porque, esse interesse coletivo se pressupõe, na medida em que o agente atua no âmbito das suas funções. Ou talvez porque o agente, para além de ser alguém que se encontra sob a autoridade da pessoa coletiva ou sobre quem ela tem esse poder de autoridade, não importa em si mesmo, não é necessária a sua identificação nem a verificação de que o ato por si cometido foi o ato único necessário para o cometimento do crime ou que o crime resultou de um conjunto de atos praticados por diversos agentes.

Efetivamente, o acento tónico que define o critério de imputação à pessoa coletiva será "a violação dos deveres de vigilância ou controlo" que incumbem às pessoas que, nos termos da alínea *a)*, ocupem posição de liderança. Estaremos, então, de acordo com esta interpretação em sede de elemento de imputação perante o mesmo que identificámos e analisámos em relação à alínea *a)* do artigo 11º do Código Penal. Só que, aqui o agente (o sujeito ativo) não é essa pessoa com posição de liderança, é uma outra pessoa, um "braço" ou uma "perna", uma "mão" da pessoa coletiva.

---

[75] Artigo 11º, nº 2, alínea *a)* do CP.

Mas o ato criminoso só é possível em virtude da omissão dos deveres que legal ou estatutariamente recaem sobre as pessoas em posição de liderança que constituem a "mente", o "cérebro" da pessoa coletiva.

Entende Germano Marques da Silva que "se trata de responsabilizar a pessoa colectiva pela omissão de quem nela exerce poderes de autoridade e tem o dever de impedir que sejam praticados factos criminosos, pessoas que têm por função a protecção de bens jurídicos que possam ser ofendidos com a atividade da empresa"[76].

O artigo 11º do CP fornece-nos como critério esta "violação dos deveres de vigilância ou controlo". A violação de deveres de vigilância ou controlo é mais um critério de imputação que nos é fornecido pelo Código Penal. Não se trata de uma forma de responsabilidade objetiva porquanto sempre se terá de aferir da responsabilidade da pessoa coletiva pela omissão, determinar o nexo causal e identificar qual o dever que não foi observado e que por isso proporcionou a ocorrência do ilícito criminal, para além de se apurar a existência de dolo ou negligência da pessoa coletiva. "As pessoas colectivas constituem realidades sociais *a se* dotadas de consciência e vontade próprias"[77] e essa vontade própria manifesta-se, inclusive, através da atuação dos trabalhadores que lhe estão afetos e que corporizam a sua atuação.

Face ao exposto, nos termos da alínea *b)* do nº 2 do artigo 11º do CP, o legislador, ao referir "por quem aja sob a autoridade", não pretende restringir o exercício de autoridade somente aos casos de existência de contrato de trabalho subordinado. No entanto, e quanto a estes entendemos, perante a fórmula legal, que:

1) Os trabalhadores subordinados, cujo contrato reveste a natureza de contrato de trabalho, são sujeitos habilitados para a prática dos factos, nos termos da alínea *b)* do nº 2 do CP, desde que: não exerçam cargos de autoridade ou de exercício de controlo da atividade da pessoa coletiva; não integrem os órgãos sociais (não sejam titulares dos órgãos sociais) e não tenham uma posição de liderança.

---

[76] GERMANO MARQUES DA SILVA, *Responsabilidade penal...* (cit. nt. 22), p. 9.
[77] *Acórdão do TRG*, processo nº 459/05.0GAFLG, relator FERNANDO VENTURA, disponível em: <www.dgsi.pt>, consultado em: 15 Jan. 2010.

2) Não é suficiente a atuação de um qualquer trabalhador da pessoa coletiva, mesmo que no exercício das suas funções e em nome e no interesse da pessoa coletiva, para que se estabeleça o nexo de imputação através do qual a pessoa coletiva se torna responsável pelos atos dos seus trabalhadores.

3) Se assim fosse, não haveria razão para estabelecer que a atuação do trabalhador seria motivada ou incrementada pela violação de deveres de vigilância e de controlo. De facto, só nos EUA é que se verifica esta amplitude de critério de imputação em sede de responsabilidade penal das pessoas coletivas. Amplitude de critério de imputação que como vimos é consagrado pela teoria da agregação, que segundo Anca Iulia Pop[78], apesar dos custos subjacentes à sua adoção[79], a sua não adoção conjugada com a fragmentação e especialização dos departamentos da pessoa coletiva poderiam levar à impunidade. Não cremos, contudo, ser esse o sentido existente no nosso ordenamento jurídico. O elemento subjetivo de imputação – a culpa – tem de existir e tem de ser imputável à pessoa coletiva.

4) Daí que, o nexo de imputação, aqui previsto, só se estabeleça através da omissão dos deveres de vigilância e controlo das pessoas que ocupam posição de liderança, como estabelece o n.º 2 "em virtude de uma violação dos deveres de vigilância ou controlo que lhes incumbem". Ou seja, omissões dos órgãos, dos representantes e das pessoas que tenham autoridade para exercer o controlo da atividade no seio da pessoa coletiva. Mais, do ponto de vista da imputabilidade formal de responsabilidade criminal à pessoa coletiva, estamos a falar das omissões dos sujeitos habilitados e identificados na alínea a) do artigo 11.º do CP.

5) Estamos, efetivamente, num âmbito em que quem executa o crime muitas vezes nem se apercebe de que está a cometer o crime, para além de o crime poder ser o resultado de um conjunto de atuações; sendo que

---

[78] Anca Iulia Pop, *Criminal liability of corporations* (cit. nt. 17), p. 35.
[79] O modelo americano consagrado pela teoria da agregação, apesar de apresentar elevados custos quer em termos laborais (com o acréscimo de despedimentos), quer em termos judiciais (na medida em que incentiva o pleito judicial), quer em termos de incremento de custos das pessoas coletivas (que com mais facilidade podem ser condenadas no pagamento de multas), permite obter uma maior eficácia na prevenção e na repressão da criminalidade empresarial.

nenhuma delas por si só seria um crime, mas todas juntas e em sequência consubstanciam o crime. Pelo que, parece-nos, o critério de imputabilidade passará por aferir o défice de organização, ou seja, o conjunto de atos por parte dos órgãos da pessoa coletiva que deveriam ter sido praticados e o não foram e, por isso, permitiram a prática do crime. Neste âmbito, afigura-se-nos que a teoria do défice de organização, sobretudo se considerarmos o conceito de "cultura empresarial", nos fornece o procedimento necessário para aferirmos da existência de responsabilidade criminal imputável à pessoa coletiva.

Concluindo, o legislador teve o cuidado de em sede de critérios de imputação identificar os sujeitos cuja atuação pode ser imputada à pessoa coletiva e, em simultâneo, fornecer os requisitos de que se deve revestir a ação típica para que, efetivamente, se estabeleça o nexo de imputabilidade de atos praticados por pessoas singulares à pessoa coletiva, fazendo sobre esta recair as punições respetivas. A pessoa coletiva será, portanto, responsável criminalmente como autora sempre que os requisitos de imputação se verifiquem em si mesma, atenta a sua estrutura, hierarquização e modelo organizacional (que tem subjacente a necessária análise da cultura empresarial e do "nível de subordinação" imposto aos seus trabalhadores).

As Exceções de Punibilidade Referidas no Artigo 11º do Código Penal Português e o caso das Entidades Prestadoras de Cuidados de Saúde

Núbia Nascimento Alves[1]

SUMÁRIO: Introdução. I. Breves notas sobre a responsabilidade penal das pessoas coletivas. II. Pessoas coletivas de direito público penalmente relevantes. III. A lógica das exceções de punibilidade referidas nos nºs 2 e 3 do artigo 11º do Código Penal. 1. O conceito de pessoas coletivas públicas do direito penal (a relação entre o direito penal e outros ramos do direito público). 2. Sobre a constitucionalidade da responsabilização criminal das pessoas coletivas públicas. IV. O enquadramento das entidades hospitalares no ordenamento jurídico português tendo como referência normativa de conduta a Lei de Procriação Medicamente Assistida. 3. O Sistema Nacional de Saúde português. 4. Um exemplo de responsabilização de entidades hospitalares no ordenamento jurídico-penal português. Conclusão.

Introdução

Com a vigência da Lei nº 59/2007, de 4 de Setembro, assistiu-se pela primeira vez em Portugal a consagração da responsabilização penal de entes coletivos e equiparados no âmbito do direito penal primário ou de

---

[1] Mestre em Ciências Jurídico-Criminais pela Universidade de Coimbra. Investigadora/Doutoranda na Faculdade de Direito da Universidade Nova de Lisboa. O trabalho de investigação da Autora é apoiado por uma Bolsa de Investigação Científica equivalente a "Bolsa de Doutoramento" (BD), com a referência SFRH/BD/68321/2010, financiada por fundos nacionais do Ministério da Educação e Cultura (MEC).

justiça. Este novo regime de facto corresponde a um significativo avanço em termos dogmático-penal[2] mas está longe de ser pacífico. Aliás, mesmo aproveitando-se da oportunidade deixada em 1964 pela Proposta de Eduardo Correia de revisão do Código Penal, pondera-se que o legislador de 2007 consagrou esta responsabilidade ao arrepio da discussão doutrinária e jurisprudencial existente há mais de duas décadas em diversos setores do direito penal secundário[3].

É controverso, desde já pelos tipos de crime suscetíveis de serem imputados aos entes coletivos, bem como dos modelos de imputação da responsabilidade. Também, questiona-se se o Código Penal valerá supletivamente para os regimes especiais instituídos na legislação secundária e que não sofreram alterações com a Lei nº 59/2007, sabendo-se que nem sempre coincidem os seus critérios de imputação e a natureza dos sujeitos passíveis de responsabilidade criminal.

Mas na temática da responsabilização penal das entidades coletivas, uma das questões mais complexas e amplamente debatidas é a que toca ao tratamento dispensado às pessoas coletivas de direito público, assim como a sua definição, face a abrangência do conceito extraído do nº 3 do art. 11º do Código Penal. É que, para além do Estado e das pessoas coletivas públicas, exclui-se a punibilidade de outras pessoas coletivas privadas abarcadas, para efeito de lei penal, no conceito de "pessoas coletivas públicas".

Neste âmbito, é objeto do estudo o caso das entidades hospitalares, designadamente de natureza privada, que prestam serviço público de saúde em concorrência com o Estado. Tendo como referência a Lei de Procriação Medicamente Assistida, partir-se-á da análise da natureza desses estabelecimentos sob o enfoque do direito público e deste modo confrontando o problema com uma nova conceção funcional de serviço

---

[2] Há muito a responsabilidade penal das pessoas coletivas vem sendo recomendada em encontros internacionais, como sucedeu, por exemplo, no Congresso de Bucarest de 1929; no de Roma de 1953 e no de Hamburgo de 1984 (LUIZ LUISI, «Notas sobre a Responsabilidade Penal das Pessoas Jurídicas», in: *Responsabilidade Penal da Pessoa Jurídica: Em Defesa do Princípio da Imputação Penal Subjetiva*, 2001, p. 87).

[3] TERESA SERRA; PEDRO FERNÁNDEZ SÁNCHEZ, «A exclusão de responsabilidade criminal das entidades públicas – da inconstitucionalidade dos nºs 2 e 3 do artigo 11º do Código Penal», in: *Estudos em Homenagem ao Prof. Doutor Sérvulo Correia*, Vol. IV, Edição da Faculdade de Direito da Universidade de Lisboa, 2010, p. 65.

público decorrente da tendência de publicização da atividade de determinados entes privados[4].

Com efeito, este novo conceito de serviço público obriga a que seja repensada a natureza jurídica das atividades públicas desenvolvidas por entidades privadas, bem como as relações que se estabelecem entre o Estado e essas mesmas entidades. Isto implica situar-se o Estado num contexto onde as soluções contratuais se sobrepõem ao papel do próprio direito público[5]. Dir-se-á, segundo Teresa Serra e Pedro Fernández Sanchez, que terá sido precisamente o facto de não prescindir da cobertura de autoridade que lhes dá a prossecução do interesse público que fundamentou a ampla exclusão de responsabilidade criminal dos entes coletivos públicos[6].

Ora, a formulação normativa do nº 3 do art. 11º do Código Penal, ao referir-se à categoria "pessoas coletivas públicas", pretendeu abranger entidades coletivas com natureza de direito privado equiparando-as às pessoas coletivas de direito público, no sentido de as excecionar de punibilidade. Por outro lado, é um dado que esta expressa previsão de exceção no regime geral do direito primário não impede que essas pessoas coletivas possam ser sancionadas no âmbito de regimes penais avulsos, cujos critérios e modalidades de imputação não foram uniformizados através da Lei nº 59/2007.

---

[4] Segundo essa realidade, o serviço público pode ser indistintamente prestado, em concorrência, tanto por entidades públicas como por entidades privadas ou, ainda, por entidades público-privadas, com o fim de rentabilizar e reduzir custos financeiros. Mesmo as atividades de interesse público consideradas prioritárias – como é o caso do ensino e da saúde –, podem ser prestadas nesse regime de concorrência por entidades com natureza eminentemente privada, através da imposição de *obrigações de serviço público* em que o Estado assume as tarefas de *incentivo, apoio, regulação* e *fiscalização* das mesmas. É, por exemplo, o que se passa atualmente em Portugal no quadro da gestão hospitalar no serviço público de saúde. MARIA JOÃO ESTORNINHO, discorrendo sobre o ensino como atividade pública prioritária, diz que foram ultrapassadas definitivamente as fronteiras tradicionais entre o público e o privado. A mesma asserção vale para a saúde, concebendo-se essas tarefas como *atividades de serviço público*, suscetíveis de serem prestadas indiferenciadamente por entidades públicas e entidades privadas (*Organização Administrativa da Saúde*, Coimbra: Almedina, 2008, p. 69).
[5] Neste sentido, JORGE DOS REIS BRAVO, *Direito Penal de Entes Colectivos*, Coimbra: Coimbra Editora, 2008, p. 173.
[6] TERESA SERRA; PEDRO FERNÁNDEZ SÁNCHEZ, «A exclusão de responsabilidade criminal das entidades públicas...» (cit. nt. 3), p. 68.

Já não é assim nas áreas em que o legislador da Reforma Penal de 2007 fez remissão para os "termos gerais" do regime da responsabilidade penal de pessoas coletivas consagrado no Código Penal, visando uniformizar o regime sancionatório. É neste horizonte que se destaca a Lei de Procriação Medicamente Assistida como exemplo de uniformização legal[7].

Com isto, a par dessa amplitude porventura exagerada do sistema, o problema nuclear reside na justificação para a punição de pessoas coletivas de direito público no âmbito do direito penal secundário, suscitando legítimos e pertinentes questionamentos sobre coerência e compatibilização sistemática e de respeito pelo princípio da igualdade[8]. É defensável que a possibilidade de tais pessoas poderem incorrer na prática de crimes é contrária à sua própria natureza, no sentido de irem de encontro ao objetivo de realização do interesse público. Com efeito, importa analisar o art. 11º do Código Penal de modo a refletir sobre essas questões a partir do estudo da responsabilização penal das pessoas coletivas.

I. Breves notas sobre a responsabilidade penal das pessoas coletivas

Diversas são as tendências doutrinárias e legislativas no quadro jurídico da responsabilização das pessoas coletivas, onde baseiam-se tanto a sua rejeição quanto o seu reconhecimento. Na doutrina tradicional os autores pronunciaram-se quase sempre no sentido da inadmissibilidade da punição penal das pessoas coletivas, em adesão ao brocardo *societas non delinquere potest*. No entanto, mais condizente com a atualidade, a doutrina e a legislação têm-se posicionado no sentido oposto, com base no princípio-regra de que as pessoas coletivas são também penalmente responsáveis[9].

Em Portugal, mesmo antes da Reforma Penal de 2007, aceitava-se sem relutância a responsabilidade penal das pessoas coletivas no âmbito do direito penal secundário – onde já vigorava –, sem oposição à sua exten-

---

[7] O nº 3 do art. 4º da Lei nº 59/2007 aditou o art. 43º-A à Lei nº 32/2006, de 26 de Julho, com a seguinte redação: "As pessoas colectivas e entidades equiparadas são responsáveis, *nos termos gerais*, pelos crimes previstos na presente lei" (sublinhado nosso).
[8] Neste sentido, JORGE DOS REIS BRAVO, *Direito Penal de Entes Colectivos* (cit. nt. 5), p. 177-178.
[9] Sobre a evolução histórico-jurídica da responsabilização criminal dos entes coletivos, veja-se, com interesse, JORGE DOS REIS BRAVO, *Direito Penal de Entes Colectivos* (cit. nt. 5), p. 33-48.

são para o domínio do direito penal clássico. O fundamento para a punibilidade dos entes coletivos repousa em fortíssimas razões de política criminal, que impõem ao direito penal o papel de "necessária eficácia" na proteção de bens jurídicos fundamentais da comunidade; ou seja, de combate ao delito onde quer que ele se encontre[10]. E isto porque, cada vez mais, o Estado e outras pessoas coletivas públicas participam na atividade económica do país, muitas vezes em igualdade de condições com as entidades privadas; como sucede, por exemplo, no setor financeiro, nos transportes, na recolha de lixos e detritos, ou seja, em atividades frequentemente responsáveis por lesões à vida e à integridade física dos súditos, bem como por severos danos ambientais[11].

Entre os penalistas portugueses destaca-se o pensamento de Figueiredo Dias, para quem a admissão da responsabilidade penal do ente coletivo, ao lado da responsabilidade penal individual (mas sem subordinação a esta), é desde já necessária por ser impensável conceber o direito penal como instrumento de contenção dos mega-riscos próprios da sociedade do risco mantendo-se o dogma da individualização da responsabilidade penal[12]. Para justificar a responsabilização penal do ente coletivo, a proposta do Autor baseia-se no modelo da culpa analógica, que se funda na analogia feita com a responsabilidade do homem individual quanto a sua obra ou realização coletiva[13].

Por outra via, Faria Costa, partindo do estudo do direito penal económico, desenvolve e sustenta a solução jurídico-penalmente relevante em

---

[10] De forma desenvolvida, veja-se MARQUES DA SILVA, *Responsabilidade Penal das Sociedades e dos seus Administradores e Representantes*, Lisboa: Verbo, 2009, p. 112-115. Também com bastante interesse, o texto de MARIA JOÃO ANTUNES que, de forma sucinta, retrata a evolução do discurso doutrinário sobre a responsabilidade penal das pessoas coletivas em Portugal («A Responsabilidade Penal das Pessoas Colectivas entre o Direito Penal Tradicional e o Novo Direito Penal», in: *Direito Penal Económico e Europeu: Textos Doutrinários*, Vol. II, Coimbra: Coimbra Editora, 2009, p. 457-4599).

[11] Neste sentido, TERESA SERRA; PEDRO FERNÁNDEZ SÁNCHEZ, «A exclusão de responsabilidade criminal das entidades públicas...» (cit. nt. 3), p. 70.

[12] FIGUEIREDO DIAS, *Direito Penal: Parte Geral*, Tomo I, Coimbra: Coimbra Editora, 2004, p. 139 e 284-286. Mais recentemente, «O Papel do Direito Penal na Protecção das Gerações Futuras», disponível em: <www.defensesociale.org>, consultado em: 19 Jul. 2010.

[13] FIGUEIREDO DIAS, «Para uma dogmática do direito penal secundário», in: *Direito Penal Económico e Europeu: Textos Doutrinários*, Vol. I, Coimbra: Coimbra Editora, 1998, p. 68.

dois eixos fundamentais: *(a)* na analogia material entre a culpa individual e a responsabilidade por culpa da pessoa coletiva (cujo mérito atribui, por inteiro, a Figueiredo Dias); *(b)* na tese da "lógica dos lugares inversos", onde faz a equiparação da restrição normativa da imputabilidade dos menores – que agem mas sem relevância jurídico-penal – à extensão normativa da imputabilidade das pessoas coletivas – que, por sua vez, agem de um jeito não configurável[14].

No plano do *espaço penal europeu*, as recomendações do Conselho da Europa vão no sentido dos Estados-membros reorganizarem-se e reexaminarem os princípios da responsabilidade penal com vistas a admitirem, em certos casos, a punibilidade das pessoas coletivas. Destacam-se as Recomendações nºs 12 e 18, aprovadas pelo Comité de Ministros da Europa em 25 de Junho de 1981 e 20 de Outubro de 1988, respetivamente.

---

[14] FARIA COSTA, *Direito Penal Económico*, Coimbra: Editora Quarteto, 2003, p. 51. Mais recentemente, o Autor discorreu sobre a "lógica dos lugares inversos", cujo trecho transcreve-se como nota de esclarecimento: "(...) o direito penal não permite – e bem – que o menor aceda ao campo da discursividade penal. Neste sentido, criou-se um espaço de normatividade, criou-se um *topos* que, pela impressividade da sua razão de ser forte, pode ser iluminante e justificador, em termos de racionalidade material, do seu lugar inverso. (...) o lugar inverso àquele que foi desenhando, relativamente à imputabilidade, é o que envolve o problema da punição (penal) das pessoas colectivas. Efectivamente, se ali tínhamos cerceamento dos segmentos ontológicos da acção, aqui, inversamente, temos expansão de um agir comunicacional, penalmente relevante; se ali se limita e se afasta o juízo de censura penal por razões de mais variada índole, aqui, inversamente, reconstrói-se a noção de culpa e faz-se da pessoa colectiva um verdadeiro centro de imputação; se ali o traço distintivo da força argumentativa que a necessidade arrasta ia no sentido da restrição do universo de possíveis agentes, ia no sentido da limitação do universo dos destinatários das normas penais, aqui, inversamente, tudo aponta, como se demonstrou já, para que o universo da punibilidade se alargue. (...) Em termos conclusivos, a fundamentação para a responsabilidade penal das pessoas colectivas pode detectar-se em dois eixos fundamentais: *a)* na analogia material entre a culpa individual e a responsabilidade por culpa relativamente às pessoas colectivas; *b)* no raciocinar inverso àquele que fundamenta a categoria da imputabilidade, isto é: enquanto na imputabilidade formal (idade) o direito penal esquece, esmaga ou ficciona a inexistência de uma liberdade onto-antropológica – e por isso diz que o menor não ascende à discursividade penal – que o menor jamais deixa de ter, na responsabilidade penal das pessoas colectivas, inversamente, o direito penal liberta, cria, expande aquilo que os órgãos das pessoas colectivas assumem como vontade própria e, por isso, tem legitimidade para os responsabilizar penalmente" (FARIA COSTA, *Noções Fundamentais de Direito Penal*, Coimbra: Coimbra Editora, 2009, p. 242-245).

No entanto, o legislador europeu foi bastante mais cauteloso, já que nenhuma das convenções prevê a responsabilidade criminal exclusiva das pessoas coletivas, como também não a impõe. Via de regra, prevê-se a responsabilidade desses entes em termos alternativos, punível com sanções criminais ou administrativas ou, ainda, sem especificar a que título. Todos os diplomas apresentam as duas soluções em alternativa, tendo os respetivos trabalhos preparatórios salientado que a escolha pelo tipo mais adequado compete a cada Estado-Membro, de acordo com os próprios sistemas constitucionais e nacionais[15].

Com efeito, a admissibilidade da responsabilidade penal dos entes coletivos como estabelecida no art. 11º do Código Penal resulta de uma opção normativa do legislador português. O critério de imputação utilizado foi transposto da Convenção do Conselho da Europa relativa à lei criminal sobre corrupção, de 27 de Janeiro de 1999, que gerou um consenso no âmbito do Conselho da Europa e da União Europeia[16]. No entanto, e apesar das críticas quanto ao modo precipitado como a responsabilidade criminal dos entes coletivos foi consagrada na Revisão de 2007, se esta foi ou não uma decisão ponderada, de nada serve para afastar a opção legislativa democraticamente legitimada[17].

Este modelo de imputação adotado no Código Penal – art. 11º, nº 2, als. *a)* e *b)* – tal como na legislação penal extravagante, e que se denomina

---

[15] Desenvolvidamente, Paulo Pinto de Albuquerque, *Comentário do Código Penal à Luz da Constituição da República e da Convenção Europeia dos Direitos do Homem*, Lisboa: Universidade Católica Editora, 2008, p. 75 e ss. Teresa Serra e Pedro Fernández Sánchez lembram que as Decisões-Quadro apontadas como decisivas para a consagração da responsabilidade criminal das entidades públicas não podem justifica-las, uma vez que, confrontadas estas decisões com a oposição por parte de alguns Estados-Membros, deixam em aberto o recurso 'a sanções ou medidas efectivas, proporcionadas e dissuasivas' não penais, aplicáveis a pessoas colectivas consideradas responsáveis pela prática de infracções" («A exclusão de responsabilidade criminal das entidades públicas...» (cit. nt. 3), p. 65-66).

[16] É inegável a relevância do direito comunitário europeu como fonte de direito penal. Salienta Faria Costa que "são fontes de direito penal a Lei da Assembleia da República, o Decreto-Lei do Governo por aquela autorizado, os instrumentos internacionais a que Portugal se tenha obrigado e que vinculem o Estado português e, finalmente, as directivas e decisões-quadro que tenham sido transpostas para a ordem jurídica interna" (*Noções Fundamentais de Direito Penal* (cit. nt. 14), p. 135-136).

[17] Neste sentido, Teresa Serra; Pedro Fernández Sánchez, «A exclusão de responsabilidade criminal das entidades públicas...» (cit. nt. 3), p. 74-75.

modelo da responsabilidade do representante ou *vicarious liablity*, é duplo: mantém o centro da imputação na pessoa singular que ocupa uma posição de liderança no quadro de direção do ente coletivo (*comissão direta*) ou em outra qualquer pessoa sob autoridade daquela, em virtude de violação dos deveres de vigilância (*comissão indireta*).

Quer isto dizer que a pessoa coletiva responde pelos comportamentos de quem atua em seu nome, sendo o nexo de causalidade determinado pelas ações e omissões dessa pessoa singular, com vista a prosseguir o interesse coletivo da pessoa coletiva. Efetivamente, a responsabilidade criminal da pessoa coletiva depende sempre da existência de um nexo de imputação do fato a um agente da pessoa coletiva, seja ele um líder ou um subordinado[18].

Assim foi que o legislador nacional introduziu o princípio geral da responsabilidade criminal das pessoas coletivas no direito penal primário ou de justiça, de acordo com um critério de imputação coincidente com o do direito internacional. Fê-lo através da Lei nº 59/2007, na sequência do que já vinha praticando no direito contraordenacional e em certas áreas delimitadas de criminalidade.

Não se trata de uma responsabilidade por fato de outrem, mas sim de uma responsabilidade autónoma e distinta da responsabilidade individual dos homens que compõem a pessoa coletiva, decorrendo esta autonomia da livre conjugação das vontades de várias pessoas. A lei reconhece a *teoria da vontade própria da sociedade* dirigida para o cometimento

---

[18] Este critério de imputação é delimitado da seguinte forma: "(a) respeita o princípio da legalidade criminal, porque é taxativo e não enunciativo; (b) centra a responsabilidade criminal das pessoas colectivas nos actos das pessoas colocadas em posição de liderança dentro da pessoa colectiva, exactamente como o fazem o direito da União Europeia e do Conselho da Europa; (c) esclarece o conteúdo da posição de liderança nos precisos termos em que o direito da União Europeia e do Conselho da Europa o fazem; (d) esclarece que quer os actos das pessoas colocadas em posição de liderança quer os dos subordinados só são imputáveis à pessoa colectiva se tiverem sido praticados em nome e no interesse desta, e (e) esclarece o nexo de imputação de actos de pessoas subordinadas, pois os actos de pessoas subordinadas só são imputáveis (1) se realizados em nome e no interesse da pessoa colectiva, e (2) se as pessoas colocadas em posição de liderança não tiverem exercido deficientemente o seu poder de controlo e supervisão sobre aquele ou aqueles subordinados que se encontrem sob a sua autoridade" (Paulo Pinto de Albuquerque, «A responsabilidade criminal das pessoas colectivas ou equiparadas», in: *Revista da Ordem dos Advogados*, Ano 66, Vol. II, Set. 2006, p. 640 e ss., disponível em: <www.oa.pt>, consultado em: 23 Fev. 2010).

de crime, desvinculando-se definitivamente da tradição do direito penal clássico[19].

Com efeito, conforme estabelece o nº 7 do art. 11º do Código Penal, a responsabilidade penal das pessoas coletivas não determina nem exclui a responsabilidade penal dos agentes individuais mas, ao contrário, coexistem entre si. No mesmo plano, e a propósito de sucessivas alegações de questões de constitucionalidade do Decreto-Lei nº 28/84, de 20 de Janeiro, ainda numa oportunidade em que a discussão se circunscrevia ao direito penal secundário, o Tribunal Constitucional reafirmou a legitimidade constitucional do regime de responsabilização penal dos entes coletivos por não violar o princípio do *non bis in idem* e, consequentemente, a Constituição da República Portuguesa – designadamente os arts. 12º, nº 2 e 29º, nº 5, "uma vez que não existe um duplo julgamento da mesma pessoa pelo mesmo facto"[20].

A responsabilidade dos entes coletivos somente está excluída quando se verifica: *(a)* a atuação de pessoa subordinada contra ordens ou instruções expressas de quem ocupa posição de liderança; *(b)* no caso de órgão colegial de direção ou administração, a atuação de pessoa em posição de liderança contra a vontade expressa da maioria dos membros do órgão; *(c)* a atuação da pessoa em posição de liderança sob erro, causa de justificação ou causa de exclusão da culpa cujos pressupostos se verifiquem

---

[19] Esta distinção entre a vontade individual e a vontade coletiva releva para demonstrar a diminuição da eficácia preventiva do direito penal quando dirigido apenas contra os indivíduos que trabalham para o ente coletivo. Para além disso, a própria complexidade da estrutura organizatória do ente coletivo muitas vezes não permite determinar, concretamente, quem praticou o facto criminoso. Daí o art. 12º do Código Penal ter consagrado a responsabilidade por atuação em nome de outrem, traduzida na possibilidade de pessoas individuais serem responsabilizadas independentemente da pessoa coletiva que integram.

[20] A título informativo, elencam-se os seguintes acórdãos do Tribunal Constitucional, que decidiram pela constitucionalidade da previsão e consagração de um regime de responsabilização penal de entes coletivos: AC nº 212/95, de 20/04/95 (Rel. Cons. Vítor Nunes de Almeida); AC nº 213/95, de 20/04/95 (Rel. Cons. Monteiro Diniz); AC nº 214/95, de 20/04/95 (Rel. Cons. Monteiro Diniz); AC nº 302/95, de 08/06/95 (Rel. Cons. Messias Bento); AC nº 707/95, de 06/12/95 (Rel. Cons. Alves Correia); AC nº 162/96, de 07/02/96 (Rel. Cons. Messias Bento); AC nº 928/96, de 09/07/96 (Rel. Cons. Nunes de Almeida); AC nº 959/96, de 10/07/96 (Rel. Cons. Fernanda Palma); AC nº 53/98, de 03/02/98 (Rel. Cons. Messias Bento) e AC nº 635/98, de 04/11/98 (Rel. Cons. Sousa Brito). Todos disponíveis em: <www.tribunalconstitucional.pt>, consultado em: 05 Fev. 2014.

em relação à esta mesma pessoa e *(d)* a atuação do subordinado sob erro, causa de justificação ou causa de exclusão da culpa, desde que a situação não tenha sido criada por pessoa em posição de liderança[21].

Em todo o caso, é irrelevante para a configuração da responsabilidade a prática de irregularidades ou nulidades na formação da vontade do ente coletivo, ficando apenas ressalvado o direito de regresso contra o autor dos atos viciados. E de igual modo, também não é causa de isenção de responsabilidade criminal o fato da pessoa em posição de liderança atuar contra o parecer do órgão de fiscalização do ente coletivo, servindo este parecer apenas para afastar a responsabilidade criminal e civil dos seus membros.

II. Pessoas coletivas de direito público penalmente relevantes

De um modo geral, considera-se bastante abrangente a regra estabelecida no art. 11º do Código Penal, ao conceber como suscetíveis de responsabilidade criminal as *pessoas coletivas* e as *entidades equiparadas*. No entanto, tanto ou mais abrangente do que a regra, possivelmente é o âmbito das exceções.

Não é, à partida, difícil identificar as pessoas coletivas. Estas são entidades formalmente constituídas de acordo com as normas do direito civil, comercial, administrativo ou religioso, com personalidade jurídica distinta e autónoma dos seus fundadores, administradores, sócios, associados ou representantes. Neste elenco encontram-se as associações de qualquer natureza ou finalidade (estritamente civil, político-partidária, de trabalhadores, de empregadores, de índole desportiva, etc.), as sociedades comerciais, as sociedades desportivas, as fundações, as pessoas coletivas religiosas, as cooperativas, os agrupamentos complementares de empresas e os agrupamentos europeus de interesse económico[22].

Para uma entidade coletiva ser designada "pessoa coletiva", terá de ter capacidade jurídica própria, isto é, personalidade jurídica que lhe asse-

---

[21] Aqui, e no que se segue, PAULO PINTO DE ALBUQUERQUE, *Comentário do Código Penal...* (cit. nt. 15), p. 84.
[22] Neste sentido, JORGE DOS REIS BRAVO, *Direito Penal de Entes Colectivos* (cit. nt. 5), p. 161-164. No mesmo sentido, MARQUES DA SILVA, *Responsabilidade Penal...* (cit. nt. 10), p. 215 e ss.

gura estatuto de sujeito de direito[23]. Não obstante, a aquisição de personalidade jurídica não é pressuposto para a responsabilidade penal da entidade coletiva, motivo pelo qual o n.º 5 do art. 11º do Código Penal equipara entidades sem personalidade jurídica às pessoas coletivas. Nos termos do dispositivo, inclui-se na conceção de entidades equiparadas *as sociedades civis e as associações de facto*[24].

Mas apesar dessa abrangência, e como se infere do n.º 2 do art. 11º do Código Penal, outras entidades escaparão a qualquer possibilidade de responsabilização criminal. As exceções de punibilidade assim previstas abrangem expressamente o *Estado*[25], *outras pessoas coletivas atuando no exercício de prerrogativas de poder público* (ou de *poderes de soberania*, de acordo com a terminologia internacional)[26] e as *organizações internacionais públicas*[27].

---

[23] Mário Meireles, *Pessoas Colectivas e Sanções Criminais: Juízos de Adequação*, Coimbra: Coimbra Editora, 2006, p. 32-33.

[24] Portanto, ficam excluídos de responsabilidade criminal os patrimónios autónomos, as comissões especiais, as sociedades comerciais até à data do registo definitivo do contrato pelo qual se constituem, o condomínio e os navios (Paulo Pinto de Albuquerque, *Comentário do Código Penal...* (cit. nt. 15), p. 84). Por sua vez, encontram-se assimilados à categoria de entidades equiparadas a pessoas coletivas, nomeadamente para efeitos de incriminação por infrações fiscais, os estabelecimentos mercantis individuais de responsabilidade limitada (EIRL) (Jorge dos Reis Bravo, *Direito Penal de Entes Colectivos* (cit. nt. 5), p. 163).

[25] Jorge dos Reis Bravo salienta que o legislador deveria igualmente prever, de forma expressa, as Regiões Autónomas e as Autarquias no âmbito de exceção de punibilidade, embora possam ser englobadas na fórmula geral «Pessoas colectivas de direito público» prevista na al. *a*) do n.º 3 do art. 11º do CP (*op. cit.*, p. 164).

[26] O legislador penal não faz nenhuma referência à natureza dessas pessoas coletivas, apenas exige que exerçam "prerrogativas de poder público". Neste contexto, incluem-se os organismos da administração central, regional e local do Estado; as entidades privadas que a lei confere estatuto de pessoa coletiva de utilidade pública administrativa, a exemplo da Santa Casa de Misericórdia de Lisboa (quando atua com poderes de autoridade para o processamento das contraordenações cometidas no âmbito da atividade de jogos sociais que desenvolve e gere); as empresas que têm legais prerrogativas de proceder à autuação de infrações contravencionais, a exemplo das concessionárias da gestão das infraestruturas rodoviárias no tocante à instauração do auto de transgressão; bem como as Ordens Profissionais (para além de serem associações públicas desde logo enquadradas no conceito da al. *a*) do n.º 3 do art. 11º do CP, exercem poderes de auto-organização, regulação, orientação e fiscalização, designadamente de caráter sancionatório disciplinar).

[27] Compreende-se a inclusão das organizações internacionais de direito público "pela possibilidade de responsabilização jurídica-internacional sobre os próprios Estados soberanos

Sublinhe-se que a exclusão da responsabilidade criminal do Estado, de outras pessoas coletivas públicas atuando no exercício do seu poder de soberania e das organizações internacionais públicas concretiza, rigorosamente, o critério sustentado nas Decisões-Quadro da União Europeia e nas Convenções do Conselho da Europa, expresso no Relatório Explicativo do Segundo Protocolo da Convenção Relativa à Proteção dos Interesses Financeiros das Comunidades Europeias, aprovado pelo Conselho em 12 de Março de 1999[28]. Isto, muito embora haja autores a criticar a aprovação de Decisões-Quadro, pura e simplesmente, como causa justificativa para a consagração e o recorte da responsabilidade criminal das entidades públicas tal como configurada na Revisão de 2007, ou seja: dispensando-se o Estado da prerrogativa de ponderação e ampla discussão doutrinária[29]. Em todo o caso, a verdade é que o legislador optou por adotar as recomendações oriundas dos instrumentos internacionais, suplantando as censuras que lhes são dirigidas. De modo que a exclusão da responsabilidade criminal do próprio Estado tanto opera no plano interno como no plano internacional, aproveitando-se extensivamente do conceito de organização internacional de direito público.

Quanto ao conceito de *organizações internacionais de direito público*, Autores como TERESA SERRA e PEDRO FERNÁNDEZ SÁNCHEZ reprovam duramente a sua redação, o que consideram uma "irracionalidade jurídica" e cujo único sentido parece-lhes ser a "intenção de esclarecer que a exclusão da responsabilidade apenas aproveita às organizações internacionais que sejam reconhecidas como *sujeitos de Direito Internacional Público*, deixando de fora do âmbito da exclusão de responsabilidade as Organizações Não Governamentais (ONG), que, pelos vistos, seriam rotuladas

---

que as integram". A exceção não abrange as pessoas coletivas de direito internacional privado, como a Igreja Católica e outras organizações confessionais, bem como as ONG's (JORGE DOS REIS BRAVO, *Direito Penal de Entes Colectivos* (cit. nt. 5), p. 169-170).

[28] O «Relatório Explicativo do Segundo Protocolo da Convenção Relativa à Protecção dos Interesses Financeiros das Comunidades Europeias», aprovado pelo Conselho em 12/03/1999 e publicado no Jornal Oficial nº C 91, de 31/03/1999, p. 8-19, encontra-se disponível em: <www.eur-lex.europa.eu>, consultado em: 16 Jul. 2010.

[29] Neste sentido, TERESA SERRA; PEDRO FERNÁNDEZ SÁNCHEZ, «A exclusão de responsabilidade criminal das entidades públicas...» (cit. nt. 3), p. 74-75.

de 'organizações internacionais de direito privado'"[30]. Salientam que a definição é despicienda, uma vez que "o reconhecimento de uma entidade como *organização internacional* depende da respectiva submissão aos critérios já sedimentados na ordem jurídica internacional". Ademais, é exatamente esse critério que torna ainda mais complexa a tarefa de interpretação do conceito de "organizações internacionais de direito público" utilizado pelo legislador.

Ainda segundo os Autores, "esse critério permite identificar *quatro categorias* de sujeitos de direito internacional: *i)* Estados e entidades afins; *ii)* Organizações Internacionais; *iii)* Institutos Não Estatais e *iv)* Indivíduos e Entidades Colectivas Privadas (... quando disponham de poderes de actuação jurídica autónoma na comunidade internacional)". Assim, e na medida em que o n.º 2 do art. 11.º do CP exclui a responsabilidade criminal das "*organizações internacionais de direito público*", concluem que tal exclusão apenas beneficia os sujeitos de direito internacional que se enquadrem no conceito de *Organizações Internacionais*, definidas como "as pessoas colectivas dotadas de personalidade jurídica internacional especificamente criadas por Estados, Instituições Não Estatais... ou outras Organizações Internacionais, através de Tratado, para a prossecução de fins internacionalmente relevantes a eles comuns de forma permanente, com órgãos próprios e com capacidade jurídica de actuação na ordem internacional delimitada em função dos seus fins". Desta forma, o legislador abre a possibilidade de responsabilização criminal de qualquer sujeito da comunidade internacional não qualificado como organização internacional, como a Santa Sé, a Cruz Vermelha Internacional ou a Ordem de Malta, todas qualificadas como instituições não estatais. Dir-se-á que o legislador utiliza um *critério formalista*, descurando da relevância do sujeito ou da sua capacidade jurídica[31].

---

[30] Aqui, e no que se segue, TERESA SERRA; PEDRO FERNÁNDEZ SÁNCHEZ, «A exclusão de responsabilidade criminal das entidades públicas...» (cit. nt. 3), p. 77-80.

[31] Em suma, relativamente à exclusão de responsabilidade criminal de pessoas colectivas de direito internacional: "Estão isentos de responsabilidade criminal: *a)* O Estado Português; *b)* Toda e qualquer Organização Internacional, independentemente de ter carácter para-universal (*ONU, UNICEF, OMC, FMI*), regional (*Comunidades Europeias, Conselho da Europa, Liga Árabe, NATO, OSCE, Organização dos Estados Americanos,* ...) ou local (*BENELUX, Conselho de Estados do Mar Báltico, Pacto Andino,* ...). Podem ser sujeitos a responsabilidade criminal: *a)* Todos os sujeitos de direito internacional que não sejam qualificados como 'Organizações

Por sua vez, relativamente ao direito interno – e sem escapar a idênticas críticas doutrinárias acerca de graves imprecisões técnicas –, a definição da expressão "outras pessoas coletivas públicas" ou, mais precisamente, que é reconhecida a natureza pública, parece resultar da norma do nº 3 do citado artigo, nestes termos: *"a) Pessoas colectivas de direito público, nas quais se incluem as entidades públicas empresarias; b) Entidades concessionárias de serviços públicos, independentemente da sua titularidade; c) Demais pessoas colectivas que exerçam prerrogativas de poder público".* O preceito do nº 3 vem complementar o conteúdo do conceito de "outras pessoas colectivas públicas", como figura no nº 2 do art. 11º do Código Penal, no sentido de excecionar de punibilidade todas as entidades ali consagradas, além do Estado.

Atente-se que a expressão *pessoas coletivas públicas*, tal como está formulada no Código Penal, tem um alcance mais amplo do que o vigente no âmbito do direito penal secundário – onde se admite a punibilidade de alguns entes coletivos de natureza pública que poderão estar isento de responsabilidade no direito primário –, suscitando legítimas questões de respeito ao princípio da proporcionalidade e da igualdade. É o que ocorre, por exemplo, com as comissões *ad hoc* e com a herança indivisa, que são passíveis de responsabilidade no âmbito do direito penal tributário e já não no âmbito incriminatório do direito penal primário[32].

Com efeito, tem-se preconizado a possibilidade de alguma exploração interpretativa no que toca à aplicabilidade ou importação do conceito para outras áreas de incriminação do direito penal extravagante, de modo a alargar o âmbito das exceções de punibilidade para outros regimes de punição, fazendo valer as razões de política criminal invocadas para o Código Penal também para a legislação especial.

Internacionais', isto é, *i)* as *Instituições Não Estatais*, como a *Santa Sé* e a *Cruz Vermelha Internacional*; *ii)* os *demais Estados e entidades pró, infra e supra estatais*, (apenas) quando a ordem jurídica internacional evolua no sentido de admitir a sua responsabilização criminal, e, bem assim, *iii) indivíduos ou entidades colectivas privadas* dotadas de capacidade jurídica para a prática de actos na ordem internacional; *b)* Por maioria de razão, todas as entidades que, apesar da sua relevância 'político-internacional', não tenham capacidade jurídica para praticar de actos e estabelecer relações jurídicas na ordem internacional (as *ONG* como a *Greenpeace*, a *Amnistia Internacional* ou a *Assistência Médica Internacional*" (Teresa Serra; Pedro Fernández Sánchez, «A exclusão de responsabilidade criminal das entidades públicas...» (cit. nt. 3), p. 82.
[32] Paulo Pinto de Albuquerque, *Comentário do Código Penal...* (cit. n. 15), p. 83.

No entanto, uma tal amplitude de interpretação não parece coerente com o sentido literal que quer imprimir a norma, na medida em que a natureza dos crimes pode ser uma condicionante para a responsabilização criminal. Ora, o regime regra do Código Penal tem caráter excecional e, ademais, a mesma Lei que procedeu à alteração do seu art. 11º alterou, igualmente, vários diplomas que consagravam a responsabilidade das pessoas coletivas, mantendo outros inalterados[33]. Em termos concretos, ter-se-á de verificar caso a caso onde o legislador constou ou não a exceção de punibilidade, valendo supletivamente o regime do Código Penal sempre que a lei remeter para os seus "termos gerais"[34].

III. A lógica das exceções de punibilidade referidas nos nº 2 e 3 do artigo 11º do Código Penal

A compreensão da solução consagrada no Código Penal, ao excecionar de punibilidade as pessoas coletivas de direito público, bem como a perceção do conceito de pessoa coletiva de direito público à luz da lei penal, depende da reconsideração do próprio conceito de interesse público como fim de toda atividade estatal. Logo, a crise sofrida nas últimas décadas pelo modelo de *Estado Providência*, como precursora de uma profunda reforma das instituições administrativas[35], assume grande rele-

---

[33] MARQUES DA SILVA, *Responsabilidade Penal...* (cit. nt. 10), p. 215.
[34] Nomeadamente, no âmbito dos regimes da punição do Tráfico e Consumo de Estupefacientes (art. 33º-A), da Procriação Medicamente Assistida (art. 43º-A), da Lei de Combate ao Terrorismo (art. 6º), do Código do Trabalho (art. 607º) e do Regime Jurídico das Armas e Munições (art. 95º).
[35] Sobre este assunto, recorda COUTO SANTOS que, num primeiro momento, "a função básica do Estado era de manter a segurança e a paz dentro de um grupo social determinado. Depois, com as Revoluções Soviética, as Grandes Guerras Mundiais, o Estado passa, além desta preocupação meramente protecionista, a ter um papel ativo na promoção de políticas públicas com notório cunho social, visando assegurar a saúde, educação, cultura, habitação, entre outros direitos aos seus cidadãos. Atualmente, além desta função de promotor social de políticas para o bem-estar da população, o Estado, com o apoio da sociedade, busca garantir também direitos ao desenvolvimento sustentável, a um meio ambiente equilibrado, à qualidade de vida, todos com uma feição eminentemente coletiva" («Responsabilidade Penal das Pessoas Jurídicas de Direito Público por Dano Ambiental: Uma Análise Crítica», in: *Jus Navigandi*, Ano 8, nº 199, 21/01/2004, disponível em: <www.jus2.uol.com.br>, consultado em: 19 Jul.

vância neste quadro concetual. Isto porque desencadeou o surgimento de uma "nova conceção funcional de serviço público", responsável pela extinção ou privatização de velhas entidades dotadas de natureza pública e pela transformação das mesmas em modelos mais eficientes ou menos emperrados.

Em simultâneo a esta realidade, o Estado passou a incentivar a colaboração dos particulares na prossecução dos fins de interesse público – a tão conhecida prossecução da eficiência pública através da "fuga para o direito privado" – convidando-os a celebrarem contratos de prestação de serviços públicos mediante concessão pública remunerada pelos utentes ou pelo próprio Estado e sujeitas ao seu controlo. Como justificativa, alega-se a necessidade de rentabilização e redução de custos financeiros.

Desta forma, a conceção funcional de serviço público veio permitir que este possa ser prestado, indistintamente e em concorrência, tanto por entidades públicas como por entidades privadas, e ainda, por entidades público-privadas, atribuindo a estas entidades características de natureza mista, sem contudo se afirmar o predomínio de uma matriz de direito público ou de direito privado[36]. Abandona-se assim definitivamente "a pretensão de identificar as entidades públicas em função da respectiva *natureza formal* ou, até, do *ramo de direito* a que cada entidade obedece –, passando a abarcar as *entidades instrumentalmente utilizadas pelo Estado para o exercício de funções de interesse público e para a prossecução das necessidades colectivas*"[37].

Portanto, a externalização da gestão e do fornecimento dos serviços públicos, pese embora associada ao financiamento privado de tais serviços, não põe em causa o caráter público da atividade prestada. Efetivamente, o poder público transfere a exploração dos serviços para entidades privadas mas mantém a titularidade dos mesmos nas mãos da entidade

---

2010). Sobre a evolução histórica da Administração Pública, *cfr.* DIOGO FREITAS DO AMARAL, *Curso de Direito Administrativo*, Vol. I, Coimbra: Almedina, p. 50-87.

[36] JORGE DOS REIS BRAVO, *Direito Penal de Entes Colectivos* (cit. nt. 5), p. 174. Esclarecidamente, sobre a origem e a natureza dos serviços que funcionam para a satisfação das necessidades coletivas, *cfr.* DIOGO FREITAS DO AMARAL, *Curso de Direito Administrativo* (cit. nt. 35), p. 31.

[37] TERESA SERRA; PEDRO FERNÁNDEZ SÁNCHEZ, «A exclusão de responsabilidade criminal das entidades públicas...» (cit. nt. 3), p. 83.

pública[38]. Não se trata de admitir o ingresso de operadores privados no universo público; ao contrário, reconhece-se o caráter de serviço público da atividade desenvolvida pelos privados.

Mesmo as atividades consideradas prioritárias, a exemplo do ensino e da saúde, podem ser realizadas tanto por entidades públicas como por entidades privadas, concebendo-as como atividades de *serviço público* e "assumindo o Estado as tarefas de *incentivo, apoio, regulação* e *fiscalização* relativamente a tais actividades"[39]. De modo que o Estado passa da posição de *prestador* para a de *garantidor*.

Os esquemas de colaboração entre entidades públicas e privadas vão desde a simples criação de entidades de capitais mistos a outras formas mais complexas de parcerias público-privadas (PPP), o que obriga ao redimensionamento de questões como a própria natureza jurídica da atividade desenvolvida pelos estabelecimentos privados ou mesmo das relações que se estabelecem entre o Estado e estes estabelecimentos[40].

Do ponto de vista dogmático, embora a doutrina divirja acerca da inserção orgânica de entidades privadas no setor público, é unânime no reconhecimento de sua sujeição a um regime jurídico que, pelo menos em parte, é de direito público[41]. De facto, nestas novas relações travadas entre o Estado contemporâneo e os particulares, restam poucas características de índole exclusivamente pública, sem entretanto inviabilizar a aplicação do direito administrativo a todos os que desempenham deter-

---

[38] É correto dizer que os serviços públicos não pertencem ao monopólio do Estado, salvo casos excecionais como o abastecimento domiciliário de água, considerado "monopólio natural" do poder público.

[39] Aqui, e no que se segue, MARIA JOÃO ESTORNINHO, *Organização Administrativa da Saúde* (cit. nt. 4), p. 68-69.

[40] São exemplos os casos das Empresas Públicas, Empresas Participadas, Entidades Públicas Empresariais, Parcerias público-privadas, Fundações Públicas com regime de direito privado, etc.

[41] Sobre a natureza jurídica da atividade desenvolvida pelas entidades privadas que desempenham tarefas de interesse público, *cfr.* MARIA JOÃO ESTORNINHO, «Natureza Jurídica da Actividade Desenvolvida pelos Estabelecimentos Particulares de Ensino, à Luz de uma Concepção Funcional de Serviço Público de Educação», in: *Estudos Jurídicos e Económicos em Homenagem do Prof. Doutor António de Sousa Franco*, Vol. III, FDUL, Coimbra: Coimbra Editora, 2006, p. 89-91.

minadas tarefas ou atividades ligadas a certos setores, independentemente da natureza desses estabelecimentos[42].

Vital Moreira é de opinião que o recurso a PPP não desqualifica a provisão pública de serviços públicos. Essas parcerias normalmente se destinam a assegurar a construção e manutenção de infra-estruturas físicas (hospitais, escolas, prisões, etc.) por empresas privadas, visando suprir dificuldades ou reduções orçamentais mas sem comprometer a organização e gestão dos serviços públicos. Na opinião do autor, a "empresarialização dos serviços públicos" contribui para a sua sustentabilidade financeira e política, fomenta o desempenho e a "orientação para os resultados", consoante o preconizado pela doutrina da "nova gestão pública"[43].

Nota-se que a reforma na organização dos serviços públicos, como concebido tradicionalmente, é condição necessária para a sobrevivência dos mesmos face aos novos desafios impostos pelas alterações sociais. Consequentemente, no âmbito desta "evolução juscientífica" que se compreende a "exclusão da responsabilidade criminal de alguns entes (formalmente) privados"[44].

1. O conceito de pessoas coletivas públicas do direito penal (a relação entre o direito penal e outros ramos de direito público)

Quando se trata de exclusão da responsabilização criminal, cabe ao intérprete proceder a uma análise mais acurada e assim demarcar o conceito de pessoa coletiva de direito público. Isto porque, da leitura da alínea *a)* do nº 3 do art. 11º, vê-se que o legislador não descarta o *critério formal//orgânico* de atribuição da personalidade jurídica pública, quando esta é

---

[42] A este respeito, é indiferente, "no tocante aos trabalhadores, a existência de um vínculo de contrato individual de trabalho ou uma relação jurídica de emprego público, situação que pode perdurar, relativamente aos trabalhadores anteriormente ligados por esse vínculo, ou quanto a funcionários que para tais entidades sejam requisitados ou colocados a outro título (v. g., transferência, comissão de serviço), no âmbito de um vínculo de nomeação administrativa" (Jorge dos Reis Bravo, *Direito Penal de Entes Colectivos* (cit. nt. 5), p. 175).
[43] Vital Moreira, «Qual é o papel dos partidos europeus?», <www.forum.fundacaorespublica.pt>, consultado em: 02 Fev. 2010.
[44] Teresa Serra; Pedro Fernández Sánchez, «A exclusão de responsabilidade criminal das entidades públicas...» (cit. nt. 3), p. 84.

tida como suficiente para a isenção de responsabilidade criminal do ente coletivo de direito público. Mas não se limita; ao invés, recorre adicionalmente ao *critério funcional*, que identifica o "público" por aquilo que se *faz* e não por aquilo que se *é*. Quer isto dizer, que a concessão de serviço público ou de prerrogativa de poder público são fatores importantes e que não devem escapar, numa segunda etapa da avaliação, quando a pessoa coletiva possui natureza privada[45].

Nessa medida, há entes coletivos públicos que assumem natureza privada e entes coletivos privados que assumem natureza pública[46]. Muitos são os critérios adotados para diferencia-los. Destaca-se a definição de Freitas do Amaral, para quem as pessoas coletivas públicas são aquelas "criadas por iniciativa pública, para assegurar a prossecução necessária de interesses públicos, e por isso dotadas em nome próprio de poderes e deveres públicos". Neste contexto, as pessoas coletivas privadas que prosseguem interesses públicos, quando o fazem, fazem-no de forma voluntária e sem exclusividade; ao contrário das pessoas coletivas públicas. Por outro lado, atuam sob a fiscalização, em maior ou menor grau, da Administração Pública[47].

Com isto, o que distingue as pessoas coletivas públicas das privadas é a titularidade dos poderes e deveres públicos. Estas últimas, como por

---

[45] Ao tratar do assunto, TERESA SERRA e PEDRO FERNÁNDEZ SÁNCHEZ resumem, com precisão, que a personalidade privada impede alguns entes coletivos de beneficiarem da exclusão de responsabilidade prevista na alínea *a)* do nº 3 do artigo 11º do CP, "sem prejuízo de, evidentemente, poder ser submetida à apreciação casuística quanto à verificação dos critérios previstos nas alíneas *b)* e *c)* do nº 3 para entidades privadas" (*ibidem*, p. 90, 92-96).

[46] Quanto às formas como se opera a privatização, há que se distinguir a "privatização da propriedade ou da gestão de serviços ou estabelecimentos públicos", mediante a sua transferência para particulares (p. ex., venda de uma empresa pública, entrega de um hospital à gestão privada, etc.); a simples "privatização da forma organizatória", mantendo-se a propriedade e gestão pública (p. ex., transformação de uma empresa pública numa sociedade de capitais públicos, como no caso das empresas municipais que gerem a distribuição de água) e, por último, a "privatização do regime jurídico", mantendo-se a propriedade, gestão e forma organizatória pública (p. ex., privatização do regime jurídico das empresas públicas e dos institutos públicos). Neste sentido, MÁRIO MEIRELES, *Pessoas Colectivas e Sanções Criminais* (cit. nt. 23), p. 47.

[47] Aqui, e no que se segue, DIOGO FREITAS DO AMARAL, *Curso de Direito Administrativo* (cit. nt. 35), p. 580-589. Desenvolvidamente, *cfr.* TERESA SERRA; PEDRO FERNÁNDEZ SÁNCHEZ, «A exclusão de responsabilidade criminal das entidades públicas» (cit. nt. 3), p. 85-87.

exemplo as sociedades concessionárias, "podem exercer poderes públicos, mesmo poderes de autoridade, mas em nome da Administração Pública, nunca em nome próprio".

Muito sucintamente, por força desse conjunto de critérios capazes de imprimir personalidade jurídica pública a determinadas entidades, notadamente a prossecução exclusiva do interesse público, e tal como acontece ao Estado, o legislador penal reconhece o benefício da isenção de responsabilidade criminal para outras entidades públicas no sentido que lhe define a alínea *a)* do art. 11º do CP. Sob outro ângulo, pressupondo que *"o Estado não pode exercer a acção penal contra si próprio*, o legislador estende a *prerrogativa de isenção do exercício da acção penal a todos os instrumentos ou manifestações que o Estado usa para a prossecução das tarefas que originariamente eram suas*, independentemente da natureza formal ou pública que cada um desses entes instrumentais venha a assumir"[48].

Portanto, no contexto desse conceito de pessoas coletivas de direito público, incluem-se: o Estado; as Regiões Autónomas; as Autarquias Locais; os Institutos Públicos, onde se incluem os serviços personalizados do Estado (tal como o Laboratório Nacional de Engenharia Civil), as Fundações Públicas e os Estabelecimentos Públicos (tais como as Universidades Públicas); as Associações Públicas, onde se incluem as Ordens Profissionais; as Associações de que fazem parte uma ou várias das pessoas coletivas referidas e, por fim, as Entidades Públicas Empresariais[49].

Mais, pode-se afirmar, segundo a classificação fornecida por Mário Meireles, que são *pessoas coletivas de direito público por natureza ou originárias* as pessoas coletivas públicas territoriais – Estado, Regiões Autónomas e Autarquias locais. Ou seja: os entes estatais que constituem as pessoas jurídicas de direito público. E de forma genérica, as pessoas coletivas públicas podem ser diversas *pessoas coletivas de direito público derivadas*, criadas pelas pessoas coletivas de direito público por natureza[50].

Ainda em outra perspetiva, são pessoas coletivas públicas para efeitos penais: *(a)* o Estado em sentido amplo (o Estado e as pessoas coletivas de direito público, incluindo as entidades públicas empresariais); *(b)* as

---

[48] Neste sentido, Teresa Serra; Pedro Fernández Sánchez, *op. cit.*, p. 96.
[49] *Cfr.*, de forma desenvolvida, Teresa Serra; Pedro Fernández Sánchez, *op. cit.*, p. 87-91.
[50] Mário Meireles, *Pessoas Colectivas e Sanções Criminais* (cit. nt. 23), p. 44.

sociedades concessionárias de serviços públicos, independentemente da sua titularidade e *(c)* as entidades privadas que exerçam poderes públicos.

O conceito de pessoa coletiva de direito público é de suma importância e, mesmo possuindo os seus próprios contornos, não se trata de um conceito arbitrário, na medida em que os seus fundamentos são extraídos de conceitos comuns a outros ramos do direito público. De modo que, quando se olha para o conjunto de entidades coletivas abrangidas no nº 3 do art. 11º do Código Penal, só se compreende a intenção do legislador à vista de noções importadas do direito constitucional e do direito administrativo. Nesta lógica, é claramente percecionado que o conceito de pessoas coletivas públicas do direito penal é mais alargado do que o do direito administrativo, havendo mesmo na doutrina quem o considere dogmaticamente impreciso mas propositadamente formulado para excecionar de punibilidade entidades coletivas que, não tendo propriamente natureza de pessoas coletivas de direito público, a estas são equiparadas.

Assim, o alargamento do conceito de pessoas coletivas públicas para efeito de lei penal pressupõe, sempre, a integração nesse conceito de uma pessoa coletiva de direito público. Portanto, a lógica da abrangente regra da exceção de punibilidade extensiva a outras entidades coletivas que não de índole publicista reside no interesse coletivo que subjaz a atividade dessas entidades. Ou ainda, o conceito de pessoas coletivas públicas do direito penal, apesar de nitidamente alargado, não é um conceito isolado. Surge associado ao conteúdo de preceitos extraídos do direito público, tais como os preceitos referentes a Administração Pública, *ex vi* do nº 6 do art. 267º da Constituição da República Portuguesa: "As entidades privadas que exerçam poderes públicos podem ser sujeitas, nos termos da lei, a fiscalização administrativa". Como retrata Jorge Miranda e Rui Medeiros, esta norma apenas reflete a "realidade multiforme da Administração Pública moderna"[51], realidade esta que obriga o direito

---

[51] Em anotação ao art. 267º da Constituição Portuguesa, Jorge Miranda e Rui Medeiros referem que "O preceito do nº 6 reflecte a realidade multiforme da Administração Pública moderna, progressivamente afastada do modelo simplificado de outrora, em que o desempenho de tarefas administrativas cabia a pessoas colectivas públicas, com ressalva de algumas situações de alcance limitado, como a dos concessionários. Por razões diversificadas, e nem sempre louváveis, é crescente a entrega de parcelas relevantes da função administrativa a pessoas colectivas privadas – quer essa personalidade privatística corresponda a uma

penal a estar atento quando em questão a efetiva tutela dos interesses públicos criminalmente relevantes.

2. Questões sobre a constitucionalidade da responsabilização criminal das pessoas coletivas públicas

A nova redação do art. 11º teve a virtude de trazer para o âmbito do Código Penal um conceito de pessoas coletivas com poderes públicos mais adequado à nova realidade político-social[52]. Todavia, muito se discute sobre a solução legal que exclui de responsabilidade criminal as denominadas pessoas coletivas públicas – no qual o conceito, constitucional e administrativo, é alargado para outras entidades privadas –, ainda que este seja um princípio fundamental constante dos instrumentos europeus que recomendam a consagração da responsabilidade criminal dos entes coletivos.

O principal argumento em defesa da exclusão de punibilidade das pessoas coletivas públicas assenta na sua própria natureza e finalidade, uma vez que são criadas exatamente para a prossecução do bem comum. Com efeito, afastaria a exigência de ter o crime de ser praticado pelo agente no *interesse* da pessoa coletiva, já que, originariamente, nunca seria de interesse da pessoa coletiva de direito público a prática delituosa[53]. Isto mesmo que a entidade venha a ser aproveitada e utilizada como instrumento para o cometimento de crimes por seus dirigentes, circunstância

---

mera técnica jurídica que dá cobertura a um substrato tipicamente publicístico, quer lhe subjaza um verdadeiro particular, chamado a colaborar com entidades públicas na realização de tarefas administrativas, ou até a substituir-se a elas em tais tarefas" (Jorge Miranda e Rui Medeiros, *Constituição Portuguesa Anotada*, Tomo III, Coimbra: Coimbra Editora, 2007, p. 591).

[52] Damião da Cunha assume uma posição restritiva, ressalvando que o conceito de pessoas coletivas públicas do direito penal, tal como o conceito de funcionário, não pode abranger o contexto histórico-constitucional em que foi elaborado. Segundo o seu entendimento, só as pessoas coletivas de direito público são subsumíveis ao conceito penal alargado de funcionário, previsto no nº 1, c) e no nº 2 do art. 386º (*O Conceito de Funcionário, para Efeito de Lei Penal e a "Privatização" da Administração Pública*, Coimbra: Coimbra Editora, 2008, p. 76-89). Em posição contrária, Paulo Pinto de Albuquerque rechaça este entendimento, argumentando, entre outras razões, que "ele contraria o propósito ampliativo do legislador e a *ratio* da equiparação legal" (*Comentário do Código Penal...* (cit. nt. 15), p. 915).

[53] Neste sentido, Mário Meireles, *Pessoas Colectivas e Sanções Criminais...* (cit. nt. 23), p. 74-75.

bem diferente da admissão de sua criação com o propósito exclusivo ou predominante da prática de atos ilícitos[54].

Acrescenta-se a real possibilidade do cumprimento de uma pena de multa por parte das pessoas coletivas públicas, que acabaria por afetar a própria população, na medida em que o pagamento seria suportado pelos cofres públicos. Ademais, sendo o Estado legitimado a deter o monopólio do *ius puniendi*, admitir a punibilidade do mesmo equivaleria a convertê-lo em órgão auto-sancionador, solução considerada juridicamente impossível[55].

Em sentido divergente, Mário Meireles manifesta-se favoravelmente a punição criminal das pessoas coletivas de direito público, sob pena da sua natureza pública ser suficiente para configurar uma espécie de "zona livre da punição criminal". No entanto, considera que o legislador deve pensar em penas que possam ser aplicadas a essas entidades, de acordo com a sua natureza – seja exclusivamente ou predominantemente pública –, de modo a conseguir coerência e razoabilidade na punição[56]. Com isto,

---

[54] Nas palavras de JORGE DOS REIS BRAVO, "Mesmo a natureza electiva ou de nomeação dos seus agentes, órgãos ou funcionários contraria, igualmente, a hipótese de o Estado se poder destinar à prática de infracções, uma vez que os cidadãos jamais confeririam mandatos políticos aos seus representantes ou servidores, para que estes praticassem crimes através dos meios instrumentais do Estado" (JORGE DOS REIS BRAVO, *Direito Penal de Entes Colectivos* (cit. nt. 5), p. 179-180).

[55] Contra a responsabilização contraordenacional do Estado como pessoa coletiva de direito interno, das Regiões Autónomas e das pessoas coletivas que integram a administração central, regional e local que a seu cargo tenham tais atribuições, ainda aquando das discussões no campo da legislação extravagante, *cfr.* Parecer do Conselho Consultivo da PGR nº 102/98, publicado no DR, II Série, de 07/03/1991. O referido Parecer contou com voto vencido do Cons. SALVADOR DA COSTA, que concluiu pela exclusão de responsabilidade contraordenacional das pessoas coletivas de direito público sem reservas (não restringindo-se às que resultou da tese que fez vencimento). Destaca-se, ainda, o Acórdão do Tribunal Constitucional nº 213/95, de 20 de Abril (Cons. MONTEIRO DINIZ), que apreciou questões de constitucionalidade do Decreto-Lei nº 28/84 contra atos do Município de Caminha, sendo que este em nenhum momento tenha levantado objeções ao facto de responder por crimes antieconómicos. Íntegra do acórdão disponível em: <www.tribunalconstitucional.pt>, consultado em: 16 Jul. 2010.

[56] Literalmente: "Por exemplo, o privilégio que pode consistir no 'estatuto de direito público' que determinada pessoa colectiva tem, pode, eventualmente, ser retirado, e, essa circunstância, traduzir-se numa sanção criminal principal a aplicar: é, assim, para nós, um aspecto fundamental, que o legislador penal fique inteirado desta problemática atinente à caracte-

embora sendo questionável, afirma que não parece absurdo quando vista as coisas sob o prisma do direito internacional, como ocorre em certos crimes com repercussão global, tais como os crimes contra a humanidade e os crimes ambientais: "neste sentido, a possibilidade de responsabilização criminal dos Estados, no seio da comunidade internacional, em que esta surge como a entidade punitiva"[57].

De facto, quando se trata da punibilidade de pessoas coletivas de direito público, tanto ou mais discutível que a possibilidade de serem sujeitos ativos de crimes é a possibilidade de lhes serem imputadas sanções penais. A este propósito, é bastante conhecida a decisão do Tribunal holandês que acusou e condenou o Estado pela prática de crime ambiental mas apenas de forma simbólica, sem imposição de sanção[58]. Releva dizer que a Holanda é o primeiro país continental europeu a introduzir no Código Penal (1976) a punibilidade geral das pessoas coletivas, incluindo o próprio Estado; o que mesmo assim não impediu a reforma

---

rização do que sejam as pessoas colectivas de natureza pública, de modo a poder fazer as opções mais correctas" (MÁRIO MEIRELES, *Pessoas Colectivas e Sanções Criminais...* (cit. nt. 23), p. 49-50). Em sentido parecido, complementa MARQUES DA SILVA: "Não alcançamos a razão da limitação no que respeita às entidades concessionárias de serviços públicos e outras entidades que exerçam prerrogativas de poder público, que podem ser, e são muitas, entidades privadas, nem relativamente às entidades públicas empresariais. Se nos parece razoável que às entidades públicas empresariais não seja aplicável a pena de dissolução, porventura também a multa, e as penas acessórias previstas pelas alíneas *b)* a *e)* do art. 90º-A do Código, já consideramos não haver razão para que não possam ser responsabilizadas criminalmente e lhes possam ser aplicadas as penas substitutivas da multa e as penas acessórias de *injunção judiciária* e *publicidade da decisão condenatória*" (*Responsabilidade Penal...* (cit. nt. 10), p. 214).

[57] MÁRIO MEIRELES, *Pessoas Colectivas e Sanções Criminais...* (cit. nt. 23), p. 80. GONÇALO BANDEIRA sufraga o mesmo entendimento, mas não desconhece que "A grande questão é decidir político-criminalmente se é possível e oportuno imputar a respectiva responsabilidade criminal a tais entes" (*"Responsabilidade" Penal Económica e Fiscal dos Entes Colectivos*, Coimbra: Almedina, 2004, p. 278, nota 731). No mesmo sentido, COUTO SANTOS, «Responsabilidade Penal das Pessoas Jurídicas de Direito Público por Dano Ambiental: Uma Análise Crítica», in: *Jus Navigandi*, Ano 8, nº 199, 21/01/2004, disponível em: <www.jus2.uol.com.br>, consultado em: 19 Jul. 2010.

[58] O Tribunal holandês acusou o Estado por ter derramado, repetidas vezes, uma grande quantidade de querosene na base da força aérea de Volkel. A defesa alegou que o Estado não poderia ser alvo de acusação penal, pois que atuou no mandato da lei, em razão do cumprimento de sua tarefa pública (*Rb Den Bosch*, 1 de Fevereiro de 1993, *apud* GONÇALO BANDEIRA, *op. cit.*, p. 277-278, nota 731).

da sentença pelo Tribunal superior, por não concordar com o sistema de manutenção da responsabilidade criminal do Estado.

Mas há na doutrina quem aceite validamente a exclusão de punibilidade das pessoas coletivas públicas, afastando desse conceito as concessionárias de serviços públicos – que habitualmente são sociedades comerciais –, "quando a eventual prática de actividades ilícitas, por parte dos seus representantes, terá como ofendidos o próprio Estado ou a comunidade dos cidadãos organizados enquanto tal". Questiona-se, inclusivamente, a conformidade constitucional do próprio preceito, dado que permite a exclusão da responsabilidade criminal de diversas empresas concessionárias de serviços públicos que não se encontram excecionadas no âmbito do direito secundário. Por outro lado, outras entidades, desenvolvendo atividades idênticas, poderão responder criminalmente apenas pelo facto de não serem concessionárias, sucedendo que, hipoteticamente, "uma empresa não concessionária de serviços públicos subcontrate uma outra que tenha a concessão, sendo aí esta última isenta de responsabilidade penal, enquanto a subcontratante o não seria"[59].

Faria Costa chega a criticar a opção do legislador penal português, que afirma: "não tem qualquer razão de ser", desde logo porque o exercício de funções públicas sempre constituiu motivo de agravação da responsabilidade e não de sua exclusão, como se comprova nos crimes cometidos por funcionários. Além do mais, o alargamento do conceito de pessoas coletivas públicas implica violação do princípio da igualdade, "dado que se duas empresas privadas exercerem a mesma atividade, mas uma delas nela exercer *prerrogativas de direito público*, existe um tratamento diferenciado para a mesma conduta"[60].

Do mesmo modo, Teresa Serra e Pedro Fernández Sánchez ressaltam a situação de "dualidade" e de "irredutível ambivalência" quando são confiadas tarefas públicas a uma entidade dotada de personalidade privada, na medida em que essa mesma entidade continua a desenvolver outras atividades paralelas – "nada impedindo que essas actividades sejam mesmo desenvolvidas *no âmbito de um mercado concorrencial e em competição com quaisquer outros operadores económicos desprovidos de 'prerroga-*

---

[59] Jorge dos Reis Bravo, *Direito Penal de Entes Colectivos* (cit. nt. 5), p. 165-167.
[60] Faria Costa, *Noções Fundamentais de Direito Penal* (cit. nt. 14), p. 247-248.

tivas de poder público". Com efeito, mesmo não sendo ilegal ou ilegítima a coexistência da prossecução de interesses particulares com o interesse público, "já será *totalmente ilegítimo* quando tenha por efeito atribuir a um dos competidores que operam num mercado concorrencial um conjunto de privilégios de que os demais concorrentes não usufruem e, em consequência, desvirtue a igualdade que deveria subjazer a esse mercado". E acrescentam: o que o legislador fez foi partir de um *pressuposto funcional* para a identificação dos beneficiários da cláusula de exclusão, concretizando-o através de uma *isenção de natureza subjetiva* – "isto é, uma isenção que beneficia toda a actividade de um sujeito dotado de 'prerrogativas de poder público', mesmo quando os factos descritos nas normas incriminadoras seja praticados no âmbito de uma actividade totalmente alheia à missão pública que lhes haja sido confiada"[61].

Como solução, postula-se pela necessidade de uma maior coerência legislativa na interpretação do art. 11º do Código Penal. Neste sentido, e sem fazer objeções ao âmbito de aplicação da al. *a)* do nº 3 do art. 11º do Código Penal, por considera-lo válido e justificado, Jorge dos Reis Bravo sufraga a necessidade de uma interpretação restritiva das normas das als. *b)* e *c)* do nº 3 do art. 11º do Código Penal, para efeito de excecionar de punibilidade a entidade apenas quando a atividade delituosa for desenvolvida no núcleo da atividade de serviço público objeto da concessão. Caso contrário, sujeitar-se-ia à responsabilidade criminal[62], sob pena

---

[61] Teresa Serra; Pedro Fernández Sánchez, «A exclusão de responsabilidade criminal das entidades públicas...» (cit. nt. 3), p. 97-98. Ainda, Teresa Serra, ressaltando que esta solução coloca sérios problemas no plano da concorrência, pois origina importantes vantagens competitivas para os entes que dela se beneficiam em detrimento de princípios constitucionais («Responsabilidade Criminal das Pessoas Colectivas», artigo de opinião publicado no semanário *Expresso* de 29 de Setembro de 2007, disponível em: <www.incursoes.blogspot.com>, consultado em: 15 Jul. 2007).

[62] Jorge dos Reis Bravo, *Direito Penal de Entes Colectivos* (cit. nt. 5), p. 167. No mesmo sentido, Teresa Serra; Pedro Fernández Sánchez, a saber: "Ora, poderia, sob esta perspectiva, sustentar-se a validade e a correcção da solução constante no n. 3 do artigo 11º do CP no caso de o legislador ter delimitado o âmbito da exclusão da responsabilidade criminal à prossecução de necessidades colectivas – isto é: excluindo a responsabilidade criminal *apenas quando os factos ilícitos fossem praticados no exercício de poderes públicos*, salvaguardando a posição dos operadores económicos privados quando as entidades dotadas de poderes públicos pretendessem competir com eles num mercado submetido à lógica concorrencial" («A exclusão de responsabilidade criminal das entidades públicas...» (cit. nt. 3), p. 98).

de se estar a criar um *regime material desigualitário*, desrazoável, arbitrário e por conseguinte manifestamente inconstitucional, como pretende Teresa Serra e Pedro Fernández Sánchez[63].

Segundo os mesmos Autores, esta falta de razoabilidade do regime é facilmente comprovada tendo em conta os precedentes que conduziram o legislador a autorizar a imputação de responsabilidades criminais a pessoas coletivas públicas e, inclusivamente, a alterações procedidas na legislação extravagante por via do mesmo diploma que aprovou a revisão do Código Penal (Lei nº 59/2007, de 4 de Setembro) mas que, como se lê no próprio art. 11º, nº 1, do CP (nos "termos gerais"), "não prejudicam outros *'casos especialmente previstos na lei'* para os quais se haja determinado a imputação de responsabilidade a pessoas colectivas"[64].

Efetivamente, a expressa previsão de exceção de punibilidade do Código Penal somente vale para a criminalidade referida no seu quadro normativo, não impedindo que as pessoas coletivas de que trata – muitas vezes entidades não públicas, regular ou irregularmente constituídas – possam vir a ser sancionadas no âmbito de outros regimes penais extravagantes. Isto deve-se ao fato desses diplomas manterem autonomia na regulação dos seus critérios de imputação, por não terem sido uniformizados com os do regime geral do Código Penal. Assim sucede, por exemplo, no caso do Decreto-Lei nº 28/84, de 20 de Janeiro (que regula as infrações antieconómicas e contra a saúde pública); da Lei 15/2001, de 5 de Junho (Regime Geral das Infrações Tributárias – RGIT) e do Código de Propriedade Industrial, os quais responsabilizam as pessoas coleti-

---

[63] De forma desenvolvida, TERESA SERRA; PEDRO FERNÁNDEZ SÁNCHEZ, *op. cit.*, p. 59-111.

[64] Esclarecidamente: "Daí se retira que *às entidades públicas poem ou não ser imputados crimes de cariz eminentemente económico ou patrimonial consoante os ilícitos típicos estejam sistematicamente inseridos no Código Penal ou em legislação avulsa*. Como é evidente, esta simples circunstância já permitiria confirmar a conclusão que se tornou manifesta: a saber, *a de que o próprio legislador considerou – e considera ainda – que inexiste qualquer fundamento razoável para a exclusão de responsabilidade criminal de entidades públicas*" (TERESA SERRA; PEDRO FERNÁNDEZ SÁNCHEZ, *op. cit.*, p. 110, desenvolvidamente p. 108-110). De forma idêntica, DAMIÃO DA CUNHA admite a exclusão da responsabilidade criminal das entidades privadas quando estas estejam no exercício de poderes públicos ou de autoridade (*prerrogativas de direito público*). Tanto mais que, ao nível do direito secundário, *"não se exclui que estas mesmas entidades possam ser sancionadas por violação das normas da concorrência com coimas seguramente mais severas do que as penas que se aplicariam por responsabilidade penal"* (*O Conceito de Funcionário...* (cit. nt. 52), p. 106-107).

vas, sociedades e meras associações de facto, sem estabelecer qualquer regime material desigualitário em função da natureza pública do agente do crime[65].

Mas já não será assim se o legislador tiver assimilado o sistema de responsabilização penal ao regime geral do Código Penal, por força dos nºs 2 e 3 do art. 4º e arts. 5º a 7º da Lei nº 59/2007, a exemplo da legislação de combate à droga (Decreto-Lei nº 15/93, de 22 de Janeiro); procriação medicamente assistida (Lei nº 32/2006, de 26 de Julho); combate ao terrorismo (Lei nº 52/2003, de 22 de Agosto); Código do Trabalho (Lei nº 99/2003, de 27 de Agosto) e regime jurídico das armas e suas munições (Lei nº 5/2006, de 23 de Fevereiro). Nestes casos, se reconhece a conformidade de tratamento sempre que a lei remeter para os "termos gerais", que se compreende como aplicação subsidiária do Código Penal.

Em suma, a orientação dominante na doutrina é no sentido de aceitar a exclusão de responsabilidade penal do Estado e demais pessoas coletivas de direito público, designadamente as referidas na al. *a)* do nº 3 do art. 11º do Código Penal, por considerar que a prática de atividade delituosa é contrária à natureza e finalidade desses entes. Mas a situação se modifica quando em questão as entidades concessionárias de serviços públicos e as que exercem prerrogativas de poder público, postulando uma interpretação restritiva das als. *b)* e *c)* do nº 3 do art. 11º do Código Penal; admitir-se-ia a punibilidade penal dessas entidades "quando a conduta criminosa configurasse uma actuação dolosa, unanimemente deliberada pelos órgãos que a vinculem, e no âmbito de uma actividade privada ou como tal considerada (em que a pessoa colectiva actue como outro qualquer agente económico)"[66].

No entanto, o esforço de interpretação restritiva dessas normas encontra-se vedado pelo ordenamento constitucional, que impede a aplicação de sanções criminais sem prévia descrição da conduta numa lei penal. Ora, uma vez que a nítida intenção do legislador foi isentar

---

[65] A este respeito, acrescenta JORGE DOS REIS BRAVO que "a lógica do sistema punitivo de entes públicos no Código Penal, veio introduzir elementos de perturbação ou de hesitação no tocante à possibilidade de responsabilizar pessoas colectivas públicas no âmbito do direito penal secundário, área esta onde... vinha sendo admitida pela generalidade da jurisprudência" (*Direito Penal de Entes Colectivos* (cit. nt. 5), p. 177-178).

[66] Literalmente, JORGE DOS REIS BRAVO, *ibidem*, p. 182.

de responsabilidade criminal as entidades que abrange no conceito de pessoas coletivas públicas, a consequência da interpretação restritiva, tal como sugerido, seria a criação da responsabilidade penal dos agentes por desconsideração de um pressuposto de não punibilidade. Esta solução não somente contraria frontalmente o propósito ampliativo do legislador penal, como também é jurídico-penalmente inadmissível, por configurar interpretação restritiva de normas penais favoráveis, diminuindo o seu campo de incidência e aumentando o campo de punibilidade[67]. Assim sendo, dificilmente se poderia obter uma condenação sem violar os princípios da legalidade penal e da culpa consagrados no art. 29º da Constituição, como bem explicitam Teresa Serra e Pedro Fernández Sánchez: "Pode alegar-se que seria *razoável* tal entendimento – mas não que seria legítimo face ao conteúdo normativo do *princípio da culpa*...; pode invocar-se que tal imputação poderia ser razoavelmente *inferida* das normas penais – mas não que foi *definida* pelas normas penais"[68].

Com efeito, suplantada a discussão sobre a responsabilidade criminal das pessoas coletivas – que a esta altura é já iniludível –, a problematização acaba por se centrar no campo da capacidade punitiva. Na realidade, muito embora as recomendações do direito internacional conduzam neste sentido, cabe ao legislador nacional a escolha do tipo de responsabilidade que melhor se adapte às suas necessidades de prevenção. Quanto a isto, crê-se que poderia ter sido mais cauteloso na delimitação dos critérios de responsabilização, a exemplo do que ocorre no ordenamento jurídico francês, onde somente as pessoas jurídicas (entidades coletivas com personalidade jurídica) são suscetíveis de responsabilidade penal, com exceção do Estado; ainda, as autarquias locais podem ser responsabilizadas pelas infrações cometidas no exercício de atividades objeto de concessão de serviço público, tais como transportes coletivos ou canti-

---

[67] A propósito dos limites da interpretação admissível em direito penal, como lhe impõe o princípio da legalidade, ensina FIGUEIREDO DIAS: "Fundar ou agravar a responsabilidade do agente em uma qualquer base que caia fora do quadro de significações possíveis das palavras da lei não limita o poder do Estado e não defende os direitos, liberdades e garantias das pessoas. Por isso falta a um tal procedimento legitimação democrática e tem de lhe ser assacada violação da regra do Estado de Direito" (*Direito Penal*... (cit. nt. 12), p. 177).

[68] TERESA SERRA; PEDRO FERNÁNDEZ SÁNCHEZ, «A exclusão de responsabilidade criminal das entidades públicas...» (cit. nt. 3), p. 106.

nas municipais, desde que não decorram das suas prerrogativas de poder público.

Portanto, sendo de se louvar a transposição para o direito penal de um conceito de pessoas coletivas de direito público mais consonante com as transformações operadas no serviço público e com as noções preconizadas pelo direito público, por outro lado, a falta de um fundamento material relevante afasta a *razoabilidade* da solução consagrada no art. 11º do Código Penal, notadamente no nº 3, quando a exclusão de responsabilidade criminal opera fora do âmbito do exercício de tarefas públicas[69] – ainda que, num exame minucioso, possa não escapar a um juízo sobre sua inconstitucionalidade.

IV. O enquadramento das entidades hospitalares no ordenamento jurídico português tendo como referência normativa de conduta a lei de procriação medicamente assistida

3. O Sistema Nacional de Saúde português

Com a nova conceção funcional de serviço público, diversos direitos sociais têm a sua provisão pública assegurada constitucionalmente mas com liberdade de provisão privada paralela, em regime de mercado. É o caso da saúde, do ensino e da segurança social, cujos prestadores privados ficam igualmente obrigados aos mesmos princípios e deveres do serviço público.

Especificamente, no que diz respeito ao direito à proteção da saúde, o art. 64º da Constituição da República Portuguesa enumera as tarefas

---

[69] Conclusivamente, de acordo com Teresa Serra e Pedro Fernández Sánchez: "O disposto no nº 3 do artigo 11º do Código Penal é, assim, manifestamente inconstitucional por violação da proibição do arbítrio ínsita no conteúdo normativo do disposto no artigo 13º da Constituição... Por sua vez, quando tal regime desigualitário permita beneficiar operadores económicos que desenvolvem a sua actividade num contexto concorrencial, o disposto no nº 3 do artigo 11º do Código Penal – neste caso exclusivamente nas suas alíneas *b)* e *c)* – viola o disposto na alínea *f)* do artigo 81º da Constituição, por contrariar a 'incumbência prioritária de assegurar o funcionamento eficiente dos mercados, de modo a garantir a equilibrada concorrência entre as empresas', e, igualmente, o disposto na alínea *a)* do artigo 99º da Constituição, por obstacularizar 'a concorrência salutar dos agentes mercantis'" («A exclusão de responsabilidade criminal das entidades públicas...» (cit. nt. 3), p. 111).

prioritárias do Estado, nos termos do princípio do *Estado social de regulação*. Com isto, cabe ao Estado garantir o acesso de todos os cidadãos aos cuidados médicos e assegurar a cobertura racional e eficiente de todo o país em recursos humanos e unidades de saúde. Para cumprir com esses objetivos, o Estado deve, por um lado, garantir a existência de um serviço nacional de saúde, e por outro, disciplinar e fiscalizar as formas empresariais e privadas do exercício da medicina.

Assim, o serviço público de saúde tanto pode ser desempenhado por entidades públicas como por entidades privadas, assumindo o Estado, em quaisquer dos casos, o seu papel regulador. Frise-se que o Sistema Nacional de Saúde (SNS) é um imperativo constitucional, o que implica que em nenhuma circunstância o Estado fica desobrigado de sua manutenção.

Nos termos do nº 4 do art. 64º da Constituição, o SNS tem gestão descentralizada e participada, quer em termos funcionais quer em termos territoriais, impondo a sua integração na administração indireta do Estado. Esta norma constitucional foi concretizada pela Lei nº 56/79, de 15 de Setembro (Lei do Serviço Nacional de Saúde), que cuida da gestão hospitalar no âmbito do serviço público de saúde.

O princípio da gestão participada abre desta forma a possibilidade da participação privada na gestão do SNS, em consonância com os princípios constitucionais da Organização Administrativa previstos no art. 267º da Lei Maior. Novos mecanismos de gestão são estabelecidos, sendo significativas as PPP e o contrato de gestão de natureza concessória, de modo a associar privados à "prossecução do serviço público de saúde com transferência e partilha de riscos. Pode também ter por objecto a concepção, construção, financiamento, conservação e exploração do estabelecimento"[70].

É de se referir que essa forma de gestão não se instalou abruptamente; aliás, foi gradualmente ocorrendo ao longo da vigência da Constituição de 1976. Em 1994 surgiu o primeiro hospital público com gestão privada – o Hospital Fernando da Fonseca, na Amadora, Grande Lisboa – e somente em 2001 foi criada a estrutura para preparar as parcerias

---

[70] Maria João Estorninho, *Organização Administrativa da Saúde* (cit. nt. 4), p. 121.

público-privadas na área de saúde, através da Resolução do Conselho de Ministros nº 162/2001[71].

Neste panorama, destaca-se o Decreto-Lei nº 93/2005, de 7 de Junho, que veio determinar a transformação de 31 hospitais S.A. (sociedades anónimas), de capitais exclusivamente públicos, em entidades públicas empresariais (EPE). Para o efeito, baseou-se na experiência do Hospital de São Sebastião, em Santa Maria da Feira, Distrito de Aveiro, criado em 1998 como entidade pública mas dotado de meios próprios de gestão empresarial[72].

Tal transformação fazia parte do Programa de Estabilidade e Crescimento, que previa a atribuição progressiva do estatuto de EPE a todos os hospitais e centros hospitalares, incluindo aqueles tradicionalmente integrados no setor público administrativo como institutos públicos (IP). Assim sucedeu com o Decreto-Lei nº 233/2005, de 29 de Dezembro, que atribuiu o estatuto de EPE a 31 hospitais abrangidos pelo Decreto-Lei nº 93/2005, de 7 de Junho e aos Hospitais de Santa Maria e de São João, além de criar 3 novos centros hospitalares com esta natureza; o Decreto-Lei de 50-A/2007, de 28 de Fevereiro, que transformou em EPE 7 novas unidades hospitalares; o Decreto-Lei nº 326/2007, de 28 de Setembro, que criou 2 novos centros hospitalares EPE, posteriormente alterado pelo Decreto-Lei nº 30/2011, de 2 de Março, que fundiu várias unidades de saúde e criou 5 novos centros hospitalares EPE, além de alterar o Centro Hospitalar do Porto, EPE. Mais recentemente, o Decreto-Lei nº 67/2011, de 2 de Junho, que extinguiu duas unidades de saúde EPE e criou a nova Unidade Local de Saúde do Nordeste, EPE; por último, o Decreto-Lei nº 44/2012, de 23 de Fevereiro, que extinguiu e integrou por fusão no Centro Hospitalar de Lisboa Central, EPE, o Hospital de Curry Cabral, EPE, e a Maternidade Dr. Alfredo da Costa, com a natureza de IP[73].

---

[71] Aqui, e no que se segue, MARIA JOÃO ESTORNINHO, *ibidem*, p. 54-55.

[72] Cfr. Centro Hospitalar de Entre o Douro e Vouga, E.P.E., disponível em: <www.hospitalfeira.min-saude.pt>, consultado em: 05 Fev. 2014.

[73] Segundo pesquisa atualizada em 05 de Fevereiro de 2014. O processo de empresarialização hospitalar, bem como a listagem de todos os hospitais EPE por Região, encontra-se disponível em: <www.hospitaisepe.min-saude.pt>, consultado em: 05 Fev. 2014. Cfr. a legislação referente em ERS – Entidade Reguladora da Saúde, disponível em: <www.ers.pt>, consultado em: 05 Fev. 2014.

Mas, ao contrário do suposto, foi reafirmada a natureza de serviço público da atividade desenvolvida pelas referidas entidades, justificando-se a mudança de estatuto em razão da necessidade de permitir uma maior intervenção da tutela e da superintendência, quer ao nível operacional quer ao nível da racionalidade económica, conforme preâmbulos das legislações citadas.

Ainda, mesmo que prestadoras de atividade de serviço público, essas entidades hospitalares sujeitam-se às normas do direito privado em suas relações internas, como para a aquisição de bens e serviços e para a contratação de empreitadas, sem prejuízo da aplicação do regime do direito comunitário relativo à contratação pública (art. 13º do Decreto-Lei nº 233/2005, de 29 de Dezembro). Do mesmo modo, os seus funcionários estão sujeitos ao regime do contrato individual de trabalho, que vigora em simultâneo a um regime transitório para aqueles que já possuam uma relação jurídica de emprego público (arts. 14º e 15º do mesmo Decreto-Lei).

Com efeito, de acordo com o nº 2 do art. 7º da Lei Orgânica do Ministério da Saúde, o SNS é integrado por "todos os serviços e entidades públicas prestadoras de cuidados de saúde, designadamente os agrupamentos de centros de saúde, os estabelecimentos hospitalares, independentemente da sua designação, e as unidades locais de saúde", sob o poder e superintendência do Ministro da Saúde[74]. Todos esses serviços e estabelecimentos regem-se por legislação própria, o que mereceu severas críticas de Sérvulo Correia, para quem o sistema de saúde português define-se como uma "confusão organizatória em textos legislativos"[75].

Entrementes, o Estado assume, de forma definitiva, um novo papel no setor da saúde. Onde antes exercia a tríplice função de *prestador, financiador* e *fiscalizador*, hoje existe uma nítida separação entre a prestação dos cuidados de saúde e o seu financiamento. Em verdade, o Estado tem atuado essencialmente como *garantidor* (enquanto *financiador*) e como *regulador*, sem desvincular-se da sua atuação como *operador*.

---

[74] Decreto-Lei nº 124/2011, de 29 de Dezembro, disponível em: <www.portugal.gov.pt>, consultado em: 06 Fev. 2014.
[75] SÉRVULA CORREIA, «As Relações Jurídicas de Prestação de Cuidados pelas Unidades de Saúde do Serviço Nacional de Saúde», in: *Direito da Saúde e Bioética*, Lisboa: AAFDL, 1996, p. 28-33.

4. Um exemplo de responsabilização de entidades hospitalares no ordenamento jurídico-penal português

Como referido, o serviço público de saúde português pode ser desempenhado por entidades públicas ou privadas, através de mecanismos de gestão participada que vão desde as parcerias público-privadas ao contrato concessório. Em quaisquer dos casos o Estado permanece com o papel regulador, reafirmando o interesse público da atividade desenvolvida por essas entidades hospitalares.

Assim, as entidades prestadoras de cuidados de saúde, independentemente de possuir natureza pública ou privada, abrangem-se no conceito de pessoa coletiva de direito público do nº 3 do art. 11º do Código Penal. Por conseguinte, os estabelecimentos hospitalares que atuam em regime de concorrência com o Estado ficam excecionados de punibilidade, razão pela qual não respondem pelas condutas criminosas elencadas no nº 2 do art. 11º do Código Penal, por ter implícito a prestação de um serviço público mesmo que o exerça como atividade empresarial.

Já não será assim tão evidente quando a questão se coloca relativamente aos crimes tipificados na legislação secundária. Veja-se o caso da Lei nº 32/2006, de 26 de Julho, que regula a utilização de técnicas de procriação medicamente assistida (PMA) e cujo método utilizado pelo legislador da Reforma Penal de 2007 consiste numa operação de remissão para os "termos gerais" do Código Penal – com o intuito de uniformizar e tornar coerente o sistema de responsabilidade penal dos entes coletivos –, ao contrário do que vigora em outras áreas de incriminação com critérios próprios de imputação. Neste último caso, pode-se citar como exemplos o Decreto-Lei nº 28/84, de 20 de Janeiro, que trata das infrações antieconómicas e contra a saúde pública, e a Lei nº 15/2001, de 05 de Junho, que regula o regime geral das infrações tributárias.

Portanto, a Lei nº 32/2006 é um exemplo desta técnica de remissão do legislador penal: pelo nº 3 do art. 4º da Lei nº 59/2007, aditou-se o art. 43º-A à referida lei, dispondo sobre a responsabilidade penal das pessoas coletivas e equiparadas da seguinte forma: "As pessoas coletivas e entidades equiparadas são responsáveis, nos termos gerais, pelos crimes previstos na presente lei". Alargou-se, assim, o critério de imputação consagrado na disciplina do art. 11º do Código Penal, cujo regime se aplica tanto aos crimes indicados no seu nº 2 como aos crimes tipificados na Lei de Procriação Medicamente Assistida, em razão da extensão determinada pelo nº 3 do art. 4º da Lei nº 59/2007. Isto é: foi alargada a exceção de punibilidade de modo a abranger as entidades hospitalares com as características definidas no nº 3 do art. 11º do Código Penal: "*a)* Pessoas colectivas de direito público, nas quais se incluem as entidades públicas empresariais; *b)* Entidades concessionárias de serviços públicos, independentemente da sua titularidade; *c)* Demais pessoas colectivas que exerçam prerrogativas de poder público".

Do que resulta que a responsabilidade criminal das entidades hospitalares deverá ser aferida em cada caso concreto. A primeira tarefa do intérprete será identificar a natureza jurídica da pessoa coletiva, para de seguida verificar se a mesma se encontra excecionada de punibilidade, seja no quadro normativo do Código Penal seja no âmbito da legislação secundária. Neste seguimento, as entidades hospitalares responderão criminalmente quando se tratar de infrações antieconómicas e contra a saúde pública, onde o legislador manteve os próprios critérios de imputação, mas já não quando se tratar de criminalidade adstrita à Lei de Procriação Medicamente Assistida.

Com efeito, dispõe o nº 1 do art. 5º da Lei nº 32/2006, que "As técnicas de PMA só podem ser ministradas em centros públicos ou privados expressamente autorizados para o efeito pelo Ministro da Saúde". Por sua vez, o art. 34º reza: "Quem aplicar técnicas de PMA fora dos centros autorizados é punido com pena de prisão até 3 anos"[76]. Suponha-se que um determinado médico do Hospital Beatriz Ângelo, de Loures, sem a instituição estar autorizada a ministrar técnicas de PMA, aplica numa mulher casada e comprovadamente infértil um procedimento de fertilização artificial. Esta conduta subsume-se na moldura do art. 34º da Lei nº 32/2006, pelo que poderá responder criminalmente o profissional de saúde mas não o Hospital Beatriz Ângelo, por ser uma entidade em parceria público-privada e, desta forma, ter sua criminalidade excecionada pelo nº 3 do art. 11º do Código Penal, aplicado subsidiariamente por força do art. 43º-A da Lei de Procriação Medicamente Assistida[77].

---

[76] A lista de centros autorizados a ministrar técnicas de PMA encontra-se disponível em: <www.cnpma.org.pt>, consultado em: 05 Fev. 2014.
[77] Exemplo com base em informação atualizada em 05 de Fevereiro de 2014.

Agora, suponha-se que o mesmo médico, nas instalações do Hopalis – Hospital Particular de Lisboa, SA, aplica numa mulher infértil técnica de PMA. Neste caso, tanto o médico como o estabelecimento hospitalar poderão ser responsabilizados criminalmente, sujeitando-se às sanções previstas nos arts. 44º e 45º da Lei nº 32/2006; isto em razão do Hospital Particular de Lisboa não constar na lista dos centros privados autorizados a ministrar técnicas de PMA[78].

Como anteriormente sublinhado, esta realidade retrata uma clara violação ao princípio da igualdade e às regras da concorrência leal, uma vez que a mesma conduta poderá ou não estar isenta de responsabilidade criminal a depender exclusivamente da natureza do estabelecimento hospitalar em causa – consequentemente, do interesse público que subjaz à sua atividade. De modo que, dificilmente se compreende a exceção de punibilidade, a não ser como um privilégio concedido em razão do contrato de parceria celebrado com o Estado; tanto mais que, na hipótese ventilada, ambas as entidades funcionam em regime de gestão e financiamento privados. Ainda assim, sendo aceite que a natureza pública do ente estatal se prolonga na entidade privada, contagiando-a, em razão desta prestar um serviço de interesse público em colaboração com o Estado e apenas enquanto se tratar do exercício deste serviço.

Conclusão

A responsabilidade criminal das pessoas coletivas é decorrência de orientações de política-criminal que, em maior ou menor medida, vão sendo seguidas por todo o mundo. Atento a isto, o legislador penal português utilizou o critério de responsabilização criminal das pessoas coletivas dotadas ou não de personalidade jurídica, deixando de fora deste âmbito de imputação as pessoas coletivas de direito público, como definidas no nº 3 do art. 11º do Código Penal. Este regime é ampliado em algumas legislações avulsas, num esforço de uniformização do sistema sancionatório, a exemplo da Lei de Procriação Medicamente Assistida – Lei nº 32/2006, de 26 de Julho – e por força da remissão feita pela Lei

---

[78] Exemplo com base em informação atualizada em 05 de Fevereiro de 2014.

nº 59/2007 aos "termos gerais" do regime de responsabilidade penal de pessoas coletivas consagrado no Código Penal (art. 43º-A).

A primeira dificuldade de interpretação tem a ver com a definição das pessoas coletivas de direito público, tal como preconizado no Código Penal. Mais, a falta de coerência sistemática no ordenamento penal português torna ainda mais complexo o trabalho do intérprete, visto que diversas pessoas coletivas excecionadas de punibilidade no âmbito do direito primário poderão responder criminalmente no âmbito do direito secundário; como sucede, por exemplo, no regime legal constante do Decreto-Lei nº 28/84, de 20 de Janeiro, que regula as infrações antieconómicas e contra a saúde pública. Por outro lado, entidades desenvolvendo atividades idênticas serão tratadas desigualmente, em decorrência de serem ou não parceiras ou colaboradoras do Estado no exercício de um serviço de interesse público.

Como demonstrado, manifestamente a partir da construção de um exemplo de conduta normativa extraído da Lei de Procriação Medicamente Assistida face a configuração do sistema de saúde português, uma mesma conduta poderá ou não ser punida criminalmente, a depender da natureza jurídica do estabelecimento hospitalar infrator e da inserção dessa conduta no exercício de um serviço público. Do que se pode extrair que a exceção de punibilidade de pessoas coletivas públicas, nos termos consagrados pelo legislador penal português, representa a concessão de um privilégio em razão do contrato celebrado com o Estado. Esclarecidamente, em razão da pertença do ato em causa ao exercício de um serviço de interesse público, ainda que se trate de conduta em si idêntica à de uma pessoa coletiva não envolvida no exercício de uma atividade pública de saúde.

A ser assim, forçoso é concluir que o tratamento diferenciado dispensado às entidades coletivas de direito público, elencadas nas als. *b)* e *c)* do nº 3 do art. 11º do Código Penal, traduz-se numa afronta ao princípio constitucional da igualdade e às regras da livre concorrência. Parte da doutrina sufraga a tese da necessidade de interpretação restritiva dessas normas, para efeito de excecionar de punibilidade a entidade apenas quando a atividade delituosa for desenvolvida no núcleo da atividade de serviço público objeto da concessão, sem entretanto levantar objeções a aplicação da al. *a)* do nº 3 do art. 11º do Código Penal, por considerar que a prática de atividade delituosa é contrária à natureza e finalidade do Estado e demais pessoas coletivas de direito público referidas.

No entanto, a interpretação restritiva dessas normas acabaria por criar uma espécie de responsabilização criminal de entes coletivos por desconsideração de um pressuposto de não punibilidade – diminuindo o campo de incidência da exceção de punibilidade e aumentando o campo de punibilidade –, o que é inadmissível, não somente porque contraria o propósito ampliativo do legislador penal quanto à noção de pessoa coletiva pública, como também porque viola o princípio da legalidade penal consagrado no art. 29º da Constituição.

Com efeito, mesmo admitindo-se que a falta de fundamento material relevante afasta a *razoabilidade* da solução consagrada no nº 3 do art. 11º do Código Penal quando a exclusão de responsabilidade criminal opera fora do exercício de tarefas públicas, em rigor, não se trata de uma norma maculada ou eivada de inconstitucionalidade.

O Princípio da Pessoalidade da Responsabilidade Criminal e o Regime do nº 8 do artigo 11º do Código Penal

Margarida Caldeira[1]

SUMÁRIO: Introdução. I. A consagração constitucional do princípio da pessoalidade e intransmissibilidade da responsabilidade criminal. II. A extinção da responsabilidade criminal: o nº 2 do artigo 127º do CP. III. Secção I: Primeira Questão. 1. O regime do CSC sobre a extinção, as transformações, as fusões e as cisões de sociedades comerciais. 1.1. A extinção das sociedades comerciais. 1.2. As transformações de sociedades comerciais. 1.3. As fusões de sociedades comerciais. 1.4. As cisões de sociedades comerciais. 2. A transmissão da responsabilidade contraordenacional e o princípio da pessoalidade da responsabilidade na jurisprudência nacional. 2.1. Ponto prévio: razão do interesse da jurisprudência proferida em processos contraordenacionais sobre a transmissão da responsabilidade em caso de fusão de sociedades comerciais. 2.2. Análise da jurisprudência nacional. 2.3. Comentário crítico à jurisprudência nacional. IV. Secção II: Segunda Questão. 3. O sistema de imputação do Direito da Concorrência da União enquanto possível modelo de responsabilidade criminal das pessoas coletivas. 4. O conceito de "empresa" e o modelo de imputação da responsabilidade no Direito da Concorrência da União e nacional. 5. As soluções da jurisprudência do Direito da Concorrência da União sobre a transmissão da responsabilidade pela infração no contexto de algumas operações societárias: o princípio da pessoalidade das sanções e o princípio da continuidade económica das empresas. Conclusão.

---

[1] Advogada no Departamento Jurídico e Contencioso da Autoridade da Concorrência. Doutoranda na Faculdade de Direito da Universidade Nova de Lisboa.

Introdução

O nº 8 do artigo 11º do Código Penal (CP) estabelece o regime de imputação ou transferência de responsabilidade criminal nos casos em que a entidade infratora, sendo pessoa coletiva ou entidade equiparada, se tenha fundido com outra pessoa coletiva ou entidade equiparada ou se tenha cindido em outras pessoas coletivas ou entidades equiparadas. Nos termos daquela norma, "[a] cisão e a fusão não determinam a extinção da responsabilidade criminal da pessoa colectiva ou entidade equiparada, respondendo pela prática do crime: *a)* A pessoa colectiva ou entidade equiparada em que a fusão se tiver efectivado; e *b)* As pessoas colectivas ou entidades equiparadas que resultaram da cisão".

As questões analisadas no presente texto[2], respeitantes à interpretação desta norma, são as seguintes:

Primeira Questão: A de saber se a "transmissão" da responsabilidade criminal estabelecida pelo nº 8 do artigo 11º do CP atentará contra o princípio constitucional da pessoalidade e intransmissibilidade da responsabilidade criminal ou se este princípio constitucional, quando aplicado a algumas operações societárias, deve ser interpretado de forma diversa do que quando aplicado a pessoas singulares.

Segunda Questão: A de saber se será conveniente para a aplicação do nº 8 do artigo 11º do CP retirar referências interpretativas do modelo de imputação dos ilícitos do Direito da Concorrência da União Europeia nos casos de fusões, reorganizações empresariais, transferências da titularidade de exploração das empresas e operações societárias idênticas.

Neste contexto, será analisada a aplicação de dois princípios em possível colisão: o princípio da pessoalidade da responsabilidade e o princípio da continuidade económica.

Começaremos por tomar em consideração, na Introdução do presente texto, o significado do princípio da pessoalidade da responsabilidade tal como consta da Constituição da República Portuguesa (CRP), bem como

---

[2] O presente texto corresponde a uma versão sintetizada do relatório apresentado nos Seminários de Direito Penal, em 2010, do Programa de Doutoramento da Faculdade de Direito da Universidade Nova de Lisboa, sob a orientação da Senhora Professora Doutora Teresa Beleza. Não foram efetuadas atualizações, salvo quanto à referência ao novo regime jurídico da concorrência.

o disposto no artigo 127º do CP, sobre causas de extinção da responsabilidade criminal. Na Secção I, analisaremos a Primeira Questão acima enunciada e na Secção II examinaremos a Segunda Questão. Por fim, serão retiradas breves conclusões.

I. A consagração constitucional do princípio da pessoalidade e intransmissibilidade da responsabilidade criminal

O nº 3 do artigo 30º da CRP estabelece que "[a] responsabilidade penal é insuscetível de transmissão", consagrando, assim, o princípio da pessoalidade e intransmissibilidade da responsabilidade criminal. Decorre deste princípio que apenas o condenado fica sujeito à pena, não podendo esta ter quaisquer efeitos jurídicos sobre outras pessoas, sobretudo os familiares do condenado. Como apontam Jorge Miranda e Rui Medeiros[3], historicamente este princípio surge como reação ao Direito Penal sobretudo da monarquia absoluta, onde a infâmia pelo crime podia ser transmitida aos herdeiros do condenado. Gomes Canotilho e Vital Moreira[4] indicam que o sentido já estabilizado pela doutrina e pela jurisprudência aponta para várias refrações do princípio da pessoalidade: *(i)* a extinção da pena e do procedimento criminal com a morte do agente; *(ii)* a proibição da transmissão da pena para familiares, parentes ou terceiros; e *(iii)* a impossibilidade de sub-rogação no cumprimento das penas[5].

II. A extinção da responsabilidade criminal: o nº 2 do artigo 127º do CP

O artigo 127º do CP, sobre outras causas de extinção da responsabilidade criminal que não a prescrição, foi alterado pela Lei nº 59/2007[6], de

---

[3] JORGE MIRANDA; RUI MEDEIROS, *Constituição da República Portuguesa Anotada*, Tomo I, Coimbra: Coimbra Editora, p. 336.
[4] J. J. GOMES CANOTILHO; VITAL MOREIRA, *Constituição da República Portuguesa Anotada*, Coimbra: Coimbra Editora, Vol. I, 4.ª Ed., p. 504.
[5] No entanto, apontam estes autores que este princípio não obsta à transmissibilidade de certos efeitos patrimoniais conexos das penas, mormente a indemnização civil.
[6] Esta lei veio consagrar a responsabilidade criminal das pessoas coletivas como regra geral.

modo a incluir a extinção da pessoa coletiva e entidade equiparada nas causas extintivas da responsabilidade criminal.

A apontada lei aditou o nº 2 ao artigo 127º, com a seguinte redação: "No caso de extinção de pessoa colectiva ou entidade equiparada, o respectivo património responde pelas multas e indemnizações em que aquela for condenada."

Esta disposição não trata do momento em que se deve considerar extinta a pessoa coletiva nem da questão de saber se sempre que ocorra a extinção da personalidade jurídica de uma pessoa coletiva, a solução de responsabilizar outra entidade por facto imputável à sociedade extinta (na aceção de que se extinguiu a sua personalidade jurídica) é, ou não, violadora do princípio da pessoalidade da responsabilidade.

III. Secção I: primeira questão

Analisaremos a questão de saber se a "transmissão"[7] da responsabilidade estabelecida no nº 8 do artigo 11º do CP atentará contra o princípio constitucional da pessoalidade e intransmissibilidade da responsabilidade criminal ou se este princípio constitucional, quando aplicado a algumas operações societárias, como as fusões, deve ser interpretado de forma diversa do que quando aplicado a pessoas singulares.

Esta Questão reporta-se a sociedades comerciais e não a todas as pessoas coletivas, tendo sido essa a nossa opção de investigação, uma vez que a jurisprudência nacional consultada, e que considerámos de particular interesse para a interpretação do nº 8 do artigo 11º do CP, se refere apenas a sociedades comerciais.

Recordaremos, em primeiro lugar, as normas do Código das Sociedades Comerciais (doravante, CSC) respeitantes à extinção da personalidade jurídica das sociedades comerciais, em geral, as transformações, às fusões e, de modo mais breve, às cisões de sociedades comerciais.

---

[7] Usamos aqui a expressão entre aspas para significar que o termo "transmissão" será usado por simplificação de expressão, não querendo utilizá-lo no seu sentido mais estrito, dado que subscrevemos a ideia, que será exposta ao longo do presente texto, de que alguns casos de aparente transmissão de responsabilidade penal não constituem verdadeiramente uma transmissão de responsabilidade no sentido de transferência de uma entidade para outra, estranha à primeira.

De seguida, examinaremos a jurisprudência proferida em processos contraordenacionais sobre a transmissão de responsabilidade contraordenacional em casos de fusões de sociedades comerciais, na qual se equaciona a aplicação do apontado princípio constitucional da pessoalidade da responsabilidade criminal. Será, ainda, efetuado um comentário crítico sobre os argumentos em discussão na apontada jurisprudência.

1. O regime do CSC sobre a extinção, as transformações, as fusões e as cisões de sociedades comerciais.

1.1. A extinção das sociedades comerciais

Na vida das sociedades comerciais, em geral, salvo quando a lei disponha diferentemente, a sociedade dissolve-se nos casos previstos na lei, incluindo pela vontade dos sócios[8]. A sociedade dissolvida, em regra, entra imediatamente em liquidação[9]. A sociedade em liquidação mantém a personalidade jurídica[10]. Os liquidatários têm obrigação de requerer o registo do encerramento da liquidação[11].

A sociedade considera-se extinta com a compleição deste registo, de acordo com o nº 2 do artigo 160º do CSC, segundo o qual: "A sociedade considera-se extinta, mesmo entre os sócios e sem prejuízo do disposto nos artigos 162º a 164º [do CSC][12], pelo registo do encerramento da liquidação".

1.2. As transformações de sociedades comerciais

As transformações societárias reconduzem-se, apenas, à alteração do tipo de sociedade, sem modificação da pessoa jurídica, que permanece

---

[8] *Ex vi* artigo 141º do CSC.
[9] Nº 1 do artigo 146º do CSC.
[10] Nº 2 do artigo 146º do CSC.
[11] Nº 1 do artigo 160º do CSC.
[12] Os artigos 162º a 164º do CSC estipulam que as ações judiciais em que a sociedade seja parte continuam após a extinção da sociedade, que é substituída, nessas ações, pela generalidade dos sócios, representados pelos liquidatários. Podem também ser propostas ações judiciais contra a generalidade dos sócios, representados pelos liquidatários.

inalterada[13]. Por esse motivo, não se coloca a questão da imputação ou transferência de responsabilidade criminal da sociedade transformada. Aliás, o CSC não prevê normas sobre o regime de responsabilidade por dívidas da sociedade transformada.

1.3. As fusões de sociedades comerciais

A fusão consiste na reunião, numa sociedade, de duas ou mais sociedades[14]. As fusões podem efetivar-se através de dois modos: *a)* a transferência global do património das sociedades fundidas para outra sociedade (já existente); *b)* pela constituição de nova sociedade para a qual se transferem os patrimónios das sociedades fundidas[15]. Cremos que, para efeitos do nº 8 do artigo 11º do CP, a sociedade para a qual se transferem os patrimónios, tanto a já existente como a nova sociedade, correspondem à "pessoa colectiva em que a fusão se tiver efectivado" a que se refere aquela disposição do CP. Uma vez deliberada a fusão por todas as sociedades participantes, deve ser requerida a inscrição da fusão no registo comercial por qualquer dos administradores das sociedades participantes na fusão ou da nova sociedade[16].

O artigo 112º do CSC, sob a epígrafe "[e]feitos do registo", estabelece o seguinte regime: "[c]om a inscrição da fusão no registo comercial: *(a)* extinguem-se as sociedades incorporadas ou, no caso da constituição de nova sociedade, todas as sociedades fundidas, transmitindo-se os seus direitos e obrigações para a sociedade incorporante ou para a nova sociedade; *(b)* os sócios das sociedades extintas tornam-se sócios da sociedade incorporante ou da nova sociedade".

A doutrina tem elaborado várias teorias sobre se a fusão determina, ou não, a extinção da personalidade jurídica da sociedade fundida. De

---

[13] Artigo 130º do CSC.
[14] Nº 1 do artigo 97º do CSC. Mesmo as sociedades dissolvidas podem fundir-se com outras sociedades, dissolvidas ou não, se preencherem os requisitos de que depende o regresso ao exercício da atividade social *ex vi* nº 2 do artigo 97º do CSC.
[15] Nº 4 do artigo 97º do CSC.
[16] Artigo 111º do CSC.

acordo com a tese maioritária, trata-se de uma verdadeira extinção da personalidade jurídica da sociedade fundida[17]. Para Raúl Ventura:

> "[...] voltando à extinção das sociedades, é ela o mais claramente possível expressa na lei e com ela deve contar-se em qualquer construção jurídica da fusão. E não têm cabimento distinções subtis sobre aquilo que se extingue: extingue-se a pessoa jurídica, extinguem-se as participações dos sócios nessas sociedades. Mas também não podem esquecer-se as finalidades dessas extinções; não se extingue tudo isso como um fim em si mesmo – extingue-se para *substituir*, extingue-se para *renovar*. Certamente são aproveitados os elementos pessoais, patrimoniais e até imateriais das sociedades participantes que se extinguem, mas extinção não implica desaproveitamento"[18].

1.4. As cisões de sociedades comerciais

Através da cisão, uma sociedade pode, nos termos do artigo 118º do CSC: *a)* Destacar parte do seu património para com ela (a parte) constituir outra sociedade; *b)* Dissolver-se e dividir o seu património, sendo cada uma das partes resultantes destinada a constituir uma nova sociedade – é a chamada "cisão-dissolução"; *c)* Destacar partes do seu património ou dissolver-se, dividindo o seu património em duas ou mais partes para as fundir com sociedades já existentes ou com partes do património de outras sociedades, separadas por idênticos processos e com igual finalidade – é a chamada "cisão-fusão".

O CSC prevê um regime específico para a cisão, mas é aplicável à cisão de sociedades, com as necessárias adaptações, o disposto quanto à

---

[17] Segundo uma tese minoritária, a fusão não determina uma verdadeira extinção da personalidade jurídica da sociedade fundida. Outros autores consideram que a natureza da fusão pode estar mais próxima da transformação, porque há continuidade da atividade, do que da dissolução/liquidação (esta é a opinião de PINTO FURTADO, conforme citado por RAÚL VENTURA, *Fusão, cisão, transformação de sociedades – Comentário ao Código das Sociedades Comerciais*, Lisboa: Almedina, 1990, p.232).

[18] RAÚL VENTURA, *ibidem*, p. 230. No entanto, este autor nota também que o CSC usa o termo "dissolução" quanto à extinção de sociedades, mas não o faz quanto à fusão, pelo que o intérprete terá que, em função de todos os elementos de interpretação descobrir o seu verdadeiro significado que, segundo o autor, é o da extinção (*ibidem*, p. 224).

fusão[19]. O artigo 122º do CSC, sob a epígrafe "Responsabilidade por dívidas", estabelece que a sociedade cindida responde solidariamente pelas dívidas que, por força da cisão, tenham sido atribuídas à sociedade incorporante ou à nova sociedade[20], não se encontrando disposição paralela no capítulo do CSC sobre a fusão.[21]

2. A transmissão da responsabilidade contraordenacional e o princípio da pessoalidade da responsabilidade na jurisprudência nacional

2.1. Ponto prévio: razão do interesse da jurisprudência proferida em processos contraordenacionais sobre a transmissão da responsabilidade em caso de fusão de sociedades comerciais

A jurisprudência aqui analisada trata da questão de saber se a transmissão de responsabilidade contraordenacional de uma sociedade extinta, por fusão, para a sociedade que a incorporou é, ou não, admissível, e se a resposta for afirmativa, se esta transmissão de responsabilidade é, ou não, violadora do princípio da pessoalidade das penas. Esta jurisprudência apresenta interesse para a interpretação do nº 8 do artigo

---

[19] Artigo 120º do CSC.
[20] Esta norma tem sido aplicada pela jurisprudência, *v.g.* acórdão do STJ, de 19-02-2004, proc. nº 4B018-102/03.
[21] Segundo Reis Bravo, em *Direito Penal de Entes Coletivos – Ensaio sobre a punibilidade de pessoas coletivas e entidades equiparadas*, Coimbra: Coimbra Editora, 2008, p. 369, nas cisões coloca-se o problema de saber a quem deve ser imputada a responsabilidade quando não subsista fragmento da sociedade cindida. Para o autor, a solução deverá ser a de imputar a responsabilidade à nova sociedade, para que não se verifique fraude à lei. Este autor coloca o problema da imputação da responsabilidade, do ponto de vista processual, quando no início do processo criminal não exista já (enquanto tal, por entretanto ter sido objeto de operação de transformação, fusão ou cisão), a sociedade que incorreria originariamente em responsabilidade criminal mas apenas as suas sucessoras (p. 373). E exprime solução análoga à defendida quanto ao problema da não subsistência de nenhum fragmento da sociedade cindida (sendo que o autor adota idêntico entendimento quanto às fusões), devendo, em tais casos, o processo ser dirigido contra a nova sociedade criada (constatada a extinção formal da anteriormente existente) na posição de sucessora da que seria originariamente suscetível de imputação de responsabilidade criminal. Concordamos com a solução se a hipótese se verificar, embora face ao conceito de cisão parece que, em princípio, sempre subsistirá um "fragmento" da sociedade anterior, pelo menos, o conexo com o património.

11º do CP na medida em que, apesar de ser anterior a 2007, à data, já existia responsabilidade criminal das pessoas coletivas – embora não como regra geral –, pelo que os julgadores, na apontada jurisprudência, certamente tiveram em conta essa circunstância. Por outro lado, não obstante tratar-se de matéria contraordenacional os tribunais apelaram às normas do CP, equacionando os fundamentos da admissibilidade da transferência de responsabilidade à luz do princípio constitucional da pessoalidade da responsabilidade criminal. Esta solução justifica-se por não existir norma expressa no Regime Geral das Contraordenações e Coimas (RGCO) que resolva a questão e por força do artigo 32º do RGCO, segundo o qual o CP é subsidiariamente aplicável às contraordenações, no que não for contrário ao regime do RGCO. Os tribunais examinaram também, nesses casos, a questão da natureza da fusão de sociedades no que toca à verificação, ou não, de uma verdadeira extinção da personalidade jurídica operada pela fusão, o que tem interesse para a compreensão dos fundamentos subjacentes à opção legislativa consagrada no nº 8 do artigo 11º do CP[22].

2.2. Análise da jurisprudência nacional

A questão que se colocava em sede de processos contraordenacionais na mencionada jurisprudência era a de saber se a transmissão de direitos e obrigações estipulada no artigo 112º do CSC inclui também a transmissão da responsabilidade contraordenacional. Foi examinado, deste modo, o problema de saber se o princípio da pessoalidade da responsabilidade criminal se aplica apenas em matéria criminal ou também em matéria contraordenacional e se, aplicando-se à responsabilidade contraordenacional, a transmissão dessa responsabilidade de uma sociedade extinta, no que respeita à cessação da sua personalidade jurídica, por fusão, para a sociedade incorporante, configura, ou não, violação desse princípio.

---

[22] Não encontrámos nenhuma referência específica à matéria regulada no nº 8 do artigo 11º do CP nas atas da Unidade de Missão para a Reforma Penal (trinta e uma atas, de 03-10-2005 a 26-02-2007).

Passamos a expor a fundamentação constante de alguns destes arestos[23]:

a) Acórdão do Tribunal da Relação de Coimbra, de 13-02-2003, Rec. nº 4042:
A responsabilidade contraordenacional transmite-se, em caso de fusão, para a sociedade incorporante pelos seguintes motivos: *(i)* O princípio da intransmissibilidade das penas é aplicável, sem exceção, às pessoas singulares e às pessoas coletivas, sendo que estes casos de exceção de responsabilização de pessoas coletivas justificam-se por razões de índole político-criminal de natureza pragmática; *(ii)* Este princípio cede claramente no que respeita à responsabilidade contraordenacional, como o demonstram a possibilidade de execução dos sucessores dos devedores pelo pagamento de coimas e contraordenações tributárias; *(iii)* Razões pragmáticas impõem que a justificação para a extinção da responsabilidade deva resultar de expressa determinação normativa e não por analogia com a morte biológica das pessoas singulares. A lei[24] prevê, no caso de fusão, a transmissão da responsabilidade, pelo que deve ser interpretada como abrangendo a responsabilidade contra-ordenacional, sob pena de permitir actuações fraudulentas.

b) Acórdão do Tribunal da Relação de Lisboa, de 20-11-2002, Rec. nº 4936/02-4:
Não admite a transmissão da responsabilidade contraordenacional da sociedade incorporada, por fusão, para a sociedade incorporante: *(i)* A fusão de sociedades comerciais equivale a extinção da sociedade fundida; *(ii)* Só se transmitem para a sociedade incorporante os direitos e obrigações de natureza civil, não os de natureza penal ou contraordenacional; *(iii)* O princípio da transmissibilidade da responsabilidade criminal aplica-se também no âmbito do direito contraordenacional. A morte do agente (pessoa singular) ou a extinção (pessoas coletivas) tem como

---

[23] Optámos por não reproduzir, relativamente à análise de cada aresto, todos os fundamentos aí enunciados, mas apenas os que acrescentem alguma diferença de perspetiva relativamente a cada aresto por nós aqui relatado, evitando, assim, por economia de texto, repetição de fundamentos, salvo quanto àqueles cuja enunciação nos pareceu imprescindível para a compreensão do percurso de raciocínio do julgador.

[24] Referindo-se o acórdão, na expressão "lei", em particular ao artigo 112º do CSC.

consequência a extinção da responsabilidade contraordenacional. O que bem se compreende porque a contraordenação implica, pelo menos, a negligência e o elemento subjetivo da infração não pode separar-se da pessoa do agente.

c) *Acórdão do Tribunal da Relação de Lisboa, 19-06-2002, proc. nº 35024:*
Não admite a transmissão da responsabilidade contraordenacional: *(i)* O princípio constitucional da não transmissibilidade da responsabilidade criminal aplica-se em matéria de contraordenações; *(ii)* A extinção da pessoa colectiva extingue a responsabilidade contraordenacional; (iii) A fusão determina a extinção da sociedade incorporada, pelo que a transmissão da responsabilidade contraordenacional violaria aquele princípio constitucional, porque implicaria a sub-rogação no cumprimento de penas; *(iv)* A norma legal do CSC que se refere à transmissão da responsabilidade para a sociedade incorporante só respeita a direitos e obrigações de natureza civil e não penal ou contraordenacional.

d) *Acórdão do Tribunal da Relação de Lisboa, de 07-05-2003, Rec. nº 9960/02:*
Não admite a transmissão de responsabilidade contraordenacional: *(i)* O princípio constitucional da intransmissibilidade da responsabilidade penal aplica-se à responsabilidade contraordenacional; *(ii)* O procedimento contraordenacional extingue-se com a morte do agente; *(iii)* Não há contraordenação sem culpa e a pessoa coletiva atua através de pessoas físicas que integram os seus órgãos; *(iv)* Com a fusão por incorporação, extinguem-se os órgãos da sociedade incorporada, passando a existir, apenas, os da sociedade incorporante, deixando de ser possível fazer um juízo de censura contra a atuação da sociedade incorporada por inexistência de substrato humano, constituído por pessoas físicas que por ela atuam, sob pena de se admitir a sub-rogação de penas; *(v)* A transmissão de direitos e obrigações da sociedade fundida para a sociedade incorporante, estipulada na lei, só se reporta a direitos e obrigações de natureza civil e não de natureza penal, sendo essa também a natureza da coima.

O Ministério Público (MP) defendeu o seguinte argumento, em abono da tese da transmissão da responsabilidade contraordenacional da sociedade incorporada para a sociedade incorporante: o conceito de morte previsto no CP para as pessoas singulares não pode incluir um ato voluntário de transformação ou extinção da pessoa coletiva.

Foi proferido um *voto de vencido*, no qual se indica o seguinte: à extinção das pessoas coletivas não se pode aplicar de "forma mecânica" a regra do CP sobre a extinção de pessoas singulares, equiparando-a a extinção da personalidade jurídica à morte. Como argumento a favor desta tese, refere-se que o RGCO também permite imputar a responsabilidade contraordenacional a entes coletivos sem personalidade jurídica, pelo que a extinção da personalidade jurídica, só por si, pode não bastar para extinguir a responsabilidade contraordenacional se a realidade fáctica e sociológica subjacente à pessoa jurídica que se extinguiu se mantiver ativa, o que é o caso da fusão. Aponta que o fundamento da atribuição da responsabilidade contraordenacional e penal às entidades coletivas assenta na sua natureza, enquanto realidade sociológica, e não na existência, ou não, de personalidade jurídica. Essa realidade sociológica caracteriza-se pela existência de estruturas com divisão de trabalho e de consequente falta de coincidência entre os que executam o trabalho e os que decidem, com a possibilidade de ajustamento de condutas que diminuam a eficácia do direito sancionatório estatal[25]. No caso da fusão, permanece a realidade sociológica, o que quer dizer que permanece viva a necessidade de advertir a pessoa coletiva onde se encontre esse substrato, para o cumprimento das leis, cumprindo, assim, a função preventiva da coima. Conclui que a solução contrária equivale a entregar à arguida a faculdade de, por mero ato voluntário, a fusão, frustrar os propósitos do legislador ao estipular a aplicação de sanções. E que não há violação do princípio da pessoalidade da responsabilidade porque permanece a mesma realidade sociológica. Não se verifica, deste modo, uma verdadeira transmissão de

---

[25] Relativamente às características das organizações enquanto centros de imputação de responsabilidade, indica CELIA WELLS, a respeito da responsabilização criminal das pessoas coletivas na jurisdição norte-americana, a seguinte característica que nos parece concretizar uma das vertentes da apontada, no acórdão aqui relatado, possibilidade de "ajustamento de condutas": "Corporations have been recognized as aggregate bodies such that it is not necessary to prove either which employee had the intent, or, indeed, whether any particular employee did so. Collective knowledge is based on the idea that information known in part to multiple actors within the corporation but not known fully to one actor be aggregated and imputed to the corporation", *Corporations and Criminal Responsibility*, New York: Oxford University Press, 2001, reimp. de 2005, p. 134.

responsabilidade. O facto imputa-se à responsabilidade social do autor, sendo irrelevante a alteração dos órgãos. O juízo de censura dirige-se ao ente coletivo e não aos seus órgãos.

e) Acórdão do Tribunal da Relação de Évora, de 27-05-2003, Rec. nº 1494/02:
Não admite a transmissão da responsabilidade contraordenacional: *(i)* Extinguindo-se a sociedade, extingue-se o processo contraordenacional; *(ii)* A fusão de sociedades determina a extinção da personalidade jurídica das sociedades incorporadas; *(iii)* Ao processo contraordenacional aplica-se subsidiariamente o CP; *(iv)* À semelhança da morte, que extingue a responsabilidade criminal da pessoa singular, a responsabilidade contraordenacional de uma pessoa coletiva extingue-se com a extinção da mesma.

No *voto de vencido* foi defendido o seguinte: *(i)* A extinção por fusão não acarreta a dissolução da sociedade, mas apenas a transmissão dos direitos e obrigações para a sociedade incorporante; *(ii)* O regime do CSC, a respeito da fusão, é demonstrativo da impossibilidade de estabelecer analogia entre a extinção por fusão de uma sociedade, nos termos do CSC, e a morte da pessoa singular; *(iii)* Não se pode permitir que os objetivos para que foi concebida a fusão ou a cisão de sociedades sirvam para as desresponsabilizar, até por um argumento de maioria de razão: se tal não é admitido nas relações privadas, muito menos se deverá admitir quanto a obrigações sociais e públicas de pessoas coletivas, sob pena de deixar de fazer sentido o sistema da responsabilidade de pessoas coletivas.

f) Acórdão do Supremo Tribunal de Justiça (STJ) nº 5/2004, de 02-06-2004, no proc. nº 4208/03:
Este acórdão foi proferido em sede de recurso extraordinário para fixação de jurisprudência interposto pelo MP em virtude da prolação de dois acórdãos divergentes dos tribunais de segunda instância[26].

---

[26] A saber: *(i)* O acórdão do Tribunal da Relação de Évora, de 27-05-2003 *supra* mencionado (acórdão recorrido) que pugnou pela extinção da responsabilidade contraordenacional de sociedade comercial incorporada em outra, por fusão; *(ii)* O acórdão do Tribunal da Relação de Coimbra, de 31-01-2002, que considerou, num caso idêntico, que não estando determinado, por via normativa, que tal extinção da sociedade comercial incorporada por fusão em

O MP expendeu a seguinte argumentação: *(i)* O princípio constitucional da intransmissibilidade da responsabilidade penal aplica-se à responsabilidade contraordenacional; *(ii)* Verificando-se a extinção de uma pessoa coletiva em termos substantivamente paralelos à extinção da vida de uma pessoa individual, a responsabilidade contraordenacional extingue-se; *(iii)* Sempre que "esse substrato" não se extinga e, pelo contrário, prossiga, não se verifica o referido pressuposto substantivo de extinção da responsabilidade contraordenacional; *(iv)* No caso de fusão de sociedades, o substrato pessoal e patrimonial da sociedade incorporada permanece, integrando o substrato final, pelo que a extinção das sociedades fundidas não corresponde à sua morte; *(v)* Entendimento diverso implicaria o risco de abrir a porta à fraude à lei.

O STJ, deliberando, fixou a seguinte orientação:

O Regime Geral das Contraordenações não contém normas sobre os factos determinantes da extinção das pessoas coletivas, que não as relativas à prescrição, pelo que se deve aplicar subsidiariamente o CP. A extinção de uma pessoa coletiva, ao contrário da morte da pessoa singular, pode não determinar por si mesma, que nada de si permaneça, continuando alguma substância afeta ao desempenho, ainda, sob uma perspetiva jurídico-funcional, das finalidades da pessoa coletiva que foram a sua razão de ser. Por isso, o que releva essencialmente é a existência de um centro de imputação funcionalmente construído, que pode não desaparecer como realidade material de interesses ao lado da respetiva função instrumental e é, por isso, independente desta no caso de continuidade organizatória e de prossecução das respetivas finalidades. Na ponderação metodológica e intervenção dos critérios da analogia, a similitude de relações e a comparação numa mesma racionalidade entre a morte da pessoa singular e as formas de extinção das pessoas coletivas só podem ser encontradas se e quando a existência, como construção jurídica instrumental, de uma pessoa coletiva cessar, não em perspetiva funcionalista estritamente jurídica mas a cessação e desaparecimento de todos os elementos integrantes da pessoa coletiva, não apenas o suporte jurídico mas também o *corpus* e o respetivo substrato.

outra conduza à extinção da responsabilidade contraordenacional da infratora, é responsável a sua sucessora, nos termos do artigo 112º, alínea *a*), do CSC.

Relativamente à natureza da fusão, o STJ segue a tese defendida por Raúl Ventura, para quem as sociedades fundidas se extinguem com a finalidade de substituir, de renovar. Assim[27], a fusão significa, ao contrário da morte, perspetiva de melhor e mais sustentada continuidade económica.

O STJ interpreta o artigo 112º, alínea *a*), do CSC no seguinte sentido: esta norma não qualifica ou determina que espécies de direitos se transmitem. A previsão legal abrange todos os direitos ou obrigações que puderem ser transmitidos, sendo, por isso, à racionalidade de cada direito ou obrigação e ao respetivo regime que se deve buscar a delimitação. A transmissão da responsabilidade contraordenacional não está excluída por natureza e também não pelo princípio constitucional da intransmissibilidade da responsabilidade penal, que está construído para as pessoas físicas. O princípio tem aplicação quando puder dizer-se, como é o caso da pessoa física, que nada fica de si mesma para além da morte e que, consequentemente, a transmissão da responsabilidade só poderia eventualmente ocorrer, como sucessão, para pessoa física ou juridicamente diversa. Sustenta, ainda, que a personalidade jurídica não é um elemento pressuposto da suscetibilidade de ser agente da contraordenação, bastando ser um simples agente de facto. Acrescenta que a decisão sobre o regime a aplicar deve tomar em conta a necessidade de evitar a fraude à lei.

Passando à Jurisprudência do Tribunal Constitucional, *os cinco acórdãos consultados, de 2004 e 2005*, pronunciam-se no sentido de admitir a transmissão da responsabilidade para a sociedade incorporante, pelo que relataremos a fundamentação de apenas um deles. No entanto, dois destes acórdãos contêm um voto de vencido:

a) Acórdão do TC nº 588/05, de 02-11-2005, proc. nº 695/03:
O Tribunal da Relação de Coimbra[28] condenou num processo contraordenacional a arguida que se tinha fundido noutra sociedade pelos seguintes motivos: *(i)* A razão de ser do princípio da intransmissibilidade das penas no domínio do Direito Penal é o de que a censura penal

---

[27] Seguindo, aqui, ABEL MATEUS, na perspetiva da teoria económica e da política de concorrência.
[28] Por acórdão de 26-06-2003.

tem como suporte axiológico-normativo referencial a culpa concreta do agente, reportando-se necessariamente ao homem, à pessoa física, enquanto ser dotado de razão e liberdade; *(ii)* Este princípio, aplicável sem exceção no direito criminal às pessoas singulares, cede claramente no regime das contraordenações. Sendo o fundamento da responsabilidade da pessoa coletiva diverso do fundamento da responsabilidade da pessoa singular[29], a extinção da sua responsabilidade deve decorrer de expressa determinação normativa, não sendo suficiente o disposto no CP sobre a extinção da responsabilidade das pessoas singulares. Conclui no sentido de entender a responsabilidade contraordenacional abrangida pelo regime de transmissão do artigo 112º, alínea *a*), do CSC.

O MP junto do TC expendeu a seguinte argumentação: *(i)* Embora a natureza do direito penal e do direito de mera ordenação social sejam diversos, os princípios do primeiro têm aplicação no segundo e as normas constitucionais-penais são também aplicáveis em processo contraordenacional, o que inclui o princípio da intransmissibilidade da responsabilidade; *(ii)* Sendo realidades diferentes, não são automaticamente aplicáveis às pessoas coletivas todas as normas de que são fundamentalmente destinatárias as pessoas singulares, sendo necessário atender à específica natureza das pessoas coletivas; *(iii)* A fusão por incorporação de uma sociedade em outra é substancialmente diferente da dissolução com liquidação e não é equiparável à morte da pessoa singular.

O TC adotou a seguinte orientação: *(i)* Tendo analisado a natureza da fusão e os seus efeitos, centrou-se na circunstância de, como entende Raúl Ventura, na fusão serem aproveitados os elementos pessoais, patrimoniais e imateriais dessa sociedade; *(ii)* A questão em apreço no caso é a de saber se a proibição estabelecida na CRP tem em vista situações em que o transmissário só formalmente é um terceiro, pois que, de facto, o agente da infração como que se perpetua, por via da incorporação ou absorção verificada, nesse transmissário; *(iii)* No caso da fusão por incorporação, a transmissão da responsabilidade contraordenacional à sociedade incorporante só formalmente é uma transmissão; *(iv)* Por isso, não

---

[29] Nos casos em que o legislador previu a responsabilidade criminal das pessoas coletivas, lançou mão de uma ficção de culpa (segundo Figueiredo Dias) ou do pensamento filosófico analógico (Maia Gonçalves), atentas razões poderosas de índole político-criminal.

se pode aplicar o preceito constitucional a situações de extinção de pessoas coletivas que substancialmente não sejam equivalentes à morte de pessoas singulares.

Os restantes acórdãos do TC sobre a matéria adotam idêntico entendimento. Porém, em dois dos acórdãos consultados, foram proferidos votos de vencido[30]. No Acórdão nº 153/04, foi expresso o completo desacordo com a análise do acórdão, por se entender que é a lei – o artigo 112º, alínea *a*) do CSC – que impõe, como efeito da fusão-incorporação, a extinção da sociedade. E que, em consequência, a solução do problema não pode radicar numa ficcionada não extinção da sociedade. Acrescenta que a CRP parece querer estender a garantia da intransmissibilidade da responsabilidade aos processos contraordenacionais e diz não entender como é que se chegou àquela decisão sem distinguir entre responsabilidade criminal e contraordenacional ou "sem analisar a transmissibilidade da responsabilidade contraordenacional em contraposição à de certos efeitos patrimoniais da condenação, raciocínio que foi tido por desnecessário na tese que fez vencimento".[31]

2.3. Comentário crítico à jurisprudência nacional

1. Concordamos com a solução fixada pelo TC e pelo STJ pelos fundamentos aí expressos. Em particular, parece-nos de concluir que, na esteira da orientação definida pelo TC, a "transmissão" da responsabilidade contraordenacional da sociedade incorporada para a sociedade incorporante não constitui uma verdadeira transmissão no sentido em que o transmissário seja um terceiro. Não se verifica, deste modo, incompatibilidade entre a solução consagrada na apontada jurisprudência e o princípio constitucional da pessoalidade das penas.

Idêntico raciocínio pode ser, em nossa opinião, salvo melhor, aplicado aos fundamentos do regime consagrado no nº 8 do artigo 11º do CP.

---

[30] Acórdão nº 153/04, de 16-03-2004, no proc. nº 577/03 e nº 200/2004, de 24-03-2004, no proc. nº 755/03, com votos de vencido do mesmo Juiz Conselheiro.
[31] Este voto de vencido foi reiterado no mencionado Acórdão nº 200/2004 por remissão para os fundamentos expressos no primeiro dos acórdãos mencionados.

2. De entre as várias decisões judiciais relatadas, é minoritária a orientação segundo a qual o princípio da pessoalidade da responsabilidade não se aplica em matéria contraordenacional o que, no caso da decisão judicial que tomou esta orientação como premissa de raciocínio – o *supra* mencionado acórdão da Relação de Coimbra, de 13-2-2003 – pode ter ditado, ou contribuído, para a tomada de decisão no sentido de admitir a transmissão da responsabilidade contraordenacional. Naquele acórdão, o argumento (ou, pelo menos, o exemplo) apresentado a favor da não aplicação, em matéria contraordenacional, do princípio da pessoalidade da responsabilidade, é o da possibilidade de execução dos sucessores dos devedores pelo pagamento de coimas e contraordenações tributárias. Porém, o artigo 90º do RGCO, sob a epígrafe "Extinção e suspensão da execução", estabelece no nº 1 que "A execução da coima e das sanções acessórias extingue-se com a morte do arguido"; pelo que a legislação contraordenacional tributária parece ter introduzido um desvio ao regime geral das contraordenações. Por este motivo, não nos parece suficientemente seguro retirar, dessa transmissão de responsabilidade tributária para os sucessores, princípio geral aplicável em matéria contraordenacional. Aliás, o citado nº 1 do artigo 90º do RGCO parece apontar para o estabelecimento do princípio geral da não transmissibilidade da responsabilidade contraordenacional aos sucessores do devedor, o que parece ser uma refração do princípio da pessoalidade da responsabilidade contraordenacional. Assim, do acórdão da Relação de Coimbra, de 13-2-2003, e pela premissa de raciocínio aí adotada, não poderemos colher contributo interpretativo decisivo para a fundamentação da solução consagrada no nº 8 do artigo 11º do CP, uma vez que o princípio da pessoalidade da responsabilidade aplica-se, claramente, em matéria criminal.

3. A não ser que se considere que o princípio da pessoalidade da responsabilidade é aplicável, em matéria criminal, a pessoas singulares mas não a pessoas coletivas ou, pelo menos, não da mesma forma. A este respeito, a jurisprudência consultada não nos oferece inequívocas linhas de interpretação, uma vez que a maioria das decisões judiciais relatadas não se pronuncia sobre a questão da eventual diversidade de regras aplicáveis a pessoas coletivas e a pessoas singulares. É verdade que esta questão é abordada no acórdão do Tribunal da Relação de Coimbra de 13-2-2003, ao enunciar que "O princípio da intransmissibilidade das penas é aplicável, sem excepção, às pessoas singulares e às pessoas colectivas, sendo que estes casos de excepção de responsabilização de pessoas colectivas justificam-se por razões de índole político-criminal de natureza pragmática". No entanto, atendendo a que no passo seguinte da fundamentação deste acórdão o tribunal se refere à circunstância de este princípio ceder no que respeita à responsabilidade contraordenacional, não nos parece claro se a defendida inaplicabilidade do princípio da pessoalidade da responsabilidade se baseia na natureza das pessoas coletivas (por contraposição à das pessoas singulares) ou na natureza da responsabilidade contraordenacional (de diferença qualitativa em relação à responsabilidade criminal). Por seu turno, o MP junto do TC, nas alegações proferidas no processo no qual veio a ser proferido o acórdão nº 588/05, sustentou que "[s]endo realidades diferentes, não são automaticamente aplicáveis às pessoas colectivas todas as normas de que são fundamentalmente destinatárias as pessoas singulares, sendo necessário atender à específica natureza das pessoas colectivas". No entanto, esta enunciação não foi desenvolvida no mencionado acórdão. Essa assinalada diferença de natureza entre pessoas singulares e pessoas coletivas, que consideramos correta, encontra-se devidamente explicada no voto de vencido aposto ao acórdão do Tribunal da Relação de Lisboa de 7-5-2003 e na fundamentação do acórdão do STJ. É certo que vários dos arestos indicados adotam a perspetiva de que a extinção das pessoas coletivas deve resultar de expressa determinação normativa e não por analogia com a morte das pessoas singulares[32], parecendo, em nossa leitura, ser este o traço identificado pela jurisprudência – ainda que não seja assim tão claramente enunciado na respetiva fundamentação – da diferença entre pessoas singulares e pessoas coletivas. A preocupação de evitar a fraude à lei é particularmente importante na matéria em apreço tendo em conta que está no controlo das pessoas coletivas promoverem a sua própria extinção, designadamente, para se furtarem às responsabilidades decorrentes de eventuais ilícitos cometidos.

---

[32] Acórdãos do Tribunal da Relação de Coimbra de 13-02-2003 e de 26-06-2003, este último referenciado no Acórdão do TC nº 588/05.

4. A necessidade de advertência da pessoa coletiva através da aplicação de uma coima devida pela prática de uma contraordenação[33] constitui, em nossa opinião, fundamento aplicável aos fins da punição prevista pelo artigo 11º do CP, na medida em que, segundo a doutrina, *v.g.* Figueiredo Dias[34], a multa tem natureza preventiva, em particular de prevenção geral positiva, limitada pela culpa do agente.

5. Cremos que o conceito da permanência do substrato organizatório, pessoal, patrimonial e funcional[35] das sociedades fundidas ou incorporadas constitui um dos mais importantes argumentos a favor da solução da transmissão da responsabilidade contraordenacional ou criminal. À luz deste conceito falecem os argumentos aduzidos pelas arguidas nesses processos contraordenacionais no sentido de que a transmissão da responsabilidade viola o princípio da presunção de inocência e dos direitos de defesa que assistem à sociedade incorporante, por a esta não ter sido imputada uma concreta culpa e, por isso, não se ter podido defender no decurso do processo contraordenacional, no termo do qual veio a ser declarada a responsabilidade contraordenacional. Na medida em que da sociedade incorporante passam a fazer parte os elementos pessoais, patrimoniais, organizacionais e, muito especialmente (para o argumento ora em apreço), funcionais das sociedades incorporadas, os *supra* apontados argumentos, defendidos por essas arguidas, parecem, em nossa opinião, salvo melhor, formalistas e artificiais. Em termos substanciais, a fusão por incorporação só ocorre porque os responsáveis[36] da sociedade incorporante quiseram incorporar todos esses elementos da sociedade incorporada, e mais importante, prosseguir esses fins, não como uma parte estática de empresa acolhida na sociedade incorporante, mas como

---

[33] Mencionada no voto de vencido ao acórdão do Tribunal da Relação de Lisboa de 07-05-2003.
[34] JORGE DE FIGUEIREDO DIAS, *Direito Penal Português II – As consequências jurídicas do crime*, Coimbra: Coimbra Editora, 2005, p. 119.
[35] Sustentado no Acórdão do STJ nº 5/2004 e nas alegações do MP na interposição do mesmo recurso para o STJ, bem como no voto de vencido ao acórdão do Tribunal da Relação de Lisboa de 07-05-2003.
[36] Usaremos aqui a expressão em sentido lato, não nos parecendo relevante determinar, para a análise deste ponto, a origem orgânica da formação da vontade societária.

uma organização que sobreviverá integrada na sociedade incorporante[37], com vista à prossecução comum de fins comuns.

6. Não concordamos, por duas ordens de razões, com o argumento sustentado no acima indicado acórdão do Tribunal da Relação de Lisboa, de 07-05-2003, no sentido de que "com a fusão por incorporação, extinguem-se os órgãos da sociedade incorporada, passando a existir, apenas, os da sociedade incorporante, deixando de ser possível fazer um juízo de censura contra a actuação da sociedade incorporada por inexistência de substrato humano, constituído por pessoas físicas que por ela actuam, sob pena de se admitir a sub-rogação de penas".

A primeira razão da nossa discordância corresponde ao fundamento expresso no voto de vencido a esse acórdão, que subscrevemos, ao recordar que o facto se imputa à entidade coletiva e não aos órgãos da pessoa coletiva. Aliás, o ilícito contraordenacional pode ser imputado a "associações sem personalidade jurídica", como decorre expressamente da letra do nº 1 do artigo 7º do RGCO. É certo que o nº 2 da mesma disposição legal indica que "[a]s pessoas coletivas ou equiparadas são responsáveis pelas contraordenações praticadas pelos seus órgãos no exercício das suas funções." No entanto, cremos que deverá ser feita adequada interpretação da disposição legal por último referida, na medida em que relativamente a "associações sem personalidade jurídica" ou outro tipo de "pessoa equiparada a pessoa colectiva", podem não existir "órgãos" no sentido próprio da expressão. Sustentamos a interpretação legal segundo a qual a responsabilidade poderá ser imputada à pessoa coletiva por ato praticado por pessoa que exerça poderes materialmente idênticos aos dos "órgãos"[38]. Parece-nos que a interpretação que aqui defendemos

---

[37] O que será diverso de se dizer apenas que a sociedade incorporada vive e prossegue, exatamente tal como existia, dentro da sociedade incorporante. Alterações certamente haverá: todas as impostas por essa atividade de integração. Aliás, a prática demonstra quão frequente é o impacto das fusões societárias nas relações laborais de ambas as sociedades fundidas.

[38] Questão idêntica pode colocar-se relativamente à imputação a pessoa coletiva de crimes e contraordenações tributárias praticados pelos denominados "gerentes de facto". Por outro lado, entidades desprovidas de personalidade jurídica podem dispor de personalidade tributária, sendo representadas no processo tributário pelas pessoas que "legalmente ou de facto, efetivamente, as administrem", nos termos do artigo 8º do Código de Procedimento e Processo Tributário.

será a que também melhor corresponde à *ratio* do artigo 11º do CP, na medida em que este abrange, no nº 5, as "associações de facto" enquanto entidades equiparadas a pessoas coletivas. Tanto aquela norma do RGCO como o artigo 11º do CP espelham a tese defendida no voto de vencido ao acórdão do Tribunal da Relação de Lisboa de 07-05-2003, no sentido de que "[o] fundamento da responsabilidade contraordenacional e penal das pessoas coletivas assenta na sua natureza e não na existência, ou não, de personalidade jurídica".

A segunda ordem de razões da nossa discordância prende-se com a configuração legal da "fusão" de sociedades. É a lei que estipula (alínea *b*) do artigo 112º do CSC *supra* transcrita) que com a inscrição da fusão no registo comercial, os sócios das sociedades extintas tornam-se sócios da sociedade incorporante ou da nova sociedade. Desta forma, a manutenção do substrato pessoal da sociedade incorporada na sociedade incorporante constitui um imperativo legal. Por conseguinte, não nos parece defensável a tese subscrita no mencionado acórdão da inexistência de substrato humano, a quem possa ser imputado o ilícito, em caso de fusão. É certo que a mesma norma, o artigo 112º do CSC, refere a "extinção" das sociedades fundidas ou incorporadas como efeito da fusão. No entanto, como detalhadamente apontado no acórdão do STJ, tal extinção da personalidade jurídica dessas sociedades é subordinada a um efeito: o da integração do substrato dessas sociedades em outra sociedade, sendo incompatível a existência de uma duplicidade de personalidades jurídicas, numa espécie de bicefalia jurídica sem correspondência material, dado que os centros de decisão são também integrados, passando a reger-se por novas normas, tanto as impostas por lei como as escolhidas pelos sócios das antigas e das novas sociedades no âmbito da sua autonomia privada.

7. O argumento sufragado pelo Tribunal da Relação de Lisboa, de 20-11-2002, no sentido de que a contraordenação implica a culpa e o elemento subjetivo não pode separar-se da pessoa do agente, parece falecer face ao conceito da permanência do substrato pessoal, patrimonial, organizacional e funcional das sociedades fundidas ou incorporadas, pelos motivos também já expostos.

8. Não consideramos totalmente clara, salvo melhor opinião, a fundamentação do voto de vencido aposto ao acórdão do TC referenciado (embora se entenda perfeitamente que a necessária economia na exposição de razões nos votos de vencido não se compadeça com fundamentações mais extensas, pelo que este nosso comentário visa, sobretudo, identificar linhas de reflexão). Por um lado, não nos parece inequívoco se o alcance da crítica – no sentido de que o TC deveria ter ponderado a distinção entre responsabilidade criminal e contra-ordenacional – se reconduz à ideia, expressa na jurisprudência minoritária aqui relatada, de que o princípio da pessoalidade da responsabilidade não se aplica em matéria contraordenacional ou não se aplica da mesma forma da seguida em matéria criminal. Por outro lado, não nos parece inteiramente claro, quanto à segunda crítica efetuada naquele voto de vencido[39], se a transmissão da responsabilidade contraordenacional não é admissível, sob pena de violação do princípio da pessoalidade da responsabilidade, já o sendo a transmissão de obrigação do pagamento da coima, enquanto "efeito patrimonial da condenação".

Tal tese parece encontrar obstáculo no já apontado nº 1 do artigo 90º do RGCO que estabelece que a execução da coima e das sanções acessórias se extingue com a morte do arguido. Acresce que não estava em causa, no caso aí em apreço, a responsabilidade de pessoas singulares enquanto garantes do pagamento da coima por parte da pessoa coletiva, pelo que a natureza da obrigação em causa não era de natureza civil[40].

---

[39] Como acima transcrito e que aqui reproduzimos por facilidade de referência: "(...) sem analisar a transmissibilidade da responsabilidade contraordenacional em contraposição à de certos efeitos patrimoniais da condenação, raciocínio que foi tido por desnecessário na tese que fez vencimento."

[40] INÊS FERNANDES GODINHO, em *A responsabilidade solidária das pessoas colectivas em Direito Penal Económico*, Coimbra: Coimbra Editora, 2007, p. 182-183, distingue entre o substrato da multa (como valor sancionatório, de censura ética, insuscetível de ser dirigido a outrem que não o autor do facto) e o conteúdo da multa (o *quantum* concreto, este já fungível), para concluir quanto à natureza da responsabilidade do garante pelo pagamento de multas criminais aplicadas à pessoa coletiva, que se trata de responsabilidade civil, entendida como "[...] um meio consequente de chamar a pessoa coletiva à reparação dos danos resultantes da actuação (ilícita) do órgão ou representante.[...] a responsabilidade solidária da pessoa coletiva em direito penal económico funciona em termos civis, em moldes paralelos ou análogos à responsabilidade do comitente [p. 182]. Pois que, independentemente da sua responsabilidade criminal própria, as pessoas coletivas têm uma responsabilidade social (directa e não intermediada pelos seus órgãos ou representantes) para com as vítimas – ainda que indetermina-

9. Finalmente, na jurisprudência aqui relatada estava em causa a aplicação apenas de coimas e não de outras sanções. No entanto, e sobretudo pelo argumento da permanência do substrato das sociedades fundidas ou incorporadas, não vemos obstáculo a transpor a interpretação sustentada para a aplicação das outras sanções previstas no CP para as pessoas coletivas em casos de fusões ou cisões.

IV. Secção II: segunda questão

Examinaremos a questão de saber se será conveniente, para a aplicação do nº 8 do artigo 11º do CP, retirar referências interpretativas do modelo de imputação dos ilícitos do Direito da Concorrência da União Europeia nos casos de fusões, reorganizações empresariais, transferências da titularidade de exploração das empresas e operações societárias idênticas. Neste contexto, será analisada a aplicação de dois princípios em possível colisão: o princípio da pessoalidade da responsabilidade e o princípio da continuidade económica. Esta Questão reporta-se a todas as pessoas coletivas que prossigam uma atividade económica, ainda que não constituídas sob a forma de sociedades comerciais, tal como tratadas na jurisprudência que analisaremos.

3. O sistema de imputação do Direito da Concorrência da União enquanto possível modelo de responsabilidade criminal das pessoas coletivas

Sobre o interesse em atender à influência do Direito Económico da União Europeia no Direito Penal Económico, pronuncia-se Germano Marques da Silva[41] no sentido de que as infrações que constituem o objeto do Direito Penal Económico têm a sua fonte originária no Direito da União, salientando o papel do Direito da Concorrência da União. O autor salienta, como aspectos do interesse da construção jurídica do Direito da Concorrência da União, entre outros, o de que: *(i)* as sanções,

---

das, como vimos ser dominante em direito penal económico – das actuações que constituem refracções da sua intervenção social [p. 183].".
[41] GERMANO MARQUES DA SILVA, *Responsabilidade penal das sociedades e dos seus administradores e representantes*, Lisboa: Editorial Verbo, 2009 (p. 62-78).

por violação do direito comunitário da concorrência, se aplicam fundamentalmente a "empresas", definidas segundo o critério económico; *(ii)* o de terem sido construídos critérios subjetivos de imputação da infração especialmente concebidos para empresas, realçando este como um dos aspetos mais importantes da construção jurídica do Tribunal de Justiça da União Europeia (TJUE), ou seja, o da separação entre a responsabilidade da própria empresa da responsabilidade das pessoas físicas que atuam por conta da empresa; e *(iii)* o estabelecimento de critérios de dolo e negligência ao nível da empresa e não da pessoa física. Acrescenta que não é arriscado afirmar que no âmbito comunitário a pessoa jurídica está sujeita a sanções de natureza formalmente administrativa, mas substancialmente idênticas às de natureza penal. Sobretudo se observarmos o direito sancionatório da concorrência desenvolvido[42] pela Comissão e a jurisprudência, em que se podem contemplar os mesmos elementos da teoria do crime"[43], conclui-se que no que respeita às sanções comunitárias relativamente à livre concorrência, desenvolveu-se já todo um sistema de imputação construído particularmente em relação a empresas, que pode vir a ser o modelo de responsabilidade penal de pessoas jurídicas[44].

No presente texto procederemos precisamente à recolha de elementos interpretativos, quanto à imputação e transferência da responsabilidade decorrente do cometimento de uma infração. Por outro lado, a génese da maioria dos elementos interpretativos do Direito da Concorrência da União é jurisprudencial, destinando-se a constituírem orientações obrigatórias[45], em todos os Estados Membros. Desta forma, cremos ser correto supor que, na elaboração de tais orientações, o TJUE teve em conta a diferente natureza das sanções aplicadas nas diversas ordens jurídicas nacionais, sendo que, em algumas, as infrações à concorrência constituem crime[46].

---

[42] GERMANO MARQUES DA SILVA, *Responsabilidade penal das sociedades...* (cit. nt. 41), p. 72.
[43] *Idem, ibidem*, p. 73.
[44] *Idem, ibidem*, p. 78.
[45] Por imperativo da uniformidade de aplicação do Direito da União Europeia.
[46] O artigo 5º do Regulamento (CE) nº 1/2003 do Conselho, de 16-12-2002, relativo à execução das regras de concorrência estabelecidas nos artigos 81º e 82º do Tratado CE (atualmente, artigos 101º e 102º do Tratado de Funcionamento da União Europeia, JOCE L 1, de 4.1.2003) permite que os Estados Membros adotem legislação que preveja a aplicação de sanções a

4. O conceito de "empresa" e o modelo de imputação da responsabilidade no Direito da Concorrência da União e nacional

Por via da transposição do Direito da União para o Direito nacional, os conceitos mais relevantes do direito nacional de defesa da concorrência correspondem aos previstos no Direito da União. Assim é o caso do conceito de "empresa". Por outro lado, a Lei nº 19/2012, de 8 de maio ("Lei da Concorrência"), apresenta especial interesse para a matéria analisada neste texto, na medida em que qualifica a violação das regras da concorrência como contraordenação[47], sanção mais próxima das sanções criminais do que as sanções administrativas em relação às sanções criminais.

A Lei da Concorrência proíbe as infrações à concorrência cometidas por "empresas", ou seja, não por pessoas coletivas que não sejam empresas, na aceção da lei, mas também não só por empresas que se constituam sob a forma de sociedades comerciais. De acordo com o nº 1 do artigo 3º desta lei, estabelece-se, em termos idênticos aos adotados no Direito da Concorrência da União, que "[c]onsidera-se empresa, para efeitos da presente lei, qualquer entidade que exerça um actividade económica que consista na oferta de bens ou serviços num determinado mercado, independentemente do seu estatuto jurídico e do seu modo de funcionamento." Esta noção corresponde ao conceito económico de empresa[48]. Nos termos do nº 2 da citada norma, considera-se como uma única empresa o conjunto de empresas que, embora juridicamente distintas, constituem uma unidade económica ou mantêm entre si laços de interdependência[49]. Por conseguinte, por força destas normas, um grupo económico pode constituir uma única empresa para efeitos de aplicação

---

pessoas coletivas e singulares, incluindo sanções criminais (nalgumas ordens jurídicas foram estabelecidas sanções criminais).

[47] Artigo 67º da Lei da Concorrência. Os processos sancionatórios por violação à Lei da Concorrência regem-se pelas normas especiais previstas nesta lei e subsidiariamente pelo RGCO, *ex vi* artigo 13º, nº 1, desta lei, ao qual é aplicável, em caso de lacuna, o CP *ex vi* artigo 32º do RGCO.

[48] José Manuel Caseiro Alves, *Lições de Direito comunitário da Concorrência*, Série das Lições do Curso de Estudos Europeus da Faculdade de Direito de Coimbra, Coimbra: G.C. Gráfica de Coimbra, 1989, p. 22-24.

[49] Estes laços decorrem nomeadamente: *a)* de uma participação maioritária no capital; *b)* da detenção de mais de metade dos votos atribuídos pela detenção de participações sociais; *c)*

da Lei da Concorrência. A empresa é, desta forma, entendida como uma unidade económica mesmo se numa perspetiva jurídica essa unidade económica for constituída por várias pessoas singulares e coletivas[50].

Assim, no Direito da Concorrência (e noutras áreas do Direito Económico), a "empresa" constitui um centro de imputação de responsabilidade[51].

Cumpre salientar que, não obstante as proibições constantes da Lei da Concorrência se destinarem a "empresas", o modelo de imputação de responsabilidade é específico da legislação nacional dado que não existe no Direito da Concorrência da União uma norma de imputação concreta da responsabilidade. Os princípios de imputação concreta dos ilícitos aos agentes têm sido desenvolvidos pela prática da Comissão e da

---

da possibilidade de designar mais de metade dos membros do órgão de administração ou de fiscalização; *d)* do poder de gerir os respetivos negócios.

[50] MIGUEL MOURA E SILVA, *Direito da Concorrência – Uma introdução jurisprudencial*, Lisboa: Almedina, 2008, p. 230.

[51] Note-se que a "empresa" não é um conceito privativo do direito da concorrência ou só do Direito Económico, embora seja mais usada no Direito Económico. O conceito de "empresa" tem sido usado no Direito Comercial como, segundo ANTÓNIO MENEZES CORDEIRO (*Da Responsabilidade Civil dos Administradores das Sociedades Comerciais*, Lisboa: LEX, 1997, p. 498-516), a "capacidade para constituir um objeto unitário de negócios e de outras vicissitudes jurídicas". Também segundo o mesmo Autor: "[...] no nosso Direito, como noutras experiências europeias [...] a "empresa" é uma locução disponível para o legislador, sem se embaraçar com uma técnica jurídica precisa, indicar destinatários para as suas normas, designadamente, as de natureza económica". E aponta que, em termos dogmáticos, a "empresa" surge no âmbito do Direito dos grupos de sociedades, onde é usada para cobrir as diversas formas societárias, no Direito da Concorrência desleal e no Direito do Trabalho" (*ibidem*) e outras áreas do Direito Comercial *latu sensu*, como a insolvência de empresas. Com efeito, acompanhando o pensamento deste autor, notamos que o artigo 5º ("Noção de empresa") do Código da Insolvência e da Recuperação de Empresas estabelece o seguinte que "[p]ara efeitos deste Código, considera-se empresa toda a organização de capital e de trabalho destinada ao exercício de qualquer atividade económica." No caso dos grupos de sociedades, uma linha de reflexão possível sobre a imputação da responsabilidade (e que, por economia de exposição, não desenvolveremos no presente texto), seria a corrente de pensamento do "levantamento da personalidade coletiva" (ANTÓNIO MENEZES CORDEIRO, «Do levantamento da personalidade coletiva», in: *Direito e Justiça*, Vol. IV, 1989/1990, p. 147-161, e do mesmo Autor, na citada obra *Da responsabilidade civil dos administradores...*, p. 315; OLIVEIRA ASCENSÃO, *Lições de Direito Comercial*, 1º Vol., 2.ª ed., p. 472-487; DIOGO PEREIRA DUARTE, *Aspetos do levantamento da personalidade coletiva nas sociedades em relação de domínio – Contributo para a determinação do regime da empresa plurissocietária*, Lisboa: Almedina, 2007).

jurisprudência da União. No caso da ordem jurídica portuguesa, a Lei da Concorrência estabelece regras de imputação diversas das contidas na correspondente norma do RGCO[52], aproximando-se do regime do artigo 11º do CP[53].

5. As soluções da jurisprudência do Direito da Concorrência da União sobre a transmissão da responsabilidade pela infração no contexto de algumas operações societárias: o princípio da pessoalidade das sanções e o princípio da continuidade económica das empresas

A jurisprudência do TJUE em matéria de Direito da Concorrência refere-se ao princípio da continuidade económica das empresas, aplicável no contexto de cessões de empresas, fusões, alterações de titularidade da gestão da empresa e operações semelhantes. O TJUE têm chamado a atenção para o facto de que uma das características da empresa é o seu carácter durável. Daí decorre que, em caso de cessão, a responsabilidade pelas infrações cometidas pode não se extinguir e transmitir-se ao adquirente nomeadamente nos casos em que as empresas adquirentes haviam

---

[52] O nº 2 do artigo 7º do RGCO estabelece que "As pessoas coletivas ou equiparadas são responsáveis pelas contraordenações praticadas pelos seus órgãos no exercício das suas funções."
[53] O artigo 73º da Lei da Concorrência "importou", com algumas adaptações, o regime do artigo 11º do CP, estabelecendo o seguinte: "1- Pela prática das contraordenações previstas na presente lei podem ser responsabilizadas pessoas singulares, pessoas coletivas, independentemente da regularidade da sua constituição, sociedades e associações sem personalidade jurídica. 2-As pessoas coletivas e as entidades equiparadas referidas no número anterior respondem pelas contraordenações previstas na presente lei, quando cometidas: *a*) em seu nome e no interesse coletivo por pessoas que nelas ocupem uma posição de liderança; ou *b*) por quem atue sob a autoridade das pessoas referidas na alínea anterior em virtude de uma violação dos deveres de vigilância ou controlo que lhes incumbem. 3- Entende-se que ocupam uma posição de liderança os órgãos e representantes da pessoa coletiva e quem nela tiver autoridade para exercer o controlo da sua atividade". O nº 4 da mesma norma estipula que "[a] fusão, a cisão e a transformação não determinam a extinção da responsabilidade da pessoa coletiva ou entidade equiparada, respondendo pela prática da contraordenação: *a*) no caso de fusão, a pessoa coletiva ou entidade equiparada incorporante de outras ou a que resulte da operação; *b*) no caso de cisão, as pessoas coletivas ou entidades equiparadas que resultem da operação ou que beneficiem de incorporações de património da sociedade cindida; *c*) no caso de transformação, as pessoas coletivas ou entidades equiparadas que resultem da operação".

continuado a atividade económica das infratoras[54]. O TJUE entendeu que a mudança da forma jurídica não tem sempre por efeito a criação de uma nova empresa exonerada da responsabilidade pela atuação da antecessora uma vez que, do ponto de vista económico, pode existir identidade entre ambas. Segundo o TJUE, nestes casos não deve ser efetuada uma análise jurídica mas sim examinar se existe uma continuidade económica entre a empresa que cometeu a infração e a sociedade adquirente[55], encontrando-se aqui alguma similitude de método de análise em relação ao seguido no acórdão de fixação de jurisprudência do STJ, acima relatado.

---

[54] Por exemplo, CRAM (*Companie Royale Asturienne des Mines*, SA) e *Reinhzink* contra a Comissão, 1984, Proc. 29/83 e 30/83.

[55] As orientações nesta matéria retiradas da jurisprudência podem-se sintetizar do seguinte modo: nos casos em que a empresa infratora prossegue a sua atividade, após a cessão, seja no sector atingido pela infração, seja num sector diferente, considera-se que essa empresa continua a ser a responsável pelos atos praticados sob a sua direção, antes da cessão. Quando assim não seja: *(i)* nos casos em que a empresa autora da infração é integralmente cedida, considera-se o adquirente responsável pelos atos cometidos antes da cessão; *(ii)* o mesmo se aplica nos casos em que a empresa autora da infração deixe de existir enquanto entidade jurídica e que a atividade no âmbito da qual foi cometida a infração for transferida a uma empresa terceira. Neste caso, considera-se que a responsabilidade pelos factos passados deve ser assumida pelo adquirente; *(iii)* nos casos em que a infração é cometida por uma subsidiária e esta seja extinta, a responsabilidade deve ser assumida pela sociedade mãe. Segundo o Advogado Geral Bot: "Deve ser tido em consideração, nesse contexto, que o artigo 81º do Tratado CE refere-se a atividades de empresas. Para o efeito da aplicação desta disposição legal, o facto de a empresa ter alterado a respetiva forma societária e denominação social não implica, necessariamente, a constituição de uma nova empresa isenta de responsabilidade pelo comportamento anticoncorrencial da sua antecessora quando, de um ponto de vista económico, as duas empresas são idênticas" (considerando 80, Opinião de 26-3-2009, nos processos apensos C-125/07 P, C-133/07 P, C-135/07 P e C-137/07 P). A mesma orientação foi adotada pelo TJUE noutros processos, por exemplo, no caso *Aalborg Portland* e outros contra a Comissão Europeia, procs. C-204/00 P; C-205/00 P; C-211/00P; C-213/00 P; C-217/00P e C-219/00P. No caso aí em apreço, a empresa infratora tinha mudado de gestão e a nova gestora era uma sociedade do mesmo grupo económico. O Tribunal entendeu que essas duas sociedades (a gestora originária e a nova gestora) constituíam uma mesma entidade económica e que a isso não obstava o facto de a gestora originária ainda existir como entidade jurídica.

Com especial interesse para este tema, encontra-se a fundamentação da Opinião emitida pela Advogada Geral Juliane Kokott[56], que passaremos a expor:

Na identificação dos critérios de imputação da infração, deve ser tomada em conta a natureza dissuasora das sanções impostas pelas infrações às regras da concorrência. Considera também que esta matéria pode ser próxima do direito penal, devendo, assim, ser considerado o princípio da pessoalidade da responsabilidade, baseado no princípio da culpa (que inclui a negligência). O princípio da responsabilidade pessoal implica que, em regra, uma infração deva ser imputada às pessoas físicas ou jurídicas responsáveis pela gestão da empresa participante no cartel. A assunção do princípio da responsabilidade pessoal como princípio orientador normalmente fundamenta a aplicação eficaz das regras de concorrência, tendo em conta que a pessoa responsável pela gestão da empresa tem também uma influência decisiva no seu comportamento no mercado; a pressão resultante das sanções impostas deverão motivá-lo (a esse responsável) a alterar a sua conduta, conformando-a com as regras da concorrência[57]. As reorganizações empresariais, a venda de empresas e outras transformações podem conduzir a uma situação em que, na altura em que a infração é sancionada, a pessoa responsável pela gestão da empresa infratora não é a pessoa responsável pela gestão ao tempo do cometimento da infração. Nesse cenário, decorre do princípio da responsabilidade pessoal que, em regra, a infração deverá ser imputada à pessoa física ou jurídica que geriu a empresa ao tempo do cometimento da infração ("gestor originário") ainda que, ao tempo da decisão das autoridades da concorrência, a gestão da empresa caiba a uma pessoa diversa (o chamado "novo gestor"). Se a empresa continuou a infração sob a gestão e responsabilidade do novo gestor, a infração deverá ser imputada ao novo

---

[56] Opinião de 03-07-2007, no processo C-280/06, *Autorità Garante della Concorrenza e del Mercato* contra *Ente Tabacchi Italiani* e outras. A questão a ser decidida pelo tribunal, num processo de reenvio prejudicial, encontrava-se enunciada no processo do seguinte modo: "[e]m que circunstâncias a infração consubstanciada num cartel [expressão simplificada de acordo entre empresas de fixação de preços, proibido pelo Direito da Concorrência da União] cometida por uma empresa que operava previamente no mercado relevante pode ser imputada à sua sucessora nesse mercado."

[57] Acrescentando que, ao mesmo tempo, a sanção tem um efeito dissuasor geral na medida em que dissuade os outros agentes económicos de cometerem infrações daquele tipo.

gestor apenas a partir da data em que este assumiu a responsabilidade pela gestão da empresa. No entanto, se o gestor originário da empresa já não existe ou não prossegue uma atividade económica significativa, a sanção para aquela infração pode ser ineficaz. Uma aplicação excessivamente formalista do princípio da responsabilidade pessoal pode redundar na frustração do objetivo prosseguido pela aplicação de sanções. Acresce que essa aplicação excessivamente formalista criaria um incentivo para os gestores das empresas para se eximirem propositadamente dessa responsabilidade através de determinadas reorganizações empresariais.

Desta forma, para o efeito de uma aplicação eficaz do direito da concorrência, pode ser necessário, a título de exceção, imputar a infração não ao gestor originário mas ao novo gestor da empresa infratora. No entanto, tal imputação ao novo gestor apenas é possível se, em termos económicos, o novo gestor pode, de facto, ser considerado como o sucessor – do gestor originário, ou seja, se prossegue a atividade desenvolvida pela empresa infratora – "critério da continuidade económica". Mais ainda, devem verificar-se circunstâncias particulares que justifiquem o afastamento do princípio da pessoalidade da responsabilidade[58]. Segundo a Opinião, o critério da continuidade económica não pretende ser um cri-

---

[58] Aponta-se, na Opinião, que na jurisprudência foram desenvolvidas duas categorias de casos: Primeira – o critério da continuidade económica aplica-se nos casos em que as alterações societárias afetam apenas o gestor da empresa infratora e têm como consequência que essa pessoa/esse gestor já não exista juridicamente, ou seja, já não exista como entidade jurídica. Assim, a tomada de consideração do critério da continuidade económica assegura que as entidades jurídicas não possam subtrair-se à respetiva responsabilidade apenas através da alteração da forma jurídica ou da denominação social. O mesmo se aplica aos casos de fusão em que o gestor originário da empresa infratora "transfere" a sua personalidade jurídica para outra entidade jurídica que constitui o seu sucessor no plano jurídico. Segunda categoria de casos – a jurisprudência também aplica o critério da continuidade económica nos casos de reorganização dentro de um grupo de sociedades nas quais o gestor originário não extingue a sua personalidade jurídica mas já não prossegue uma atividade económica significativa, nem sequer num mercado diverso do mercado afetado pela infração. Em especial, a existência de uma ligação estrutural entre o gestor originário da empresa infratora e o novo gestor pode permitir que as pessoas responsáveis pela infração se subtraiam à sua responsabilidade quer de modo deliberado quer de modo involuntário através de alterações estruturais que está no controlo destas efetuar. Desta forma, por exemplo, a reestruturação interna de um grupo pode ter como consequência que o gestor originário se reconduza à vulgarmente denominada "empty shell" (uma entidade juridicamente existente mas sem atividade ou até já des-

tério substitutivo do princípio da pessoalidade da responsabilidade, mas apenas um complemento (permanecendo como exceção) desse princípio na medida em que seja necessário para punir as infracções de acordo com o princípio da culpa e de modo eficaz. Desta forma, o critério da continuidade económica constitui um contributo para a aplicação eficaz do direito da concorrência.

Conclusão

O regime contido no nº 8 do artigo 11º do CP não ofende, em nossa opinião, o princípio da pessoalidade da responsabilidade criminal, sendo de acolher, em defesa desta perspetiva, os fundamentos defendidos por parte da jurisprudência nacional em matéria contraordenacional nos casos de fusões e que são aplicáveis em outros casos de operações societárias. Por outro lado, consideramos que as orientações do Direito da Concorrência da União Europeia e, muito especialmente, as que equacionam o princípio da pessoalidade e o princípio da continuidade económica, podem constituir referências interpretativas adequadas à transferência da responsabilidade criminal em casos de cessão de empresas, fusões, cisões, alterações de titularidade da gestão da empresa e operações semelhantes. O princípio da continuidade económica – aludido na juris-

---

provida de meios para o exercício dessa atividade). Ora, uma sanção imposta a uma entidade destas seria ineficaz.
Nestas categorias de casos, apenas através da imputação da infração ao novo gestor da empresa se consegue assegurar que, por um lado, a pessoa responsável é aquela que beneficia, que tem um ganho de lucros e mais-valias da empresa decorrentes do cometimento da infração; e, por outro lado, que a sanção é eficaz. Isto porque apenas o novo gestor economicamente ativo tem o poder de condução da empresa cumprindo as regras da concorrência. A sanção não teria um efeito idêntico se fosse imposta ao gestor originário da empresa que já não estivesse economicamente ativo. O efeito dissuasor geral, isto é, para os outros agentes económicos também seria inferior. A aplicação do critério da continuidade económica deve ser sujeita a limites particularmente estreitos nos casos em que a empresa infratora é transferida para uma terceira entidade, não se verificando qualquer ligação estrutural entre o gestor originário e o novo gestor. Nesse cenário, o apelo ao critério da continuidade económica e, assim, à imputação da infração ao novo gestor deve ser admitida apenas nos casos em que a empresa tenha sido transferida para este de modo fraudulento, i.e., com a intenção de se subtrair à aplicação de sanções.

prudência nacional aqui analisada, e desenvolvido, com maior profundidade, pela jurisprudência do TJUE –, só em aparência, ou segundo uma interpretação mais formalista, colide com o princípio da pessoalidade, devendo aplicar-se como complemento do princípio da pessoalidade, nos casos em que tal se justifique. Na conciliação destes dois princípios, é relevante atender aos fins das sanções, como entendido em parte da jurisprudência nacional e na jurisprudência do TJUE relatadas no presente texto. Esses fins são de dissuasão, no caso da responsabilidade contraordenacional e, em especial, na responsabilidade contraordenacional por infrações ao Direito da Concorrência nacional e na responsabilidade por infrações ao Direito da Concorrência da União. Desta forma, os fins destas sanções aproximam-se das razões de ordem pragmática que justificam a consagração legal da responsabilidade criminal das pessoas coletivas: a importância da prevenção e de evitar a fraude à lei, presente, muito especialmente, nas alterações societárias como as indicada.

A Escolha Legislativa
na Responsabilização Penal das Pessoas Coletivas

Luciana Lois[1]

Sumário: Introdução. I. O problema da criminalidade empresarial e a responsabilidade penal das pessoas coletivas. II. Orientações internacionais e comunitárias. III. Direito Comparado. IV. A responsabilidade penal das pessoas coletivas em Portugal. V. Avaliação do atual rol de crimes imputáveis às pessoas coletivas e algumas sugestões. Conclusões.

Introdução

O presente estudo trata da responsabilidade criminal das pessoas coletivas, em especial de uma análise do atual modelo e da escolha do legislador pelo rol de crimes que lhes são imputáveis.

Começamos por recordar que a responsabilidade penal das pessoas coletivas não é uma novidade ou exigência moderna. Entre a Idade Antiga e a Idade Média predominaram sanções de cunho coletivo, nomeadamente aquelas impostas às tribos, comunas, famílias, etc.[2] Porém, com

---

[1] Mestre em Ciências Jurídico-Criminais pela Universidade de Lisboa. Doutoranda na Faculdade de Direito da Universidade Nova de Lisboa. O trabalho de investigação da Autora é apoiado por uma Bolsa de Investigação Científica equivalente a "Bolsa de Doutoramento" (BD), com a referência SFRH/BD/ 62132 / 2009, financiada por fundos nacionais do Ministério da Educação e Cultura (MEC) de Portugal.
[2] Embora de forma diversa da atual, podemos citar o Código de Hammurabi, na Babilônia; o Código de Manu, na Índia; o Código Ming, da Coréia; o Alcorão, dos muçulmanos, e até a

o liberalismo as sanções coletivas foram extintas em prol de liberdades individuais, em reverência às novas ideologias revolucionárias e conflituantes com esta espécie de responsabilidade. O tema só foi retomado com o processo de industrialização, ainda no Século das Luzes, na medida em que aqueles entes tornaram-se capazes de influenciar e monopolizar os meios de produção da economia. Por conseguinte, as pessoas jurídicas passaram a ser objeto de intervenção penal do Estado, devido a sua direta participação e intervenção nos meios de produção[3].

Historicamente, é de se notar a adoção do princípio romano da *societas delinquere non potest*, pelo qual as pessoas coletivas não seriam capazes de praticar delitos[4]. Porém, uma política criminal que se mostrou ineficiente exigiu a implantação de mudanças. Os meios tradicionais de se imputar um facto delituoso, nomeadamente às pessoas individuais, em caráter de exclusividade, têm sido insatisfatórios para a sociedade que se visa tutelar, mormente porque determinadas espécies de criminalidade estão a projetar-se e desenvolver-se a partir de entes coletivos. Nesse sentido, a pessoa coletiva tem servido de manto protetor de pessoas individuais associadas para perpetrarem fins ilícitos.

Esta nova criminalidade[5] incide, preferencialmente, sobre valores *supra* individuais cujo mal social causado, no mais das vezes, é infinitamente maior do que nas formas tradicionais de se empreender condutas delituosas, justificando o seu combate.

Bíblia, com o castigo coletivo do pecado de Adão e Eva e o dilúvio (SÉRGIO SALOMÃO SHECARIA, *Responsabilidade Penal da Pessoa Jurídica*, São Paulo: Revista dos Tribunais, 1998, p. 24).
[3] Sobre o assunto, ver JOÃO CASTRO SOUSA, *As pessoas colectivas em face do Direito Criminal e do chamado "Direito de mera ordenação social"*, Coimbra: Coimbra Editora, 1985, p. 13 e ss.
[4] Tal impossibilidade de responsabilidade baseava-se nas teorias da ficção da personalidade jurídica, sendo incapazes de agir e incapazes de um juízo de culpa. Sobre o assunto, ver «Responsabilidade Penal», in: *Jornal Tribuna*, n. 24, ano 13, Associação de Estudantes da Faculdade de Direito da Universidade do Porto, Maio 2009, p. 16-19; MARIA ÁNGELES CUADRADO RUIZ, «Hacia la erradicación del principio "societas delinquere non potest"?», in: *Problemas actuales del Derecho Penal y de la Criminología*, Valencia: Tirant lo blanch, 2008, p. 537-61.
[5] Esta nova criminalidade é reflexa deste novo modelo de organização social: a mobilidade das pessoas e dos capitais desafiam a lógica territorial; as grandes construções institucionais e a concentração de poder conduzem ao declínio dos Estados e à proliferação de redes; a criminalidade deixa de se situar à margem da sociedade, estando em todo o lado (uma multiplicidade de grupos sociais constitui-se e reconstitui-se, criminosos ou não, todos funcionando da mesma maneira).

Muitas são as questões levantadas sobre esta temática, como por exemplo a capacidade ou incapacidade das pessoas coletivas; a possibilidade ou não de aplicação de penas; quais seriam as penas adequadas; sendo aplicadas, quais seriam os resultados válidos e eficazes; além de questões processuais. O presente artigo visa, particularmente, entender os critérios utilizados para a seleção do rol de crimes imputáveis às pessoas coletivas no atual modelo do Código Penal.

I. O problema da criminalidade empresarial e a responsabilidade penal das pessoas coletivas

Desde sempre as pessoas coletivas cometem infrações, em especial em áreas como a tributária, a fiscal e a administrativa. Contudo, houve uma grande evolução na organização social e empresarial, sendo cada vez mais comum empresas ou pessoas coletivas na assunção dos mais diversos setores.

Da mesma forma como a sociedade evoluiu, as instituições criminosas também evoluíram, beneficiadas pelo incremento da tecnologia e dos seus avanços[6], além do científico e da globalização[7] que, por sua vez, vem possibilitando o maior contato com outras nações, diminuindo as fronteiras territoriais e elevando estas associações criminosas a níveis transnacionais. A internacionalização dos mercados, as alterações geopolíticas, a descentralização do Estado, as mudanças ou adaptações do Direito e tantos outros factos que a cada dia surgem no mundo, agora

---

[6] HELENA CARRAPIÇO, «O Crime Organizado e as Novas Tecnologias: uma Faca de Dois Gumes», in: *Nação e defesa*, n. 111, 3ª série, 2005, p. 175-192. O avanço tecnológico propicia o surgimento de novas figuras criminais, sobretudo no âmbito socioeconômico, cuja potencialidade lesiva é, em geral, superior à tradicional delinquência (violência, mediatização e pessoalidade), que não possui reservas imunitárias para enfrentar este novo criminoso, organizado intelectual e tecnologicamente. Cfr. JUAREZ CIRINO DOS SANTOS, «Crime Organizado», disponível em: <www.novacriminologia.com.br>, consultado em: 05 Jun. 2009.
[7] Sobre globalização neoliberal; modernização; excessivo individualismo e o formalismo na visão de mundo, cfr. LENIO LUIZ STRECK, «As constituições sociais e a dignidade da pessoa humana como princípio fundamental», in: *1988-1998: Uma Década de Constituição*, Rio de Janeiro: Renovar, 1999, p. 313-330.

convertido em verdadeira "aldeia global", são assim tidos como "efeitos da globalização"[8].

Nesta medida, para além das associações coletivas que por acaso cometem delito, outras empresas são constituídas com o fim de cometerem infrações criminosas nas mais diversas áreas e, ainda, há aquelas que nascem da necessidade de dissimular a proveniência ilícita e a introdução dos lucros no mercado financeiro legal, possibilitando o branqueamento de capitais ou a lavagem de dinheiro, perpetrando crimes contra a concorrência pública, corrupção, documentos falsos, evasão de divisas, sonegação fiscal, dentre outros[9].

Esta nova forma de criminalidade utiliza-se de empresas fantasmas, da simulação de negócios ou transferências para paraísos fiscais ou da atuação *a posteriori* em negócios lícitos (que transbordam em condutas irregulares) para revestir de legalidade as grandes quantias monetárias oriundas de práticas delituosas (lavagem de dinheiro)[10]. Assim, o crime passou a ser "profissão", deixando de ser "subproduto dos negócios para ser um negócio em si mesmo. Não é estranho à economia: funciona segundo as suas regras, organiza-se e modela-as. Passa frequentemente de patologia do poder a forma de exercício do poder"[11].

Como Juarez Santos afirma, o avanço tecnológico propicia o surgimento de novas figuras criminais, sobretudo no âmbito socioeconómico, cuja potencialidade lesiva é, em geral, superior à tradicional delinquên-

---

[8] Helena Carrapiço, *op. cit.*, p. 175-192.

[9] Como é o caso das Milícias, por exemplo. Cfr. Mario Chiavario, «Direitos humanos, processo penal e criminalidade organizada», in: *Revista Brasileira de Ciências Criminais*, n. 5, ano 2, Jan./Fev. 1994, p. 27 e 28.

[10] Miguel Reale Junior, «Crime Organizado e Crime Econômico», in: *Revista Brasileira de Ciências Criminais*, n. 13, ano 4, Jan./Mar. 1996, p. 185. Constata-se que a nova criminalidade tem a garantia da impunidade, em face dos benefícios do desenvolvimento tecnológico; do poder económico e político; utilizando-se de sofisticados instrumentos e novos meios de ação (pirataria informática, manipulação da bolsa de valores, novos sistemas de transferência e pagamento de valores monetários, etc.), alcançando as novas descobertas da ciência antes mesmo das atividades de investigação criminal. Devemos ressaltar também a facilidade que a própria lei oferece ao proibir determinadas atividades, tornando-as assim mais lucrativas, fonte inesgotável de riqueza, livre de impostos e encargos sociais.

[11] Cunha Rodrigues, «Os senhores do crime», in: *Revista Portuguesa de Ciências Criminais*, ano 9º, fasc. 1º, 1999, p. 7 e ss.

cia, que não possui reservas imunitárias para enfrentar este novo criminoso, organizado intelectual e tecnologicamente[12].

Diante da ineficiência do Estado no combate a esta criminalidade, este tem-se submetido a competição com outros ordenamentos, colocando-se em um impasse quanto a sua soberania. Não resta dúvida que a responsabilização penal das pessoas coletivas seja um dos temas mais relevantes e polémicos da atualidade do Direito Penal, sendo abordado de diversas formas pela doutrina e pelos Estados[13].

Outro argumento para tal criminalização é a dificuldade de individualizar a responsabilidade penal na estrutura complexa de uma empresa, havendo quem defenda uma redefinição da culpabilidade penal das pessoas coletivas[14], o que não significa que deixemos de responsabilizar as pessoas físicas. Neste sentido, Schünemann lembra ser imprescindível a criação de mecanismos eficientes à identificação e punição do autor individual do delito[15].

Destacamos a classificação de Tiedmann sobre as diversas formulações quanto à responsabilidade penal das pessoas coletivas, segundo bases tradicionais dos sistemas jurídicos, conforme cinco modelos:

"a) a responsabilidade civil (subsidiária ou cumulativa) da pessoa jurídica moral pelos delitos praticados pelos seus funcionários; b) medidas de segurança, formando o sistema moderno de Direito penal e procedente do Direito Administrativo; c) sanções administrativas (financeiras e outras) impostas por autoridades administrativas, embora recentemente conduzidas

---

[12] JUAREZ CIRINO DOS SANTOS, «Crime Organizado», in: *Direito Penal e Direito Processual Penal – uma visão garantista*, Rio de Janeiro: Editora *Lumen Juris*, 2001, p. 148.

[13] Podemos dividir as posições doutrinárias em três: a daqueles que não aceitam a responsabilização penal das pessoas jurídicas; a dos que apenas concordam com a aplicação de medidas especiais e a daqueles que admitem a responsabilização penal.

[14] Modelos e defesas da imputação criminal às pessoas coletivas; principais obstáculos teóricos para o sancionamento penal da pessoa jurídica; funções da pena; capacidade de ação e capacidade de culpabilidade, cfr. CRISTIANO SOUZA NETO, *A responsabilidade penal da pessoa jurídica no âmbito do direito Penal ambiental brasileiro*, Dissertação de Mestrado, Centro de Ciências Jurídicas e Sociais, Orientador Rodrigo Sánchez Rios, Curitiba: Pontifícia Universidade Católica, 2006.

[15] BERND SCHÜNEMANN, *Delincuencia empresarial: cuestiones dogmáticas y de política criminal*, Buenos Aires: Fabián J. di Plácido, 2004, p. 76.

à condição de "cuasi-penal"; d) verdadeira responsabilidade penal; e) medidas mistas, compostas por sanções penais, administrativas e civis, tais como dissolução ou colocação da empresa sob curatela".[16]

Quanto a escolha das sanções, Schünemann afirma que a seleção de sanções adequadas a responsabilização criminal da pessoa coletiva nos conduz a um dilema, já que nem a multa como instrumento dominante no Direito Penal anglo-americano e no Direito alemão das contravenções, nem as inumeráveis formas de sanção previstas no Código Penal francês podem, segundo as experiências tidas até o momento, desempenhar um efeito preventivo suficiente[17].

Com efeito, demonstrada a ineficiência do Direito Penal e seus princípios norteadores para o combate deste modelo de criminalidade, o que se deu, na maioria dos ordenamentos, foi uma expansão do Direito Penal para um Direito Penal Secundário, muitas vezes pela incompatibilidade entre as necessidades de política criminal e as possibilidades da dogmática penal tradicional[18].

Em sede doutrinal, o assunto ainda é altamente polêmico e encontra-se distante de um consenso. Contra a responsabilização penal das pessoas coletivas, podemos citar Hans Welzel, Maurach, Jescheck e Claus Roxin[19], os quais excluem a possibilidade da pessoa jurídica ser sujeito ativo do delito, na medida em que o crime tratar-se-ia de um facto a ser concretizado pelo ser humano, em caráter de exclusividade.

---

[16] KLAUS TIEDMANN, «Responsabilidad penal de personas jurídicas, otras agrupaciones y empresas en Derecho comparado», in: JUAN-LUIS COLOMER; JOSÉ-LUIS GONZÁLEZ CUSSAC (coord.), La reforma de la Justicia penal (estudios en homenaje al prof. Klaus Tiedmann), Castelló de La Plana: Universitat Jaume I, 1977, p. 38 e ss., apud CRISTIANO SOUZA NETO, A responsabilidade penal da pessoa jurídica... (cit. nt. 14), p. 108 e 109. Ver, também, JOÃO MATOS VIANA, «A (in)constitucionalidade da responsabilidade subsidiária dos administradores e gerentes pelas coimas aplicadas à sociedade», in: Revista de finanças públicas e direito fiscal, n. 2, ano II, p. 199-210.
[17] BERND SCHÜNEMANN, Delincuencia empresarial... (cit. nt. 15), p. 115. O autor alerta para a variabilidade de sanções e os efeitos preventivos de tais sanções.
[18] KLAUS TIEDMANN, op. cit., p. 35. BERND SCHÜNEMANN, ibidem, p. 25.
[19] Segundo RENÉ ARIEL DOTTI, «A incapacidade criminal da pessoa jurídica: uma perspectiva do direito brasileiro», in: Revista Brasileira de Ciências Criminais, Jul.-Set. 1995, p. 184-207. E CLAUS ROXIN, Derecho Penal: Parte General, Madrid: Civitas, 1997, p. 194.

José Cerezo Mir[20], Miguel Bajo Fernandes[21], Luis Garcia Martín[22], além das argumentações registadas, salientam e propõem: na hipótese de se acolher esta nova teorização, certamente se propiciará a concretização de uma responsabilidade objetiva (Garcia Martín) à pessoa coletiva; de outro turno, poder-se-ia criar um "Derecho sancionador (penal) de las personas jurídicas", para que se resguardasse os princípios garantísticos e de defesa social inerentes ao Direito Penal clássico ou em sentido estrito.

Desta forma, devemos usar o Direito Penal de forma adequada e sensata, evitando excessos e interesses obscuros. Este expansionismo do Direito Penal tem um lado negativo, uma vez que o mero caráter simbólico das sanções penais não tem o condão de obstar a criminalidade moderna e organizada. O Direito Penal tem sido utilizado para todos os problemas da sociedade, *prima* ou *sola ratio* e não como *ultima ratio*, como é indiscutível sua aplicação.

II. Orientações internacionais e comunitárias[23]

Numa avaliação cronológica sobre a temática, lembramos o Primeiro Congresso promovido pela Associação Internacional de Direito Penal, no ano de 1926, realizado em Bruxelas, onde a responsabilidade penal dos Estados fora suscitada de forma superficial, nas hipóteses de violações de normas internacionais (situação que acarretaria ao transgressor sanções de natureza penal). Em 1929, o Congresso da Associação Internacional de Direito Penal em Bucareste emitiu a diretiva no mesmo sentido[24].

---

[20] José Cerezo Mir, *Curso de Derecho Penal Español: Parte General*, Madrid: Tecnos, 1981, p. 360-361.
[21] Miguel Bajo Fernández, «La Responsabilidad Penal de las Personas Jurídicas en el Derecho Administrativo Español», In: *Responsabilidad Penal de las Empresas y sus Órganos y Responsabilidad por el Producto*, Barcelona: J. M. Bosch, 1996, p. 22.
[22] Luis Garcia Martín, «La Cuestión de la Responsabilidad Penal de las Proprias Personas Jurídicas», In: *Responsabilidad Penal de las Empresas y sus Órganos y Responsabilidad por el Producto*, Barcelona: J. M. Bosch, 1996, p. 42.
[23] Os diplomas aqui abordados estão disponíveis em <www.gddc.pt>; <www.dhnet.org.br>; <www.dre.pt>, consultados em: 25 Set. 2013.
[24] "Observando o crescimento contínuo e a importância das pessoas coletivas e reconhecendo que elas representam forças sociais na vida moderna. Considerando que o sistema jurídico de

Já no VII Congresso Internacional de Direito Penal, realizado em Atenas no ano de 1957, estabeleceu-se que competiria a cada país fixar em sua legislação a correspondente responsabilidade penal da pessoa jurídica. Em 1975, no XII Congresso, em Varsóvia, foi aprovada a Resolução no sentido de que as agressões ao meio ambiente devem ser tratadas como delitos contra a humanidade e submetidos a grave repressão[25].

Em 1972 tivemos a Conferência das Nações unidas sobre o Meio Ambiente Humano, em Estocolmo, que dispunha sobre a necessidade de se compatibilizar o desenvolvimento tecnológico e industrial com a proteção do Meio Ambiente[26]; em 1977, a Convenção da OCDE sobre o Combate da Corrupção de Funcionários Públicos Estrangeiros em Transações Comerciais Internacionais, caso em que o Estado Parte deverá tomar as medidas necessárias ao estabelecimento das responsabilidades de pessoas jurídicas pela corrupção de funcionário público estrangeiro, de acordo com os seus princípios jurídicos e segundo o seu artigo 2º; ainda, a Resolução (77) 28 do Comité de Ministros do Conselho da Europa, que recomendava aos Estados-membros repensarem os princípios da responsabilidade penal e a imputação penal de determinados tipos às pessoas coletivas, em especial a proteção ao ambiente.

De seguida, o Congresso sobre responsabilidade penal das pessoas jurídicas em direito comunitário, realizado em Messina em 1978, veio recomendar em seu documento final a responsabilização das pessoas jurídicas, especialmente se a infração penal violasse dispositivo de Estado-membro da Comunidade Económica Europeia.

---

qualquer sociedade pode ser seriamente ferido quanto a atividade das entidades de violar a lei penal. O Congresso está votando: 1) a ser estabelecidos na lei de medidas eficazes de defesa social contra as pessoas jurídicas em caso de violações perpetradas com o intuito de atender o interesse coletivo de tais pessoas ou feitas com meios fornecidos por eles e refletindo assim a sua responsabilidade. 2) que a instituição da pessoa jurídica de medidas de proteção social não deve excluir a responsabilidade penal individual, pelo mesmo delito, concede às pessoas que administram ou interesses da corporação, ou que cometeu o delito com os meios fornecidos por eles" (MARINO BARBERO SANTOS, «? Responsabilidad penal de la empresa?», in: LUIS ARROYO ZAPATERO; KLAUS TIEDMANN, *Estudios de Derecho Penal*, Castilha de La Mancha: Universidad de Castilha de La Mancha, 1994, p. 26).

[25] GILBERTO PASSOS DE FREITAS, «Do crime de poluição», in: VLADIMIR PASSOS DE FREITAS (Org.), *Direito Penal em evolução*, 1ª ed., Curitiba: Juruá, 1998, p. 110.

[26] Destacamos os princípios 4 e 13.

A Organização das Nações Unidas, no VI Congresso para Prevenção do Delito e Tratamento do Delinquente, reunido em Nova Iorque em julho de 1979, no tocante ao tema do delito e do abuso de poder, recomendou aos Estados-membros o estabelecimento do princípio da responsabilidade penal das sociedades[27].

Em 1981 e 1982 podemos nomear a Recomendação nº R (81) 12 do Comité de Ministros do Conselho da Europa sobre a criminalidade económica, que trouxe a possibilidade de instituir a responsabilidade penal das pessoas coletivas ou criar medidas aplicáveis às infrações económicas, visando os mesmos fins; bem como a Recomendação nº R (82) 15 do mesmo Comité sobre a proteção dos consumidores, que introduziu a responsabilidade penal das pessoas coletivas ou outras soluções, além da introdução de uma cláusula geral de atuação em lugar de outrem[28].

Já em 1984, o XIII Congresso da Associação Internacional Penal no Cairo, reconheceu o princípio da intervenção mínima do Direito penal, admitindo que "a responsabilidade penal das sociedades e de outros agrupamentos jurídicos é reconhecida em um número crescente de países como um meio apropriado de controlar os delitos económicos e dos negócios. Os países que não reconhecem uma tal responsabilidade penal poderiam considerar a possibilidade de impor outras medidas apropriadas a tais entidades jurídicas"[29].

Em 1988, a Recomendação nº R (88) 18 do Conselho da Europa, diante da dificuldade de identificar as pessoas físicas responsáveis pelas infrações e da contrariedade sobre a responsabilização penal das empresas, propôs a responsabilização das empresas e das pessoas físicas envolvidas na infração com o fim de reprimir as atividades ilícitas e a reparação dos prejuízos. Esta recomendação abrange as empresas públicas e privadas. Destacamos o anexo desta recomendação, que traz os princípios que

---

[27] "Isto significa que qualquer sociedade ou ente coletivo, privada ou estatal, será responsável pelas ações delitivas ou danosas, sem prejuízo da responsabilidade individual de seus diretores", afirma SÉRGIO SALOMÃO SHECARIA, *Responsabilidade Penal...* (cit. nt. 2), p. 45.

[28] Para melhor compreensão, ver MÁRIO FERREIRA MONTE, «Responsabilidade e punição criminal das pessoas colectivas: assomo em prol de uma protecção adequada dos consumidores», in: *Revista Portuguesa de Direito do Consumo*, n. 3, 1995, p. 57-69.

[29] PAULO AFFONSO LEME MACHADO, *Direito Ambiental Brasileiro*, São Paulo: Malheiros, 2003, p. 598.

devem ser adotados quanto às infrações imputáveis, ao modo de imputação e as espécies de sanções penais adequadas às empresas.

O XV Congresso de Direito Penal, levado a efeito no Rio de Janeiro, no mês de Setembro de 1994, aprovou, por maioria, recomendações dirigidas às comunidades jurídicas internacionais, incentivando a responsabilização penal das pessoas jurídicas no que atine aos delitos perpetrados em face do meio ambiente. No mesmo ano, a Conferência da ONU sobre Crime Transnacional veio alterar a nossa perceção sobre as atividades a serem combatidas devido a sua importância, mencionando em seu artigo 10º: o tráfico de armas, tráfico de material nuclear, tráfico de imigrantes (ilegais), tráfico de mulheres e crianças, tráfico de órgãos humanos e lavagem de dinheiro, além do já combatido tráfico de drogas[30].

Em 1997 ocorreu a Convenção Relativa à Proteção dos Interesses Financeiros das Comunidades Europeias; o Segundo Protocolo com base no Art. K.3 do Tratado da União Europeia de 19 de Junho de 1997 (Arts. 3 e 4) e a Convenção da OCDE sobre o combate da Corrupção de funcionários públicos estrangeiros em transações comerciais internacionais[31].

Já em 1999, tivemos a Convenção das Nações Unidas contra a Corrupção[32]; Convenção do Conselho da Europa sobre Corrupção e a Convenção Internacional para a Supressão do Terrorismo, com orientações no mesmo sentido.

O ano 2000 seria marcado pela Convenção sobre Direitos da Criança, adotada em Nova Iorque; pelo Protocolo facultativo relativo à venda de

---

[30] Sobre o assunto, JORGE DOS REIS BRAVO, *Direito Penal de Entes Colectivos*, Coimbra: Coimbra Editora, 2008, p. 58, onde afirma: "(...) trata-se de um conjunto de actividades que, de imediato, suscita a aquiescência da impossibilidade de se desenvolverem a título individual, carecendo, antes, de uma formidável estrutura organizacional e empresarial, falando-se em redes de 'contratação' e 'subcontratação', e em 'franchising', de actividades criminosas organizadas, numa base de complementaridade e de coordenação".

[31] Destacamos o Art. 2º da referida Convenção da OCDE, o qual informa que "cada Parte deverá tomar as medidas necessárias ao estabelecimento das responsabilidades de pessoas jurídicas pela corrupção de funcionário público estrangeiro, de acordo com os seus princípios jurídicos".

[32] A Convenção das Nações Unidas contra a corrupção orienta os Estados-Parte a responsabilizar as pessoas coletivas que participem das infrações, podendo esta responsabilidade ser penal, civil ou administrativa, desde que eficaz, proporcionais e dissuasivas. A responsabilidade das pessoas coletivas não obstará à responsabilidade penal das pessoas singulares que tenham praticado as infrações (*vide* Art. 26º).

crianças, prostituição infantil e pornografia infantil e pela Convenção das Nações Unidas contra o Crime organizado.

No ano seguinte destacamos a Convenção do Conselho da Europa sobre o Cibercrime e em 2003 o Protocolo adicional à Convenção do Cibercrime, sobre a criminalização de atos de natureza racista ou xenófoba, cometidos através de sistemas informáticos; em 2005, o protocolo adicional à Convenção Penal sobre a Corrupção, do Conselho da Europa, e a Convenção do Conselho da Europa contra o tráfico de Seres Humanos.

Enumeramos, ainda, algumas Decisões-Quadro do Conselho da Europa que recomendam a responsabilização penal das pessoas coletivas, a saber: Decisão-Quadro 2001/888/JAI, que alterou a Decisão-Quadro 200/383/JAI, sobre o reforço na proteção contra a contrafação de moeda na perspetiva da introdução do euro, através de sanções penais e outras; Decisão-Quadro 2001/413/JAI, sobre o combate à fraude e à contrafação de meios de pagamento que não em numerário; Decisão-Quadro 2002/629/JAI, sobre a luta contra o tráfico de seres humanos, a necessidade de sanções efetivas, proporcionais e dissuasivas; Decisão-Quadro 2004/68/JAI, sobre a luta contra a exploração sexual de crianças e a pornografia infantil; e a Decisão-Quadro 2005/667/JAI, para reforçar o quadro penal para a repressão da poluição por navios.

Sobre as Recomendações de Ministros do CdE, destacamos a Recomendação nº R (96) 8E, sobre o combate ao crime económico e ao crime organizado; Recomendação nº R (2000) 11, sobre a ação contra o tráfico de seres humanos com a finalidade de exploração sexual; Recomendação Rec. (2001) 11E, sobre os princípios na luta contra o crime organizado e a Recomendação Rec (2001) 16, sobre a proteção das crianças contra a exploração sexual. A previsão da responsabilidade das entidades coletivas não é uma responsabilidade de índole explicitamente penal, embora não se exclua que os Estados a possam adotar.

Também destacamos algumas Convenções do Conselho da Europa sobre esta temática, como a Convenção CETS nº 172, sobre a proteção do ambiente através da lei penal (Art. 9º); a Convenção CETS nº 173, sobre a lei penal sobre corrupção; a Convenção CETS nº 185, sobre o Cibercrime; a Convenção CETS nº 196, sobre a prevenção do Terrorismo, possibilitando sancionar as pessoas coletivas com reações criminais, civis ou administrativas (Art. 10º e 11º); a Convenção CETS nº 197, sobre a repressão do tráfico de seres humanos, possibilitando sancionar as pessoas coletivas criminal, civil ou administrativamente, em remissão ao critério de imputação da Convenção CETS nº 173; e a Convenção CETS nº 198, sobre o regime de prevenção e repressão do Branqueamento de produtos de crime e do financiamento do terrorismo (Art. 10º).

Ainda devemos destacar algumas Ações Comuns e Decisões-Quadro que admitem expressamente o princípio da responsabilidade penal, alternativamente a responsabilização civil ou administrativa, como a Ação comum 97/154/JAI, sobre a ação contra o tráfico de seres humanos e a exploração sexual de crianças; a Ação Comum 98/699/JAI, sobre o branqueamento de capitais, identificação, deteção, congelamento, apreensão e perda de instrumentos e produtos do crime; a Ação Comum 98/733/JAI, sobre a incriminação da participação numa organização criminosa nos Estados-membros da União europeia; a Decisão 2000/375/JAI, sobre o combate à pornografia infantil na internet; a Decisão-Quadro 2002/275/JAI, sobre a luta contra o terrorismo; a Decisão-Quadro 2002/946/JAI, sobre o reforço do quadro penal para a prevenção do auxílio à entrada, ao trânsito e à residência irregulares (Art. 2º e 3º); a Decisão-Quadro 2003/80/JAI, sobre a proteção do ambiente através do direito penal (Art. 7º); a Decisão-Quadro 2004/757/JAI, que adota regras mínimas quanto aos elementos constitutivos das infrações penais e às sanções aplicáveis no domínio do tráfico ilícito de drogas (Arts. 6º e 7º), admitindo expressamente a responsabilidade penal, contraordenacional e de outra natureza; a Decisão-Quadro 2005/222/JAI, sobre ataques contra os sistemas de informação (Art. 8º e 9º), admitindo expressamente a responsabilidade penal, contraordenacional e de outra natureza; a Decisão-Quadro 2005/667/JAI, sobre reforçar o quadro penal para a repressão da poluição por navios (Arts. 5º e 6º), aí se prevendo também a alternativa entre multas, coimas ou sanções de outra natureza.

Desta forma, podemos dizer que algumas dessas recomendações trouxeram uma grande alteração no quadro legislativo europeu, com a adoção do princípio *societas delinquere potest* e não mais o *societas delinquere non potest*.

Podemos ainda notar o princípio da responsabilidade penal dos entes coletivos, no Art. 13º do *Corpus Iuris*[33], assim como o Estatuto de Roma do

---

[33] Sobre o processo de elaboração do *Corpus Iuris*, ver ANABELA MIRANDA RODRIGUES, *O direito Penal emergente*, Coimbra: Coimbra Editora, 2008, p. 16 e 17.

Tribunal Penal Internacional, que em seu Art. 25º admite a responsabilidade criminal apenas e tão somente da pessoa singular.

Jorge dos Reis Bravo conclui que no plano internacional, europeu e comunitário a opção da responsabilidade penal das pessoas coletivas e entidades equiparadas é uma faculdade concedida aos Estados[34], vindo a afirmar que:

> "estes exemplos são eloquentemente demonstrativos de uma crença pouco convicta na adoção generalizada do princípio da responsabilidade penal das pessoas colectivas, que, provavelmente, radica num certo ceticismo no tocante à eficácia de tal intervenção. Pode, no entanto, ver-se nestas posições alguma cautela, face à diferenciação das respostas dos sistemas nacionais dos Estados membros da União Europeia, o que leva o Conselho a ser reticente na sua recomendação ou imposição, por respeito às opções político-criminais que contendem com questões de soberania interna."[35]

No plano Comunitário, lembramos, por fim, a importância da União Europeia e sua grande influência no direito dos Estados, em especial o direito económico. Neste sentido, Germano Marques da Silva[36] lembra que a União Europeia tem origem como um mercado comum, daí seu aspeto económico ser o eixo fundamental no processo de unificação política e jurídica. Mesmo que não se possa aceitar um poder comunitário de criação de infrações penais, podemos observar que as infrações que constituem o objeto do Direito Penal Económico têm sua fonte originária no direito Comunitário.

III. Direito comparado

Afirma Germano Marques da Silva que o "Direito Comparado é uma ferramenta metodológica fundamental para colocar problemas e solu-

---

[34] "Mais do que um princípio desse direito, é uma possibilidade consentida aos estados, no sentido do seu estabelecimento, em alternativa a outros tipos de responsabilidade, como a civil, a administrativa e a contraordenacional", afirma JORGE DOS REIS BRAVO, *Direito Penal...* (cit. nt. 30), p. 142).
[35] JORGE DOS REIS BRAVO, *ibidem*, p. 141.
[36] GERMANO MARQUES DA SILVA, *Responsabilidade Penal das Sociedades e dos seus administradores e representante*, Lisboa: Verbo, 2008, p. 62.

ções já pensados noutros países (...)"[37], como é o caso da responsabilidade penal das pessoas coletivas, de modo que é importante conferir o tratamento dispensando ao assunto em diversos países.

Neste seguimento, até a atualidade o Código Penal Alemão é regido pelo princípio *societas delinquere non potest*, mas desde os anos 20 possui sanções contra as pessoas coletivas no domínio do direito da economia e da lei das contraordenações. Utiliza o Direito Administrativo para reprimir de forma rigorosa a ação das pessoas jurídicas com fortes multas administrativas. Com a crescente importância da criminalidade económica no Direito Penal, a reforma de 1986 trouxe, no § 30º da *OWiG*, a aplicabilidade de multa diretamente às pessoas jurídicas pela prática pelos seus órgãos representativos de um crime ou infração de caráter administrativo-penal em razão da violação dos deveres próprios da pessoa coletiva, e no § 130º, por infração do dever de vigilância do empresário pelas infrações da empresa. [38]

Já o atual Código Penal Francês, em vigor desde 1994, admite a responsabilidade penal das pessoas jurídicas.[39] Germano Marques da Silva lembra que apenas as pessoas coletivas personificadas juridicamente são suscetíveis de responsabilidade penal[40], não havendo praticamente áreas de incriminação em que se verifiquem exceções a responsabilidade das pessoas coletivas. A previsibilidade da responsabilidade penal das pessoas coletivas e equiparadas só seria afastada pela natureza das coisas, quando se trata de delitos cujo fundamento da incriminação/imputação se estabeleça por exclusiva referência a pessoas singulares.[41] No mesmo sentido, observamos o Código Penal Belga que, em seu Art. 5º, prevê a responsabilidade criminal das pessoas para praticamente todos os crimes[42].

No direito holandês, a responsabilidade penal da pessoa jurídica foi introduzida no Direito Penal Económico nos idos de 1950, tendo a lei de

---

[37] GERMANO MARQUES DA SILVA, *Responsabilidade Penal das Sociedades...* (cit. nt. 36), p. 80.
[38] Conforme 29, 30, 130 OWiG (JORGE DOS REIS BRAVO, *Direito Penal...* (cit. nt. 30), p. 151. Também, GERMANO MARQUES DA SILVA, *op. cit.*, p. 87.
[39] SÉRGIO SALOMÃO SHECARIA, *Responsabilidade Penal...* (cit. nt. 2), p. 56.
[40] GERMANO MARQUES DA SILVA, *op. cit.*, p. 90.
[41] JORGE DOS REIS BRAVO, *op. cit.*, p. 60.
[42] GERMANO MARQUES DA SILVA, *op. cit.*, p. 92 e ss.

23 de junho de 1976 estendido o princípio a todo o Direito Penal. Nesta legislação, permite-se ao Ministério Público perseguir simultaneamente a pessoa física e a pessoa coletiva, assim como organismos desprovidos de personalidade jurídica e pessoas coletivas de direito público[43].

No mesmo sentido temos o direito suíço, que com a alteração do Código Penal trouxe (em seu Art. 102) a responsabilidade penal das empresas[44]. Para Germano Marques da Silva, o Código Penal suíço consagra duas modalidades de imputação de responsabilidade criminal dos entes coletivos:

"Uma de carácter geral, ou seja, relativamente a qualquer crime cometido no seio da empresa no exercício de actividades comerciais conformes com os seus fins, em que o crime é imputado à empresa se não puder ser imputado a nenhuma pessoa física determinada em razão de deficiências de organização da empresa que não permitam identificar a pessoa ou pessoas físicas responsáveis. Outra, relativamente a um limitado número de crimes expressamente previstos, o crime é directamente imputado à empresa, independentemente da punibilidade das pessoas físicas, se a empresa dever ser censurada por não ter tornado todas as medidas de organização razoáveis e necessárias para impedir a prática da infracção."[45]

Assim, além da responsabilidade subsidiária da empresa, o Código Penal Suíço impõe a responsabilidade penal principal em relação a um número limitado de delitos significativos, que são altamente relevantes na prática: Criminalidade Organizada (Art. 260ter), Financiamento ao Terrorismo (Art. 260quinquies), Branqueamento de Capitais (Art. 305bis), Corrupção de Funcionários Públicos da Suíça (Art. 322ter), concedendo uma Advantage (Art. 322quinquies), Corrupção de Funcionários Públi-

---

[43] MANUEL ANTÓNIO LOPES ROCHA, «A Responsabilidade Penal das Pessoas Colectivas – Novas Perspectivas», in: *Direito Penal Económico e Europeu: Textos Doutrinários*, I, Coimbra: Coimbra Editora, 1998, p. 447.
[44] *Vide* Art. 102 SPC. Texto original disponível em: <www.serv-ch.com>, consultado em: 03 Out. 2013.
[45] GERMANO MARQUES DA SILVA, *Responsabilidade Penal das Sociedades...* (cit. nt. 36), p. 102. Ver também BERND SCHÜNEMANN, *Delincuencia empresarial...* (cit. nt. 15), p. 100.

cos Estrangeiros (Art. 322septies) ou Corrupção no Setor Privado (Art. 4, 1 da Lei de Concorrência Desleal).

A doutrina e a jurisprudência espanholas entendem que não há responsabilidade penal das pessoas coletivas[46], mas com a reforma do Código Penal de 1995 introduziu-se um instituto jurídico novo no meio termo entre a criminalização da empresa e o rechaçamento da responsabilidade penal da pessoa jurídica, denominado "consecuencias accesorias"[47].

A propósito, lembra Jorge dos Reis Bravo que:

> "existem diversas áreas de incriminação ainda no Código Penal onde podem ser encontradas manifestações da previsão de 'consecuencias accesorias' especiais, como em matéria de propriedade industrial, mercado de capitais ou de consumo (Art. 288º), em que é prevista, além do elenco do Art. 129º, a adopção de outras consequências – como a publicação da sentença a expensas do condenado, ou até a dissolução em caso de associação ilícita (Art. 520º) –, como, *p. ex.* em matéria de branqueamento de vantagens ilícitas (Art. 302º) e de tráfico de estupefacientes (LO 15/2003)"[48].

Na Dinamarca, o Código de 1930 não previu a responsabilidade penal da pessoa jurídica, mas diversas leis posteriores foram admitindo esta espécie de responsabilidade, em especial sobre o meio ambiente, incumbindo ao Ministério Público optar contra quem oferecerá a acu-

---

[46] Sobre a polémica da admissibilidade da responsabilidade ou irresponsabilidade penal das empresas e pessoas jurídicas, cfr. CARLOS MARTÍNEZ-BUJÁN PÉREZ, *Derecho Penal Económico y de la Empresa – Parte General*, 2nd edn, Valencia: Tirant Lo Blanch, 2007, p. 533-552); também, FERMÍN MORALES PRATS, «La evolución de la responsabilidad penal de las personas jurídicas en derecho español: de lo accesorio a lo principal», in: *Problemas actuales del Derecho Penal y de la Criminológia*, Valencia: Tirant lo blanch, 2008, p. 595-621.

[47] *Vide* Art. 31 (Pessoas criminalmente responsáveis pelos delitos e faltas) e Art. 129 (consequências acessórias) do Código Penal Espanhol. Sobre o assunto, cfr. CRISTIANO SOUZA NETO, *A responsabilidade penal da pessoa jurídica...* (cit. nt. 14), p. 167 e ss; também, GERMANO MARQUES DA SILVA, *Responsabilidade Penal das Sociedades...* (cit. nt. 36), p. 100. Sobre a natureza jurídica das "consecuencias accesorias", cfr. JORGE DOS REIS BRAVO, *Direito Penal...* (cit. nt. 30), p. 145 e ss; também, CARMEN LÓPEZ PEREGRÍN, «La dicusión sobre la responsabilidad penal de las personas jurídicas y las consecuencias accessorias del art. 129 Cp, once años después», in: *Problemas actuales del derecho penal y de la criminologia*, Valencia: Tirant lo Blanch, 2008), p. 563-93.

[48] JORGE DOS REIS BRAVO, *Direito Penal...* (cit. nt. 30), p. 146.

sação (pessoa física, jurídica ou ambas), conforme as provas obtidas[49]. O mesmo observamos na Noruega, onde também não há previsão de tal no Código Penal, tendo apenas a Lei 13.03.81, alterada pela Lei de 15.04.83 – Art. 80º.

Em Itália, vigora o princípio da responsabilidade pessoal, previsto no Art. 27º da Constituição Italiana, possibilitando apenas a responsabilidade civil subsidiária, conforme o Art. 197º do CP[50]. Porém, a responsabilização dos entes coletivos no Decreto-legislativo n. 231, de 8/06/2001[51], em seu Art. 1º, § 2, especifica a quem pode ser atribuída. As condutas que podem ser imputadas aos entes são as previstas no Art. 24º e Art. 25º, sendo também admitida a forma tentada no Art. 26º. A responsabilização criminal da pessoa coletiva é possível em alguns delitos contra a administração pública, por exemplo: corrupção; delitos informáticos; delitos de falsidade de moeda; delitos praticados com a finalidade terrorista; delitos de mutilação de órgãos genitais femininos; delitos em matéria de prostituição e pornografia infantil; crimes societários, etc. Já as sanções cominadas aos entes estão previstas no Art. 9º, as quais, em síntese, são: sanção pecuniária (Art. 10º e 11º); sanção de interdição temporária do exercício da atividade (Art. 9º, § 2); sanção de interdição definitiva (Art. 16º); confisco (Art. 19º); publicação da sentença condenatória (Art. 18º).

Segundo Marinucci e Dolcini, o critério de atribuição de responsabilidade é ser o delito cometido no interesse ou para vantagem do ente (Art. 5º, §1), sempre que os sujeitos que a compõem não tenham agido com exclusivo interesse próprio ou de terceiro (Art. 5º, § 2). Outras condições podem ser observadas nos Arts. 6 º e 7º .

Este decreto vem sendo alvo de grande crítica, pois estabelece uma dita responsabilidade administrativa, mesmo para factos constitutivos de ilícitos penais, e com sanções aplicadas as pessoas coletivas por juiz penal e no âmbito de um processo penal. Germano Marques da Silva destaca que tal diploma é "considerado por alguns uma 'fraude de etiqueta', considerando tratar-se de uma verdadeira e própria forma de responsabili-

---

[49] BERND SCHÜNEMANN, *Delincuencia empresarial...* (cit. nt. 15), p.52.
[50] GERMANO MARQUES DA SILVA, *Responsabilidade Penal das Sociedades...* (cit. nt. 36), p. 96 e ss.
[51] GIORGIO MARINUCCI e EMILIO DOLCINI, *Manualle di Diritto Penal*, Milano: Giuffrè, 2009, p. 141-153.

dade penal, porque nele são previstas sanções que constituem verdadeiras e próprias sanções penais"[52].

Escreve Faria Costa: "(...) o common law, mais do que nunca ter oferecido resistência, foi sempre a linha avançada de aceitação, dir-se-ia incondicional, da responsabilidade penal das pessoas colectivas"[53]. Com efeito, nos Estados Unidos[54], assim como nos demais países da Common Law, adota-se a responsabilidade penal da pessoa jurídica. É importante consignar que naquele país a pessoa moral pode ser responsável por toda infração penal que sua natureza lhe permita praticar, sendo digno de registo que se imputa à empresa as infrações culposas praticadas por um empregado no exercício de suas funções, ainda que não exista qualquer vantagem para o ente coletivo, assim como os crimes dolosos praticados por um executivo de nível médio[55].

O *Model Penal Code*, redigido pelo American Law Institute em 1962, em seu Art. 2.07 previu a possibilidade da pessoa jurídica cometer toda a classe de ilícitos, com exceção daqueles em que o legislador fez exclusão expressa[56]. Em Inglaterra, o princípio da responsabilidade penal das pessoas coletivas vigora desde o século passado. Atualmente, no direito britânico, esta espécie de responsabilidade apenas encontra limite nas excecionais hipóteses que, em razão da natureza do delito, refutam sua admissibilidade (homicídio, adultério, etc.)[57]. Na Grã-Bretanha e na Irlanda do Norte, antes da metade do século passado (quando arrimados na Common Law) a responsabilidade penal das pessoas jurídicas era vedada. Após, com o crescimento industrial e seu consequente aumento,

---

[52] GERMANO MARQUES DA SILVA, *Responsabilidade Penal das Sociedades...* (cit. nt. 36), p. 99.

[53] JOSÉ FARIA COSTA, *Noções fundamentais de direito penal*, 2ª ed., Coimbra: Coimbra Editora, 2009, p. 241.

[54] GERMANO MARQUES DA SILVA, *op. cit.*, p. 103-104.

[55] LUIZ REGIS PRADO, *Direito Penal Ambiental: Problemas Fundamentais*, São Paulo: Revista dos Tribunais, 1992, p. 82. Segundo este jurista, a responsabilidade fundamenta-se na teoria denominada "Responde at Superior", segundo a qual os delitos de qualquer empregado podem ser considerados como os delitos da empresa.

[56] MARINO BARBERO SANTOS, «Responsabilidad penal de la empresa», in: LUIS ARRYO ZAPATERO; KLAUS TIEDMANN, *Estúdios de Derecho Penal Economico*, Castilla de La Mancha: Universidad de Castilha La Mancha, 1994, p. 26 e ss.

[57] *Vide* MANUEL ANTÓNIO LOPES ROCHA, «A Responsabilidade Penal das Pessoas Colectivas...» (cit. n. 43), p. 448. Ver, também, GERMANO MARQUES DA SILVA, *op. cit.*, p. 102-103.

passou-se a admitir a responsabilidade penal (Tribunais – precedente jurisprudencial: *Reg x The Birmigham e Glaucester* – 1840 – face a desobediência a ordem judicial). Apesar de alguns doutrinadores destacarem que a responsabilidade é penal, mas de caráter essencialmente civil[58], podemos concluir pela existência da responsabilidade penal dos entes coletivos.[59] E o mesmo observamos no Canadá e em alguns Códigos Penais Australianos[60].

No direito africano, destacamos o Código Penal de Cabo Verde, que em seu Art. 9º consagra expressamente a responsabilidade penal das pessoas coletivas; embora não sendo uma novidade, já que as Infrações Fiscais e Aduaneiras, Decreto-Legislativo nº 5/95, já previa tal solução. Uma crítica colocada é quanto a sua não delimitação das áreas de alcance, criando um problema de difícil solução, pelo que devemos observar o preâmbulo, nos pontos 13; 79,1; 80,1 e 81, que impõem algumas limitações à punição.

O mesmo panorama é observado na Guiné-Bissau, mais especificamente no Art. 11º do CP. Já em Moçambique não há previsão no Código Penal, mas algumas leis extravagantes reconhecem tal responsabilização, como a Lei nº 9/87, de defesa da economia; Lei nº 7/2002, de branqueamento de capitais, no Art. 28º, nº 1; Decreto nº 46/2002, que trata do Regime Geral das Infrações Tributárias. Da mesma forma, Angola e São Tomé e Príncipe não possuem tal possibilidade em sua legislação codificada.

No Brasil[61], antes da promulgação da Carta Federal, o Código Eleitoral previa a possibilidade de responsabilização dos partidos políticos nos casos de crimes de propaganda[62]. Após a promulgação da Constituição Federal de 1988, a orientação constitucional foi no sentido de determinar

---

[58] L. H. LEIGH, *The Criminal Liabilith of Corporations in English Law*, Londres, 1969, p. 377.
[59] KLAUS TIEDMAN, *Responsabilidad Penal e Personas Juridicas y Empresas en Derecho Comparado*, Cadernos de Ciências Criminais: RT, p. 21.
[60] Cfr. *Part 2.5 – Corporate criminal responsibility*, disponível em: <www.unifr.ch>, consultado em: 07 Out. 2013.
[61] CRISTIANO SOUZA NETO, *A responsabilidade penal da pessoa jurídica...* (cit. nt. 14), p. 174 e ss.
[62] Para a responsabilização era necessário, porém, provar um benefício direto do partido, considerado pessoa jurídica de direito privado, com a prática da ação, isto é, a vantagem auferida pelo partido deve ser diversa do benefício do particular (LEONARDO SCHMITT DE BEM e MARIANA GARCIA CUNHA, *Direito Penal Eleitoral*, Santa Catarina: Conceito Editorial, 2010, p. 205).

expressamente a aplicação de sanções penais e administrativas às pessoas jurídicas que pratiquem condutas e atividades consideradas lesivas ao meio ambiente, no seu Art. 225º, § 3º. O legislador ordinário, para dar cumprimento ao comando constitucional, promulgou a Lei nº 9.605, de 12 de Fevereiro de 1998, que em seu Art. 3º estipulou a responsabilidade criminal da pessoa jurídica no âmbito dos crimes ambientais, determinando dois requisitos:

a) Que a decisão sobre a conduta seja cometida por seu representante legal ou contratual, ou de seu órgão colegiado. Nesse passo, a lei considerou a ação institucional de acordo com a sua normatização interna e seu caráter organizacional, conforme expusemos. A decisão deve ser tomada por quem estatutariamente poderia fazê-lo em nome da empresa e seguindo sua determinação organizacional interna.

b) Que a infração seja cometida no interesse ou benefício da pessoa jurídica. Mais uma vez, a legislação reputou a ação institucional dentro dos seus caracteres elementares, ao exigir o interesse económico da empresa como finalidade da conduta infracional praticada. Em relação aos demais crimes praticados pela pessoa jurídica, a Constituição Federal não foi explícita, mas permitiu que a legislação infraconstitucional estipulasse sanções penais cabíveis para a chamada criminalidade económica, conforme a redação do seu Art. 173º, § 5º. Notadamente, o legislador regulou os crimes contra a ordem económica na Lei nº 8.137/90[63].

Com efeito, ao observarmos os diplomas desses países, podemos concluir pela existência de três modelos de responsabilização penal: um irrestrito, podendo ser imputada qualquer conduta à pessoa coletiva; outro, em que há também uma previsão no Código Penal, mas há uma restrição aos crimes imputáveis; e um terceiro, em que a previsão da responsabilização penal ocorre em legislação extravagante e restrita aos temas dos diplomas, normalmente de ordem económica, financeira e ambiental.

---

[63] O projeto do novo Código Penal (PLS 236/2012) traz a possibilidade de responsabilização nos casos de atos praticados contra a administração pública, a ordem económica, o sistema financeiro e o meio ambiente (*vide* Arts. 41º e 42º, as respetivas penas compatíveis).

IV. A responsabilidade penal das pessoas coletivas em portugal

A responsabilidade penal das pessoas coletivas não é novidade no ordenamento português, pois há muito encontramos exemplos de legislações esparsas sobre o tema. Nos restringiremos, entretanto, às previsões legais pós 1974[64].

Destacam-se os seguintes diplomas e dispositivos: Art. 5º do Decreto-Lei nº 181/75; Art. 29º, nº 1 do Decreto-Lei nº 85-C/75, anterior à Lei de Imprensa[65]; Decreto-Lei nº 630/76, que instituiu o regime sancionatório relativo a operações cambiais; Arts. 132º, 144º e 145º da Lei nº 14/79 – Lei Eleitoral para a Assembleia da República, que previa a responsabilização penal das empresas proprietárias de estação de rádio e partidos políticos; Decreto-Lei nº 187/83, que dispunha sobre ilícitos aduaneiros e previa responsabilidade por crimes de contrabando às pessoas coletivas e associações sem personalidade jurídica[66]; Decreto-Lei nº 376-A/89 – regime jurídico das infrações aduaneiras, que em seu Art. 7º admitia a responsabilização relativa aos crimes previstos no referido regime jurídico; Decreto-Lei nº 20-A/90 – Regime Jurídico das Infrações Não Aduaneiras (RIJIFNA), que previa a responsabilidade penal das pessoas coletivas e equiparadas pelos crimes de que dispunha; Art. 258º do Decreto-Lei nº 16/95 – Código de Propriedade Industrial, que aplicava-se subsidiariamente às normas do Decreto-Lei nº 28/84 em matéria de responsabilidade penal das pessoas coletivas; Decreto-Lei nº 244/98 – Regime Jurídico de Entrada, Permanência, Saída e Afastamento de Estrangeiros do Território Português.

Com a reforma do Código Penal Português pela Lei nº 59/2007, introduziu-se a possibilidade da responsabilização penal das pessoas coleti-

---

[64] Para uma observação dos regimes jurídicos anteriores a 1974, ver GERMANO MARQUES DA SILVA, *Responsabilidade Penal das Sociedades...* (cit. nt 36), p. 38-40.

[65] No caso da Lei de Imprensa, havia dúvidas sobre se a natureza seria realmente penal, embora fosse entendida inequivocamente como criminal. Já a Lei nº 58/90 – Lei da Televisão, posterior ao decreto da Lei de Imprensa, previa a responsabilização criminal dos entes coletivos. As legislações posteriores deixaram de a prever, até a Lei nº 207/2000 – Lei da Televisão atualmente em vigor.

[66] O Decreto-Lei nº 187/83, posteriormente foi julgado inconstitucional.

vas[67], restrita ao catálogo de crimes do Art. 11º, nº 2 do CP. Até então, esta previsão só existia em legislação extravagante, que, em grande parte, ainda está em vigor. A responsabilização penal das pessoas coletivas surge, assim, também na seguinte legislação: Art. 3º da Lei da Criminalidade Informática (Lei nº 109/91); Art. 6º da Lei de Combate ao Terrorismo (Lei nº 52/2003); Art. 7º do Regime Geral das Infrações Tributárias (Lei nº 15/2001); Art. 3º do Regime Jurídico das Infrações Antieconómicas e Contra a Saúde Pública (Decreto-Lei nº 28/84)[68]; Art. 43-A do Regime Jurídico da procriação Medicamente Assistida (Lei nº 32/2006); Art. 96º do Regime de Responsabilidade Penal por Comportamento Antidesportivo (Lei nº 50/2007), que pune as condutas contra a verdade, lealdade e correção de atividades desportivas; Art. 182º do Regime Jurídico de Entrada, Permanência, Saída e Afastamento de Estrangeiros (Lei nº 23/2007); Art. 33-A do Decreto-Lei nº 15/93, que pune o tráfico e o consumo de estupefacientes; Art. 607º do Código do Trabalho, aprovado pela Lei nº 99/2003; Art. 95º da Lei nº 5/2006, Regime Jurídico das Armas e suas Munições; Art. 4º da Lei nº 20/2008, Regime Penal de Corrupção

---

[67] O Art.11 do CP, após a reforma de 2007, possibilita a imputação dos crimes de maus tratos; violação de regras de segurança; escravidão, tráfico de pessoas; coação sexual; violação; abuso sexual de pessoa incapaz de resistência; abuso sexual de pessoa internada; procriação artificial não consentida; lenocínio; abuso sexual de crianças; abuso sexual de menores dependentes; atos sexuais com adolescentes; recurso à prostituição de menores; lenocínio de menores; pornografia de menores; burla; burla qualificada; burla relativa a seguros; burla para obtenção de alimentos, bebidas ou serviços; burla informática e nas comunicações; burla relativa a trabalho ou emprego; discriminação racial, religiosa ou sexual; falsificação ou contrafação de documento; falsificação de notação técnica; contrafação de moeda; depreciação do valor de moeda metálica; passagem de moeda falsa de concerto com o falsificador; passagem de moeda falsa; aquisição de moeda falsa para ser posta em circulação; títulos equiparados a moeda; contrafação de valores selados; contrafação de selos, cunhos, marcas ou chancelas; pesos e medidas falsas; atos preparatórios; incêndios, explosões e outras condutas especialmente perigosas; energia nuclear; incêndio florestal; instrumentos de escuta telefónica; infração de regra de construção, dano em instalação e perturbação de serviços; danos contra a natureza; poluição; poluição com perigo comum; perigo relativo a animais ou vegetais; corrupção de substâncias alimentares ou medicinais, propagação de doença, alteração de análises ou receituário; associação criminosa; tráfico de influência; desobediência; violação de imposições, proibições ou interdições; suborno; favorecimento pessoal; branqueamento; corrupção passiva para ato ilícito e corrupção ativa.

[68] Os Arts. 2º e 3º do Decreto-Lei nº 28/84 representam um marco de viragem normativa sobre esta temática.

no Comércio Internacional e no Setor Privado; Art. 230º do Código de Propriedade Industrial (Decreto-Lei nº 36/2003) e Art. 13º da Lei contra Criminalidade Organizada e Económico-financeira (Lei nº 5/2002).

Com efeito, a reforma penal de 2007 trouxe uma alteração da política criminal que até então se orientava por medidas de combate a criminalidade empresarial com enfoque estritamente económico[69].

Do ponto de vista político-criminal, é questionável a necessidade de punir penalmente as pessoas coletivas, "perante a existência de múltiplas outras formas de licenciamento, fiscalização e repressão das suas actividades, designadamente ao nível administrativo e contraordenacional, para não invocar já outra dimensão de intervenção sancionatória, cara ao sistema alemão: o *Interventionsrecht,* que ganhou visibilidade com o ensino de Winfried Hassemer"[70].

É claro que esta penalização das pessoas coletivas decorre da crise do direito e do sistema jurídico-social, o direito penal não é mais a *ultima ratio* mas *sola ratio*, havendo um distanciamento do caráter fragmentário e do princípio da subsidiariedade.

Quanto ao tratamento dispensado à matéria pela Constituição portuguesa, notamos que, embora sem expressa previsão, como noutros casos analisados, há possibilidade de punição das pessoas coletivas porém sem mencionar sob qual forma ou modalidade, nos termos do Art. 12, nº 2 da CRP. Ainda, o texto constitucional restringe-se apenas às pessoas coletivas, não referindo outras formas de entidades coletivas[71].

---

[69] PAULO SOUSA MENDES, «A responsabilidade de pessoas colectivas no âmbito da criminalidade informática em Portugal», in: *Direito da Sociedade da Informação*, IV, Coimbra: Coimbra Editora, 2003, p. 391.

[70] JORGE DOS REIS BRAVO, *Direito Penal...* (cit. nt. 30), p. 64.

[71] Para uma maior compreensão, ver TERESA SERRA e PEDRO FERNÁNDEZ SÁNCHEZ, «A exclusão de responsabilidade criminal das entidades públicas – da inconstitucionalidade dos nºs 2 e 3 do artigo 11º do Código Penal», in: *Estudos em homenagem ao Professor Doutor Sérvulo Correia*, IV, Edição da Faculdade de Direito da Universidade de Lisboa, Coimbra: Coimbra Editora, 2010, p. 65-111; JOSÉ LOBO MOUTINHO, TERESA SERRA e RAUL TABORDA, «A responsabilidade criminal de entidades colectivas, em especial das empresas, e o papel de programas de compliance», in: *The internacional Investigations Review*, Second Edition, Law Business Research, 2012, disponível em: <www.servulo.com>, consultado em: 03 Out. 2013; GONÇALO MELO BANDEIRA, *"Responsabilidade" Penal Económica e Fiscal dos Entes Colectivos – À volta das sociedades comerciais e sociedades civis sob a forma comercial*, Coimbra: Almedina, 2004, p. 277 e ss; JORGE DOS REIS BRAVO, *Direito Penal...* (cit. nt. 30), p. 99 e ss.

Devemos ressaltar que, enquanto nos preocupamos com a responsabilização penal das pessoas coletivas, é evidente o surgimento de um movimento contrário em países de *Common Law* que a adotaram e que hoje avaliam a possibilidade de a abandonar.

Como vemos, o problema da imputação da responsabilidade penal aos entes coletivos é complexo[72], razão pela qual nos limitaremos a analisar a escolha das condutas imputáveis às mesmas. Efetivamente, é incontestável a configuração de crimes onde se perceciona a finalidade lucrativa ou qualquer outra forma de vantagem, privilégio ou benefício para a pessoa coletiva; mas há, ainda, outras condutas onde não é claramente verificável uma ligação ou proveito direto para os entes coletivos, gerando algumas dúvidas que devem, por assim dizer, ser esclarecidas.

V. Avaliação do atual rol de crimes imputáveis às pessoas coletivas e algumas sugestões

A "criminalidade empresa", que se caracteriza pela utilização ou criação de empresas única ou prioritariamente para a prática de delitos, deve de facto ser combatida. Dada às controvérsias que sempre existiram em torno do tema, ainda em sede de projeto legislativo discutia-se o desvalor ético das condutas a serem imputadas às pessoas coletivas, de modo que a Exposição dos Motivos do Projeto de Lei nº 239/X afima:

> "se o legislador tipifica certos actos como verdadeiros crimes, então não deverá admitir que, se a mesma acção for praticada por um ente colectivo, ela já não constitua um crime, mas uma mera contra-ordenação. Com efeito, o legislador ordinário não é inteiramente livre para qualificar uma conduta como crime ou como contra-ordenação, e mais limitada ainda estará a sua liberdade para qualificar a mesma conduta como crime se levada a cabo por certos sujeitos típicos e como contra-ordenação se levada a cabo por outros"[73].

---

[72] Sobre o assunto, ver JORGE DOS REIS BRAVO, *ibidem.*; SÉRGIO SALOMÃO SHECARIA, *Responsabilidade Penal...* (cit. n. 2); GERMANO MARQUES DA SILVA, *Responsabilidade Penal das Sociedades...* (cit. nt. 36).

[73] Sobre o modelo contraordenacional, ver TERESA QUINTELA DE BRITO, «A determinação das responsabilidades individuais no quadro de organizações complexas», in: *Direito Sancionatório das Autoridades Regulardores*, Coimbra: Editora Coimbra, 2009, p. 75-103.

No rol dos crimes elencados no Projeto de Lei nº 239/X, nem todas as condutas atualmente previstas eram criminalizadas[74], sendo sempre possível estabelecer uma ligação entre a conduta do agente e o benefício advindo à pessoa coletiva. O objetivo deste Projeto era nitidamente dar cumprimento às orientações estabelecidas em vários instrumentos de direito convencional comunitário, assim como diversas Decisões-Quadro do Conselho da União Europeia, adequando os tipos as estas orientações, notadamente as referidas no seu Art. 1º. Ainda, havia quem propusesse a eliminação do catálogo e a indicação em cada um dos artigos da possibilidade do cometimento da conduta criminosa por pessoas coletivas. Outros sustentaram a autonomização da matéria em artigo próprio, no caso, a criação do Art. 11º-A[75].

Efetivamente, a escolha dos crimes imputáveis às pessoas coletivas está longe de ser pacífica. Por outro lado, a não responsabilização criminal desses entes pode levar a uma alta taxa de impunidade, haja vista não ser possível individualizar a autoria de muitos crimes "empresariais" ou praticados por empresas.

De todo modo, qualquer outra solução não estaria isenta de críticas, como, aliás, recorda Jorge dos Reis Bravo ao afirmar não haver uma lista de crimes que possam ser imputados aos entes coletivos, pelo que a "selecção e identificação dos recortes típicos dos comportamentos penalmente relevantes far-se-á de acordo com uma valoração de política criminal, circunstancial e historicamente situada, legitimada pela opção do legislador, mais do que em obediência a quaisquer pressupostos coman-

---

[74] Artigo 3º – Responsabilidade penal das pessoas colectivas. 1 – As pessoas colectivas e entidades equiparadas são responsáveis criminalmente quando, por ocasião da sua actividade, ocorram os seguintes crimes previstos no Código Penal: a) Procriação ou reprodução artificiais não consentidas; b) Tráfico de pessoas para exploração do trabalho; c) Comercialização de pessoa; d) Crimes contra a liberdade e autodeterminação sexual; e) Pornografia de menores; f) Falsificação de moeda, título de crédito e valor selado; g) Falsificação de cunhos, pesos e objectos análogos; h) Danos contra a natureza, poluição e poluição com perigo comum; i) Associação criminosa; j) Tráfico de influência; l) Corrupção ativa; m) Desobediência; n) Branqueamento; o) Violação de segredo de justiça (Assembleia da República, *Projeto de Lei nº 239/X*, disponível em: <www.parlamento.pt>, consultado em: 03 Out. 2013.
[75] Cfr. PAULO SOUSA MENDES, «Trabalhos da Reforma Penal – Acta nº 9, da Unidade de Missão para a Reforma Penal», disponível em: <www.mj.gov.pt>, consultado em 01 Fev. 2010.

dos ônticos-axiológicos"[76]. Portanto, o que determina o elenco de tipos é o programa político-criminal proposto pelos órgãos legislativos, obedecendo ao princípio constitucional da proporcionalidade e adequação. Ademais, acrescenta o Autor:

> "(...) tal opção enferme de qualquer falta de legitimidade constitucional, pois que, além das recomendações decorrentes dos instrumentos comunitários, a admitir essa possibilidade, se pensa que o legislador consagrou – dentro da sua esfera de liberdade de conformação do programa político-criminal legitimamente autorizado –, um lote de incriminação relativamente às quais se podem, virtualmente, verificar os pressupostos para a punibilidade de entes colectivos, conquanto tal não decorra das regras da normalidade"[77].

É clara a possibilidade de imputar à pessoa coletiva os crimes em que conseguimos estabelecer algum tipo de ligação e benefício entre o seu cometimento e o ente. Contudo, incriminar a pessoa coletiva por uma dificuldade de imputar a conduta ao indivíduo não parece uma solução correta. Tanto mais que, mesmo em caso de responsabilização penal da pessoa coletiva, subsiste a responsabilidade individual do agente.

Como referido, as primeiras intervenções sobre o assunto em Congressos Internacionais de Direito Penal foram no sentido dos Estados repensarem seus princípios acerca da responsabilização penal das pessoas jurídicas. Na sequência, surge uma preocupação acentuada em torno dos crimes ambientais e econômicos, seguindo-se o crime organizado transnacional, com destaque para o tráfico de armas, o tráfico de material nuclear, o tráfico de imigrantes (ilegais), o tráfico de mulheres e crianças, o tráfico de órgãos humanos, o narcotráfico e a lavagem de capitais.

Mais recentemente, notamos um crescente enfoque no combate a corrupção, ao crime organizado, ao terrorismo e ao cibercrime, para além de uma maior atenção relativamente aos direitos das crianças em reforço da necessidade de combater o tráfico de menores, a prostituição e a pornografia infantil, sem descurar da constante preocupação com os crimes financeiros e econômicos e com a questão da imigração ilegal. Em todo

---

[76] JORGE DOS REIS BRAVO, *Direito Penal...* (cit. nt. 30), p. 202.
[77] JORGE DOS REIS BRAVO, *Direito Penal...* (cit. nt. 30), p. 207.

o caso, não compreendemos como se possa imputar às pessoas coletivas condutas que numa primeira análise escapam ao preenchimento do nexo de causalidade, deixando de fora outras tão importantes ou mais, como por exemplo os crimes contra a vida e até mesmo alguns crimes contra o património.

É notória a grande alteração ocorrida na organização social: hoje a maioria das atividades são desenvolvidas de forma empresarial, ou seja, em favor da sociedade e não em nome próprio, o que mais facilmente justifica imputar-se a realização dos tipos legais aos entes coletivos ao invés das pessoas individuais.

Nesta medida, os primeiros crimes a serem imputados às pessoas coletivas foram os crimes de maus tratos (Art. 152º-A, CP) e de violação de regras de segurança (Art. 152º-B, CP), que têm como função prevenir formas de violência no âmbito da família, da educação e do trabalho[78]. Tratando-se de crimes contra a integridade física, cabe entender a razão pela qual escaparam desse rol outras condutas como as ofensas à integridade física (Art. 143º a 148º) e as intervenções e tratamentos médico-cirúrgicos (Art. 150º), haja vista ser a medicina muitas das vezes praticada de forma coletiva e de modo empresarial, dificultando a individualização da conduta lesiva.

O mesmo se pode dizer quanto aos crimes de escravidão (Art. 159º, CP) e de tráfico de seres humanos (Art. 160º, CP), assim como todos os crimes contra a liberdade pessoal.

Mais dúvidas suscitam a imputação de crimes contra a liberdade e autodeterminação sexual às pessoas coletivas, sendo dificilmente percetível o "interesse coletivo" nessas condutas. Haveria, mais facilmente identificável, um interesse indireto, como uma vantagem para a pessoa coletiva, pese embora controverso.

Com efeito, conforme previsto no Art. 11º, nº 2 do CP, as pessoas coletivas e entidades equiparadas são responsáveis pelos crimes de coação sexual (Art. 163º), violação (Art. 164º), abuso sexual de pessoa incapaz de resistência (Art. 165º) e abuso sexual de pessoa internada (Art. 166º), "sendo a vítima menor", o que restringe tal aplicação. Acreditamos que

---

[78] JORGE DE FIGUEIREDO DIAS, *Comentário Conimbricense do Código Penal*, Parte Especial, Tomo I, Coimbra: Coimbra Editora, 1999, p. 329 e ss.

tal restrição se deva única e exclusivamente ao facto das orientações internacionais referirem-se apenas a responsabilização penal das pessoas coletivas para a proteção dos direitos das crianças. Mas será que pessoas incapazes também não deveriam ser resguardadas? E mesmo pessoas dentro de suas faculdades normais não deveriam ser tuteladas? Isto, sem avaliar que as condutas sexuais normalmente só preenchem a satisfação do indivíduo, por não se tratar de crime de mão própria, como alguns autores entendem[79]. De modo que, compreendemos melhor esta imputação quando a conduta foi praticada como meio de "chantagem" em proveito da pessoa coletiva; ou como destacou Costa Andrade: "Em termos metafísicos e ontológicos, não vejo como se imputa a uma sociedade a violação de uma mulher".[80]

Há, ainda, a procriação artificial não consentida (Art. 168º), cuja localização dentre os crimes contra a liberdade sexual também tem gerado divergência doutrinária[81]. Acreditamos ter maior relação com a integridade física ou intimidade e não liberdade sexual, havendo quem defenda a sua integração em capítulo autónomo. Poderíamos, no entanto, entendê--la como crime contra a liberdade pessoal, assim como os lenocínios (Art. 169º), como resultado das orientações para o combate a prostituição e tráfico de seres humanos, neste caso, sem objeção a responsabilização da pessoa coletiva.

De forma idêntica, a imputação às pessoas coletivas dos crimes contra a autodetermição sexual suscita indagações, especialmente quanto ao interesse coletivo em questão. Tratam-se dos crimes de abuso sexual de crianças (Art. 171º), abuso sexual de menores dependentes (Art. 172º), atos sexuais com adolescentes (Art. 173º), recurso à prostituição de menores (Art. 174º), lenocínio de menores (Art. 175º) e pornografia de menores (Art. 176º). E igualmente, acreditamos que a motivação decorre das recomendações sobre direitos das crianças e contra a prostituição.

Recorde-se que o legislador ordinário nenhuma referência fez aos crimes contra a honra e contra a reserva da vida privada, onde com maior razão se poderia identificar o interesse e a ação da pessoa coletiva, tal

---

[79] JORGE DE FIGUEIREDO DIAS, *op. cit.*, p. 447.
[80] ANTÓNIO MANUEL DA COSTA ANDRADE, «Reforma Penal: soluções "arrepiantes"», disponível em: <www.tvi24.iol.pt>, consultado em: 7 Out 2013.
[81] JORGE DE FIGUEIREDO DIAS, *op. cit.*, p. 501-502.

como as ofensas dirigidas por estas em factos adistritos à esfera cível, potencialmente bastante lesivos e geradores de indemnizações avultosas.

Além destes, não conseguimos entender, senão pelo raciocínio que o legislador se deteve a reproduzir relativamente às orientações internacionais e comunitárias sobre o tema, o motivo pelo qual não se imputar às pessoas coletivas determinados crimes contra a vida, por exemplo, tal como o homicídio, dada a relevância do bem tutelado e a real possibilidade de ser cometido em proveito da pessoa coletiva[82].

Germano Marques da Silva chega mesmo a questionar por que condutas como "aborto em estabelecimento não autorizado ou outra violação da lei, homicídio e ofensas corporais por negligência, abuso de confiança, dano, etc." ficaram de fora do elenco de crimes passíveis de serem imputados aos entes coletivos, sem entretanto descurar do princípio da legalidade[83]. Na mesma linha argumentativa, Paulo Sousa Mendes apresentou algumas sugestões, como a "inclusão do crime de homicídio com negligência grosseira no rol de crimes (citando, a título de exemplo, o *corporate manslaughter*, nos termos do *draft Bill* apresentado pelo Governo inglês ao Parlamento em Março de 2005)"[84].

Já relativamente aos crimes contra o património geral, como a burla (Art. 217º), burla qualificada (Art. 218º), burla relativa a seguros (Art. 219º), burla para a obtenção de alimentos, bebidas ou serviços (Art. 220º), burla informática e nas comunicações (Art. 221º) e burla relativa a trabalho ou emprego (Art. 222º), é isenta de dúvida a possibilidade da sua prática e consequente responsabilização criminal das pessoas coletivas e equiparadas, como de facto acontece. Por outro lado, não vemos razão para a não imputação às mesmas das demais figuras previstas neste capítulo do Código Penal, como a extorsão, infidelidade, abuso de cartão de garantia ou crédito ou usura (Art. 223º a 226º).

---

[82] Teresa Quintela Brito, «Responsabilidade criminal dos entes colectivos. Algumas questões em torno da interpretação do Art. 11º do Código Penal», in: *Revista Portuguesa de Ciências Criminais*, XX, 2010, p. 44.

[83] Germano Marques da Silva, «Responsabilidade penal das pessoas colectivas: Alterações do Código Penal introduzidas pela Lei nº 59/2007, de 4 de setembro», in: *Revista do CEJ*, nº 8 (especial), 1º Sem. 2008, p. 73.

[84] Paulo Sousa Mendes, «Trabalhos da Reforma Penal...» (cit. nt. 75).

Nesta medida, o mesmo raciocínio se pode extrair para os crimes contra o património, como o furto, o abuso de confiança, o dano, a usura e recetação, a insolvência, entre outros. Em reforço do seu entendimento, lembra Jorge dos Reis Bravo que crimes como o de intervenção e tratamentos médico-cirúrgicos e de intervenções e tratamentos médico-cirúrgicos arbitrários (Arts. 150º, nº 2 e 156º do CP), ao contrário, foram suprimidos de um projeto inicial[85].

Pior situação se verifica quanto a não imputação às pessoas coletivas de crimes contra direitos patrimoniais, os quais, pela sua própria natureza, facilmente é conjecturável o proveito do ente coletivo, muitas vezes bem mais do que o próprio proveito do indivíduo, como na insolvência dolosa (Art. 227º), frustração de créditos (Art. 227º-A), insolvência negligente (Art. 228º), favorecimento de credores (Art. 229º), a recetação de arrematações (Art. 230º) e a recetação (Art. 231º).

Com relação aos crimes contra a identidade cultural e integridade pessoal, parece-nos acertada a opção de se imputar às pessoas coletivas o crime de discriminação racial, religiosa ou sexual (Art. 240º), mas já não compreendemos a exclusão desse rol de conduta como a tortura (Art. 243º e seguintes), não só pela relevância do bem jurídico tutelado mas também em face das recomendações de política criminal no sentido de coibir qualquer tipo de tortura[86]. A Convenção da ONU contra a Tortura e Outras Penas ou Tratamentos Cruéis, Desumanos ou Degradantes[87], em seus Arts. 2º e 4º, determinam e orientam a obrigação dos Estados-partes de adotar medidas eficazes, de caráter legislativo, administrativo, judicial e de outra natureza, para punir o crime de tortura, a ser tipificado na legislação penal com penas adequadas que levem em conta a sua gravidade. O que nos leva a concluir que, por não haver uma previsão expressa sobre a necessidade da responsabilização penal das pessoas coletivas e equiparadas, possivelmente o legislador "passou" pelo tipo sem qualquer reflexão ou preocupação.

---

[85] Jorge dos Reis Bravo, *Direito Penal...* (cit. nt. 30), p. 206.
[86] Ressaltamos que a tortura, com a entrada em vigor da Lei nº 31/2004, é tida como crime contra a humanidade, assim como outras condutas nos termos do Art. 9º da referida Lei.
[87] Convenção da ONU contra a Tortura e Outras Penas ou Tratamentos Cruéis, Desumanos ou Degradantes, disponível em: <www.rolim.com.br>, consultado em: 03 Out. 2013.

É notável, ainda, a restrição a algumas condutas nos crimes de falsificação, sendo responsabilizados os entes coletivos apenas pelos crimes de falsificação ou contrafação de documentos (Art. 256º) e falsificação de notação técnica (Art. 258º). Mas por que não, por exemplo, o crime de danificação ou subtração de documento e notação técnica? Utilizando o critério do proveito mesmo que indireto, efetivamente se pode vislumbrar até mesmo o interesse direto, o mesmo se diga para os demais crimes desta seção.

Quanto aos crimes de falsificação de moeda, título de crédito e valor selado (Art. 262º a 271º), acertadamente são imputáveis às pessoas coletivas, notadamente em decorrência das exigências comunitárias do combate a falsificações de moeda e correspondentes.

No capítulo seguinte do Código Penal[88], dos crimes de perigo comum, verificamos uma completa abrangência, nitidamente no sentido de atender as orientações internacionais e comunitárias de preservação ao meio ambiente.

Passando aos crimes contra a ordem e a tranquilidade pública[89], primeiramente os crimes contra a paz pública, notamos a opção do legislador em responsabilizar penalmente as pessoas coletivas apenas quanto ao crime de associação criminosa (Art. 299º), no seguimento das mesmas orientações internacionais e comunitárias, deixando de fora crimes como a instigação pública a um crime (Art. 297º) e a apologia pública de um crime (Art. 298º), estes naturalmente compatíveis com o interesse público.

No Título V, dos crimes contra o Estado, novamente vislumbramos incoerências. Em seu capítulo I, dos crimes contra a segurança do Estado, observamos a possibilidade da responsabilização penal das pessoas coletivas apenas em uma das figuras típicas: o tráfico de influência (Art. 335º), não havendo qualquer possibilidade para o legislador de um ente coletivo se envolver em atos, inteligência, sabotagem ou auxílios que provoquem guerra. Causa estranheza, já que a direção e mesmo a totalidade

---

[88] Deixamos de referir os crimes contra a família, os sentimentos religiosos e o respeito devido aos mortos pela própria natureza e incapacidade de se verificar um interesse ainda que indireto.
[89] Dada a abrangência do tema, deixamos de nos pronunciar sobre os crimes contra a segurança das comunicações, não adotados pelo legislador.

das ações de certas empresas que exercem atividades estratégicas são feitas por mãos estrangeiras, sem falar nos envolvimentos obscuros no financiamento de grupos terroristas. Já que optou-se uma criminalização praticamente extensiva, não se percebe porque ficaram esquecidas condutas que atentam contra a integridade do Estado.

Outro facto que se tem notícia tem a ver com o envolvimento de entes coletivos no obscuro financiamento de políticos ou campanhas eleitorais, havendo quem defenda a preparação de pessoas para o ingresso na carreira e na "máquina estatal" com o único fim de trazerem benefícios para as empresas financiadoras, sendo de se considerar, inclusivamente, a perpetração de crimes eleitorais.

No que respeita aos crimes contra a autoridade pública, apenas o de desobediência (Art. 348º) e o de violação de imposições, proibições ou interdições (Art. 353º) foram previstos, notadamente em face dos argumentos explanados quanto ao interesse coletivo. Acreditamos que outros crimes deste Capítulo do Código Penal, designadamente da Secção II – Da tirada e evasão de presos e do não cumprimento de obrigações impostas por sentença criminal – deveriam ter sido incluídos, se pensarmos em termos de interesse coletivo no benefício que poderia advir para a empresa, por exemplo, a libertação de alguém do seu quadro diretivo ou que trouxesse-lhes vantagens com a sua soltura.

Em relação aos crimes contra a realização da justiça, apenas é possível a responsabilização dos entes coletivos no caso de suborno (Art. 363º); favorecimento pessoal (Art. 367º); branqueamento (Art. 368º-A); denegação de justiça e prevaricação (Art. 369º); prevaricação de advogado ou de solicitador (Art. 370º) e violação de segredo de justiça (Art. 371º). Outrossim, sem nenhuma razão coerente, ficaram de fora do rol de crimes passíveis de imputação outras condutas como a falsidade de depoimento ou declaração (Art. 359º); falsidade de testemunho, perícia, interpretação ou tradução (Art. 360º); denúncia caluniosa (Art. 365º) e simulação de crime (Art. 366º). Nestes exemplos, no entanto, também facilmente se pode comprovar a intenção de beneficiar a pessoa coletiva.

Por último, no âmbito dos crimes cometidos no exercício de funções públicas, apenas o crime de corrupção passiva para ato ilícito (Art. 372º) foi selecionador pelo legislador, o que provoca alguma dificuldade de concretização em termos de aferir-se a responsabilidade penal do ente coletivo, a não ser que da conduta típica exsurja as consequentes vantagens para o mesmo, o que naturalmente obrigaria a inclusão das demais figuras do Capítulo III no elenco de crimes imputáveis.

Jorge dos Reis Bravo, por sua vez, concorda com a inclusão dos Arts. 372º e 373º, crimes específicos próprios, sendo o agente necessariamente funcionário, porém lembra que o ente público não será responsabilizado segundo o Art. 11º, nº 2, 1ª parte, mas serve para alcançar outras entidades em casos de participação. E acrescenta que "há que atentar nas hipóteses em que o agente individual possa actuar nos termos do modelo de imputação exigido, em 'representação' de algum ente colectivo – não obrigatoriamente público – e que, no entanto, a sua actuação ilícita seja subsumível aos tipos de crime em apreço, em consequência da expansão do conceito de 'funcionário' para efeitos jurídico-penais, potenciada pelo Art. 386º do CPen."[90].

Por todo o exposto, podemos afirmar que o legislador extrapolou para áreas de incriminação que têm pouca relação com a intenção primordial, qual seja, reprimir a atividade empresarial, ultrapassando sua intenção primária e imputando às pessoas coletivas crimes sexuais, tráfico de drogas, terrorismo e procriação medicamente assistida. Porém, "vastos sectores persistem subtraídos a um sistema de responsabilização penal de entes colectivos, como no caso do mercado de valores mobiliários, dos direitos de autor e direitos conexos e, no caso do direito penal primário, na criminalidade patrimonial, na criminalidade falencial, como por ex., nalguns crimes contra a propriedade, como os abusos de confiança, de furto e receptação, entre outros"[91].

---

[90] JORGE DOS REIS BRAVO, *Direito Penal...* (cit. nt. 30), p. 207.
[91] *Idem, ibidem*, p. 248. Nesta sequencia, merecem destaque as palavras de JORGE DE FIGUEIREDO DIAS: "A responsabilidade penal das pessoas jurídicas está pois consagrada entre nós, constituindo mesmo um dos traços distintivos do direito penal secundário face ao direito penal clássico. Posto isto, cremos ser hoje pertinente questionar se mesmo em relação a este último deve continuar a valer a regra '*societas delinquere non potest*'. Em relação a muitos comportamentos qualificados como crimes, integrantes do chamado direito penal de justiça, valem com toda a propriedade os argumentos supra referidos para justificar a punição penal das pessoas colectivas ao nível do direito penal secundário. Só a título de exemplo, atente-se em crimes como a infracção de regras de segurança (art. 152º, nº 4, CP), o tráfico de pessoas (art. 159º CP), a devassa por meio de informática (art. 193º CP), a falsificação de documentos (arts. 256º-258º CP), a infracção de regras de construção (art. 277º CP), o tráfico de influência (art. 335º CP) e, de forma particularmente clara, os crimes contra o ambiente (arts. 278º-280º

Conclusão

A possibilidade da responsabilização penal das pessoas coletivas não é matéria nova e nem está perto de chegar a um fim pacífico. Mas devemos buscar a melhor aplicação da lei para o caso.

Do que se pode concluir que o legislador optou por imputar às pessoas coletivas e equiparadas apenas algumas condutas do Código Penal, abrangendo diferentes temáticas e tutelando bens jurídicos diversos. Em muitos casos não conseguimos entender a escolha do legislador, já que não pudemos estabelecer um nexo direto entre o cometimento do crime e o benefício da pessoa coletiva ou privilégio no cometimento dos mesmos, assim como não compreendemos a não imputação de outras condutas em face da existência de tal nexo. Desta forma, não conseguimos compartilhar a escolha realizada, já que aquelas outras poderiam perfeitamente fazer parte do rol de crimes, seguindo os mesmos critérios de imputação.

Mas conseguimos vislumbrar a linha de pensamento que justifica tal escolha, ou seja: dar cumprimento as orientações internacionais e comunitárias além de todas as recomendações do Conselho da Europa e Decisões-Quadro. Esta medida, no entanto, merece críticas, uma vez que apenas dá cumprimento às orientações e recomendações europeias, sem muito senso crítico e mesmo um estudo cuidado sobre a opção adotada e suas consequências.

Assim, mais coerente pareceria optar pela imputação de todos os crimes, como efetivamente ocorre em outros países da Europa, como França, Bélgica e Holanda, ou manter o posicionamento de responder apenas por crimes de caráter econômico ou financeiro ou onde seja possível a direta relação entre a conduta e a pessoa coletiva.

É de se recordar, ainda, que no ordenamento português há outras possibilidades de responsabilização penal das pessoas coletivas além dos

---

CP). Estes são, entre muitos outros, crimes em que não é possível a responsabilização de um ente colectivo, quando também aqui valem plenamente as já referidas necessidades de política criminal e podem ainda aduzir-se as objecções levantadas aos argumentos dogmáticos que defendem a exclusividade da responsabilidade individual" («Textos de direito penal – Doutrina geral do crime», in: *Lições ao 3º ano da Faculdade de Direito da Universidade de Coimbra*, Coimbra: Coimbra Editora, 2001, p. 25-26).

casos previstos no Art. 11º do Código Penal. Nestas legislações extravagantes[92], observamos uma maior compatibilidade entre a responsabilização e a natureza jurídica dos crimes.

---

[92] *Vide* Art. 3º da Lei da Criminalidade Informática (Lei nº 109/91); Art. 6º da Lei de Combate ao Terrorismo (Lei nº 52/2003); Art. 7º do Regime Geral das Infrações Tributárias (Lei nº 15/2001); Art. 3º do Regime Jurídico das Infrações Antieconómicas e Contra a Saúde Pública (Dec.-Lei nº 28/84); Art. 2º e 3º – marco de viragem normativa sobre a temática; Art. 43-A do Regime Jurídico da Procriação Medicamente Assistida (Lei nº 32/2006); Art. 96º do Regime de Responsabilidade Penal por Comportamento Antidesportivo (Lei nº 50/2007), que pune as condutas contra a verdade, lealdade e correção de atividades desportivas; Art. 182º do Regime Jurídico de Entrada, Permanência, Saída e Afastamento de Estrangeiros (Lei nº 23/2007); Art. 33-A do Dec.-Lei nº 15/93, punição do tráfico e consumo de estupefacientes; Art. 607º do Código do Trabalho, aprovado pela Lei nº 99/2003; Art. 95º da Lei nº 5/2006, Regime Jurídico das Armas e suas munições; Art. 4º da Lei nº 20/2008, Regime Penal de Corrupção no comércio Internacional e no Setor Privado; Art. 230º do Código de Propriedade Industrial (Dec.-Lei nº 36/2003) e Art. 13 da Lei contra criminalidade organizada e económico-financeira (Lei nº 5/2002).

O Crime Tentado em Casos de Autoria Mediata e Instigação: Um Olhar Sobre a Lei e a Jurisprudência[1]

Joana Morgado Margarido[2]

SUMÁRIO: Introdução. Parte A: A tentativa e a comparticipação – dimensões da sua conjugação. I. A Punibilidade da Tentativa. 1. Atos preparatórios e atos de execução. II. A Autoria Mediata e a Instigação (breves notas). 2. A autoria mediata. 3. A instigação. III. O crime tentado em casos de autoria mediata e instigação – questões preliminares. Parte B: O crime tentado em casos de autoria mediata e instigação – cinco casos jurisprudenciais de referência. IV. Análise e comentários a jurisprudência dos tribunais superiores. Conclusão.

Introdução

O presente artigo tem como principal objetivo promover a reflexão e a discussão sobre o tratamento dado pela lei e jurisprudência às matérias de comparticipação e tentativa no Direito Penal. Por essa razão, não se pretende que a referência aos importantes contributos da doutrina sobre esta temática seja exaustiva, antecipando-se, desde já, essa omissão.

---

[1] O presente texto corresponde ao Relatório Final apresentado, em junho de 2011, no âmbito da disciplina de Direito Penal do 3º ciclo em Direito, com o tema «Autoria e Participação no Código Penal e na Jurisprudência: Problemas de legalidade», lecionada pela Professora Doutora TERESA PIZARRO BELEZA.
[2] Doutoranda em Direito na Faculdade de Direito da Universidade Nova de Lisboa.

O contato mais próximo com as figuras da autoria e da participação criminosa no nosso direito suscitou, desde cedo, questões controversas relativamente à sua interligação com outras figuras do direito penal, como a tentativa, e foi neste ponto mais sensível que encontrámos legitimidade para desenvolver este estudo. Mediante uma recolha de jurisprudência dos nossos tribunais da Relação e do Supremo Tribunal de Justiça (STJ), vamos tentar identificar e discutir os raciocínios jurídico-penais que têm sido elaborados pelos nossos tribunais quando julgam situações que conjugam a realidade da comparticipação e do crime tentado, podendo atentar, de forma grave, contra o princípio da legalidade [artigo 1º do Código Penal (CP)] que, no direito penal, se reveste de especial acuidade e goza de previsão constitucional (artigo 29º, nº 3, da Lei Fundamental).

A teoria da comparticipação criminosa e a figura da tentativa no Direito Penal são duas questões que reúnem, em seu torno, divergências doutrinárias e jurisprudenciais relativamente à sua delimitação, conteúdo e aplicabilidade em determinados casos concretos. A problemática agudiza-se quando um caso reúne as duas realidades.

Para uma melhor organização e inteligibilidade deste pequeno artigo, consideramos importante assumir, desde já, algumas posições conceptuais que, por impossibilidade de maior desenvolvimento nesta sede, não poderemos expor criticamente. A primeira é a de entendermos que, tanto as disposições legais do CP que preveem as diferentes formas de autoria e participação, como as que regulam os requisitos para a punição de factos que figuram crimes tentados, representam, juridicamente, condições (necessariamente previstas legalmente) de extensão da tipicidade prevista nas disposições da parte especial do Código[3]. Uma situação que conjugue as duas realidades configura, portanto, uma dupla extensão dos tipos da parte especial[4].

---

[3] Este esclarecimento é especialmente importante, sobretudo porque não é uma ideia defendida pacificamente (note-se que, para o Professor EDUARDO CORREIA, a tentativa é uma figura que funciona como atenuante da pena abstratamente prevista para um determinado crime consumado – Cfr. EDUARDO CORREIA (com colaboração de JORGE FIGUEIREDO DIAS), *Direito Criminal – II Vol.*, Coimbra: Almedina, 2007, p. 225 e ss.

[4] TERESA QUINTELA DE BRITO, *A tentativa nos crimes comissivos por omissão: um problema de delimitação da conduta típica*, Coimbra: Coimbra Editora, 2000, p. 159, nota nº 209-a.

Em segundo lugar, esta exposição tem como objetivo apenas as figuras da autoria mediata e da instigação, uma vez que *(i)* a questão do início da tentativa pelo coautor, por exemplo, foi largamente explorada por Conceição Valdágua[5] e *(ii)* existem alguns acórdãos, nomeadamente um acórdão uniformizador de jurisprudência do nosso STJ de junho de 2009[6], especialmente reveladores da dificuldade que rodeia esta questão e que serão aqui discutidos e comentados.

Este artigo está dividido em duas partes. Na Parte A esperamos reconstruir, um pouco, o tratamento doutrinário e jurisprudencial das questões relacionadas com a tentativa e com a comparticipação que nos possam auxiliar, posteriormente, na análise pormenorizada dos acórdãos selecionados que, quanto a nós, revelam os contornos mais problemáticos das situações de crime tentado em casos de autoria mediata e instigação. Esta primeira parte iniciar-se-á com um capítulo reservado à temática da punibilidade da tentativa, bem como à distinção entre atos preparatórios e atos de execução. O segundo capítulo tentará reunir os aspetos mais relevantes em relação às figuras da autoria mediata e da instigação. O terceiro capítulo, num esforço de interligação dos dois capítulos antecedentes com a Parte B deste artigo e de reflexão sobre a legitimação deste estudo, reunirá os elementos mais importantes relativamente à prática de crimes na forma tentada em casos de comparticipação, sobretudo em casos de autoria mediata e instigação.

Para a Parte B, elegemos cinco acórdãos dos nossos tribunais superiores que tratam a questão do crime tentado em casos de autoria mediata e instigação e tentaremos elaborar comentários que revelem as questões mais relevantes, designadamente problemas de legalidade evidenciados por alguns raciocínios elaborados e pelas decisões assumidas pelos tribunais.

---

[5] Ver Maria da Conceição S. Valdágua, *Início da tentativa do co-autor – contributo para a teoria da imputação do facto na co-autoria*, Lisboa: Lex edições jurídicas, 2ª ed., 1993; Maria da Conceição S. Valdágua, «O início da tentativa do co-autor no direito penal alemão», in: *Revista da Faculdade de Direito da Universidade de Lisboa*, Vol. 29, 1988, 27-76.
[6] *Acórdão do STJ*, processo nº 09P0305, de 18/06/2009, Relator: Pires da Graça (Acórdão uniformizador de jurisprudência nº 11/2009, publicado em Diário da República, na I Série, nº 139, em 21/07/2009, p. 4566-4599).

Apesar de Roxin afirmar que *"resulta da natureza das coisas o não poder encontrar-se uma delimitação fina e milimétrica precisa"*[7], tentaremos encontrar, em algumas decisões jurisprudenciais, os pontos de apoio e os pontos críticos no caminho para o bom entendimento dos crimes tentados em casos de autoria mediata e instigação.

PARTE A
A Tentativa e a Comparticipação – Dimensões da sua Conjugação

I. A punibilidade da tentativa

Por que é a tentativa punível? Se não existe efetiva lesão do bem jurídico protegido e não é aceitável que a nossa legislação penal aceite a punição de meras intenções criminosas[8], por que é responsabilizável alguém que pratica determinados atos para concretizar uma decisão criminosa mas, por circunstancialismos diversos, não consuma a lesão do bem jurídico?

A figura da tentativa em Direito Penal, quando aplicada num caso concreto, suscita, frequentemente, questões de legalidade, *(i)* seja por estarmos perante a figura da tentativa impossível; *(ii)* seja porque a desistência exige sempre uma apreciação casuística passível de discussões pouco pacíficas; *(iii)* seja porque a fronteira entre os atos preparatórios (não puníveis) e os atos de execução que se quer tão demarcada é, tantas vezes, ténue. Com este quadro, e apesar de existirem muitas obras e estudos doutrinários fundamentais sobre o assunto, não podemos deixar de ousar remexer em questões que sempre se colocarão em relação à tentativa e, posteriormente, transportá-las para as temáticas relacionadas com as figuras de autoria e participação criminosa (veja-se, desde logo, que a formulação legal que prevê a figura da instigação – artigo 26º, última parte, do CP – utiliza o conceito de "atos de execução", conceito também utilizado no artigo 22º que prevê a punibilidade da tentativa).

---

[7] CLAUS ROXIN, *Problemas Fundamentais de Direito Penal*, 3ª ed., Lisboa: Vega, 1998, p. 305.
[8] O nosso Direito Penal assenta, fundamentalmente, num Direito Penal do Facto e não num Direito Penal do Agente. Cfr. VALDÁGUA, *Início da tentativa do co-autor...* (cit. nt. 3), p. 156-157.

O STJ[9] referiu que a punibilidade da tentativa radica *"(...) na aproximação típica, pelo abalo e intranquilidade provocado na confiança comunitária na força vinculativa da norma, pela impressão negativa que causa comunitariamente pela violação de bens e valores jurídicos (teoria da impressão), que é imperioso preservar (...)"*. Esta citação é, na nossa opinião, especialmente relevante, uma vez que nos obriga a definir se a ilicitude da tentativa foi marcada, pela nossa lei, no momento em que existe uma ameaça de lesão ao bem jurídico ou se se basta com a impressão dessa ameaça. A decisão deve ser tomada considerando a previsão legal da punibilidade da tentativa impossível não manifesta. Apesar de não nos querermos deter nesta questão, gostaríamos de assumir, à semelhança do que refere Teresa Brito[10], que é o artigo 23º, nº 3, que fornece o conteúdo da ilicitude à figura da tentativa, seja possível (onde existe uma efetiva colocação em perigo do bem jurídico) ou impossível não manifesta (onde existe a mera impressão dessa colocação em perigo). A ilicitude da tentativa é, portanto, essa impressão de colocação em perigo do bem jurídico, e cujos atos a ela reconduzíveis são apurados à luz das alíneas do nº 2 do artigo 22º do CP.

O conceito de bem jurídico (cuja delimitação aqui não é de somenos importância se considerarmos que a figura da tentativa amplia o âmbito da sua proteção para momentos anteriores ao da sua lesão efetiva ou mesmo da sua efetiva colocação em perigo) encontra a sua previsão legal nos diferentes artigos da parte especial do nosso CP. Contudo, a problematização desta questão pode colocar-se, precisamente, no momento em que a ameaça de lesão do bem jurídico é criminalmente relevante. E ainda que esses momentos possam estar legalmente previstos no artigo 22º do CP, este conceito de bem jurídico não deve abandonar-nos nas reflexões que forem lançadas neste artigo, já que é no momento (objetivo) em que a ofensa[11] a esse bem jurídico se torna próximo, que o direito penal legitima a sua intervenção.

---

[9] *Acórdão do STJ*, processo nº 09P0240, de 19/03/2009, Relator: ARMINDO MONTEIRO.
[10] BRITO, *A tentativa nos crimes comissivos por omissão...* (cit. nt. 2), p. 178-179.
[11] Alguns autores portugueses utilizam o conceito de "ofensividade", conceito adotado da doutrina italiana. Ver, MARIA FERNANDA PALMA, *Da Tentativa Possível em Direito Penal*, Coimbra: Almedina, 2006, p. 30; JOSÉ DE FARIA COSTA, «Tentativa e Dolo Eventual», in: *Estudos em Homenagem ao Prof. Doutor Eduardo Correia*, I, Coimbra: BFDUC, número especial, 1984, p.

1. Atos Preparatórios e Atos de Execução

Os atos preparatórios, de acordo com a nossa legislação penal atual, não são, regra geral, puníveis (artigo 21º do CP), uma vez que a lei considerou não ser admissível essa antecipação da tutela penal[12] face aos princípios basilares que edificam a nossa lei criminal. Esta referência é, para nós, especialmente importante, uma vez que o conceito de atos preparatórios, a ser mal preenchido casuisticamente, poderá resultar numa violação do princípio da legalidade, cuja gravidade, no palco do direito penal, é especialmente intensa.

Apesar de a nossa lei conter, no seu artigo 22º, uma descrição de atos de execução que marcam o início da tentativa e, por conseguinte, o início da punibilidade dos atos praticados por determinado(s) agente(s), a formulação legal não oferece instrumentos seguros e claros para a definição, em cada caso concreto, da prática de atos de execução ou de meros atos preparatórios, pelo que a jurisprudência tem procurado definições mais precisas nesta construção da fronteira, que tem de ser bem vincada, entre atos preparatórios e atos de execução de um crime[13].

No Código Penal de 1995, abandonou-se a definição legal de atos preparatórios, previsto no artigo 14º do antigo Código, que determinava que atos preparatórios eram *"os actos externos conducentes a facilitar ou preparar a execução do crime que não constituem ainda começo de execução"*. Esta formulação, existindo atualmente, talvez não pudesse desempenhar um auxílio muito relevante nas dúvidas que, diariamente, se colocam aos nossos aplicadores do direito, uma vez que o conceito de atos preparatórios não pode, de facto, ser definido em termos abstratos. Em todos os casos, é necessário apreciar o que é um ato preparatório em relação àquele crime (consumado ou na forma tentada) e ainda em relação *"à estrada que é*

---

719. O *Acórdão do TRC*, processo nº 702/06.8GBCNT-A.C1, de 12/09/2007, Relator: Gabriel Catarino, usa o conceito de "lesividade" para expressar a mesma ideia.

[12] Manuel Lopes Maia Gonçalves, *Código Penal Português. Anotado e Comentado – Legislação Complementar*, Coimbra: Almedina, 18.ª ed., 2007, p. 131.

[13] Cfr. *Acórdão do STJ*, processo nº 08P3277, de 02/04/2009, Relator: Souto Moura, refere que os atos de execução *"(...) praticados, que integram o elemento objectivo da tentativa, devem integrar-se num comportamento que o agente decidiu levar a cabo, comportamento esse que, globalmente considerado, é crime"*; *Acórdão do TRP*, processo nº 0714132, de 30/01/2008, Relator: Borges Martins; *Acórdão do TRP*, processo nº 0845984, de 21/01/2009, Relator: Cravo Roxo.

percorrida"[14] pelo agente no modo de execução que escolheu para realizar determinada resolução criminosa. Para além disso, o conceito de atos de execução não esgota o seu conteúdo na verificação de uma situação de crime tentado, nem o conceito de *iter criminis* se dilui com a consumação de um crime. Apesar de tradicionalmente associado ao estudo da figura da tentativa em Direito Penal, o conceito de *iter criminis* é a progressão/sequência de atos (alguns preparatórios, outros de execução de acordo com os requisitos previstos legalmente) praticados por determinada pessoa que comete determinado crime, e isto verifica-se seja num crime na forma tentada seja num crime consumado.

Apesar desta dificuldade, existem três critérios que são tradicionalmente apontados pela doutrina para definir a fronteira entre os atos preparatórios (que, regra geral, não são puníveis) e os atos de execução[15]: o critério formal-objetivo, o critério material-objetivo e o critério subjetivo. Mais importante do que descrever o conteúdo destes conceitos, é refletir sobre a forma como estes conceitos tiveram acolhimento na nossa lei no artigo 22º, nº 2, do CP:

(i) A alínea *a)* determina que são atos de execução aqueles que preenchem um elemento constitutivo de um tipo de crime. É um critério formal-objetivo que será aplicado a crimes cuja descrição legal englobe, por si, certos comportamentos que se revestem de tipicidade. É o exemplo da burla (artigo 217º do CP)[16] ou do tráfico de droga previsto no Decreto-Lei nº 15/93, de 22 de janeiro, cujo artigo 21º é bastante pormenorizado sobre as condutas/atos que podem preencher um tipo legal para o crime de tráfico. Contudo, a problemática surge quando estamos perante um crime cuja prática se pode reconduzir a inúmeros comportamentos que a lei não pode identificar e individualizar. Por essa razão, o CP português

---

[14] Levy Maria Jordão (Visconde de Paiva Manso), *Commentario ao codigo penal portuguez*, 01, Lisboa, 1853-1854, disponível em: <www.fd.unl.pt>, consultado em: 02 jun. 2011.

[15] Sobre esta divisão conceitual, ver: *Acórdão do STJ*, processo nº 042582, de 01/04/1992, Relator: Noel Pinto. Ver também, a título de exemplo, de forma a ilustrar a importância que alguma jurisprudência ainda confere a esta divisão clássica, *Acórdão do STJ*, processo nº 09P0240, de 19/03/2009, Relator: Armindo Monteiro.

[16] Sobre a discussão da distinção entre atos preparatórios e atos de execução num crime de burla, ver: *Acórdão do TRC*, processo nº 3756/04, de 02/03/2005, Relator: Belmiro Andrade.

adicionou dois conceitos presentes nas alíneas *b)* e *c)*[17]: um critério de idoneidade e um critério de proximidade sequencial[18], reconduzidas, frequentemente, ao critério material-objetivo;

(ii) A alínea *b)*, sobre a idoneidade dos meios empregues, deve ser interpretada com recurso a um juízo de perigosidade daquela conduta que deve ser apreciada de acordo com o padrão do homem médio, com as características específicas daquele caso e os conhecimentos próprios daquele agente, na altura em que os atos foram praticados. Maria Fernanda Palma refere que, tanto o requisito da idoneidade presente nesta alínea *b)*, como o requisito previsto na alínea *c)*, exigem mais do que um juízo subjetivo. As referências à idoneidade e às regras de experiência comum requerem um entendimento mínimo, segundo a experiência e critérios verdadeiramente objetivos, sobre a suscetibilidade de a consumação se produzir, cumprindo-se a exigência de uma conexão necessária entre determinado(s) comportamento(s) e um ilícito-típico[19]. Este requisito previsto na alínea *b)* não dispensa, ainda assim, uma diminuição efetiva de segurança do bem jurídico. Sobre este assunto refere Teresa Brito que a exigência não é colocada nos mesmos termos em que aparece na alínea *c)*, mas tem de existir alguma imediaticidade entre a prática daquele ato idóneo e a potencial lesão do bem jurídico que concretize a ilicitude da tentativa, ou seja, que concretize a ameaça (ou a impressão de ameaça) de lesão do bem jurídico protegido, utilizando o exemplo de alguém que coloca um dispositivo quatro dias antes do incêndio. Apesar de o momento em que o agente programa o dispositivo preencher a alínea *b)*, ficará por respeitar, ainda, o requisito da ameaça potencial ao bem jurídico que deverá revelar uma insegurança efetiva para o bem jurídico protegido[20]. Na nossa opinião, este raciocínio decorre da compreensão da própria ilicitude na tentativa. Ou seja, não é necessário que esteja na alí-

---

[17] Ver, *Acórdão do STJ*, processo n.º 042582, de 01/04/1992, Relator: NOEL PINTO, que refere que *"nem todos os tipos criminais descrevem contudo actividades a que possa subsumir-se a conduta do agente. Daí que ao lado de um critério puramente formal a lei adopte um critério objectivo definindo também como actos de execução"*.
[18] PALMA, *Da Tentativa Possível em Direito Penal* (cit. nt. 9), p. 45-46.
[19] PALMA, *Da Tentativa Possível em Direito Penal* (cit. nt. 9), p. 67 e 147.
[20] BRITO, *A tentativa nos crimes comissivos por omissão...* (cit. nt. 2), p. 184-185.

nea *b)* que, para além de ser idóneo, o ato deve ter, também, alguma proximidade temporal com a consumação do crime para se verificar se existe ou não uma efetiva ameaça ao bem jurídico, porque isso decorre da própria figura da tentativa, dos exigentes pressupostos para que esta alargue o tipo dos crimes previstos na parte especial do Código e, igualmente, da própria figura da desistência, cujo relevância está prevista legalmente no artigo 24º e que, naquele momento, ainda é possível;

(iii) A exigência na alínea *c)* de proximidade temporal entre os atos praticados e o preenchimento do tipo ou a prática de um ato idóneo poder ser abstratamente fixada enquanto "momento imediatamente anterior". Jakobs refere que o argumento da proximidade temporal não pode ser inflexível, no sentido em que não obsta a que possamos considerar a existência de um crime na forma tentada mesmo que os atos praticados e o preenchimento do tipo legalmente previsto estejam, ainda, distantes, desde que se considere que o autor não o poderá concretizar mais rapidamente[21]. Esta afirmação deve ser conjugada, em cada caso, com o tipo de crime que se praticou na forma tentada, com os seus contornos específicos, se este se coaduna ou não com uma atuação marcada por lapsos temporais mais alargados e, bem assim, de acordo com o momento que se deve marcar para se considerar que existe uma impressão de ameaça de lesão do bem jurídico protegido. Relativamente à melhor interpretação do disposto na alínea *c)*, o Tribunal da Relação de Coimbra refere que devem ser considerados atos de execução aqueles *"(...) que, numa avaliação objectiva, evidenciam que o comportamento ainda formalmente atípico está tão estreitamente vinculado com a verdadeira acção executiva que se pode passar à fase decisiva do facto sem necessidade de passos intermédios essenciais"*[22]. Certo parece ser que não deverá ser uma proximidade marcada pelo "tempo dos relógios"[23], mas por um tempo marcado pela lógica (mais um elemento objetivo) de sequência dos atos. Assim, a imediaticidade deve estar associada à emergência do perigo e da ameaça ao bem jurídico.

---

[21] GÜNTHER JAKOBS, *Derecho Penal: parte general - fundamentos y teoría de la imputación*, trad. JOAQUIN CUELLO CONTRERAS e JOSE LUIS SERRANO GONZALEZ DE MURILLI, Madrid: Marcial Pons, 1995, p. 885.
[22] *Acórdão do TRC*, processo nº 13/07.1GAMGR.C1, de 28/10/2009, Relator: ALBERTO MIRA.
[23] PALMA, *Da Tentativa Possível em Direito Penal* (cit. nt. 9), p. 143-144.

Roxin, em várias formulações, coloca o assento tónico num momento em que já existe uma diminuição de proteção na esfera da vítima, estando a sua lesão efetiva separada por um (curto) lapso temporal.[24]-[25]

O critério subjetivo, que não teve acolhimento na nossa lei, define como atos de execução aqueles que forem cometidos pelo potencial agente do crime depois de tomada a sua decisão, irreversível, na realização do ato criminoso[26]. A figura da tentativa, apesar de ser uma extensão da tipicidade prevista nos artigos da parte especial e, dessa forma, antecipar a tutela penal para um momento em que não houve lesão efetiva do bem jurídico protegido, não dispensa uma dimensão objetiva verificável de potencial risco dessa lesão[27]. Parece-nos que o próprio requisito

---

[24] ROXIN, *Problemas Fundamentais de Direito Penal* (cit. nt. 5), p. 313.
[25] Relativamente à proximidade, ver, a título de exemplo, *Acórdão do Tribunal Judicial de Santarém* (número de processo e data indisponíveis), Descritores: homicídio na forma tentada, instigação, forma de autoria moral, disponível em: <www.oa.pt>, consultado em: 15 jun. 2011; *Acórdão do STJ*, processo nº 08P1787, de 15/07/2008, Relator: SOUTO DE MOURA, que refere, relativamente a um crime de tráfico de estupefacientes na forma tentada, que: "Os actos praticados pelo recorrente *situaram-se temporalmente muito próximos* do transporte projectado. Os actos praticados eram unívocos e inequívocos por isso: só tinham explicação com vista ao transporte», acrescentando, ainda, para fundamentar a aplicação da alínea c) do nº 2 do artigo 22º a este caso, que «os actos praticados ligam-se ao acto típico (no caso do transporte) numa unidade, segundo uma *concepção natural, ou segundo uma normalidade social*" (destaques nossos). O *Acórdão do TRP*, processo nº 0714132, de 30/01/2008, Relator: BORGES MARTINS, também faz menção à característica da *inequivocidade* para distinguir os atos de execução dos preparatórios.
[26] EDUARDO CORREIA, *Direito Criminal: tentativa e frustração; comparticipação criminosa; pena conjunta e pena unitária*, Coimbra: Arménio Amado, Col. *Studium*, Temas filosóficos, jurídicos e sociais, 1953, p. 14 e 15.
[27] A questão da punibilidade da tentativa impossível parece não respeitar estes princípios, uma vez que é possível punir-se o agente mesmo quando o crime cometido na forma tentada fosse impossível de ser consumado, seja por inexistência do objeto, seja por os meios empregues para atingir determinado resultado criminalmente punível serem inidóneos, situações que, objetivamente, não podem configurar sequer uma verdadeira ameaça ao bem jurídico protegido. Contudo, os requisitos exigidos no nº 3 do artigo 23º, como a inaptidão do meio empregue pelo agente ou a inexistência do objeto essencial à consumação do crime não poderem ser manifestas, conferem à punibilidade da tentativa impossível a sua dimensão objetiva que pauta a criminalização desta figura (Ver, VALDÁGUA, *Início da tentativa do co-autor...* (cit. nt. 3), p.159). Ora, ainda que, naquele caso concreto, devido a circunstancialismos associados àquele agente e/ou àquela situação particular, determinada conduta não fosse de todo idónea a lesar ou ameaçar determinado bem jurídico, a verdade é que, em abstrato, esta conduta

da ilicitude na tentativa depende disso[28], ainda que o preenchimento do tipo subjetivo não seja irrelevante, desde logo, porque as tentativas a título de negligência não são puníveis.

Acresce que o acesso ao plano concreto do agente (que representa o grande mérito desta teoria subjetivista) pode ser importante na definição do que são atos preparatórios e o que são atos de execução perante aquilo que já tiver sido praticado pelo agente, na medida em que, e como já referimos, o preenchimento casuístico dos conceitos de atos preparatórios e atos de execução não dispensa a subsunção destes ao tipo de crime que se quis consumar. O conceito de atos de execução é, por esta razão e forçosamente, um "conceito de relação"[29], mas esse aspeto não fragiliza, de maneira alguma, a objetividade desta formulação, uma vez que essa relação é promovida, também, pelas teorias objetivistas, pois estas exigem dos atos de execução uma conexão forte com uma conduta típica que inclui, na nossa opinião, o tipo objetivo e subjetivo.

Também Eduardo Correia, numa das questões debatidas pela Comissão Revisora do Código Penal, defendeu que, sem se ter de aderir à teoria finalista de Welzel que recorre, fundamentalmente, à finalidade do ato ou à intenção do agente (numa dimensão claramente subjetivista), o recurso ao plano do agente é sempre útil para *"(...) que se diagnostique um acto como acto de execução"*[30]. Nesta altura, a questão colocou-se com maior acuidade, uma vez que estava em discussão o antigo artigo 21º que previa, na proposta de lei, que *"há tentativa quando o agente pratica actos de execução de um crime que, todavia, não vem a consumar-se"*, tendo sido alterada, sobretudo por proposta do Professor Gomes da Silva, pela formulação, "há tentativa de um crime quando o agente pratica actos de execução *dele e* contudo o

---

poderia ter atingido, de forma suficientemente grave, a proteção dos bens jurídicos penalmente protegidos. Cfr. Costa, «Tentativa e Dolo Eventual» (cit. nt. 9), p. 729 ss.

[28] Eduardo Correia não nos deixa esquecer que a tentativa, enquanto facto criminalmente punível, obrigatoriamente tem de conter um momento de ilicitude, neste caso, um comportamento que nega os valores jurídico-criminais na forma de perigo de lesão de bens jurídicos tutelados pelo Direito Penal reconduzíveis a um certo tipo legal de crime. Cfr. Correia, *Direito Criminal – II Vol.* (cit. nt. 1), p. 229.

[29] Brito, *A tentativa nos crimes comissivos por omissão...* (cit. nt. 2), p. 166, nota nº 226.

[30] Comissão Revisora do Código Penal, *Actas das Sessões da Comissão Revisora do Código Penal – Parte Geral*, Vol. I, Lisboa: AAFDL, 1979, p. 168.

crime não se consuma" (destaque nosso)[31]. Atualmente, a *ratio* que justificou a inclusão desta disposição legal em relação à tentativa e que, nesta segunda formulação, revela a importância que o plano do agente tem na definição do tipo de crime que foi cometido na forma tentada, está hoje presente, quanto a nós, no próprio nº 1 do artigo 22º que dispõe que "há tentativa quando o agente praticar actos de execução de um crime *que decidiu cometer,* sem que este chegue a consumar-se" (destaque nosso). Na nossa opinião, este preceito legal não só sublinha o propósito legislativo de não se punirem as tentativas negligentes, como admite que apenas o recurso ao plano concreto do agente pode esclarecer, em muitos casos, que ilícito-típico foi cometido na forma tentada.

Apesar da previsão do artigo 22º e dos contributos constantes e preciosos da doutrina, estes não resolvem o conceito de execução. Para cada crime da parte especial, o artigo 22º revelará atos de execução distintos[32] e não se trata, em nenhum momento, da consagração de um critério de *indispensabilidade* daquele ato para a consumação de determinado ilícito-típico, nem do ponto de vista do próprio agente, nem de um ponto de vista abstrato ou objetivo. Um ato pode ser indispensável para a consumação de determinado crime e ser, ainda assim, um ato preparatório. E apesar de esta conclusão resultar relativamente evidente da letra do artigo 22º, a jurisprudência, como veremos, recorre, por vezes, a este critério para distinguir atos preparatórios de atos de execução.

II. A autoria mediata e a instigação (breves notas)

As discussões que se têm produzido em torno da teoria da comparticipação criminosa são numerosas e complexas, pelo que teremos de fazer um esforço para delimitar a discussão, não só às duas figuras escolhidas, mas também aos aspetos que possam justificadamente surgir na sua ligação com a figura da tentativa.

Alguma doutrina[33] tem distinguindo a comparticipação entre autoria e participação, contudo, as figuras que a cada um dos conceitos se devem

---

[31] Comissão Revisora do Código Penal, *ibidem,* p. 167 e ss.
[32] Brito, *A tentativa nos crimes comissivos por omissão...* (cit. nt. 2), p. 33.
[33] Ver, a mero título de exemplo, Jorge de Figueiredo Dias, *Direito Penal – Parte Geral, Tomo I: Questões fundamentais; a doutrina geral do crime,* Coimbra: Coimbra Editora, 2ª Ed., 2007,

reconduzir está longe de unanimidade. Da nossa parte, e sem prejuízo de uma explicação mais pormenorizada, queremos começar por assumir que, de acordo com a nossa legislação penal, devem ser consideradas, como formas de autoria, a autoria singular, a autoria mediata e a coautoria, e, como formas de participação, a instigação e a cumplicidade[34].

Apesar de não querermos centrar esta reflexão nos contributos que, sobre esta matéria, nos foram fornecidos por Roxin, uma referência é-lhe sempre devida, sobretudo porque a própria jurisprudência recorre a esses conceitos com muita frequência para interpretar o conteúdo do nosso artigo 26º[35]. Desta forma, Roxin interpretou o conceito de "domínio do facto", reservado às figuras de autoria (e ausente nas figuras englobadas pela participação), como contendo três subprincípios: o "domínio da ação" que corresponde, no geral, à atuação do autor imediato; o "domínio da vontade" que deve ser reconduzido ao comportamento do autor mediato; e o "domínio funcional do facto", específico da figura da coautoria[36]. Apenas estes detêm, segundo esta teoria, *"(...) a possibilidade*

---

p. 757 ss.; MIGUEL PEDROSA MACHADO, «Para uma síntese do conceito jurídico-penal de comparticipação (numa perspectiva de comparação Luso-Brasileira)», in: *Ab Vno Ad Omnes*, 75 anos da Coimbra Editora, 1920-1995, org. ANTUNES VARELA, [et al.], 1998, 763-772, p. 767.

[34] Neste sentido, ver *Acórdão do STJ*, processo nº 06P2812, de 18/10/2006, Relator: SANTOS CABRAL; *Acórdão do STJ*, processo nº 04P136, de 31/03/2004, Relator: HENRIQUES GASPAR.

[35] Ver, *Acórdão do STJ*, processo nº 09P0305, de 18/06/2009, Relator: PIRES DA GRAÇA (Acórdão uniformizador de jurisprudência nº 11/2009, publicado em Diário da República, na I Série, nº 139, em 21 jul. 2009, p. 4566-4599) que descreve, com algum pormenor, esta teoria e outras relacionadas com a comparticipação.

[36] CLAUS ROXIN, *Autoría y dominio del hecho en derecho penal*, trad. da 7ª ed. alemã por JOAQUÍN CUELLO CONTRERAS e JOSÉ LUIS SERRANO GONZÁLEZ DE MURILLO, prol. MANUEL COBO DEL ROSAL, Madrid: Marcial Pons, 7ª ed., 2000, p. 337; Ver, também, MARIA DA CONCEIÇÃO S. VALDÁGUA, «Figura central, aliciamento e autoria mediata: contributo para uma crítica intra-sistemática da doutrina de Claus Roxin sobre a delimitação da autoria mediata face à participação, no âmbito dos crimes de domínio», in: *Direito e Cidadania*, Praia, A. 4, nº 12-13, 2001,101-118, p. 104-105; VALDÁGUA, *Início da tentativa do co-autor...* (cit. nt. 3), p. 68; Cfr. jurisprudência que segue esta divisão concetual: *Acórdão do STJ*, processo nº 08P3547, de 26/02/2009, relator: ARMÉNIO SOTTOMAYOR; *Acórdão do STJ*, processo nº 09P0583, de 15/04/2009, Relator: FERNANDO FRÓIS; *Acórdão TRC*, processo nº 6/07.9 GBAGD.C1, de 21/04/2010, Relator: BRÍZIDA MARTINS.

de dominar, finalisticamente, a realização do tipo legal, ou seja, a possibilidade de a deixar continuar, a deter ou interromper"[37/38].

Com o conceito de "domínio da vontade", específico da figura da autoria mediata (aquela que, nesta divisão concetual, mais nos interessa), inauguraram-se outros, muito utilizados pela doutrina e jurisprudência, como "homem da frente" e "homem de trás"[39], correspondendo o primeiro ao agente executor [atuando por coação, erro ou por assumir a posição de um agente altamente fungível porque inserido num aparelho organizado de poder[40]] e o segundo ao autor mediato que, por deter o domínio da vontade, detém o domínio daquele facto e é o verdadeiro autor do ilícito-típico praticado[41]. Na nossa opinião, e apesar de isso não resultar claro da doutrina e da jurisprudência, estes conceitos de "homem da frente" e "homem de trás" não fazem sentido em situações de instigação. Mesmo que seja feita a correta interpretação da figura da instigação como forma de participação e não de autoria e que se exija, com rigor, a execução ou início da execução por parte do instigado para se poder punir o instigador pela prática (por outrem) de determinado crime, não deveremos referir-nos ao instigador como "homem de trás"

---

[37] CORREIA, *Direito Criminal...* (cit. nt. 1), p. 248. Ver, também, TERESA PIZARRO BELEZA, *Direito Penal – 2º Vol.*, Lisboa: AAFDL, 1985, p. 394.
[38] *Acórdão do STJ*, processo nº 08P3183, de 12/11/2008, Relator: OLIVEIRA MENDES; *Acórdão do STJ*, processo nº 08P3547, de 26/02/2009, Relator: ARMÉNIO SOTTOMAYOR.
[39] Ver, *Acórdão do TRP*, processo nº 0412956, de 08/02/2006, Relator: ÉLIA SÃO PEDRO.
[40] ROXIN, *Autoría y dominio del hecho en derecho penal* (cit. nt. 34), p. 166.
[41] Apesar de serem estas as três fórmulas indicadas por Roxin como podendo configurar uma situação de autoria mediata, a impunidade do agente executor não é assegurada em todas elas, nem através dos mesmos raciocínios jurídico-penais. Se, em situações de erro ou coação física parece não existir, sequer, por parte do agente executor, um conhecimento e/ou ação dirigidos à prática de um ilícito típico (em casos de coação física poderá até dizer-se que existe autoria imediata pelo autor da coação que domina a ação como se utilizasse outro material qualquer), já em alguns casos de coação psicológica, estando preenchida a tipicidade e a ilicitude por parte do agente executor, poderá estar em causa uma situação de instigação: alguém (o instigador), dolosamente, determina outra pessoa à prática do facto, seja por contrapartida monetária, seja por ameaça. Mas o agente imediato, nestes casos, pratica um facto que decidiu cometer, é ele que domina a sua própria ação e exerce a sua vontade de cometer determinado crime, ainda que essa atuação possa não lhe ser censurável. Ainda assim, parece-nos que a solução deverá ser encontrada no tipo de coação psicológica que é exercida, de forma a aferir onde reside efetivamente o domínio da decisão.

e ao instigado como "homem da frente", uma vez que essas expressões devem ser reservadas a situações de instrumentalização que é exclusiva da autoria mediata. Se nos contivermos, também, neste pormenor, talvez o respeito pelo princípio da legalidade seja mais fácil de acautelar[42].

2. A autoria mediata

A autoria mediata está prevista na nossa lei na formulação *"é punível como autor quem executar o facto por intermédio de outro"*. Esta formulação tem sido empregue em situações em que o autor mediato instrumentaliza um terceiro que comete, materialmente, os factos penalmente puníveis, mas que não detém qualquer domínio sobre eles, seja porque age sob coação, porque é induzido em erro, ou porque é altamente fungível[43]. Roxin encontrou no conceito de "domínio da vontade" o conteúdo necessário para reconduzir a esta figura, na qual aquele que detém o domínio do facto não é quem pratica (corporalmente) os atos[44]. Com efeito, o autor mediato deve ser considerado autor do crime, uma vez que é ele que detém o *"superior dominio sobre la decisión"*[45] de cometer aquele facto criminalmente punível. E tudo isto decorre, na nossa opinião, da própria letra do artigo 26º que considera que é considerado autor *"quem executar o facto* por intermédio de outrem", ou seja, de acordo com a nossa lei, quem executa o facto é, nestes casos, quem o faz por intermédio de outrem. Como refere um Acórdão do TRP, "o autor mediato não responde por aquilo que outro faz, mas pelo que ele realiza através de outrem, ou seja, *não responde por um ilícito alheio, mas, antes, por um ilícito próprio"*[46] (destaques nossos), acrescentando outro acórdão do mesmo Tribunal que, na autoria mediata, existe uma *"(...) degradação de um ser humano à categoria de mero meio material (e, por isso mesmo, não livre) para a realização*

---

[42] Ver, *Acórdão do STJ*, processo nº 09P0305, de 18/06/2009, Relator: PIRES DA GRAÇA (Acórdão uniformizador de jurisprudência nº 11/2009, publicado em Diário da República, na I Série, nº 139, em 21/07/2009, p. 4566-4599) que usa esses dois conceitos tanto em casos de autoria mediata como de instigação acabando por decidir, erradamente, pela qualificação daquela situação de comparticipação.

[43] BELEZA, *Direito Penal...* (cit. nt. 35), p. 406.

[44] ROXIN, *Autoría y dominio del hecho en derecho penal* (cit. nt. 34), p. 166.

[45] JAKOBS, *Derecho Penal: parte general...* (cit. nt. 19), p. 763.

[46] *Acórdão do TRP*, processo nº 0443152, de 24/11/2004, Relator: PINTO MONTEIRO.

de determinados fins delitivos (e por isso se pode e deve afirmar que o autor mediato mantém, durante o decurso da execução do facto, o domínio sobre o desenrolar dos acontecimentos)"[47].

No Código Penal de 1886, a figura da autoria mediata e da instigação tinham um tratamento legal indistinto, ambas reconduzidas ao conceito de "autoria moral". O artigo 20º desse diploma legal, sobretudo nos números 2º, 3º e 4º, previa situações de violência psíquica, ameaça, abuso de autoridade, mas também dádiva, promessa, conselho ou pedido como podendo compreender situações de autoria moral. Esta referência não é de somenos importância, uma vez que alguma jurisprudência ainda se refere aos casos de autoria mediata e instigação como formas de autoria moral[48].

3. A instigação

No artigo 26º do CP, a instigação está prevista na formulação legal: *"quem, dolosamente, determinar outra pessoa à prática do facto, desde que haja execução ou começo de execução"*, ou seja, quem criar no autor uma vontade[49], até aí inexistente, de praticar um facto criminalmente punível. Frederico Costa Pinto acrescenta que a atuação do instigador é sempre uma influência de natureza psíquica, mas que pode ser acompanhada por determinados atos que decidam o sucesso dessa determinação[50], como o pagamento de uma quantia que, nos casos jurisprudenciais que serão analisados neste artigo, foi utilizado pelos arguidos nas situações aí em apreciação.

---

[47] *Acórdão do TRP*, processo nº 0412956, de 08/02/2006, Relator: ÉLIA SÃO PEDRO.
[48] A lista é bastante extensa, inclusivamente, com alguns acórdãos muito recentes. Ver, a título de exemplo, *Acórdão do TRP*, processo nº 0344781, de 10/11/2004, Relator: TEIXEIRA PINTO; *Acórdão do TRP*, processo nº 9740859, de 19/08/1997, Relator: DIAS FERREIRA; *Acórdão do TRP*, processo nº 0412956, de 08/02/2006, Relator: ÉLIA SÃO PEDRO (considera a instigação uma forma de autoria moral a par da autoria mediata e qualifica a autoria moral como forma de participação à semelhança da cumplicidade); *Acórdão do TRP*, processo nº 1971/08.4TTPRT.P1, de 02/05/2011, Relator: PAULA LEAL DE CARVALHO; *Acórdão do TRP*, processo nº 760/09.3PPPRT-A.P1, de 20/10/2010, Relator: MELO LIMA.
[49] *Acórdão do STJ*, processo nº 06P2816, de 12/10/2006, Relator: CARMONA DA MOTA.
[50] FREDERICO DE LACERDA DA COSTA PINTO, *A relevância da desistência em situações de comparticipação: um estudo sobre a validade e limites da solução consagrada no artigo 25º do código penal de 1982*, Coimbra: Almedina, 1992, p. 284.

Helena Mourão refere que a instigação é uma forma de participação e não de autoria, revestindo, por esse motivo, uma natureza acessória[51], uma vez que a própria ilicitude é determinada, sobretudo, pela atuação do autor material[52], ou seja, do instigado. Também Teresa Beleza refere que a instigação é *"uma forma de participação num crime alheio, e não uma forma de autoria"*[53] e Frederico Costa Pinto acrescenta que os instigadores e os cúmplices são participantes por não possuírem qualquer forma de domínio sobre o facto executado pelo autor[54]. A própria letra da lei, na parte em que define a instigação, sublinha que quem executa o facto na instigação não é o instigador. Veja-se a diferença entre a construção que foi adotada para a figura da autoria mediata: nesta, a lei afirma que é o autor mediato que executa o crime (por intermédio de outro, é certo), na instigação, o instigador apenas determina outrem a executar determinado crime, mas nunca é autor deste, mesmo que o crime seja consumado, sendo o instigador apenas equiparado ao autor para efeitos da sua forma de punição e nunca relativamente aos requisitos exigidos para a sua própria punibilidade.

Nem toda a doutrina e jurisprudência entendem assim. Vítor Pereira refere que o instigador tem o domínio do facto através do domínio da decisão do instigado de cometer o crime e que, à semelhança do que acontece na autoria mediata, também existe um "homem da frente" e um "homem de trás" que exerce a sua influência sobre o primeiro[55], devendo o instigador, por estas razões, ser considerado como autor. Esta

---

[51] Por esta posição, ver *Acórdão do STJ*, processo nº 06P2812, de 18/10/2006, Relator: SANTOS CABRAL; *Acórdão do TRC*, processo nº 702/06.8GBCNT-A.C1, de 12/09/2007, Relator: GABRIEL CATARINO; *Acórdão TRC*, processo nº 6/07.9 GBAGD.C1, de 21/04/2010, Relator: BRÍZIDA MARTINS.

[52] HELENA MOURÃO, *Da instigação em cadeia: contributo para a dogmática das formas de comparticipação na instigação*, Tese de mestrado em Ciências Jurídico-Criminais apresentada à Universidade de Lisboa através da Faculdade de Direito, 2004, p. 120.

[53] BELEZA, *Direito Penal....* (cit. nt. 35), p. 411.

[54] COSTA PINTO, *A relevância da desistência...* (cit. nt. 48), p. 283. O *Acórdão do STJ*, processo nº 07P014, de 15/02/2007, Relator: PEREIRA MADEIRA, defende também que o instigador não detém o domínio da ação.

[55] VÍTOR DE JESUS RIBAS PEREIRA, *Da punibilidade da tentativa*, Dissertação para a obtenção do grau de Mestre em Direito Penal sob a orientação do Professor Doutor JOSÉ FRANCISCO DE FARIA COSTA apresentada na Faculdade de Direito da Universidade de Coimbra, 2009, p. 114-115, disponível em: <https://estudogeral.sib.uc.pt>, consultado em: 15 jun. 2011.

interpretação (errada, quanto a nós) é corroborada por algumas decisões judiciais[56].

Esta divergência de qualificação da figura da instigação pode ser especialmente problemática, uma vez que a sua correta concetualização pode auxiliar-nos a não esquecer as exigências específicas que a lei impõe à punibilidade da figura da instigação face às restantes, sobretudo, face à figura da autoria mediata, o que tem suscitado (como veremos) algumas dúvidas no momento de aplicação das regras normativas. Conceição Valdágua também atribui relevância ao rigor desta distinção, defendendo que, de outra forma, poder-se-á desrespeitar alguns princípios legais no nosso Direito Penal, como a não punibilidade da tentativa de instigação[57].

Quando se afirma que o artigo 26º apenas exige à figura da instigação o início da execução do crime, não entendemos que, para as outras figuras, o limite mínimo da punibilidade da tentativa não tenha de estar presente. De facto, para que um autor singular, um co-autor ou um autor mediato sejam criminalmente punidos tem de ter havido, pelo menos, algum comportamento subsumível aos requisitos do artigo 22º do CP. A grande diferença é que nestas figuras é o comportamento do autor singular, do co-autor ou do autor mediato que pode ser apurado à luz do artigo 22º como podendo ou não configurar um crime na forma tentada. Nos casos de instigação, o nexo causal bem mais indireto entre a atuação do instigador e a prática de determinado crime pelo instigado (sobretudo porque nesse vínculo causal existe uma outra vontade humana exercível, ao contrário do que acontece na autoria mediata) imprime uma cautela legislativa reforçada na previsão da sua punibilidade. O instigador poderá praticar todos os atos que sejam necessários na determinação de outrem à prática de um crime, poderá conseguir, inclusive, criar num terceiro a determinação de cometer aquele crime, mas se o percurso delituoso for interrompido antes de serem cometidos atos de execução pelo instigado

---

[56] Ver, *Acórdão do STJ*, processo nº 58/07.1PRLSB.S1, de 27/05/2009, Relator: Henriques Gaspar, que refere que o artigo 26º do CP define autoria em quatro espécies: a autoria imediata, a autoria mediata, a coautoria e a instigação, e acrescenta, citando Figueiredo Dias, que *"o instigador possui o domínio do facto sob a forma de domínio da decisão. O instigador é o verdadeiro senhor, dono ou dominador da decisão do instigado de cometer o facto"*; *Acórdão do TRP*, processo nº 9740859, de 19/08/1997, Relator: Dias Ferreira.

[57] Valdágua, «Figura central, aliciamento e autoria mediata...» (cit. nt. 34), p. 113.

(de acordo com o artigo 22º), o instigador não poderá, de acordo com a nossa lei atual, sofrer qualquer intervenção penal.

Uma das principais diferenças entre o autor mediato e o instigador que pode, de alguma maneira, justificar esta ressalva incluída na parte final do artigo 26º para o instigador, é a de a vontade do instigado se sobrepor, em última instância, à do instigador[58]. Ou seja, na instigação estão presentes duas dimensões, intelectuais e volitivas, que estão ausentes na autoria mediata onde, apesar de não ser o autor mediato a praticar diretamente o facto, é ele que domina a vontade (a sua e a do agente executor que, quando falamos de situações de erro por exemplo, nem sequer se pode considerar uma vontade dirigida ao resultado dos atos que é levado a praticar) e faz prever que apenas nessa vontade se possa formar, por exemplo, a decisão de interromper a execução do facto. E talvez não seja errado tentar analisar a exigência legal da execução ou início da execução por parte do autor material (o instigado) a partir da representação hipotética de quem domina, de facto, a possibilidade de interromper os atos que entretanto se iniciaram em direção à execução.

Como afirma Helena Mourão, talvez nem se deva falar na detenção de algum *domínio* por parte do instigador[59], não só porque isso o pode aproximar, perigosamente, em termos de legalidade, do autor mediato, mas também porque, a partir do momento em que o instigado é determinado à prática de determinado crime, a ligação que o une ao instigador quebra-se e o *domínio da ação* reside, exclusivamente, na esfera daquele.

Pelo que se deixou exposto, consideramos que apenas é possível estabelecer uma relação indireta e mediata (apesar de essencial) entre o instigador e o facto criminalmente punível que vier a ser cometido pelo instigado. Também por esta razão, o legislador entendeu que as exigências da imputação objetiva entre o comportamento do instigador e o facto típico cometido pelo autor material determinariam, no mínimo, a prática de atos de execução pelo instigado. Com esta formulação, podemos adotar a opinião de Helena Mourão[60] quando esta considera que a punibilidade da atividade do instigador não se coloca apenas no campo do "desvalor

---

[58] Ver, a título de exemplo, COSTA PINTO, *A relevância da desistência...* (cit. nt. 48), p. 283; MOURÃO, *Da instigação em cadeia...* (cit. nt. 50), p. 135.
[59] MOURÃO, *ibidem*, p. 135.
[60] MOURÃO, *Da instigação em cadeia...* (cit. nt. 50), p. 152-153.

da ação". Existe, simultaneamente, um "desvalor do resultado" quando a lei exige um duplo resultado, *"um duplo nexo de imputação objectiva"*[61]: a determinação dolosa de outrem a cometer determinado crime e, no mínimo, o início de execução desse crime por parte do autor imediato. Neste ponto, fica garantida, pelo menos, a existência de impressão de lesão para o bem jurídico e fica legitimada a intervenção do direito penal na punição deste instigador.

III. O crime tentado em casos de autoria mediata e instigação – questões preliminares

A primeira nota que gostaríamos de fazer neste ponto é a de que consideramos ser pacífico que o nosso CP recusou a punibilidade das formas de participação tentada[62], logo, e naquilo que mais nos interessa nesta discussão, recusou, de forma bastante clara, a punição da tentativa de instigação[63]. Essa tentativa não punível incluiu, na nossa opinião, tanto uma situação em que alguém (o potencial instigador) tenta determinar outrem a cometer determinado crime e não consegue, como situações em que alguém consegue concretizar essa determinação mas, por circunstancialismos vários, o instigado não dá início à execução do crime. De acordo com o conteúdo do artigo 26º do CP, estes são dois requisitos cumulativos. Em sistemas jurídico-penais que, como o nosso, não admitem a punibilidade da tentativa de instigação, esta interpretação do artigo 26º e a distinção entre as figuras da autoria mediata e da instigação não podem promover mais dúvidas.

No caso do instigador, Frederico Costa Pinto refere, ainda, que o distanciamento do instigador face à execução do crime nem sequer lhe permite deter alguma influência em relação ao preenchimento do tipo[64], o que, de resto, se mostra congruente com o que afirmámos relativamente à instigação dever ser qualificada enquanto forma de participação e não

---

[61] Mourão, *ibidem*, p. 154.
[62] Costa Pinto, *A relevância da desistência...* (cit. nt. 48), p. 285.
[63] Neste sentido, ver *Acórdão do TRC*, processo nº 702/06.8GBCNT-A.C1, de 12/09/2007, Relator: Gabriel Catarino.
[64] Costa Pinto, *op. cit.*, p. 283.

de autoria, bem como ao facto de ser a atuação do instigado que tem de ser apreciada à luz das exigências do artigo 22º. Na autoria mediata, apesar de a doutrina e a jurisprudência afirmarem que, nestes casos, não é o autor mediato a praticar materialmente os factos, também não é o agente executor, na nossa opinião, que comete atos de execução[65] para efeitos do artigo 22º, desde logo por falta do requisito presente no nº 1 – *"(...) quando o agente praticar atos de execução de um crime que decidiu cometer"*. Veja-se, por exemplo, que, em muitos casos de autoria mediata, como o erro, quem pratica (corporalmente) os atos não decidiu cometer nenhum facto com relevância criminal. Ora, se afirmamos que o autor mediato detém o domínio da vontade, que o agente executor é instrumentalizado e é visto como um prolongamento do autor mediato, talvez seja mais rigoroso dizer-se que a aplicação do artigo 22º, em situações de autoria mediata, se faz por apreciação dos atos do autor mediato (que englobam, segundo esta perspetiva, os seus atos e aqueles que forem "cometidos" por este terceiro). Tal conclusão já não se pode retirar em casos de instigação, uma vez que, independentemente do papel que é desempenhado pelo instigador no cometimento de determinado crime, o autor material pratica, ele próprio, atos de execução de um crime que decidiu cometer. Densificar os conceitos de "facto" e de "crime" previstos nos artigos 22º e 26º do CP poderiam ajudar nesta convicção.

Na autoria mediata, o início da execução do facto não é de fácil fixação em termos abstratos, uma vez que esse momento é marcado pelo tipo de crime que se comete na forma tentada e pelas diferentes formas de instrumentalização que podem ser reconduzidas à figura da autoria mediata e que podem sugerir diferentes contornos juridicamente relevantes. É importante não perder o sentido de que, seja numa situação de autoria mediata seja de instigação, não é o sucesso ou o fracasso da execução que dita o momento que separa os atos preparatórios dos atos de execução[66]. Seleccionando apenas as situações de erro e coacção, nem todos os atos de execução começam no momento em que o autor mediato coage ou induz em erro o agente executor. Contudo, a prática dessa instrumen-

---

[65] Por isso, nos reservamos a denominá-lo, sempre, agente executor e não autor imediato ou material.
[66] Roxin, *Problemas Fundamentais de Direito Penal* (cit. nt. 5), p. 327.

talização – sobretudo nos exemplos académicos – está relacionada com comportamentos cuja proximidade com o cometimento de atos de execução é muito próximo e, por vezes, diluem-se um no outro. Ou seja, e este é um ponto que gostaríamos de esclarecer, o facto de se afirmar que, relativamente à autoria mediata, o artigo 26º não exige o início da execução pelo agente executor (um dos argumentos do Acórdão do STJ, processo nº 09P0305, de 18/06/2009, Acórdão uniformizador de jurisprudência nº 11/2009, publicado em Diário da República, na I Série, nº 139, em 21/07/2009, p. 4566-4599, para considerar que estava em causa um crime tentado por um autor mediato) não significa que este não tenha de existir para se considerar que existiu um crime tentado. O que acontece é que, por vezes, a própria instrumentalização cabe nas alíneas do artigo 22º e inicia-se, com ela, o início da tentativa[67], designadamente porque o agente executor não detém a possibilidade de, por si (e, por vezes, nem por intervenção do próprio autor mediato no sentido de interromper a execução do facto), suspender o percurso criminoso, pelo que o risco de lesão do bem jurídico ou a impressão dessa lesão, à luz das alíneas do nº 2 do artigo 22º, verifica-se naquele momento. Contudo, o critério não deixa de ser, sempre, em qualquer forma de comparticipação e em qualquer ilícito-típico, o momento em que se preenche uma das alíneas do nº 2 do artigo 22º, sendo a matéria de facto que dita, para cada caso, os momentos em que as alíneas do artigo 22º foram preenchidas.

PARTE B
O Crime Tentado em Casos de Autoria Mediata e Instigação – Cinco Casos Jurisprudenciais de Referência

IV. Análise e comentários a jurisprudência dos tribunais superiores

Depois da reflexão sobre algumas das questões mais relevantes sobre o início da tentativa em situações de autoria mediata e instigação, tentaremos elaborar alguns breves comentários a cinco acórdãos que aprecia-

---

[67] Sobre esta questão, ver *Acórdão do TRC*, processo nº 702/06.8GBCNT-A.C1, de 12/09/2007, Relator: Gabriel Catarino.

ram essa realidade e que decidiram de forma divergente no tratamento da mesma matéria de facto.

Como nota prévia, gostaríamos de assinalar que nestes acórdãos apenas são apreciados crimes de homicídio na forma tentada, não por opção mas porque esta questão particular, com as divergências decisórias que quisemos assinalar, apenas foi tratada (de acordo com a nossa pesquisa) neste tipo de crimes. Vejamos:

(A) Acórdão do TRC, processo nº 702/06.8GBCNT-A.C1, de 12/09/2007 – recurso da aplicação da medida de coacção (prisão preventiva):

Matéria de facto provada: A e B pagam € 2.500,00 a C para este matar a mulher de A (D); C nunca pretendeu realizar o homicídio.

Decisão da 1ª instância: não aplica medida de coação por considerar que os atos praticados pelos arguidos (A e B) não são puníveis.

Recurso do MP: considera que existem fortes indícios da prática de um crime de homicídio qualificado na forma tentada (al. c, nº 2, art. 22º) como autor mediato. Razões:

(i) *"É autor mediato o 'homem-de-trás' que persuade o aliciado a praticar o facto criminoso através de uma contrapartida"* (neste caso, uma contrapartida monetária);
(ii) Os arguidos *"têm o domínio do facto sob a forma de domínio da vontade"*;
(iii) O acordo criminoso é o momento decisivo do início da execução do crime;
(iv) A deslocação com C ao local onde deveria ser cometido o crime, o pagamento, o fornecimento de informações sobre o local de trabalho da vítima e seus horários devem ser considerados atos de execução incluídos na alínea c) do nº 2 do artigo 22º do CP.

Decisão e fundamentação do Tribunal da Relação:

(i) Os atos de execução devem ser definidos, mesmo em casos de comparticipação, como atos conducentes ao resultado pretendido (neste caso, a morte);
(ii) O pagamento duma quantia em dinheiro não conduz, por si, à morte de ninguém. Devem ser atos *"conducentes, aptos, eficazes a produzir o tal resultado típico"*;

(iii) Considera não poder a conduta dos arguidos ser enquadrada no conceito de autoria mediata, mas tão-somente no de instigação, cuja relevância criminal depende da posterior conduta do instigado;
(iv) A instigação é uma forma acessória na comparticipação e depende do início da execução por parte do instigado (autor imediato), que, neste caso, não se observou;
(v) Estamos perante uma tentativa de instigação que não é punível de acordo com a nossa lei;
(vi) Falharam portanto os dois requisitos para existir a possibilidade de se punir alguém por instigação: a determinação de terceiro à prática de um crime (que não foi concretizada); e o começo da execução por parte do instigado. Punir estes arguidos seria admitir, ao arrepio da lei penal, que se poderiam punir meras intenções criminosas.

Comentário: De acordo com o que defendemos na primeira parte deste artigo, parece-nos de acolher a decisão do Tribunal da Relação (que confirma a decisão do Tribunal de 1ª instância) que, não só, qualificou corretamente a forma de comparticipação em que agiram os arguidos (instigação), como, face à inexistência da prática de atos de execução pelo autor imediato, considerou que aqueles não podiam ser criminalmente punidos. Quando o MP refere, em alegações de recurso, que os arguidos detêm o domínio da vontade, não o deveria ter feito de acordo com critérios sobre "quem quer aquele facto" ou "a favor de quem é cometido o crime", como parece resultar dessas alegações. Para além disso, as exigências do artigo 22º determinam que a diminuição de proteção do bem jurídico seja provocado pela ação, até aí, realizada, ou seja, exige que a ação realizada seja idónea e temporalmente próxima da consumação do resultado pretendido (no caso de um homicídio, usa o Tribunal como exemplo o disparo de uma arma ou outra forma que visa obter o resultado morte).

(B) *Acórdão do STJ, processo nº 048948, de 31/10/1996:*

Matéria de facto provada: A e B contratam C e D para matar E e pagaram-lhes 100.000$00. C e D entregaram o dinheiro à GNR e relataram o sucedido.

O Tribunal da Relação absolveu os arguidos e o MP alega, em recurso, que concorda que a atuação dos arguidos (A e B) cabe no conceito de instigação mas que a combinação, a escolha da forma de proceder e o pagamento da quantia acordada devem ser considerados atos que, segundo a experiência comum, fazem esperar que lhes sigam outros idóneos à produção do resultado (al. *c*) do artigo 22º). O MP alega, ainda, que foram praticados atos indispensáveis à materialização e consumação daquele crime de homicídio. Mais acrescenta que, por parte dos arguidos, todos os atos foram cometidos e eram eles que dominavam efetiva e finalisticamente todo o processo, os acontecimentos e o modo último da execução.

O STJ decidiu pela absolvição do arguido, concluindo não estarem reunidos os requisitos para se considerar pela existência de uma autoria mediata (alegada pelo assistente) e existindo, ao invés, uma situação de instigação, esta não pode ser punida porque estamos perante uma tentativa de instigação (que não é punível pela lei atualmente em vigor), uma vez que o potencial instigado não iniciou nenhum ato conducente à prática do crime nem nunca pretendeu fazê-lo.

Comentário: O conteúdo deste acórdão é muito semelhante ao do anterior e também o serão os nossos comentários. Relativamente a um dos argumentos apresentados pelo MP acrescentamos que, na nossa opinião, não é a indispensabilidade de um determinado ato para o futuro cometimento do crime que o pode caracterizar como ato de execução segundo o art. 22º. Para além disso, o MP parece referir-se ao preenchimento da al. *c*) do nº 2 do artigo 22º em relação à atuação dos potenciais instigadores o que, à luz do artigo 26º, não é correto, uma vez que este preceito legal, quando exige, no mínimo, o começo de execução, exige-o em relação à atuação de quem é determinado à prática do facto (neste caso, em relação a C e D).

(C) *Acórdão do TRP, processo nº 0644842, de 20/09/2006 – recurso da aplicação da medida de coação:*

Matéria de facto provada: A contrata B e C para matar a sua mulher (D). A enviou cartas e faz telefonemas a B e C explicando, pormenorizadamente, o que pretende: matar, escolhe a arma, o local e o momento do crime, descreve a residência, a rotina da mulher, descreve o seu carro, paga € 5.000,00 adiantados. B e C vão entregando todas as cartas e pagamentos à P.J.

A 1ª instância aplicou a medida de prisão preventiva. O arguido recorreu.

Comentário: O Tribunal da Relação começa por dizer (e bem) que não foi produzido nenhum ato idóneo à produção do resultado típico (a morte de D), mas depois afirma também que, apesar disso, foram reunidos os requisitos previstos na alínea *c*) do nº 2 do artigo 22º, uma vez que o arguido procurou deliberadamente determinar um terceiro à prática de um crime de homicídio, fornecendo a identidade da vítima, informações sobre as suas rotinas, horários e meios de transporte e entregou uma soma considerável em dinheiro como contrapartida. Esta atuação, no entendimento do Tribunal, já se encontra no domínio dos atos de execução, não sendo necessário uma efetiva colocação da vítima em perigo.

O Tribunal acaba por decidir pela alteração da medida de coação mas afirma que dúvidas não existem de que se trata de uma tentativa de homicídio sem esclarecer em que forma de comparticipação (apesar de fazer crer que será, por algumas passagens do acórdão, por autoria mediata), uma vez que entende que a questão em torno da imputação a título de autoria mediata ou de instigação extravasa o âmbito da decisão sobre a aplicação de uma medida de coação. Ora, esta decisão não nos parece, de todo, correta (aliás, o acórdão do TRC, processo nº 702/06.8GBCNT--A.C1, de 12/09/2007, que também apreciou a aplicação de uma medida de coação, avaliou com algum cuidado esta questão), já que a imputação a título de autoria mediata ou de instigação influem, em muito, no conteúdo da decisão que deve ser tomada, desde logo porque a figura da instigação, para existir, exige que se verifique, no mínimo, o início de execução por parte do autor material o que, à luz destes factos, não sucedeu, logo, não poderia ser aplicada qualquer medida de coação porque nenhum crime havia sido cometido pelos arguidos.

(D) *Acórdão do STJ, processo nº 07P3867, de 16/10/2008:*

Matéria de facto provada: o arguido e os factos são os mesmos do acórdão anterior mas em recurso da decisão judicial final (e não de aplicação da medida de coação).

Decisões da 1ª e 2ª instâncias: absolvem A por considerarem que a sua atuação seria punível por instigação mas, neste caso, como o crime de homicídio não é consumado nem tentado (pelos instigados), e a tentativa de instigação não é punível, A não pode ser punido.

Recurso do MP: propõe a condenação por crime de homicídio qualificado na forma tentada como *autor mediato*. Alegações:

(i) O arguido, que tinha plena intenção de causar a morte da sua mulher, só não o conseguiu por circunstâncias alheias à sua vontade, nomeadamente pelo facto das pessoas contratadas não terem levado a efeito tal plano;

(ii) A Professora Conceição Valdágua refere que o regime resultante do artigo 26º do CP não exige, para a responsabilidade do autor mediato, o início da execução pelo autor imediato, não excluindo, assim, a possibilidade de o "homem de trás" ser punido por tentativa a partir de um momento anterior àquele em que o autor imediato começa a praticar atos de execução do tipo legal de crime (ao contrário do que consideram existir em relação à instigação que exige o início da execução pelo autor imediato);

(iii) Ao planear e delinear os detalhes de execução e ao encomendar e pagar a execução, o arguido assumiu a posição a que a doutrina, no domínio das teses de autoria, designa como o "homem de trás" que é um autor mediato, por não executar o facto diretamente, mas que o mantém sob seu domínio, na vertente do domínio da vontade, controlando a execução e podendo dela desistir. Neste caso, a execução do plano só não ocorreu por razões alheias à vontade do autor, razões que o próprio desconhecia, devendo ser punido enquanto autor mediato;

(iv) Todo o comportamento do arguido funcionou de molde a conduzir ao efeito ilícito por ele pretendido, integrando a previsão de um crime de homicídio qualificado, na modalidade de autoria mediata, na vertente tentada prevista no art. 22º, nº 2, al. *c*), do CP.

Um comentário prévio que nos merece destaque, antes de descrevermos a fundamentação do Tribunal, é o de parecer existir, nestas alegações, alguma imprecisão na utilização deste conceito de "domínio da vontade" que é reservado à figura da autoria mediata mas que, neste caso, não pode verificar-se, desde logo porque, se este arguido detivesse, realmente, o domínio da vontade, o crime teria sido cometido, ou, pelo menos, a razão para não ter sido cometido, não poderia ter sido o facto de os autores materiais não o quererem executar. Acresce que, se queremos utilizar os conceitos decorrentes da teoria de Roxin, então deveremos utilizá-los com rigor, na sua amplitude e contextualizados. Esta matéria de facto não pode considerar-se como podendo ser reconduzida a uma situação de autoria mediata, onde Roxin defendeu que esse domínio detido pelo autor mediato só se justifica em situações muito particulares, como a indução em erro ou a prática de coação. Para além disso, à semelhança das alegações do MP apresentadas no Acórdão do TRC, processo nº 702/06.8GBCNT-A.C1, de 12/09/2007, o MP também aprecia o "domínio do facto" através de critérios sobre quem quer o crime ou a favor de quem é cometido o crime.

Decisão e fundamentação do STJ e comentários:

(i) A transmissão telefónica de *aceitação implícita da proposta* dá inequívoca sequência aos atos de *execução* refletidos no art. 22º, nº 1, desde logo, e, em qualquer caso, no nº 2, alínea c), do CP;

(ii) O STJ refere (de forma um pouco incongruente) que o arguido detém o *"domínio do processo causal e domínio do facto até ao resultado final"* e, simultaneamente, que, a partir da aceitação do plano criminoso por B e C, *"(...) a projectada vítima ficou directa e imediatamente em perigo fora do domínio (absoluto) de intervenção do arguido"*. Salvo melhor opinião, ou bem que se considera que o arguido detém o domínio do facto (sendo esse domínio característico da autoria mediata sob a forma de domínio da vontade e que não existe na instigação), ou bem que se considera que o arguido, neste caso, não detém o domínio daquela ação, uma vez que esse pertence aos potenciais instigados que podem ou não ser determinados a cometer um crime e podem ou não iniciar a execução do mesmo;

(iii) O STJ conclui ainda que a punibilidade da instigação está dependente do início de execução por parte do autor imediato mas que nem esse requisito nem outro equivalente são exigidos para situações de autoria mediata. Ora, isto não nos parece de todo acertado. Para além de repetirmos que a execução do facto "por intermédio de outrem", na nossa lei, está associada a uma interpretação muito específica (e pacificamente aceite), como correspondendo a uma forma de autoria mediata, e esta matéria de facto não poder corresponder a esse conceito, não é o artigo

26º que dita o momento em que se deve considerar existir uma tentativa. Esse juízo tem de decorrer do artigo 22º e se, em alguns casos de autoria mediata, pode não ser preciso a prática de atos por parte do agente executor para existir um crime tentado, em outros casos, dependendo do momento em que surge a impressão de perigo para o bem jurídico, pode ter de se exigir a prática de atos pelo próprio agente executor;

(iv) Para além disto, o Tribunal fundamenta que a atuação do arguido reveste a forma de autoria mediata *"(...) face à sua ligação directiva e determinante para o comportamento de B e C"*. Mais uma vez, o Tribunal não interpreta corretamente o artigo 26º. Parece-nos que o facto de a atuação de A ter sido determinante para o comportamento de B e C (que, em rigor, não foi nenhum direcionado ao cometimento do crime de homicídio, bem pelo contrário), confirma, por si, a existência de uma (tentativa de) instigação, uma vez que esta figura, na letra da nossa lei, consiste, precisamente, em determinar outrem à prática de um facto criminalmente punível. Acresce que essa determinação pelo instigador tem de ser condição essencial e indispensável para a prática do crime pelo instigado. A jurisprudência é pacífica neste aspeto, mas, neste acórdão, parece afastar-se da hipótese de esta situação configurar uma forma de instigação porque, a ser assim, a conduta de A não seria punível, uma vez que (e o acórdão admite-o) a tentativa de instigação não é punível à luz do nosso CP[68];

(v) O STJ segue de perto as alegações do MP e decide condenar o arguido por autoria mediata de um crime de homicídio qualificado na forma tentada.

Voto de vencido: a exposição dos argumentos apresentados neste voto de vencido é importante, na medida em que vêm reforçar algumas das dúvidas que suscitámos em relação à fundamentação deste acórdão.

---

[68] Compare-se, por exemplo, que no *Acórdão do STJ*, processo nº 05P645, de 17/03/2005, Relator: SIMAS SANTOS, o tribunal refere que deve ser considerado instigador aquele que convence outrem a cometer determinado crime pagando-lhe um preço pedido. Neste caso, o tipo de crime foi o aborto e foi consumado, talvez por isso o tribunal não tenha tido tantas dúvidas.

Primeiro, são apresentados argumentos que afastam a qualificação do circunstancialismo deste caso a uma situação de autoria mediata. Também neste voto de vencido é referido que o autor mediato não executa por si o facto materialmente, deixa que outrem, ou faz com que outrem, o execute por si e para si, sendo certo que este outrem não tem nenhum domínio do facto relevante, acabando por surgir como instrumento (humano) nas mãos do autor. Tal terá lugar quando esse executante material não tem vontade de agir, *"(...) quando o executante actua em erro sobre a factualidade típica, erro sobre a proibição, não exigibilidade relevante, ou com falta de consciência da ilicitude, não censurável, em que foi induzido pelo autor mediato".* Neste caso, não é de todo defensável que B e C reúnam alguma destas condições.

Sobre as alíneas do artigo 22º, aplicável a esta situação que o Tribunal qualificou como autoria mediata, os autores do voto de vencido referem que a alínea c) invocada pelo Tribunal não é aplicável ao caso. A doutrina tem explicitado que se pode conferir relevo de execução "(...) apenas ao acto que (assumindo as exigências de "normalidade social" requeridas pela alínea em exame) *antecede imediatamente,* sem solução de continuidade substancial e temporal, o acto cabido nas alíneas a) ou b) do nº 2 do art. 22º do C.P" (destaque nosso).

O voto de vencido sublinha ainda que, para a figura da instigação, "o legislador fez depender a sua relevância de haver 'execução ou começo de execução'. Do que resulta, em primeiro lugar, que *a actividade dirigida a determinar alguém ao cometimento do crime não é vista, sem mais, como execução ou começo de execução do crime.* Se a determinação por parte do instigador, fosse o começo de execução do crime, não faria sentido dizer que tem que haver começo de execução. Daí que o começo de execução só possa reportar-se à actuação do(s) instigado(s)» (destaque nosso), e esta é, para nós, uma das conclusões mais importantes.

(E) *Acórdão do STJ, processo nº 09P0305 de 18/06/2009, Relator Pires da Graça (Acórdão uniformizador de jurisprudência nº 11/2009, publicado em Diário da República, na I Série, nº 139, em 21/07/2009, pp. 4566-4599):*

Face ao conteúdo contraditório destas decisões jurisprudenciais, nomeadamente do Acórdão do STJ, processo nº 048948, e do Acórdão do

STJ, processo nº 07P3867, analisados *supra*, o Supremo Tribunal decide fixar jurisprudência obrigatória sobre esta questão de direito.

O Ministério Público começa por alegar que a instigação é uma forma de autoria plural, juntamente com a co-autoria. Apesar da indeterminação conceptual que consideramos existir na afirmação, o MP explora a diversidade da estrutura da *autoria mediata* e da *instigação*, particularmente relevante numa ordem jurídica que, como a nossa, não incrimina a tentativa de instigação, referindo que, nestes casos, o arguido nunca poderia ser considerado autor mediato porque quem domina o facto, sob o domínio da ação, são as pessoas contratadas para executarem o homicídio. Neste enquadramento fáctico, considera o MP que não se verifica, sequer, uma situação de instigação porque o arguido não conseguiu determinar terceiros a praticar o crime acordado, nem estes iniciaram a sua execução. Desta forma, o MP propõe que o Tribunal decida pela não punição, como autor mediato ou como instigador (ou qualquer outra forma de comparticipação), por um crime tentado de homicídio, de um agente que planeou/encomendou a morte de alguém a outros que não praticaram quaisquer atos tendentes à execução do crime projetado.

Fundamentação do Tribunal e comentários: O Tribunal começa por afirmar que os arguidos, em ambos os processos, decidiram e planearam a morte de uma pessoa, contactaram terceiros para essa concretização (que, aparentemente, aceitaram, acabando por entregar todos os elementos de prova às autoridades policiais), pagaram um montante acordado e forneceram informações sobre os horários e residência das vítimas. Um dos acórdãos condenou o arguido como autor mediato do crime de homicídio qualificado na forma tentada, o outro absolveu o arguido por considerar que apenas existiu uma tentativa de instigação que, por sua vez, não é punível à luz da nossa lei penal atual.

O Tribunal começa, então, por esclarecer relativamente às regras de interpretação da lei, bem como por descrever alguns contributos doutrinários (portugueses e estrangeiros) sobre a comparticipação. O Tribunal cita, por exemplo, Eduardo Correia quando refere que o conceito de instigação deve ser abrangido pelo de autoria mediata, moral ou intelectual, comportando a autonomização da instigação *"(...) um luxo conceptual"*[69],

---

[69] Pág. 4576.

pois acaba por se punir o instigador como autor. Este é, na nossa opinião, um dos erros do Supremo, apesar de não se apreender, ao certo, se o Tribunal defende ou não as teorias e argumentos que cita ou se só as transmite de uma forma descritiva. Efetivamente, considerar a previsão legal da instigação um "luxo conceptual" viola as regras de interpretação, porque do artigo 26º resulta, sem dúvidas, que foi intenção do legislador (ao contrário do que acontecia no artigo 20º do CP de 1886) distinguir a instigação da autoria mediata que têm diferentes requisitos para a sua punibilidade.

Depois de uma exposição, longa e pormenorizada, sobre a evolução legislativa e doutrinária da comparticipação, que, em alguns momentos, não deixa perceber qual a posição que o Tribunal assume (ou que deveria ter assumido) relativamente a esta questão controvertida, o Tribunal discorre, nos mesmos moldes (mas mais resumidamente), sobre a figura da tentativa. Com efeito, o Tribunal esgotou a sua fundamentação numa exposição (muitas vezes acrítica) da doutrina, sobretudo alemã, sobre comparticipação e descurou a leitura da lei. O nosso artigo 26º é extremamente rico em termos concetuais e os conceitos "executar", "facto", "por intermédio de outrem", "determinar outra pessoa à prática do facto" mereciam uma apreciação mais rigorosa sem ser à luz da doutrina e legislação alemãs. Claro que o elemento literal não nos permite resolver todos os problemas, a própria correspondência entre os conceitos do artigo 26º e as figuras da comparticipação é doutrinária, mas num momento decisório como este, importava, sobretudo, cumprir a lei.

Nos últimos parágrafos do acórdão, o Tribunal afirma que o arguido *"ao delinear o plano criminoso contactando outrem para o realizar, ao entregar-lhe parte do montante estabelecido pelo pagamento do serviço letal e dando indicações relacionadas com a prática do facto tinha plena intenção de causar a morte da pessoa visada,* por intermédio de outrem, *agindo de forma voluntária e consciente (...)"* ([70]). Acrescenta, logo de seguida, que a aceitação do proposto pelo aliciado implica que, se o "homem-de-trás" mudar de ideias e lhe comunicar que não pagará a quantia acordada, o aliciado não cometerá o facto punível. Logo, quem tem a última decisão sobre a execução do facto é o autor mediato que tem o domínio da ação através do domínio da vontade.

---

[70] Pág. 4587. Destaque nosso.

Neste sentido foi, então, fixada jurisprudência:

"É autor de crime de homicídio na forma tentada, previsto e punido pelas disposições conjugadas dos artigos 22º, n.ºs 1 e 2, alínea c), 23º, 26º e 131º, todos do Código Penal, quem decidiu e planeou a morte de uma pessoa, contactando outrem para a sua concretização, que manifestou aceitar, mediante pagamento de determinada quantia, vindo em consequência o mandante a entregar-lhe parte dessa quantia e a dar-lhe indicações relacionadas com a prática do facto, na convicção e expectativa dessa efectivação, ainda que esse outro não viesse a praticar qualquer acto de execução do facto".

Apesar de, no final, neste parágrafo responsável pela fixação da jurisprudência, não se esclarecer se é em autoria mediata ou em instigação a autoria/participação de um crime de homicídio na forma tentada, o Tribunal assume, alguns parágrafos antes, que as condutas dos arguidos podem integrar a previsão do artigo 26º, na modalidade de autoria mediata na forma tentada prevista na alínea c) do nº 2 do artigo 22º.

Comentários adicionais: Parece-nos que o conteúdo desta fixação de jurisprudência se debateu com princípios de ordem moral que, apesar de compreensíveis, não têm acolhimento, por nenhuma via interpretativa, na nossa lei penal. Numa parte inicial deste acórdão, o Tribunal fez algumas considerações sobre a complexidade que a criminalidade foi adquirindo, sendo exemplo dessa realidade o "crime por encomenda", assumindo que a apreciação do caso vai ser feito à luz deste fenómeno que atenta contra o bem supremo da vida. Também a declaração de voto em conformidade acolhe alguns destes raciocínios.

O juízo de censura elaborado sobre a conduta destes arguidos tem fundamento, mas a solução para que estes factos sejam penalmente puníveis terá de passar, por exemplo, pela alteração legislativa, nomeadamente seguindo o caminho assumido pelo CP espanhol, onde os atos preparatórios também não são punidos, salvo se assim estiverem especificamente previstos. Por isso, o legislador criou a figura da *"conspiração"*, da *"proposta"*, da *"provocação"* e *"apologia"* públicas do crime, como forma de contornar as dificuldades sentidas exatamente ao nível da distinção entre atos preparatórios e de execução nestes casos específicos. Com efeito, a lei espanhola, no artigo 17º, define a "proposición" e prevê que esta seja punida nos casos especialmente previstos na lei, o que vem a acontecer, por exemplo, no artigo 141º sobre o crime de homicídio e no artigo 151º sobre as ofensas à integridade física e moral.

Este acórdão uniformizador contou com muitos votos de vencido que fundamentaram, sobretudo, a opinião de considerar a atuação dos arguidos uma tentativa de instigação (não punível) e não uma forma de autoria mediata.

Conclusão

Chegados a este ponto e revisitando alguns dos raciocínios que desenvolvemos ao longo deste artigo, a inquietação em relação a esta matéria continua a ser grande. Provavelmente, este nosso pequeno artigo, com o objetivo que estava traçado, contém demasiadas referências ao tratamento doutrinal que é feito a esta temática, contudo, a jurisprudência fá-lo também constantemente e usa determinados conceitos que têm de ser apurados através da doutrina.

Acresce que, um dos maiores obstáculos para podermos construir conclusões mais esclarecedoras e objetivas sobre a forma como os nossos tribunais têm decidido sobre o início da tentativa em casos de autoria mediata e instigação foi o número reduzido de acórdãos encontrados sobre esta temática específica, bem como o facto de estes tratarem todos a mesma matéria de facto, reconduzidos todos ao mesmo tipo de crime: a tentativa de homicídio. Mesmo o acórdão uniformizador de jurisprudência, no parágrafo final, afirma que é *"autor do crime de homicídio na forma tentada (...) quem (...)"*. Tem de ficar a dúvida, sobretudo, quando não estamos de acordo com o conteúdo decisório que interpreta de forma distinta daquela que defendemos, tanto o artigo 26º, como o artigo 22º, sobre que critérios deveremos então utilizar na apreciação de factos semelhantes mas subsumíveis a outros tipos de crime.

De facto, o problema parece agudizar-se apenas nos denominados "homicídios por encomenda" na forma tentada que, como já referimos, suscitam preocupações ao nível da prevenção que não são de fácil resolução. Contudo, como também tivemos oportunidade de referir, talvez a solução para lidar com esta realidade não pudesse ter sido a fixação de jurisprudência, mas a proposta de alteração da legislação penal, à semelhança do que foi feito pela lei espanhola. Mesmo assim, ficariam por resolver várias questões: De que forma poderiam estes atos ser puníveis [por exemplo, através de uma norma excecional que punisse estes atos (que são preparatórios), uma vez que não cabem, como vimos, no nosso artigo 22º]? Deveríamos admitir essa extensão da tipicidade apenas ao crime de homicídio? Ou também a outros tipos de crime por encomenda? Para além disso, talvez fosse preciso acautelar também de que forma a previsão deste tipo de disposições poderia interferir no nosso artigo 26º.

Permanece, quanto a nós, a convicção que a apreciação destes casos se reveste de especiais dificuldades. O artigo 26º tem necessariamente de ser lido a luz do artigo 22º (porque aquele não nos dá o conceito *de* execução, apenas distingue casos especiais de intervenção dos agentes *na* execução) e o artigo 22º só ganha verdadeiro sentido se for relacionado com os artigos da parte especial. A própria redação deste artigo 22º e dos artigos da parte especial do CP que com ele se conjugam suscitam vários problemas, sobretudo porque as suas redações parecem adequar-se apenas, sem outras interpretações auxiliares, às situações de autoria singular.

Uma apreciação casuística de crimes tentados em casos de autoria mediata e instigação é de exigente correlação, de rigorosa integração sistemática, provavelmente, das questões mais controversas que se discutiu recentemente nos tribunais em matéria penal e que culminou num acórdão uniformizador que, na nossa opinião, viola o princípio da legalidade.

Instigação e Coautoria: Casos de Fronteira

Diana Paraíso Vicente[1]

Sumário: Introdução. I. Elementos que caracterizam a instigação e a coautoria e a sua definição na jurisprudência. 1. A coautoria. 2. A instigação. II. A eventual violação do princípio da legalidade. III. O tratamento jurisprudencial dos casos de fronteira. 3. A imputação dos factos ao agente instigador e (simultaneamente) coautor. 3.1. Os contributos da doutrina. 3.2. Elementos objetivos e subjetivos na identificação de uma eventual coautoria relativamente ao *agente impulsionador*. 3.3. Casos de fronteira. Conclusão. Índice de Acórdãos.

Introdução

O respeito pelo princípio da legalidade é um marco basilar num Estado de Direito, assumindo os seus contornos mais rigorosos no Direito Penal e, em particular, em sede de normas penais incriminadoras. Nessa medida impõe-se uma delimitação rigorosa das figuras da autoria e da comparticipação. Uma suspeita de que subjacentes a qualificações imprecisas poderiam estar resquícios de quadros interpretativos relativos ao Código de 1886 levou ao trabalho de pesquisa de jurisprudência do qual resultou o presente texto, particularizado nos casos em que não se revela nítida a demarcação entre as figuras da coautoria e da instigação[2].

---

[1] Mestre em Direito pela Universidade Nova de Lisboa.
[2] O presente texto corresponde à adaptação de um relatório realizado no Seminário de Direito Penal, do Curso de Doutoramento 2010/2011 da Faculdade de Direito da Universidade Nova de Lisboa.

I. Elementos que caracterizam a instigação e a coautoria e a sua definição na jurisprudência

1. A coautoria

A doutrina e a jurisprudência distinguem dois requisitos essenciais, cumulativos, para a verificação da coautoria: *i)* a existência de um acordo (elemento subjetivo); e *ii)* a execução conjunta do facto (elemento objetivo)[3]. A existência simultânea destes dois elementos resulta diretamente do texto legal, quando dispõe que é punível como autor quem *tomar parte direta na execução, por acordo ou juntamente com outro ou outros* (artigo 26º do CP).

A jurisprudência tem entendido que se verifica a coautoria "quando cada comparticipante quer o resultado como próprio com base numa decisão conjunta e com forças conjugadas, bastando um acordo tácito assente na existência e na consciência e vontade de colaboração, aferidas aquelas à luz das regras da experiência"[4]. Não considera, pois, ser necessário que a decisão conjunta seja expressa. Basta que seja *evidente*, no sentido em que dos factos provados decorra – mediante um juízo baseado na capacidade de observação que oferece a experiência – que houve efetivamente uma concertação de vontades orientadas para a prática daquele facto. Recorde-se que, para além de ser essencial na caracterização da figura, a existência de acordo permite diferenciá-la automaticamente da designada *autoria singular paralela*[5].

Finda uma tendência da jurisprudência existente na altura da vigência do CP de 1886 no sentido de exigir que esse acordo fosse prévio, parece hoje assente a admissibilidade da coautoria sucessiva[6]. Embora convergindo com este entendimento, o STJ, em acórdão de 2001[7], fez refletir

---

[3] *Vide*, discorrendo sobre os elementos da coautoria e citando abundante doutrina e jurisprudência sobre o assunto, os Acórdãos nºs 22 e 28 (cfr. índice de acórdãos no final).

[4] Acórdão nº 10. O mesmo se afirma, *v.g.*, nos Acórdãos nºs 9 e 40.

[5] Diversamente do que sucede na coautoria, nas autorias paralelas cada um dos intervenientes no crime responde por aquilo que concretamente fez.

[6] Assim, os Acórdãos nºs 8, 9, 7, 20 (índice de acórdãos *in fine*). Sobre a tendência anterior veja-se Maria da Conceição S. Valdágua, *Início da Tentativa do Co-Autor – Contributo para a Teoria da Imputação do Facto na Co-Autoria*, 2ª Ed., Lisboa: LEX, 1993, p. 129 e 130.

[7] Acórdão nº 5.

o hiato de tempo que separava a atuação do arguido dos restantes coarguidos na medida concreta da pena aplicada, com fundamento no princípio da culpa (artigos 40, nº 2, e 71º, nº 1). Ponderou este Tribunal que, "tendo a recorrente *ingressado na acção* apenas no início de 1998, quando ela já se desenrolava desde data não apurada de 1997 (...), só a partir daquele *ingresso* se pode equacionar a sua responsabilidade criminal na comparticipação".

Relativamente à execução conjunta, um aspeto crucial que distingue o coautor do autor imediato é precisamente o facto de aquele não ter de participar em todos os atos de execução. Ele faz parte integrante de uma execução e de uma responsabilidade partilhadas, no sentido em que todos os coautores contribuem para o sucesso do plano conjuntamente conjurado, mediante o seu contributo executório específico. Em todos os acórdãos analisados considera-se que não é "indispensável que cada um dos agentes intervenha em todos os atos a praticar para a obtenção do resultado pretendido"[8], bastando "que a actuação de cada um, ainda que parcial em relação à acção colectiva, seja elemento componente do todo e indispensável à produção do resultado conjunto"[9]. Este requisito da *indispensabilidade* do contributo do agente é utilizado em determinados acórdãos, para distinguir a coautoria da cumplicidade[10]. Na distribuição das tarefas entre os coautores, o caráter *indispensável* para a execução do facto ou para a produção de determinado resultado poderá ser mais ou menos *evidente*[11]. A questão suscita-se, designadamente, nas situações em que a alguém coube apenas ficar *de vigia* ou outro papel aparentemente *secundário*. Em mais do que um acórdão encontra-se a conclusão de que mesmo nestas situações poderá haver coautoria[12]. Pode ainda existir relativamente a coautor que não esteja presente no local do crime[13].

---

[8] Acórdão nº 30. Neste sentido, também, Acórdãos nºs 8, 10, 20.
[9] Acórdão nº 11.
[10] Veja-se, *v.g.*, Acórdãos nºs 13, 38. A coautoria e a cumplicidade diferenciam-se logo à partida pelo facto de esta integrar a participação e não a autoria (veja Acórdãos nºs 1, 5, índice de acórdãos *in fine*).
[11] *Vide*, Acórdão nº 20.
[12] Assim, Acórdão nº 15: "se dois arguidos projetaram, em conjunto, o roubo (...), decidiram cometê-lo em conjunto, trataram de obter conjuntamente a arma, dividindo entre eles as restantes tarefas de execução, irreleva, não afastando a co-autoria, a circunstância de na divi-

Uma outra situação que é tratada em alguns acórdãos é aquela em que um dos coarguidos pratica um ato criminoso cuja perpetração não havia sido combinada conjuntamente com os demais. Casos em que a atuação de um coarguido vai para além do acordo conjunto. Por exemplo, o plano era cometer um crime de roubo e um deles acaba por matar alguém durante a execução daquele crime. Para imputar o resultado morte aos demais coarguidos, a jurisprudência tem recorrido a um critério de previsibilidade. Foi o que fez um acórdão do STJ, de 2001[14], que ponderou:

> "(...) *para se ser co-autor a título de dolo eventual de um crime autónomo que possa estar no âmbito de um crime complexo como o roubo, basta que o mesmo tenha conhecimento dos propósitos criminosos do autor e, por isso, plena consciência que este pode vir a decidir-se por esse crime autónomo, ou seja, que o mesmo seja notoriamente previsível na execução do projecto criminoso base de ambos*".

Esta solução encontrava-se expressamente prevista no artigo 21º, nº 2, do CP de 1886, nos termos do qual *o autor, mandante ou instigador* seria também considerado autor do "excesso do executor na perpetração do crime, nos casos em que deveria tê-lo previsto como consequência provável do mandato ou instigação". Não obstante a lei vigente não fazer menção expressa a esse critério de previsibilidade, continua a ser exigível a sua utilização, enquanto medição da extensão do dolo do comparticipante. Com efeito, sendo a comparticipação necessariamente dolosa, a inexistência da capacidade de prever determinado resultado, ainda que a título eventual, significa que se está perante uma situação de negligência, o que afasta à partida a aplicação das normas da comparticipação.

Uma outra questão importante é a de saber a que título tem a jurisprudência imputado os factos ao coautor. Como evidencia Teresa Beleza, segundo a teoria do domínio do facto, introduzida por Welzel e profundamente tratada por Roxin[15], autores são as pessoas que têm "nas suas

---

são de tarefas um deles ter ficado ao volante do veículo automóvel para garantir a fuga"; *vide* também o Acórdão nº 31.

[13] Acórdão nº 39.

[14] Acórdão nº 7. No mesmo sentido, Acórdãos nºs 2 e 24.

[15] *Vide* CLAUS ROXIN, *Autoría y Dominio del Hecho en Derecho Penal* (traduzido da 7ª edição alemã, de 1999, por Joaquín Cuello Contreras e José Luis Serrano González de Murillo), Madrid: Marcial Pons, Ediciones Jurídicas y Sociales, S.A., 2000.

mãos o comando de um certo processo", ou seja "a possibilidade de fazer o processo ir até ao fim ou de em certo momento o fazerem parar"[16]. É neste sentido que se diz que o coautor tem o domínio do facto global e não apenas da sua contribuição parcelar. A propósito do *vigia*, que mencionámos há pouco, escreve Roxin que considerar que este é ou não coautor é algo que terá de ser feito no caso concreto, procurando saber, a partir do exame dos factos, se sem a tarefa de vigilância os demais teriam efectivamente prosseguido na execução do crime[17].

Nesta perspetiva será autor quem tenha o domínio da ação (autor imediato), o domínio da vontade (autor mediato) ou o domínio funcional do facto (coautor). Este último remete para a *função* que cada coautor tem na distribuição de tarefas acordada, o significado funcional do seu contributo específico[18]. A maioria dos acórdãos mais recentes que encontrámos utiliza o critério do domínio funcional do facto[19].

Da análise transversal de toda a jurisprudência objeto de estudo constatamos que por vezes o raciocínio ainda é feito com recurso à *causalidade adequada*[20]. É o que sucede, designadamente, num acórdão do Tribunal da Relação de Lisboa (TRL), de 29 de Outubro de 1996[21], onde se afirma que "o tomar parte directa na execução de um facto, o comungar com outro em esforços e intenções ou o acordo prévio para a sua realização só são actos complementares se adequadamente causais do resultado".

---

[16] Teresa Beleza, *Direito Penal*, 2º vol., Lisboa: AAFDL, 1980, p. 394.

[17] *Vide*, Claus Roxin, *op. cit.*, p. 313.

[18] *Vide*, Acórdão nº 32, em que se explicita que o coautor tem que ter o "domínio da sua função, do seu contributo, na realização do tipo, de tal forma que, numa perspetiva ex ante, a omissão do seu contributo impediria a realização do facto típico na forma planeada".

[19] Assim, por exemplo: Acórdão nº 18; e Acórdãos nº 37: "[o agente pode] *dominar* o facto através de uma divisão de tarefas com outros agentes, desde que, durante a execução, possua uma função relevante para a realização típica".

[20] Sobre esta teoria *vide* Eduardo Correia, *Direito Criminal* (com a colaboração de Figueiredo Dias), Coimbra: Almedina, 1997, p. 257 a 263. No artigo 27º do projeto de Código Penal continha referência expressa à *causa* como fundamento da autoria. *Vide*, Eduardo Correia, "Código Penal – Projeto da Parte Geral", *Separata do Boletim do Ministério da Justiça*, nº 127, 1963.

[21] Acórdão nº 21. Veja, utilizando a causalidade adequada mas para imputar factos ao instigador: o Acórdão nº 35; e sobre isto *vide* João António Raposo, "A punibilidade nas situações de instigação em cadeia", in: *O Direito*, Ano 133º, IV (Diretor: Inocêncio Galvão Telles), 2001, p. 932 e 933.

Uma completa caracterização da figura exige ainda a referência, ainda que breve, à questão do início da tentativa do coautor, nos casos em que a execução *fica a meio*. Se há quem considere que o coautor apenas o é a partir do momento em que também ele pratica atos de execução, outros há que entendem que basta que um deles a inicie para que todos sejam punidos a título de tentativa.

2. A instigação

A instigação está prevista no artigo 26º, nº 1, *in fine*. Sumariando os elementos que subjazem à caracterização de um comportamento como sendo de instigação diremos, utilizando as palavras proferidas num acórdão do TRP, de 2004[22], que estes são dois: um objetivo, que existirá se a atividade do agente for "de molde a levar o autor [imediato] a adoptar a decisão de cometer o crime e a (pelo menos) dar início à sua respectiva execução" (o requisito da *determinação* da formulação criminosa); e um subjetivo, de acordo com o qual a instigação deve ser duplamente dolosa, na medida em que o instigador tem de ter consciência de que "está a motivar outra pessoa a adoptar uma resolução criminosa e a realizar o correspondente facto, e pretender esta mesma comissão" (o requisito do dolo)[23].

A figura partilha com a autoria mediata o facto de implicar a existência de *um homem de trás* (o instigador) e um *homem da frente* (o instigado), mas distingue-se dela, nomeadamente, pela ausência de *instrumentalização*. Na instigação, o dito homem da frente é autor imediato e não mero executor, na medida em que fica "no domínio exclusivo do facto, a que o instigador se torna alheio"[24].

---

[22] Acórdão nº 24.
[23] Veja-se o Acórdão nº 35.
[24] *Vide*, *v.g.*, Acórdão nº 19, p. 4581; e Acórdão nº 27: "nas hipóteses de instigação do que se trata é da corrupção de um ser humano livre com vista à produção de um resultado jurídico-penalmente proscrito: o instigador consegue transferir, com sucesso, as suas intenções delitivas para o autor do facto, que actua, porém, livremente, nunca deixando de ter, consequentemente, o domínio deste".

O CP de 1886 incluía, no elenco de autores do artigo 20º, o instigador[25]. Não obstante isso, alguma doutrina considerava a instigação como uma forma de participação e não de autoria. Um dos argumentos utilizados era o de que tal inclusão implicaria a pretensão de aplicar ao instigador uma pena idêntica ao do autor, atento o igual desvalor da sua conduta relativamente ao dos autores[26]. Muito embora o artigo 26º do CP atual tenha vindo confirmar esta perspetiva, afirmando somente que aquele é *punível como autor*, a questão continua a não ser pacífica, tanto na doutrina[27] como na jurisprudência[28].

Característico da participação é a acessoriedade. O instigador não é punido por um facto próprio, mas sim pela participação que teve num facto que lhe é alheio[29]. Tal como o cúmplice, a sua conduta é meramente acessória, na medida em que está dependente da ação do autor imediato. Como explicita alguma jurisprudência, o instigador tem em comum com o cúmplice a ausência de domínio do facto. Porém, alguns julgadores, embora raciocinando no quadro da teoria do domínio do facto, continuam a afirmar que o instigador é autor, argumentando que este é também "senhor do facto", sob a forma de domínio da decisão[30].

Volvendo à comparação entre as normas sobre compartipação do CP de 1886 e o atual, diríamos que um dos elementos que, na jurisprudência, poderá indiciar resquícios de raciocínios baseados na redação do CP anterior é a utilização de expressões como a de *autor moral*, para significar instigador[31] ou autor mediato, ou, porventura como forma de esquiva

---

[25] Sobre esta norma, veja-se Maia Gonçalves, *Código Penal Português*, 4ª ed., Coimbra: Almedina, 1979, p. 57: a "lei enumera, no art. 20º do CP, os autores materiais e os morais".

[26] Assim, Teresa Beleza, *Direito Penal* (cit. nt. 16), p. 411 a 418.

[27] Veja-se, considerando que a instigação é uma forma de participação e não de autoria, nomeadamente, Helena Mourão, *Da Instigação em Cadeia – Contributo para a Dogmática das Formas de Compartipação na Instigação*, Lisboa: Coimbra Editora, 2006, p. 32.

[28] Enquadrando a figura na participação, veja, por todos, o Acórdão nº 36: Inserindo-a na autoria, *vide, v.g.*, os Acórdãos nºs 18, 23.

[29] Assim, Acórdão nº 25.

[30] Veja, por exemplo, o Acórdão nº 34.

[31] Veja, por exemplo, o Acórdão nº 4: "Autor moral é todo aquele que, dolosamente, determina outra pessoa à prática do facto, desde que haja execução ou começo de execução"; e Acórdão nº 14: "o R surge no processo executivo como autor moral, como instigador, nos termos do art. 26º, do CP".

quanto à destrinça entre as últimas figuras, convocando indistintamente a *autoria moral* para referir uma ou outra[32]. A persistência da utilização desta terminologia, nos casos em que se queira aludir à instigação (ou naqueles em que se vise fugir a uma qualificação precisa), sugere uma tomada de posição sobre a questão da inserção da instigação na autoria. Não obstante haver ainda quem considere que se trata de uma forma de autoria, convém recordar que era o Código anterior que continha a expressão "são autores", enquanto na lei penal vigente se afirma apenas que "são puníveis como autores". Para quem defenda que se trata de uma modalidade da participação, esta alteração configura uma das evidências da opção do legislador nesse sentido. Há, contudo, doutrina que continua a dizer que não, que instigação é autoria[33]. Apesar de a expressão *autor moral* utilizada em alguma jurisprudência poder ter implícita a opção por esta teoria, pode também revelar-se um indício de uma continuação *desatualizada* e *acrítica* dos argumentos utilizados para fundamentar a sua inserção na autoria, numa altura em que não se encontrava explícito o propósito de a aproximação da instigação a autores (imediatos, mediatos ou coautores) ser para efeitos de mera punibilidade. Pese embora o facto de, entre os acórdãos analisados, a maioria dos que utilizam esta terminologia o fazerem sem sequer a questionar, encontrámos um que sobre ela despende alguma reflexão. Este acórdão, do TRL, de 1996[34], começa por recordar que, na altura da vigência do CP de 1886 havia, no artigo 20º, uma distinção formal entre autoria material e moral, mas que tal não sucede nos dias de hoje, "pois tudo se contém no art. 26º do CP de 1982 e também no art. 26º do CP revisto e actualmente em vigor". Considera

---

[32] Quanto a esta "confusão" veja a descrição que um Acórdão do TRC faz da decisão recorrida: "o tribunal a quo fundamentou a decisão de condenação do arguido como autor (moral ou mediato) do crime de roubo agravado, por entender que o comportamento do mesmo deve ser qualificado como de instigador" (Acórdão nº 33). Veja igualmente o Acórdão nº 29: "[a conduta do agente] deve ser integrada nas outras formas de participação: i) cumplicidade; ii) autoria moral, designadamente instigação".
[33] Neste sentido, veja-se JORGE FIGUEIREDO DIAS, *Formas Especiais do Crime* – Textos de apoio à disciplina de Direito Penal, 5º ano, da licenciatura em Direito, no ano letivo de 2004-2005, Faculdade de Direito da Universidade de Coimbra, 2004, p. 18 e ss; e GERMANO MARQUES DA SILVA, *Direito Penal Português – Parte Geral – II Teoria do Crime* – Lisboa: Editorial Verbo, 1998, p. 283.
[34] Acórdão nº 21.

que doutrinariamente e "do ponto de vista teórico (...) continua, porém, a poder falar-se em autoria moral, como uma instigação essencial, autoria mediata, intelectual, ou auxílio *causam dans*".

Há que mencionar outros três aspetos: *i)* o início da execução pelo instigado enquanto requisito de punibilidade da conduta do instigador; *ii)* os casos em que os atos ilícitos do instigado superam o dolo do instigador; *iii)* a eventual necessidade de identificação do autor imediato para punir o instigador.

Quanto ao primeiro *item*, a sua análise depende da interpretação conjugada do disposto nos artigos 22º e 26º. Abstraindo por ora da questão da delimitação dos atos de execução por contraposição aos atos meramente preparatórios[35], pretendemos aqui salientar que o crime apenas será punido se o instigado tiver, pelo menos, iniciado a execução. O legislador exige, *também* para a figura da instigação, que tenha havido *execução ou início de execução* (artigo 26º), explicitando que há "tentativa quando o agente praticar actos de execução de um crime que *decidiu cometer*, sem que este chegue a consumar-se (destaque nosso)"[36]. Para haver instigação, o instigado tem de ficar decidido a cometer o crime e pelo menos iniciar a execução. Caso contrário há apenas tentativa de instigação. O instigador não pratica atos de execução. Ele decide determinar o autor imediato a cometer o crime, visando que este, uma vez determinado, efetivamente o cometa. Se aquele que exerce a ação instigadora passa a praticar atos de execução a dada altura, não será instigador mas antes autor imediato ou coautor. Deste modo, os atos de execução cujo crime *decidiu cometer* são necessariamente os do instigado. A punição a título de instigação fica deste modo dependente da atividade do último. É precisamente esta acessoriedade que permite afirmar que a instigação é participação e não autoria.

O segundo aspeto enunciado diz respeito às situações em que, por exemplo, o instigador (A) determina o agente imediato (B) a cometer um crime de furto de uma carteira e este, sendo "descoberto" pelo seu proprietário a meio da execução, recorre à agressão física para concreti-

---

[35] Sobre este assunto *vide* Acórdão nº 36.
[36] Art. 22º, nº 1, do CP.

zar a subtração do objeto. São os casos de *"excesso de mandato"*[37]. A solução geral encontrada para estes casos não tem sido diferente daquela que referimos a propósito da coautoria: a utilização de um critério de previsibilidade, que permita identificar até onde iria o dolo, ainda que eventual, do instigador. No caso descrito, concluindo-se que A podia prever que B, confrontado com algum obstáculo, iria, provável ou eventualmente, recorrer à agressão, poderia ser-lhe atribuída a qualificação de instigador de um crime de roubo. Caso contrário, apenas responderia pela instigação de um crime de furto. Lê-se, nomeadamente, num acórdão do TRC, de 2005[38]: "(...) o dolo do instigador tem que abranger o resultado do facto executado, sendo que aquele só responde na medida em que o facto coincida com a sua intenção; nos casos em que o autor material executa mais que o querido pelo instigador este só responderá até ao limite da sua intenção instigadora".

A terceira questão foi objeto de análise num acórdão do TRP, de 2004[39], em cujo sumário se lê que é "de punir o autor moral do crime, ainda que não esteja identificado o autor material". Na matéria de facto provada apenas se identificava os agentes imediatos do crime de coação grave como "três indivíduos do sexo masculino". O arguido (o tal *autor moral*) recorreu para este Tribunal, alegando que os supostos instigados não estavam devidamente identificados e que não havia sido feita prova "de que os autores materiais agiram em execução do pedido feito pelo arguido", razão pelo qual deveria ser absolvido. O TRP entendeu que não lhe assistia razão em nenhum dos argumentos. Quanto ao primeiro afirma que, não obstante "se encontrem arestos no sentido de que não é possível a punição a título de autoria moral sem que esteja identificado o autor material", julga ser "mais consentânea com o espírito e a letra da lei a corrente jurisprudencial que considera ser de punir o autor moral ainda que não esteja identificado o autor material".

---

[37] *Vide*, TERESA BELEZA, *Direito Penal* (cit. nt. 16), p. 414 a 417. Um dos argumentos que TERESA BELEZA utilizou para defender a inserção da instigação na participação foi o do reconhecimento de que autores e instigador eram figuras distintas, patente na enunciação de ambos constante do art. 21º do CP de 1886.
[38] Acórdão nº 33.
[39] Acórdão nº 26.

Por último, consideramos útil fazer referência a um outro aspeto: a eventual relevância atribuída à posição de autoridade ou, de um modo geral, de influência, como um dos fatores para inferir ou reforçar a ideia de que houve instigação. Na análise da existência de determinação dolosa por parte de um dos agentes (suposto instigador) sobre outro (eventual instigado), poderá haver recurso a critérios como a relação existente entre ambos. Relações como as familiares, as de amizade, as afetivas, as hierárquicas e, em particular, as laborais. Fatores que podem ser o fundamento para o êxito da atividade instigadora, ao influenciar a decisão do agente nesse sentido. Encontramos acórdãos em que se destaca a posição de autoridade de um dos arguidos relativamente aos demais, assente no facto de aquele ser empregador e estes seus trabalhadores. Apesar disso, atenta a factualidade dos casos, os agentes foram sempre considerados coautores. É o que parece ter sucedido na análise feita pelo STJ, num acórdão de 9 de Maio de 2001 (um dos acórdãos *centrais*)[40].

II. A eventual violação do princípio da legalidade

O princípio da legalidade, no domínio penal, encontra-se consagrado no artigo 29º, nº 3, da CRP e no artigo 1º do CP. A posição de destaque que lhe é reservada neste Código reflete que se trata de um princípio basilar do nosso direito criminal. *Nullum crimen sine lege*[41]. Apenas a lei pode definir "o que são crimes e quais os pressupostos da aplicação e medidas de segurança criminais, bem como estabelecer as respectivas penas e medidas"[42]. Um dos seus corolários é o princípio da tipicidade, o qual exige que a lei especifique "clara e suficientemente os factos em que se desdobra o tipo legal de crime ou que constituem os pressupostos da aplicação da medida de segurança criminal"[43].

---

[40] Acórdão nº 6.
[41] *Não há crime sem lei.*
[42] Maia Gonçalves, *Código Penal Português – Anotado e Comentado – Legislação Complementar*, 18ª ed., Coimbra: Almedina, 2004, p. 48.
[43] Maia Gonçalves, *ibidem*, p. 49. Sobre as várias dimensões do princípio da legalidade *vide* Gomes J.J. Canotilho e Vital Moreira, *Constituição da República Portuguesa Anotada*, volume I, 4ª ed. revista, Coimbra: Coimbra Editora, 2007, p. 491 a 499.

A exigência de uma delimitação precisa das figuras da comparticipação está ínsita na necessidade de obediência a este princípio. Os crimes previstos na Parte Especial do CP estão configurados para a autoria singular e imediata, pelo que os artigos da Parte Geral relativos à comparticipação operam uma extensão da tipicidade. Nessa medida, estamos perante normas incriminadoras, razão pela qual se exige que a sua interpretação e consequente aplicação seja conforme ao princípio da legalidade. Se o agente é indiciado como *autor moral*, não se dissociando a instigação e a autoria mediata, há uma distorção que ameaça o princípio, uma vez que fica viciada a análise do preenchimento dos pressupostos da punibilidade daquele agente. Cada uma das figuras da comparticipação tem características e requisitos próprios, implicando uma verificação pormenorizada relativamente à sua existência no caso concreto. Mesmo nos casos em que a "confusão" entre as duas figuras não suscite consequências práticas, não deixa de ser negativa, por favorecer a indistição e prejudicar a clareza exigível na aplicação das normas relativas à comparticipação. Por exemplo, num acórdão do STJ, de 2007[44], é referido que o "R surge no processo executivo como autor moral, como instigador" e, adiante, que o recorrente (instigado) atua "como instrumento humano daquele projecto homicida concebido pelo R". Ora, uma das características essenciais da autoria mediata, que não existe na instigação, é a *instrumentalização* do agente imediato. A conduta objeto de apreciação por este Tribunal era apenas a do recorrente, o instigado, e não a de saber se R era autor mediato ou instigador. No entanto, a palavra "instrumento" não deixa de ser uma imprecisão formal, indesejável pelos motivos referidos.

Um sentimento de (in)justiça pode influenciar a distorção entre as figuras da comparticipação. A um acórdão recente de uniformização de jurisprudência[45] parece subjazer precisamente essa intenção de fazer justiça, que, na opinião de vária doutrina, torna a sua fundamentação desfasada da correta leitura do artigo 26º. Trata-se de uma situação em que se discute se a atuação do agente configura autoria mediata ou instigação. Não obstante a qualificação do agente como instigador ser (na minha opinião) a mais acertada, o tribunal condena-o como autor mediato. Não

---

[44] Acórdão nº 14.
[45] Acórdão nº 19; assim, também, o Acórdão nº 16.

sendo a tentativa de instigação punível no ordenamento jurídico português, a qualificação como instigador implicaria a impunidade do agente, o que poderá suscitar *dificuldades de consciência*, que serão provavelmente maiores quanto mais censurável for o comportamento do indivíduo cuja conduta se aprecia.

Uma qualificação errónea de uma conduta como sendo de coautoria ou de instigação pode ter consequências mais evidentes, que não apenas a falta de rigor. Para o instigador ser punido exige-se que os seus propósitos criminosos sejam minimamente concretizados, através da prática de atos de execução por parte do instigado[46]. Apesar de na coautoria se exigir também execução, a atividade do coautor não está condicionada pela dos demais.

A situação em que o erro na qualificação da conduta do agente pode ter consequências mais flagrantes é o caso da tentativa de instigação. Tomemos um exemplo: A tenta determinar B a matar C e acredita que B ficou determinado, mas, contrariamente ao que aquele pensou, nunca foi intenção de B cometer um crime de homicídio, não chegando a praticar atos de execução e, bem pelo contrário, denuncia os propósitos de A às autoridades. Esta configura nitidamente uma situação de tentativa de instigação (A tentou determinar B, mas não conseguiu que este ficasse convencido e que cometesse o crime), não punível no nosso ordenamento jurídico. Como vimos, da interpretação conjunta dos artigos 22º e 26º retira-se a exigência do sucesso da determinação e de, pelo menos, um início de execução por parte do instigado (no caso ilustrado não houve prática de atos de execução por parte de um agente (B) que tivesse *decidido cometer* o homicídio). Se este A fosse considerado autor e não instigador, por se entender que praticou atos de execução, então seria punido ainda que B não os tivesse praticado e mesmo que nunca tivesse tido a intenção de cometer o crime. A discussão cuja resposta será decisiva nesta matéria é a de saber o que são atos de execução e o que são atos preparatórios.

---

[46] A este propósito *vide*, nomeadamente, Acórdão nº 3: "enquanto o agente imediato não praticou atos de execução, não há verdadeiramente instigação. Aliás, nem de outra forma podia ser já que então estar-se-iam a punir as «meras cogitationes»".

Uma implicação prática da qualificação incorreta da atividade do agente, como configurando instigação ou coautoria, pode encontrar-se ao nível da pena aplicada. A lei estabelece que o instigador é punido como autor (artigo 26º). Porém, considerar que houve instigação e não coautoria pode conduzir, na prática, ao agravamento ou à atenuação da medida concreta da pena. No primeiro caso, a ideia poderá ser a de uma maior censurabilidade da conduta do instigador, na medida em que foi ele que *impulsionou* o crime, ao determinar o instigado a cometê-lo. Esse incitamento pode ser valorizado de modo mais intenso do que seria a atividade de um dos agente que *se limita* a tomar parte direta na execução de um facto, em consequência da ação instigadora. Esta ideia será porventura mais acentuada nos casos em que, além de ser coautor (ou seja, de ter tido intervenção na execução), o agente tenha sido também instigador. Efetivamente, aí houve um *mais* relativamente ao que foi a atuação dos restantes coautores, pelo que deve ser valorado como tal, para efeitos de culpa da conduta daquele agente em específico. Não encontrámos nenhum acórdão em que ao *apenas* instigador (que não seja simultaneamente coautor) tenha sido atribuído maior grau de culpa. Quanto à segunda hipótese – atenuação da medida concreta da pena do instigador – encontramo-la, por exemplo, num acórdão do STJ, de 1998[47], em que um dos recorrentes, que havia sido considerado coautor na instância recorrida, foi qualificado como instigador, vendo acolhida, por essa razão, a sua pretensão de lhe ser aplicada uma pena inferior à dos restantes. Apesar de a instigação ser uma forma de participação e não de autoria, o facto de o artigo 26º estabelecer que este seja punido como autor parece constituir um obstáculo ao entendimento manifestado por este Tribunal no caso referenciado. Donde, também aqui poderá estar em causa o respeito pelo princípio da legalidade, nos termos referidos.

III. O tratamento jurisprudencial dos casos de fronteira

O acordo ou a determinação são requisitos imprescindíveis na descrição da coautoria e da instigação, mas não são excludentes nas situações

---

[47] *Vide,* Acórdão nº 4.

de fronteira, uma vez que estar *no limite* entre a coautoria e a instigação significa que há uma iniciativa preponderante de um dos co-arguidos relativamente à adesão dos demais, casos em que se questiona se terá sido instigador. O facto de o agente criar noutrem a vontade de cometer o crime não implica necessariamente que se esteja perante uma situação de instigação. Nada obsta a que alguém se mantenha no papel de instigador durante algum tempo e que depois venha a tornar-se coautor, por acabar por praticar atos de execução, inicialmente não previstos. Por seu turno, o facto de um dos agentes ter, no momento do acordo, um papel decisivo relativamente à adesão dos demais não significa que passe a ser instigador e não coautor.

A resposta relativamente ao tratamento a dar aos casos em que a atuação do arguido parece caber, em abstrato, em ambas as figuras (aqui designados casos de fronteira) depende pois do exame da execução. O que distingue a (co)autoria da participação (neste caso, instigação) é a prática de atos de execução, que só pode ocorrer no primeiro caso. Não havendo atos de execução do agente, ele não poderá ser coautor. A partir do exato momento em que os pratica torna-se autor. Isto seria facilitado se não estivéssemos perante um quadro em que há mais arguidos a executar o crime, ao abrigo da divisão de papéis delineada. Uma vez que cada um faz somente uma parcela de *atividade criminosa*, torna-se algo difuso o delineamento do que *já é* ou *ainda não é* execução. Haverá atos que não seriam de execução se não estivessem integrados no quadro global da atuação conjunta. Esta é uma dificuldade que acresce à que já existe quando se trata de identificar atos de execução do agente singular. É uma tarefa necessariamente casuística. Para saber se há atos de execução, é preciso saber *que atos* foram esses. A questão é a de percecionar os critérios de que deverá socorrer-se o julgador na imputação dos factos ao agente que atua num quadro plural.

3. A imputação dos factos ao agente instigador e (simultaneamente) coautor

3.1. Os contributos da doutrina

Para imputar os factos ao coautor é necessário saber o que significa a 3ª proposição do artigo 26º: *tomar parte direta na execução*. E a resposta depende necessariamente da interpretação do que sejam atos de execução, nos termos do nº 2 do art. 22º, relativamente ao tipo de crime em causa. Em cada um das alíneas desta norma encontramos o acolhimento de determinadas teorias. Assim, subjacente à al. *a)* estão as teorias formais-objetivas, que implicam a subsunção dos factos à descrição literal de determinado tipo de crime. Por seu turno, nas alíneas *b)* e *c)* denota-se a receção das teorias materiais-objetivas, que impõem uma análise material dos factos que permita identificar, em cada situação, a existência de uma ameaça para o bem jurídico tutelado. Em todo o caso, esta análise objetiva deverá ser complementada pela avaliação do plano concreto do(s) agente(s), que permita *desvendar* a intenção subjacente ao seu comportamento delituoso. As teorias subjetivas chamaram a atenção para a necessidade de valorar esta dimensão *interior* e mereceram acolhimento no nº 1 do artigo 22º[48]. Para detetar a existência de atos de execução em cada caso é, pois, indispensável que se faça uma leitura conjugada destes preceitos[49].

A teoria do domínio do facto, que veio restringir o alcance alargado da imputação dos factos feita a partir da ideia da causalidade adequada, considera autor aquele que tem nas suas mãos o controlo do processo criminoso, no sentido em que é ele que decide o seu destino. De acordo com esta teoria, o que fundamentaria a imputação dos factos ao coautor seria ainda um domínio do facto, mas agora um domínio *conjunto*. Com efeito, de acordo com o critério do domínio funcional do facto, cada coautor tem ainda a capacidade de, mediante o seu comportamento positivo (o desempenho do seu contributo parcial) ou negativo (a abstenção de realizar a tarefa que lhe coube), permitir que o plano criminoso realmente se concretize ou que se frustre[50].

---

[48] Que, como se referiu, consigna que há "tentativa quando o agente praticar actos de execução de um crime que decidiu cometer, sem que este chegue a consumar-se".
[49] Sobre a redação do art. 22º, vide Comissão Revisora do Código Penal, *Actas da Comissão Revisora do Código Penal*, Parte Geral, Vol. I, Lisboa: AAFDL, 1979, p. 170 a 175. Nestas atas se afirma, na p. 171, que o nº 2 deste artigo "consagra a tese da perigosidade do acto, como reveladora também do seu carácter executivo – o que impõe o recurso ao plano do agente, ao menos considerado na sua significação objectiva".
[50] Veja-se, explicitando as diferentes teorias aqui sumariadas, Teresa Beleza, *Direito Penal...* (cit. nt. 16), p. 384 e ss.

A análise da situação concreta, destinada a resolver estes casos de fronteira, deve beneficiar de todos estes ensinamentos, na medida em que se mostrem adequados para a destrinça entre as figuras da comparticipação implicadas e, assim, para uma correta imputação dos factos ao agente.

3.2. Elementos objetivos e subjetivos na identificação de uma eventual coautoria relativamente ao *agente impulsionador*

Nos casos de fronteira, um dos agentes envolvidos tem uma atividade impulsionadora determinante da atuação dos demais, levando a questionar-se se essa pessoa terá sido apenas instigadora ou também coautora. Aos vários agentes implicados na decisão conjunta podem caber atividades que, em si, preencham o tipo legal de crime [22º, nº 2, al. *a)*] ou que se integrem, só por si, nas demais alíneas do art. 22º, nº 2 [*b)* e *c)*]. Também pode acontecer que os atos praticados por alguns não sejam, em abstrato, vistos isoladamente, atos de execução. Nestes casos, se cada um dos agentes estivesse a atuar individualmente, a sua conduta não poderia ser considerada como ato de execução mas apenas, e quando muito, como ato preparatório. Estes atos, individualmente não considerados como execução, poderão sê-lo eventualmente num quadro de coautoria. Isto porque, na distribuição de tarefas acordada, coube a determinados agentes efetivar atividades aparentemente não relevantes, mas que, em conjunto com as demais atuações, conduzirão à eficácia do plano criminoso delineado. O que está aqui em causa é ainda a interpretação das alíneas *b)* e *c)* do artigo 22º, estruturado para a autoria singular, mas agora num contexto plural. Em ambos os preceitos, o que é valorado é a criação de uma situação de perigo para os bens jurídicos tutelados. A única diferença é a da maior ou menor *proximidade* desse perigo. Na situação figurada na alínea *b)* haverá um perigo mais imediato, pois que o ato em causa é, só por si, suscetível de criar o perigo. Na da alínea *c)*, o que existe é um ato relativamente ao qual é legítimo que se antecipe a forte probabilidade de ser seguido de atos que irão criar o tal perigo imediato para o bem jurídico tutelado ou que o ofenderão efetivamente. Não obstante este maior afastamento em relação à hipótese de lesão do bem jurídico, há ainda uma ligação próxima a esse momento, a ponto de se poder ainda razoavelmente fazer um *prognóstico* do perigo. E essa ligação não se infere exclusivamente da análise objetiva dos factos, mas de uma sua leitura integrada, que inclua a consideração do plano do agente. Também num quadro de coautoria, a dedução da existência desse perigo, mais ou menos próximo, depende da mesma análise compreensiva (dotada de elementos objetivos e subjetivos). Isto significa que, para saber se os atos de cada um dos agentes envolvidos constitui ou não um perigo em potência, teremos de observá-los no contexto do plano acordado e da consequente distribuição de tarefas.

Nos casos de fronteira não estamos, naturalmente, perante um cenário em que seja inequívoco que a pessoa que instiga se limita a desempenhar essa tarefa. O que faz com que o caso seja de fronteira é precisamente o facto de o agente instigador continuar a *aparecer* na *história do crime* após o momento da determinação. A questão é, pois, a de saber se esse contínuo *aparecimento* se situa ainda num plano *externo* (o daquele espetador atento e interessado que acompanha a par e passo o desenrolar dos acontecimentos, movido pela preocupação de que a sua intenção se concretize, ainda que por mãos alheias) ou num plano *interno* (sendo ele próprio um elemento que tem *também* em mãos o próprio desenrolar do processo criminoso). Apenas neste último caso haverá atos objetivamente condutíveis a uma situação de perigo para a lesão do bem jurídico, nos termos das alíneas *b)* e *c)* do n.º 2 do artigo 22º[51].

Se o agente instigador pratica atos subsumíveis no tipo legal de crime (art. 22º, n.º 1, al. *a)*) não há dúvidas que se torna também coautor. Não sendo o caso, entramos naquele problema da graduação do perigo, tendo em conta as diversas contribuições dos vários agentes para a sua criação. Aqui teremos de responder à pergunta de saber se também ele tinha em seu poder, mediante a sua conduta específica enquadrada no conjunto das atuações planeadas, a capacidade de efetivar ou alterar o destino do projeto criminoso. A análise objetiva dos factos terá de ser complementada pelo conhecimento do projeto comum (*v.g.*, que intenção subjazia às diferentes tarefas distribuídas).

---

[51] Muito embora, numa análise posterior à concretização do crime, seja óbvia a relevância determinante da instigação para a criação do perigo, essa ilação não pode ser feita em prognose para efeito de encontrar aí atos de execução nos termos do art. 22º, n.º 2, al. *c)*, sob pena de se aumentar exponencialmente a *régua* da situação de perigo.

3.3. Casos de fronteira

A enunciação subsequente corresponde a um conjunto de acórdãos selecionados para ilustrar a questão central deste texto:

a) Ac. do STJ, de 24 de Junho de 1998, Proc. 477/98, Rel. Joaquim Dias (caso *dívida por compra de cães*)[52];
b) Ac. do STJ, de 9 de Maio de 2001, Proc. 772/01, Rel. Lourenço Martins (caso *à porta da discoteca*)[53];
c) Ac. do STJ, de 17 de Março de 2005, Proc. 05P645, Rel. Simas Santo (caso *aborto*)[54];
d) Ac. do STJ, de 27 de Maio de 2009, Proc. 58/07, Rel. Henriques Gaspar (caso *mulher que quer matar marido para manter nível de vida*)[55];

---

[52] CM tinha comprado cães a Y, devendo-lhe por isso a quantia de 580.000$, que se recusava a pagar porque os cães tinham morrido (já depois da entrega). Y contacta CF, que também lhe devia dinheiro, e conta-lhe o sucedido. CF convence-o então a contactarem alguém para, através da força, obrigar CM a pagar, o que Y aceitou. CF apresenta P a Y e os três delineiam um plano, segundo o qual: P chamaria outros dois indivíduos; CF daria a P a morada e o contacto de CM; CF pagaria 100.000$ a P e assim saldaria a dívida para com Y. Assim aconteceu. P contactou J e V, que logo aderiram ao plano, e os três dirigiram-se a casa de CM, acompanhados de Y. Quando CM abre a porta, P, J e V empurraram-no e ameaçaram-no com uma faca, exigindo-lhe que pagasse ou que escrevesse uma declaração de dívida. Entretanto percorreram a casa e subtraíram diversos objetos. Já no exterior da casa, dividiram os objetos, tendo Y ficado com a declaração. CF veio a pagar a P a quantia acordada.

[53] F e J, dono e empregado de uma discoteca, respetivamente, saíram da mesma com a intenção de perseguir e agredir X e os seus companheiros. Na sequência de uma discussão, e quando aqueles se preparavam para agredir X, este dispara três tiros que os atingem, ferindo-os. Posteriormente, F e J conseguiram tirar-lhe a arma, agredindo-o (*pontapeando-o*) e imobilizando-o. Nesse momento, J diz que lhe dá um tiro na cabeça, ao que F responde agressivamente que lhe dê antes um tiro nas nádegas, o que J faz, provocando uma extensa hemorragia interna a X. De seguida, voltam a agredi-lo e impedem que a primeira ambulância que chega ao local o socorra, argumentando que aquele não sairia dali enquanto não chegassem as autoridades.

[54] Na sequência de diversas violações por parte de AMSG, BPCG veio a engravidar. Conforme consta da fundamentação do acórdão do STJ, foi por iniciativa de AMSG que se confirmou a gravidez, foi este que escolheu a abortadeira, "a contactou e satisfez as condições por esta colocadas para levar a cabo a sua atividade e conduziu a BPCG à casa daquela para aí abortar e a levou de volta a casa, e obteve uma receita médica de um antibiótico que mandou aviar para a BPCG".

[55] AA tinha a intenção de matar o marido, a fim de obter benefícios económicos e não perder a qualidade de vida a que estava habituada. Para o efeito, contratou BB, que, por sua vez,

e) Ac. do TRE, de 25 de Maio de 2010, Proc. 28/05, Rel. João Manuel Monteiro Amaro (caso *sociedade "oferece" serviço de jantar*)[56].

Vejamos a conduta dos recorrentes em cada um dos acórdãos.

No caso *a)*, CF convenceu Y a aderir ao seu propósito criminoso, contactou P, e os três planearam a sua prossecução. Para além disso, deu a morada e o contacto da vítima e pagou a P e aos dois outros indivíduos que este *subcontratou* para o *serviço*. Ficou decidido que CF não iria a casa da vítima. CF tinha sido condenado, na 9ª Vara Criminal de Lisboa[57], como coautor de um crime de extorsão[58] e de um crime de introdução em casa alheia[59]. O STJ alterou a qualificação jurídica atribuída, condenando-o como instigador de um crime de coação simples[60] (convolação) e de um crime de violação de domicílio[61].

Nada disto pode ser considerado como ato de execução relativamente aos tipos de crime em causa. A participação na formulação do plano não é ainda execução, pelo que nela pode também participar o mero instigador. A delineação do plano poderá até convergir com o próprio momento

---

subcontratou CC. Ambos acederam de imediato à formulação criminosa. Porém, AA não se limitou a essa tarefa, fazendo ainda (nomeadamente) o seguinte: deu-lhes a morada e informou-os dos horários da vítima, deu-lhes as chaves do apartamento onde deveria ser perpetrado o crime, atraiu a vítima para aquele local acompanhando-a e avisando BB e CC da sua chegada iminente (quando estes já esperavam no dito apartamento). No local acordado, BB e CC matam a vítima, através de vários golpes com uma marreta e de asfixiamento com um saco de plástico.

[56] P e R, funcionários da sociedade "C", representada legalmente por MM, contactaram RV e AV anunciando-lhes que haviam ganho um serviço de jantar e que para levantá-lo teriam de se deslocar a determinado local. Já nesse local, RV e AV foram aliciados por P e R a comprar vários objetos, numa quantia total de 4.020$000. Para formalização do contrato estes entregaram a RV e AV vários documentos, entre os quais estava um contrato de mútuo com uma agência bancária e um guia comprovativo da entrega do material vendido. Entrega essa que nunca foi feita, apesar dos vários contactos telefónicos dos ofendidos nesse sentido.

[57] Decisão que foi objeto de *recurso per saltum*, nos termos do art. 432º, al. *d)* do CPP, na redação anterior. Apesar de a pena aplicada pelo Tribunal ter sido inferior a 5 anos, este requisito (hoje constante da al. *c)* do art. 432º do CPP) não existia no momento em que foi proferido o acórdão.

[58] À data dos factos previstos nos arts. 317º, nºs 1, al. *a)* e 2, com referência ao art. 306º, nº 2, al. *a)*, do CP, na redação de 1982.

[59] À data dos factos previstos no art. 176º, nºs 1 e 2, do CP de 1982.

[60] À data dos factos previstos no art. 156º, nº 1, do CP de 1982.

[61] Art. 190º, nºs 1 e 3.

da determinação. No caso em apreço é, aliás, nítida a *posição externa* em que se coloca CF, pois que nesse plano não se põe sequer a hipótese de este acompanhar os demais comparticipantes na ida à casa da vítima. O ato de dar a morada e o contacto poderia ser considerado, quando muito, ato preparatório relativamente ao crime de violação de domicílio (art. 190º do CP). Tanto este ato como o pagamento do "serviço" aos demais agentes não parece extravasar o âmbito da própria atividade instigadora. O pagamento é em si um instrumento de determinação. Sem ele o mais certo era que os outros comparticipantes não dessem seguimento ao projeto criminoso. O ato de dar a morada e o contacto da vítima chega a ser, digamos assim, um ato *normal* do caso típico de "encomenda" do crime pelo instigador, sendo que tem a ver com a própria identificação da vítima. É expectável que um tal *espectador interessado*, munido que esteja da informação necessária para alcançar a vítima, dê esses dados aos agentes para que estes possam (com maior probabilidade), pelas suas mãos, efetivar o crime almejado. CF não desempenha qualquer atividade descrita em nenhum tipo legal [artigo 22º, nº 2, alínea *a*)]. Relativamente à criação do perigo, não parece que se possa encontrar nas suas ações uma ameaça da lesão do bem jurídico. Poder-se-ia ver na atividade instigadora (designadamente naqueles atos que incluímos na mesma: o dar a morada e o contacto e o pagamento) um comportamento que, em termos causais, acabaria por conduzir à perpetração do crime pelos demais agentes. Mas a verdade é que isso seria alargar demasiado o espetro da análise para a imputação dos factos, perdendo-se aí a exigência de uma ligação próxima (iminente ou quase iminente) à hipótese de lesão do bem protegido. À luz do CP anterior seria mais fácil fundamentar a sua autoria, na medida em que o artigo 20º, § 5º, considerava autores também aqueles que concorressem *diretamente para facilitar ou preparar a execução*.

No caso *b*), F e J perseguiram X, ambos o agrediram e impediram que a ambulância o socorresse atempadamente. Para além disso, F incentivou J a disparar, ainda que dizendo para não o fazer contra a cabeça, mas contra as nádegas. Ambas as instâncias[62] consideraram F coautor do crime de ofensas corporais graves, agravadas pelo resultado[63].

---

[62] Também aqui houve lugar a recurso *per saltum* para o STJ, da decisão do Tribunal de Júri do Círculo Judicial de Oliveira de Azeméis.

Não há dúvida que F praticou atos de execução do crime de ofensas corporais graves, o mesmo se dizendo relativamente à imputação do resultado morte[64]. Ele próprio causou perigo para a vida de X, ao agredir a vítima e ao impedir que a ambulância o socorresse imediatamente [cfr. artigos 144º, al. *d*), 147º, nº 1, e 22º, nº 2, al. *a*)]. Relativamente ao disparo, houve efetivamente um ato de instigação por parte de F, ainda que consistindo numa mera "ratificação" do intuito de J de disparar.

Mencionámos acima que a posição de autoridade ou influência do agente pode ser percecionada como um critério à luz do qual se afere a existência do elemento objetivo da instigação (a efetiva determinação do instigado)[65]. Se não fosse a situação de subordinação de J ante F, tendo aquele dito que iria disparar, uma resposta de F a reforçar essa afirmação pareceria poder apenas ser qualificada de cumplicidade (enquanto apoio *moral*). Para se concluir que houve instigação tem de existir algo mais, que permita diferenciar a situação versada neste acórdão de outros casos aparentemente semelhantes. E esse *mais* é precisamente a autoridade de F e consequente capacidade que ele tinha de influenciar decisivamente a atuação de J. Se F não tivesse praticado atos de execução poderia efetivamente vir a ser considerado (apenas) instigador. Isto porque nessa *ratificação* poderia estar a *determinação dolosa* à prática do crime. A ausência de qualquer palavra de F poderia ser suficiente para J nada fazer. Uma palavra de F no sentido de não disparar configuraria provavelmente uma ordem de "não matar"[66].

Tratou-se de uma atuação concertada. Ambos tinham em suas mãos o desenrolar do processo criminoso. F é simultaneamente instigador e coautor.

No caso *c)*, AMSG convenceu BPCG a fazer o teste de gravidez e a abortar, conduziu-a ao local onde seria feito o aborto e de volta a sua

---

[63] Previsto no art. 145º, nº 1, al. *b*), do CP. Depois de excluir a hipótese da autoria mediata, uma vez que J (o autor material do disparo) era plenamente responsável, o STJ afirma que, quando muito, este "deixou-se determinar, sob *conselho ou instigação* do recorrente" (aqui alude explicitamente à redação do art. 20º do CP de 1886).

[64] Cfr. arts. 144º, al. *d*), e 147º do CP. A inserção deste acórdão no elenco central deve-se ao facto de ter sido questionada a instigação, em resposta ao recurso de F.

[65] Veja, *supra*, capítulo I.2 (A instigação).

[66] Repare-se que J estava encarregado das funções de segurança pelo que a defesa de F e da discoteca estaria em abstrato compreendida nas suas funções.

casa, pagou à abortadeira e concretizou as demais exigências e instruções desta. Neste caso, as instâncias recorridas[67] consideraram AMSG instigador de um crime de aborto[68]. O STJ acabou por manter esta classificação, mas advertiu que a atividade de AMSG estava mais próxima da coautoria do que da instigação[69].

A questão que aqui se coloca é saber se AMSG deve ser considerado instigador do crime de aborto, praticado pela abortadeira, ou se serão ambos coautores. Os atos de contactar a abortadeira e de pagar fazem ainda parte da ação instigadora, pois que o contacto está relacionado com a própria escolha do agente executor e o pagamento é o mecanismo de determinação. De acordo com o art. 140º, nº 2, do CP, na redação do DL 48/95, de 15 de Março, seria punido aquele que "por qualquer meio, com o consentimento da mulher grávida, a fizer abortar"[70]. A abortadeira é autora nos termos deste artigo e do artigo 22º, nº 2, al. b). Será que apenas a abortadeira praticou atos de execução do crime de aborto? A verdade é que, ainda que não seja, só por si, idónea para produzir o resultado, a atuação de AMSG foi suscetível de criar uma ameaça ainda próxima de lesão do bem jurídico. Com efeito, tendo em conta o plano concertado dos agentes (designadamente que, em virtude dos contactos previamente feitos, a abortadeira já esperava a menor, determinada a fazer o aborto), é razoável considerar – de acordo com a experiência comum e salvo circunstâncias imprevisíveis – que ao ato de levar a menor ao local e à satisfação das demais instruções da abortadeira, se seguiria o aborto. Consideramos que AMSG é coautor, porque a sua atuação, concertada com a da abortadeira, era suscetível de criar um perigo (suficientemente) próximo para o bem tutelado [art. 22º, nº 2, al. c)]. Se quisermos usar a teoria do domínio funcional do facto, diremos que também AMSG (e não apenas a abortadeira) teve nas suas mãos o controlo do desenrolar do projeto criminoso. Ele foi, inequivocamente, mais do que um mero *espetador interessado* pela concretização do seu projeto. Subjacente a um

---

[67] Tribunal Coletivo do Entroncamento e Tribunal da Relação de Évora.
[68] Com base nos arts. 26º, *in fine*, e 140º, nº 2, e 141º, nºs 1 e 2, do CP, na redação do DL nº 48/95, de 15 de Março.
[69] Cfr. Acórdão nº 12, p. 39.
[70] Os nºs 1 e 2 do art. 140º aplicam-se no caso de não haver ou haver consentimento da mulher grávida, respetivamente.

entendimento diverso (que acabou por vingar) poderá ter estado a ideia de que a conduta de AMSG não era suscetível de ser considerada *causa* daquele resultado, pois que apenas a atividade da abortadeira foi causa *direta* do aborto.

No caso *d)*, AA contratou BB para que este lhe matasse o marido, informou-o da morada e horários dele, deu-lhe as chaves da casa dele, atraiu para aí a vítima, acompanhando-a para garantir que para lá se dirigia e dando conta a BB dos seus passos, até à chegada ao local do crime. AA tinha sido condenada, na 6ª Vara Criminal de Lisboa, como coautora de um crime de homicídio qualificado[71], qualificação que foi confirmada pelo Tribunal da Relação de Lisboa e pelo STJ[72].

Estaríamos perante um caso típico de instigação como "encomenda" do crime, não fosse a condução da vítima, pela própria AA, ao local do crime, e o contacto permanente com BB para avisá-lo dos seus passos, de modo a garantir que quando chegassem ao local tudo correria conforme planeado. Ainda que não tenha realizado atos idóneos a produzir o resultado morte [requisito constante do artigo 22º, nº 2, alínea *b)*], tal como fez BB (ao agredi-lo violentamente), a conduta de AA insere-se ainda naquele núcleo de situações que ameaçam o bem jurídico, às quais se refere o art. 22º, nº 2, alínea *c)*. Esta conclusão infere-se do concerto das tarefas distribuídas entre ambos. Se BB não estivesse à espera da vítima no local, munido de arma para o crime a cuja concretização havia sido determinado por AA, a atividade desta de conduzir o marido ao seu apartamento (por muito que desejasse que ele morresse no caminho) não teria sido sequer juridicamente relevante. Mas, visto o cenário na sua plenitude, constatamos que AA estava a atuar num plano interno e nuclear no desenrolar do processo criminoso. No contexto do plano e ação globais, a atividade de AA criou um perigo *suficientemente* próximo

---

[71] À data dos factos previstos no art. 132º, nºs 1 e 2, als. *d), g), h)* e *i)* do CP, na redação da Lei nº 48/95, de 15 de Março.

[72] O STJ chega a questionar a possibilidade de AA ser instigadora, com base no recurso por esta apresentado nesse sentido. No entanto, depois de uma longa exposição doutrinária sobre a distinção entre a autoria e a participação (e defendendo que a instigação é ainda autoria), conclui que na situação *sub* judice, "perante os factos provados e tal como se coordenam, não resta espaço para aproximação a categorias fora da compreensão e definição da co-autoria". *Vide*, Acórdão do STJ, de 27 de Maio de 2009, Proc. nº 58/07, Rel. Henriques Gaspar, p. 35, disponível em: <www.dgsi.pt>, consultado em: 17 Maio 2011.

da lesão do bem jurídico para ser valorado nos termos do artigo 22º, al. *c)*. Atendendo ao quadro acordado entre os agentes, seria expetável que à condução da vítima ao seu apartamento e ao aviso de AA a BB relativamente ao momento da sua chegada se seguiriam os atos suscetíveis de levar à morte da vítima. Ambos tiveram o controlo dos acontecimentos que acabaram por resultar no homicídio. AA foi simultaneamente instigadora (ela é que determinou BB a matar a vítima, pagando-lhe pelo serviço e proporcionando-lhe a forma de alcançá-la) e coautora do crime de homicídio qualificado.

O acórdão do STJ é também interessante pelas considerações feitas sobre a distinção material entre a autoria e a participação: *"mais do que (ou antes) de excursões dogmáticas, há-de resultar dos factos provados e da específica singularidade com que se apresentem em cada situação, no entrelaçar de feixes concretos de relações entre agentes de um determinado facto ilícito-típico"*[73].

No caso *e)*, MM era a gerente da sociedade em benefício da qual os restantes arguidos, seus funcionários, executaram o crime de burla. A qualificação dada a MM foi em todas as instâncias a de coautoria. Não há prova direta de eventuais atos de execução de MM. Esta foi considerada coautora de um crime de burla simples[74] pelo 2º Juízo do Tribunal Judicial de Santiago do Cacém, qualificação que foi confirmada pelo Tribunal da Relação de Évora.

Parece que um entendimento no sentido de qualificar MM como coautora apenas pode ter como base a perceção, com recurso às regras da

---

[73] Vide, Acórdão do STJ, de 27 de Maio de 2009, Proc. nº 58/07... (cit. nt. 72). Sobre a situação em apreço, lê-se ainda o seguinte (p. 4): "Revelando a conjugação factual que a recorrente não se limitou a determinar outrem à prática dos factos mas concertou o plano de execução, orientou a atuação, proporcionou as circunstâncias relativas ao lugar e atraiu aí a vítima, sempre em acordo com os coarguidos (...) dominando o facto, nas condições da execução, também com domínio funcional em repartição de tarefas, e não apenas com domínio da vontade dos seus compartícipes, o seu comportamento integra a autoria e, pelo acordo com outrem, na modalidade de co-autoria". Cabe aqui um reparo, relativamente à expressão utilizada "domínio da vontade". Como expusemos acima isto tem subjacente o entendimento do Tribunal de que o instigador é autor, tendo o domínio do facto sob a forma de domínio da decisão. Cfr., Acórdão nº 34.

[74] Previsto no art. 217º, nº 1, do CP. Por estranho que pareça, nunca se chega a questionar a hipótese da instigação, apesar de se afirmar ser ela a impulsionadora daqueles atos e de não haver indicação de outros, por esta praticados.

experiência, de que teria praticado atos de execução do crime de burla, na aceção do artigo 22º, nº 2.

Dispõe o nº 1 do artigo 217º[75] o seguinte: "Quem, com intenção de obter para si ou para terceiro enriquecimento ilegítimo, por meio de erro ou engano sobre factos que astuciosamente provocou, determinar outrem à prática de atos que lhe causem, ou causem a outra pessoa, prejuízo patrimonial é punido com pena de prisão até três anos ou com pena de multa".

Abstraindo-nos da legitimidade do recurso às regras da experiência para daí tirar a conclusão de que houve atos de execução por parte de MM, iremos apenas abordar em que termos estes poderiam efetivamente ter existido. Para que a conduta de MM fosse enquadrada na descrição legal do tipo seria preciso entender que também ela teria *astuciosamente provocado* as condições para enganar os lesados. Não obstante, não parece que da descrição do caso resulte que assim tenha sido, porque quem efetivamente utilizou os artifícios para determinar os lesados foram os seus funcionários. Não sabemos, por exemplo, se a "promessa" de empregar um dos lesados na empresa de MM, como forma de determinar as vítimas a concluir o contrato de compra e venda, terá sido um artifício previamente criado por MM. Parece até que se terá tratado de um meio espontâneo, magicado pelos funcionários para determinar os lesados quando confrontados com a situação económica vulnerável em que estes se encontravam (razão inicialmente apresentada para recusar a compra). Ainda que não subsumível na descrição do tipo do crime de burla, a atuação de MM poderia ter sido suscetível de criar uma situação de perigo (próximo) de lesão do bem protegido. Na verdade, se pensarmos na lógica subjacente ao próprio crime de burla, num quadro de uma sociedade que se dedica a este tipo de "negócios", parece que a parte *administrativa* tem um peso preponderante na própria criação das condições necessárias para a lesão do bem jurídico. Vê-se aqui a criação de toda uma *máquina* para a produção do engano. Apesar disso, a facticidade disponível no acórdão não permite que façamos a destrinça entre aquilo que são atos preparatórios e o que seriam já atos de execução, uma vez que esta divisão apenas pode ser feita em concreto, quer relativamente ao tipo de crime em causa, quer

---

[75] Relativo ao crime de burla.

também levando em consideração todas as circunstâncias do caso específico. Assim, olhando para os factos a que temos acesso, diríamos que MM era (apenas) instigadora do crime de burla. Reiteramos que a legalidade de uma resposta no sentido da coautoria de MM depende da legitimidade do recurso às regras da experiência para deduzir atos de execução da sua parte, de que aqui não tratamos[76]. Sendo legítimo esse recurso, e desse modo considerada provada a existência de atos de execução por parte de MM, esta seria de facto (também) coautora. Isto porque, como temos vindo a afirmar, qualificar o agente instigador como sendo igualmente coautor depende exclusivamente de uma resposta positiva quanto à prática de atos de execução, nos termos do n.º 2 do artigo 22.º.

Conclusão

Nos casos de fronteira, o agente instigador continua a *aparecer na história do crime* após o momento da determinação. Torna-se necessário avaliar se esse contínuo aparecimento se situa ainda num plano externo (de alguém que está interessado e por isso acompanha o processo, mas não passa de um espetador relativamente ao seu desenvolvimento) ou já num plano interno (tendo também em mãos o desenrolar do processo criminoso). Só no segundo caso haverá atos objetivamente condutíveis à ameaça iminente do bem jurídico. Qualificar esse agente como sendo igualmente coautor depende assim exclusivamente de uma resposta posi-

---

[76] Em resposta ao argumento da recorrente de que não havia prova suficiente relativamente à sua intervenção na execução, sustem o Tribunal que da apreciação dos factos provados deduz-se, à luz das regras da experiência, tratar-se de "um quadro que para além de qualquer dúvida razoável (...) convence da autoria dos factos por parte da recorrente". *Vide*, Acórdão do TRE, de 25 de Maio de 2010, Proc. n.º 28/05, Rel. João Manuel Monteiro Amaro, p. 6, disponível em: <www.dgsi.pt>, consultado em: 17 Maio 2011. Um dos aspetos sublinhados é o facto de este não ser um caso isolado na atividade da sociedade. Logo no sumário do acórdão lê-se o seguinte: "Resulta das regras da experiência que a recorrente, sendo a beneficiária direta de uma dada atividade comercial, praticada com manifesto e gritante desrespeito pela lealdade e seriedade dos negócios, atividade essa que já tinha sido objeto de denúncias anteriores por «clientes» lesados, e impulsionando a recorrente essa mesma atividade, designadamente escolhendo e instruindo os seus trabalhadores, é também a recorrente autora dos factos, por igual forma que o são os seus trabalhadores e nestes autos co-arguidos".

tiva quanto à prática de atos de execução pelo mesmo, o que implica uma ponderação casuística para aferir a correspondência entre a conduta do agente e a leitura conjugada dos artigos 22º e 26º do CP, de cuja ponderação dependerá a correta demarcação das figuras e, consequentemente, a adequada concretização do princípio da legalidade.

Índice de Acórdãos

Supremo Tribunal de Justiça:

1 – Acórdão de 9 de Fevereiro de 1994, Proc. nº 45.166, Relator: AMADO GOMES

2 – Acórdão de 22 de Fevereiro de 1995, Proc. nº 47.103, Relator: SANTOS CARVALHO

3 – Acórdão de 31 de Outubro de 1996, Proc. nº 048948, Relator: FERREIRA DA ROCHA

4 – Acórdão de 24 de Junho de 1998, Proc. nº 477/98, Relator: JOAQUIM DIAS

5 – Acórdão de 22 de Março de 2001, Proc. nº 473/01, Relator: PEREIRA MADEIRA[77]

6 – Acórdão de 9 de Maio de 2001, Proc. nº 772/01, Relator: LOURENÇO MARTINS

7 – Acórdão de 6 de Dezembro de 2001, Proc. nº 3160/01, Relator: DINIS ALVES

8 – Acórdão de 11 de Abril de 2002, Proc. nº 02P485, Relator: SIMAS SANTOS

9 – Acórdão de 8 de Julho de 2003, Proc. nº 03P1227, Relator: SANTOS CARVALHO

10 – Acórdão de 24 de Outubro de 2002, Proc. nº 02P3211, Relator: SIMAS SANTOS

11 – Acórdão de 11 de Dezembro de 2003, Proc. nº 03P3399, Relator: PEREIRA MADEIRA

12 – Acórdão de 17 de Março de 2005, Proc. nº 05P645, Relator: SIMAS SANTOS

---

[77] Retirado de Coletânea de jurisprudência, *Acórdãos do Supremo Tribunal de Justiça*, Ano IX, Tomo I, Coimbra: Associação de Solidariedade Social "Casa do Juiz", 2001.

13 – Acórdão de 22 de Março de 2007, Proc. nº 4808/06, Relator: António Freire Valente

14 – Acórdão de 14 de Novembro de 2007, Proc. nº 3163/07, Relator: Armindo Monteiro

15 – Acórdão de 10 de Janeiro de 2008, Proc. nº 4277/07, Relator: Manuel Simas Santos

16 – Acórdão de 16 de Outubro de 2008, Proc. nº 3867/07

17 – Acórdão de 19 de Março de 2009, Proc. nº 09P0240, Relator: Armindo Monteiro

18 – Acórdão de 27 de Maio de 2009, Proc. nº 58/07, Relator: Henriques Gaspar

19 – Acórdão de 18 de Junho de 2009, Proc. nº 305/09 (Acórdão nº 11/2009 – uniformização de Jurisprudência)

20 – Acórdão de 30 de Outubro de 2010, Proc. nº 02P2930, Relator: Lourenço Martins

Tribunal da Relação de Lisboa:

21 – Acórdão de 29 de Outubro de 1996, Proc. nº 802/95, Relator: Ferreira Neto

22 – Acórdão de 8 de Outubro de 2009, Proc. nº 314/06, Relator: João Francisco Carrola

Tribunal da Relação do Porto:

23 – Acórdão de 8 de Outubro de 1997, Proc. nº 9740859, Relator: Dias Ferreira

24 – Acórdão de 20 de Março de 2002, Proc. nº 0141381, Relator: Dias Cabral

25 – Acórdão de 1 de Outubro de 2003, Proc. nº 2221/03, Relator: Isabel Celeste Martins

26 – Acórdão de 10 de Novembro de 2004, Proc. nº 0344781, Relator: Teixeira Pinto

27 – Acórdão de 24 de Novembro de 2004, Proc. nº 0443152, Relator: Pinto Monteiro

28 – Acórdão de 13 de Abril de 2005, Proc. nº 0443166, Relator: Agostinho Freitas

29 – Acórdão de 8 de Fevereiro de 2006, Proc. nº 0412956, Relator: Elia São Pedro

30 – Acórdão de 16 de Janeiro de 2008, Proc. nº 0742950, Relator: Jorge Jacob

31 – Acórdão de 3 de Dezembro de 2008, Proc. nº 0817464, Relator: Melo Lima

32 – Acórdão de 14 de Outubro de 2009, Proc. nº 142/08, Relator: Donas Botto

Tribunal da Relação de Coimbra:

33 – Acórdão de 4 de Maio de 2005, Proc. nº 1314/05, Relator: Oliveira Mendes

34 – Acórdão de 14 de Fevereiro de 2007, Proc. nº 15/44/04, Relator: João Albino Neves

35 – Acórdão de 26 de Setembro de 2007, Proc. nº 30/06.9, Relator: Belmiro Andrade

36 – Acórdão de 12 de Setembro de 2007, Proc. nº 702/06.8, Relator: Gabriel Catarino

37 – Acórdão de 21 de Abril de 2010, Proc. nº 6/07.9, Relator: Brízida Martins

38 – Acórdão de 29 de Maio de 2010, Proc. nº 557/09, Relator: Alberto Mira

Tribunal da Relação de Évora:

39 – Acórdão de 25 de Maio de 2010, Proc. nº 28/05, Relator: João Manuel Monteiro Amaro

Tribunal da Relação de Guimarães:

40 – Acórdão de 6 de Dezembro de 2004, Proc. nº 1851/04, Relator: Tomé Branco

Com a exceção acima indicada, os acórdãos utilizados estão disponíveis em *www.colectaneadejurisprudencia.com* e *www.dgsi.pt* e foram consultados em Maio de 2011.

Entre Coautoria e Cumplicidade: Contributos para a Análise do «Vigia» do Facto Criminoso na Jurisprudência Portuguesa

Hugo Alexandre de Matos Tavares[1]

Qual a censura que reclama a mera vigilância na ação criminosa comparticipada? Os «vigias», embora integrando o projeto criminoso, não presidem, nem assumem a priori o facto típico como seu, projetando uma posição secundária no xadrez da responsabilidade penal, relativamente ao autor da ação. Com o objetivo de salvaguardar as condições de execução do facto típico por terceiro, as suas tarefas, recortadas e consideradas isoladamente, aparentam não assumir uma geometria ilícita, mas, considerando uma perspetiva conjuntural da ação ilícita típica, vislumbra-se que o seu contributo não é neutro ou indiferente para o resultado. O epicentro dos dissensos consome-se, assim, na tensão da valoração da conduta do «vigia» na dimensão da coautoria ou, simplesmente, na dimensão da cumplicidade. Apesar da limpidez dos conceitos projetados pela norma penal, a equação não é ininterruptamente líquida, uma vez que uma interferência do vigia, pode ser, ou não, considerada fundamental para o objetivo da resolução criminosa, ou tão-somente assumir uma intervenção reduzida e acessória, no quadro da sua execução. Sem prejuízo da rigidez positiva em que se ancora o direito penal, sublinharemos as inevitáveis colisões teóricas invocadas pelo recurso a critérios transpositivos – como o critério da essencialidade ou a doutrina do domínio do facto.

Sumário: Introdução. I. Um breve debate antecipatório: da teoria da comparticipação criminosa à distinção entre autor e cúmplice. II. A atuação conjunta e o domínio do facto. 1. Uma proposta explicativa ao problema da divisão das tarefas no facto criminoso. III. As tarefas de vigilância do facto criminoso: os ecos na jurisprudência. Conclusão.

---

[1] Oficial da Polícia de Segurança Pública. Doutorando na Faculdade de Direito da Universidade Nova de Lisboa.

Introdução

Dita-nos a consciência popular que, «tão ladrão é aquele que vai à horta, como aquele que fica à porta». Com efeito, ainda que tais argumentários possam não ter um reforçado alcance normativo, esta consciência crítica comunitária não se dissipa; é insofismável que estes atos lesivos não deixarão de ter reflexos tópicos no ordenamento jurídico, não sendo indiferentes na valoração dos comportamentos individuais à luz da densidade axiológica penalmente tutelada. Assim, decalcando o específico nódulo problemático desta discussão, interessar-nos-á analisar qual é o juízo que o direito penal português adscreve à conduta dos que não executam o facto típico (propriamente dito), mas dos que se cingem a um fragmento da consútil ação típica – os que *ficam à porta* – considerando, em especial, como referente, a «narrativa jurisprudencial»[2] dos nossos tribunais superiores.

Apressando o nosso discurso, esta problemática projeta-nos para as assimetrias tectónicas entre autoria e cumplicidade, em direito penal[3]. *Prima facie* estes problemas de fronteira não constituem um tema recente nas discussões doutrinais, mas a dinâmica e a imprevisibilidade da *praxis*[4],

---

[2] Resgatando, aqui, as palavras de Faria Costa sobre os «territórios» da narrativa jurídica, «Direito penal, a linguagem e o mundo globalizado, Babel ou esperanto universal?», in: *Actas do Congresso Internacional em Direito Penal – Direito Penal e Política Criminal no terceiro milénio: Perspetivas e Tendências*, realizado na Pontifícia Universidade Católica do Rio Grande do Sul (Brasil) nos dias 8 e 9 de Junho de 2009, org. Fabio Roberto D'Avila, 2011, p. 12.

[3] Paradigmaticamente, a jurisprudência acolhe e reflete os próprios referentes dogmáticos que marcam e influenciam a doutrina, o pensamento e a própria formação jurídicas. Exemplificadamente, no debate sobre a autoria penal, não pode ser alienada a «tensão» entre os esquemas alternativos da autoria propostos por Eduardo Correia (projetado no art. 27º do seu Projeto) e a autoria segundo Roxin (dividido entre o domínio do facto – nos delitos dolosos de ação –; as violações dos deveres especiais – delitos específicos, de omissão e negligentes –; e ainda os crimes de *mão própria*). Sobre este assunto, em síntese, *cfr*. Figueiredo Dias, *Direito Penal – sumários e notas das lições*, (policopiado), Universidade de Coimbra, 1976, p. 76 e 77.

[4] Relembre-se, por exemplo, os debates suscitados pelas dificuldades da dogmática tradicional da autoria, orientada para o sujeito individual do autor, face às novas formas de criminalidade. Para tal, *cfr*. Joaquín Contreras, «Dominio y deber como fundamento común a todas las formas de la autoría y modalidades del delito», in: *InDret – Revista para el análisis del derecho*, Jan. 2011, p. 3.

não raras as vezes testam e remodelam a firmeza das diversas construções dogmáticas[5], refletindo-se, assim, numa certa intermitência e oscilações nas decisões judicativas[6]. Cientes do propósito de não orientar esta reflexão exclusivamente para as controvérsias doutrinais, mormente para a teoria geral da comparticipação penal – sob pena de, como dizia Castanheira Neves, oferecermos «vinho novo a odres velhos»[7] –, pretendemos antes trilhar e analisar os contornos mais específicos desta problemática na jurisprudência superior portuguesa, orientado a um problema concreto – a apreciação jurídico-criminal dos «vigias», ou vigilantes do facto criminoso, ou seja, aqueles que garantem que a ação criminosa decorra segundo os intentos do executor, sem interferir ou ser parte ativa parcial ou integral naquela execução. Este desiderato não poderá prejudicar, por decorrência lógica, uma ligeira e antecipante referência à tensão concetual entre cumplicidade e coautoria, no âmbito geral da comparticipação criminosa[8], com a necessária abordagem – ainda que, em jeito de contextualização – à conceção de autoria, acolhida no nosso direito penal, no derradeiro propósito de compreendermos os sentidos e os fundamentos das decisões jurisprudenciais (estas, sim, o núcleo premente da nossa reflexão). Será a partir da análise crítica destas decisões (das narrativas que as suportam) que propomos sindicar qual é o acolhimento jurídico-penal que os «vigias» (ou os designados «*lookouts*» nos sistemas anglo-saxónicos) têm tido na nossa jurisprudência: dever-se-iam considerar meros cúmplices, equiparando a ação de vigilância a um simples

---

[5] Ilustrativamente, a emergência das «normas penais em branco» e os seus problemas de conformidade constitucional (*cfr. Acórdão do TC* nº 115/2008, de 20 de Fevereiro, Relator: CARLOS CADILHA, publicado no DR, 2.ª série, nº 64, de 1 Abril de 2008, p. 14188-14193.

[6] W. HASSEMER já afirmara, em 1994, que «diferenciações normativas tais como (…) a Autoria/Participação, tornam-se incómodas, se não até mesmo contra-producentes para um direito penal moderno (porque na luta contra a criminalidade moderna, torna-se necessária a utilização de estruturas de relevância e critérios de avaliação totalmente novos e adequados ao fim)», W. HASSEMER, *História das Ideias Penais na Alemanha do Pós-Guerra*, Lisboa: AADFL, 1995, p. 78.

[7] CASTANHEIRA NEVES, *Introdução ao Estudo do Direito*, (policopiado), Coimbra, (s.d.), p. 53.

[8] Deixando de lado, por questão de método e economia do artigo, a discussão sobre os fundamentos da punibilidade dos cúmplices face ao facto criminoso. A matéria versará, sobretudo, no que diz respeito aos crimes dolosos, afastando, deste debate, o problema da punibilidade dos cúmplices nos crimes por negligência.

auxílio (uma vez que não interferem na execução do facto principal, nem a sua própria conduta, isoladamente considerada, integra um facto típico); ou, por outro lado, esta ação de vigilância, por ser um garante da execução do facto criminoso, integrado no conjunto das diversas tarefas planeadas, merecerá, igualmente, um elevado grau de censura, fazendo integrar, aquela conduta, já na esfera da própria autoria?[9]

A resposta a esta interrogação não tem dependido da simples leitura exegética do Código Penal, mas da sua interpretação à luz dos critérios dogmáticos que, derradeira e intrigantemente, não estão expressos positivamente na norma penal – *v.g.* como veremos, oportunamente, com o recurso aos operativos critérios da *essencialidade* ou do *domínio do facto* – mas, que, historicamente, têm moldado a doutrina, que se projetam na formação jurídica e, consequentemente, são acolhidos pelos próprios decisores. A consagração de tais critérios (como acontece com a exigência da *essencialidade* ou *alias dictvs* a «função necessária e autónoma da vigilância» no contexto da atuação criminosa material)[10] não tem expressão na geometria positiva e típica da norma penal[11]. Contudo, esta transpositividade não é inédita, ainda que seja, por princípio, estranha à luz dos rígidos princípios da legalidade e da tipicidade que conformam a textura do direito penal[12] – bastará relembrar, paralelamente, o que acontece *v.g.* com as causas de justificação supralegais.

Propomos, doravante, uma perspetiva transversal da jurisprudência portuguesa – norteada, certamente, pelos referentes doutrinais mais expressivos entre nós – no acolhimento e tratamento dos participantes no facto criminoso, mormente, aqueles que assumem o único desiderato de vigilância do crime, num quadro antecipado de repartição de tarefas, entre aquele e o executor do facto. Com efeito, como a doutrina mais

---

[9] Tendo, por conseguinte, consequências marcantes, ao nível da aplicação da sanção penal, uma vez que, ao cúmplice, é aplicada uma pena diversa do autor: *cfr.* art. 27º nº 2 do Código Penal («*a pena fixada para o autor, especialmente atenuada*»).

[10] *Acórdão do TRL*, de 19 de Novembro de 2008, Relator: Carlos Almeida (Proc. nº 9737/2008-3), disponível em: <www.dgsi.pt>; consultado em: 03 Dez. 2013.

[11] Quando o Código Penal materializa e define a cumplicidade num auxílio (seja de natureza moral ou material) do facto, está a afastar a participação do cúmplice na execução do crime.

[12] Como dizia Eduardo Correia, a propósito da eficácia das causas justificadoras supralegais, «não se pode levar o dogma do positivismo legal ao seu extremo», *apud* Germano Marques da Silva, *Direito Penal Português*, II, Lisboa: Verbo, 2.ª ed., 2005, p.82.

emblemática ressalta, na ação concreta de vigiar o ato criminoso, há que atender às circunstâncias casuísticas, para que se opere a distinção entre o coautor e o cúmplice. Em verdade, as decisões judicativas – sem embargo das imposições positivas do art. 27º do Código Penal relativas à cumplicidade[13] –, não raras as vezes têm reputado a vigia a título de autoria, por ser considerada «concausa do crime»[14], quando, aprioristicamente, se poderia esgotar a sua intervenção ao nível de um «mero auxílio» que predica a cumplicidade: por um lado, a existência do *vigia* depende sempre da ação do autor (operando a secundarização do cúmplice) e, por outro, não assume atos de execução típicos[15]. Com efeito, estamos perante a necessidade de resolver o nó górdio: a vigilância da execução é parte da *execução do facto*[16] ou é apenas *auxílio* prestado durante a execução do crime?[17]

---

[13] A cumplicidade, como já está concetual e legalmente estabilizada, assume uma particular forma de participação (dolosa) no facto, uma vez que se define pela acessoriedade e dependência, uma vez que, sem autor do crime, não pode haver cúmplice: «exige-se assim, para punir o cúmplice(..)que o executor tenha praticado um facto punível (acessoriedade rigorosa), ou apenas um facto típico e ilícito (acessoriedade limitada) ou, quando menos, um facto típico (acessoriedade mínima)», EDUARDO CORREIA, *Direito Criminal*, II (reimpr.), Coimbra: Livraria Almedina, 1993, p. 247. Também FIGUEIREDO DIAS, *Direito Penal* (cit. nt. 3), p. 78: «cúmplice é, antes de mais, todo o participante que não é autor».

[14] *Acórdão do STJ*, de 15 de Outubro de 1997, *apud* GERMANO MARQUES DA SILVA, *Direito Penal*... (cit. nt. 12), p. 318.

[15] Como aconteceu na situacionalidade que esteve na base da decisão do *Acórdão do TRL*, de 28 de Novembro de 2000, Relatora: MARGARIDA BLASCO (Proc. nº 0059249), disponível em: <www.dgsi.pt>, consultado em: 10 Nov. 2013. Perante a circunstância de um arguido se fechar, dentro de uma cave, para praticar com a vítima, crimes sexuais, mantendo-se no exterior, um amigo, impedindo que terceiros tivessem acesso ao local, o tribunal considerou este último como cúmplice.

[16] Sublinhamos a relevância para estes casos de fronteira. *Cfr. v.g.* o *Acórdão do TRP*, de 09 de Fevereiro de 2009, Relator: BORGES MARTINS (Proc. nº 0847917), disponível em: <www.dgsi.pt>, consultado em: 04 Out. 2013, onde o MP havia considerado que a atuação do arguido (atendendo chamadas telefónicas, anotando nomes e locais para as transações, acompanhando o outro co-arguido na venda dos estupefacientes e providenciando-lhe acrescida proteção) estava no limite, «quase sendo susceptível de enquadramento na figura da co-autoria». Sobre este assunto, *cfr.* ainda a solução pugnada pelo *Acórdão do TRL*, de 15 de Maio de 1990, Relator: COELHO VENTURA (Proc. nº 0006315), disponível em <www.dgsi.pt>, consultado em: 20 Dez. 2013; que não deixa de oferecer alguns flancos de discussão, ao considerar que não existia cumplicidade no crime de furto de uso de veículo, por parte dos ocupantes de um automóvel, que o condutor houvera furtado, tendo consciência da proveniência ilícita deste.

[17] Paralelamente, emerge a pertinente questão do início da execução (da tentativa) na coau-

Ora, a resposta a este problema não pode ficar embargada na mera positividade das normas e alheia às reinterpretações do direito penal moderno[18] – recordemo-nos das novas exigências da «sociedade do risco» ou os problemas dos novos tipos justificadores[19] ou das diretrizes do «domínio do facto», em réplica às novas exigências de adaptação. Aliás, como nos relembra Hassemer, «deve ficar fora de dúvida que o direito penal necessita de manter os seus laços com as mudanças sociais: precisa de ter respostas prontas para as perguntas de hoje e não pode sempre retroceder ao purismo de ontem, perdendo-se em problemas sobre norma e violação da norma. Ele precisa de continuar a desenvolver-se em contacto com a realidade»[20].

I. Um breve debate antecipatório: da teoria da comparticipação criminosa à distinção entre autor e cúmplice

Resgatamos, em jeito preparatório, as palavras de Stammler: «enquanto se aplica um parágrafo de um código, não só se aplica todo o código, como se faz intervir o pensamento do direito em si mesmo»[21]. Com efeito, primeiramente, na matriz da teoria da comparticipação criminosa, torna-se

---

toria, que, embora não seja objeto do nosso estudo, não deixaremos de o referenciar, uma vez que o «vigia» pode assumir atos de execução. Com efeito, «corresponde plenamente à doutrina dominante que, no caso de uma co-autoria, a tentativa comece, para todos os participantes, a partir de que só um deles entre no estádio da execução (...). Isto resulta do pensamento fundamental da co-autoria como um domínio do facto conjunto: como o acontecimento global da co-autoria pode ser imputado a cada um dos autores, cada ação de execução que, cada um deles, segundo o plano do facto, realiza, é, simultaneamente, uma ação de execução de todos». Inversamente, SCHILLING considera que bastará «chegar ao último acto da ação de qualquer dos singulares coautores», *apud* CLAUS ROXIN, *Problemas Fundamentais de Direito Penal*, Lisboa: Colecção Vega Universidade, 3.ª ed., 1998, p. 334.

[18] Ou até já se poderá falar sobre o direito na pós-modernidade. Para tal, *cfr.* ANTÓNIO PEDRO PITA, «A Modernidade de *A Condição Pós-Moderna*», in: *RCCS*, nº 24, Março de 1988, p. 77 e ss., ou ainda, ANTÓNIO HESPANHA, *O Caleidoscópio do Direito. O Direito e a Justiça nos dias e no mundo de hoje*, Lisboa: Almedina, 2009.

[19] FIGUEIREDO DIAS, *Temas Básicos da Doutrina Penal*, Coimbra: Coimbra Editora, 2001, p. 373.

[20] W. HASSEMER, *História das Ideias Penais na Alemanha do Pós-Guerra*, Lisboa: AADFL, 1995, p. 80.

[21] STAMMLER *apud* CASTANHEIRA NEVES, *Introdução ao Estudo do Direito* (cit. nt 7), p. 82.

premente trazer a lume a dicotomia tradicional da Autoria e da Participação[22] para facilitar, posteriormente, o desenho das fronteiras da responsabilidade entre coautor e cúmplice – tarefa primária que nos permite avaliar e determinar «a gravidade relativa»[23] da atuação de cada um dos intervenientes no facto criminoso. Por conseguinte, sobre o autor recairá a maior censura jurídico-penal, pela maior gravidade de interferência nos factos, enquanto o participante, não deixando de assumir a sua responsabilidade correspectiva, acaba por ser distinto do primeiro[24].

Para melhor compreensão das projeções de cada solução jurisprudencial (que analisaremos adiante), torna-se conveniente chamar à controvérsia – ainda que, de modo muito apressado e numa abordagem pragmática – , a problemática do conceito extensivo e restritivo de autor[25], articulado com o imanente critério da essencialidade. Sinteticamente, Schöner explicita a tensão entre estas perspetivas: «*en la doctrina están frente por frente los conceptos amplio y restringido de la autoria. Según la concepción amplia, autor es todo aquel que coloca una condición para la producción del resultado, en cuanto no es castigado ni como instigador ni cómplice. Por el contrario, para la otra dirección, de orden limitado, el concepto de autor queda confe-*

---

[22] Inserindo a cumplicidade nesta dimensão da Participação, demarcando-se, nitidamente, da autoria, e sob as suas diversas modalidades (autoria imediata, coautoria, autoria mediata). Sobre a problemática do instigador na teoria da participação criminosa, *cfr*. EDUARDO CORREIA, *Direito Criminal* (cit. nt. 13), p. 259.

[23] CAVALEIRO DE FERREIRA, *Lições de Direito Penal – Parte Geral*, I, Lisboa: Verbo, 4.ª ed., 1992, p. 491. A censura jurídico-penal, imputada a um cúmplice, está sempre numa relação direta (de subordinação) ao próprio facto típico praticado pelo autor.

[24] «A cumplicidade é, pois, uma forma de participação secundária na comparticipação criminosa, secundária num duplo sentido: de dependência da execução do crime ou do começo da execução e de menor gravidade objectiva, na medida em que não é determinante da prática do crime (o crime seria sempre realizado, embora eventualmente em modo, tempo, lugar ou circunstâncias diferentes», GERMANO MARQUES DA SILVA, *Direito Penal...* (cit. nt. 12), p. 317.

[25] A contraposição entre os conceitos extensivos e restritivos surgiram após as lacunas de lei que a construção penal de então (no Código Penal alemão de 1871) deixava transparecer («o autor do crime era exclusivamente definido na norma incriminadora de cada espécie de crime. Na parte geral encontrava-se apenas a regulamentação da participação secundária ou acessória; os participantes não participariam no crime comum, mas o crime do autor, definido exclusivamente nas normas incriminadoras da parte especial», CAVALEIRO DE FERREIRA, *Lições de Direito Penal...* (cit. nt. 23), p. 447.

rido nada más que a los que han realizado una conducta conforme al tipo»[26]. Com efeito, Eduardo Correia, na sua construção doutrinal, predicou a cumplicidade como uma «circunstância atenuante modificativa comum»[27], mantendo aceso o debate em torno dos fundamentos da punibilidade, aquando da pluralidade dos agentes no mesmo facto criminoso. O *conceito extensivo da autoria*[28], espoliado (no entendimento deste autor) da capacidade de explicar o fundamento da punibilidade dos comparticipantes que, embora participando, não executam o facto, cedeu espaço à emergência de um anverso *conceito restritivo de autoria* [aquele que executa o crime], sustentado na ideia de uma dilatação extensiva da punição a outras formas de participação, além da autoria: «a razão do alargamento da punição aos comparticipantes resulta justamente de eles tomarem parte, produzirem a culpa dos autores»[29]. Como nos explica Cavaleiro de Ferreira, a teoria da causalidade – que está na base do conceito extensivo de autor – teve «um efeito explosivo»[30], ao superar e ampliar as barreiras formais das normas. Contudo, a jurisprudência e o poder legiferante acabaram, neste campo da autoria, por postular um conceito restritivo.

São os partidários deste conceito restritivo de autoria que lançaram um fundamento renovado para a construção da comparticipação: «toda a participação se caracteriza, frente à autoria, pela circunstância de faltar ao participante o domínio do facto»[31]. Isto significa que a pedra-de-toque, à luz desta teoria, para destrinçar a autoria das restantes comparticipantes, é, precisamente, a verificação se, naquele contexto, o agente detém,

---

[26] SCHÖNER, «Evolución del Derecho Penal y Procesal Penal en Alemania a partir del año 1945», in: *Anuario del Derecho Penal y Ciencias Penales*, Jan-Abril 1951, p. 16.

[27] *Cfr.* EDUARDO CORREIA, *Direito Criminal* (cit. nt. 13), p. 225 e ss., a par da tentativa, ou da menoridade.

[28] Que determina a imputação dos factos ao agente de acordo com as regras da causalidade («autor de um crime será todo aquele que tiver dado causa à sua realização),» EDUARDO CORREIA, *ibidem*, p. 246.

[29] EDUARDO CORREIA, *Direito Criminal* (cit. nt. 13), p. 247. A ideia do conceito extensivo do autor acaba por operar em sentido inverso do conceito restritivo. Enquanto, nesta última aceção, as normas da parte geral constituem cláusulas de alargamento da punição, determinadas pelo tipo (na Parte Especial), na conceção extensiva, essas normas funcionariam como limite ao conceito extensivo de autor, uma vez que este abrangeria todo aquele que estivesse numa relação de causalidade com o facto criminoso e consagrado pelo tipo.

[30] CAVALEIRO FERREIRA, *Lições de Direito Penal...* (cit. nt. 23), p. 448.

[31] EDUARDO CORREIA, *Direito Criminal* (cit. nt. 13), p. 248

ou não, o domínio sobre o facto criminoso – *alias dictvs*, será autor, «quem conscientemente detenha a possibilidade de dominar, finalisticamente, a realização do tipo legal, ou seja, a possibilidade de a deixar continuar, a deter ou interromper; participante, pelo contrário, todo aquele que não detenha um tal domínio sobre o facto e por conseguinte, se limite a favorecer (...) a acção de terceiro».[32]

Todavia, apesar de a maioria dos autores germânicos seguir esta construção, Eduardo Correia não deixou de considerar que tais critérios deixariam «fluidos ou imprecisos contornos» na diferenciação entre a autoria e a participação, aproximando-se mais do conceito extensivo da autoria, porquanto, no seu entender, «a causalidade deve continuar a considerar-se o verdadeiro fulcro à volta do qual gira a teoria da participação»[33]. Para este Autor, ao analisar a relação causal entre a conduta e a realização do crime, permitirá outrossim distinguir os vários comportamentos que contribuem para a concretização daquele – integram, assim, nestas categorizações, a cumplicidade e a instigação, autoria mediata, moral ou intelectual, a coautoria, a atuação paralela e a comparticipação necessária. Se é líquido que, hoje, a cumplicidade assumir-se-á no campo do dolo, para Eduardo Correia, este conceito não implicava operar, obrigatoriamente e em exclusivo, naquela dimensão: «se ele é, as mais das vezes, exigido, isso ficará unicamente a dever-se ao facto de as hipóteses de cumplicidade por negligência serem muito limitadas – excluídas, como são, por vezes, pela própria natureza intencional do crime – e de, por outro lado, elas assumirem pequena dignidade penal».[34] Este mesmo autor considera que a autonomização do cúmplice deve ser influenciado pela conceção de Farinacio e Feuerbach – para estes, o cúmplice concretizaria um auxílio *cavsam non dans*, ou seja, «a determinação ou auxílio a um crime que, todavia, sem aquela determinação ou auxílio teria sido também realizado

---

[32] *Idem, ibidem*, p. 248.
[33] Contudo, a este propósito da comparticipação enquadrada na teoria da causalidade, este autor continua: «o comparticipante é punido porque mediatamente lesa ou põe em perigo bens protegidos pelo direito penal, tratando-se a acessoriedade tão-só na exigência de que se inicie a realização do tipo legal de crime». Ou seja, as circunstâncias da culpa não se transmitem, mas todas as outras já se transmitem, como as qualidades ou relações de certas pessoas, como também (ao contrário do que defende a doutrina alemã) quando dizem respeito ao grau de ilicitude (EDUARDO CORREIA, *ibidem*, p. 248 e 257).
[34] EDUARDO CORREIA, *Direito Criminal* (cit. nt. 13), p. 250.

– embora o fosse então por modo, em tempo, lugar ou circunstâncias diversas»[35].

Com efeito, apesar deste conceito extensivo não ter sido projetado nos textos penais, teve a capacidade de influenciar, de forma determinante, não só a dogmática penal, como as próprias decisões jurisprudenciais, que replicam a aplicação do critério da essencialidade. Não obstante, seria legítimo perguntar: qual é o alcance de um comportamento para o considerarmos «essencial»? Será a mera aplicação da *conditio sine qua non*? A ser assim, como podemos reputar a vigilância de um terceiro como fundamental à prática criminosa: na dimensão subjetiva (na resolução criminosa do autor) ou no contexto da própria execução fática?[36] Contudo, não raras são as vozes que se levantam pelo afastamento, no nosso direito – no que diz respeito à Parte Geral – deste conceito extensivo de autor. Por conseguinte, o Código português acolhera o conceito restritivo de autoria, uma vez que esta é avaliada pela concretização material do tipo, enquanto a restante participação (cumplicidade e instigação) só implica responsabilidade penal por uma extensão dos tipos previstos no Código, através da norma incriminadora na parte geral (atendendo a que os participantes não concretizam atos de execução típicos). Por sua vez, a consagração normativa do conceito restritivo acaba por revelar benefícios, designadamente, ao nível da segurança jurídica e de economia legislativa.

O conceito restritivo advoga que «só é autor quem realiza, por si mesmo, a acção típica»[37], o que permite distinguir aqueles que apenas ajudaram ou contribuíram para a produção do resultado típico – que não podem ser considerados autores, porque não executaram o facto típico. Contudo, se se pretende, em primeira linha, sancionar quem praticou a ação típica, justifica-se que exista um alargamento da punibilidade a outras ações (como o auxílio material, *v.g.* emprestar o automóvel[38] ou

---

[35] *Idem, ibidem*, p. 249.
[36] Sobre este assunto, *cfr.* INGEBORG PUPPE, «El resultado y su explicación causal en Derecho penal», in: *InDret – Revista para el análisis del derecho*, Out. 2008, p. 5 e ss., disponível em: <www.raco.cat>, consultado em: 23 Set. 2013).
[37] *Acórdão do STJ*, de 18 de Outubro de 2006, Relator: SANTOS CABRAL (Proc. nº 06P2812), disponível em: <www.dgsi.pt>, consultado em: 22 Dez. 2013.
[38] Como aconteceu no *Acórdão do STJ*, de 03 de Novembro de 1994, Relator: COSTA PEREIRA (Proc. nº 046885), disponível em: <www.dgsi.pt>, consultado em: 22 Dez. 2013.

ceder uma arma ou objeto contundente) que não estão integradas na norma típica (se essas ações fossem típicas, seriam de execução e, portanto, seriam autores), através da consagração das normas na parte geral, relativas à comparticipação. Sem embargo, reconhece-se que o conceito extensivo acaba por «colmatar as lacunas de punibilidade que implicava a aplicação daquele primeiro conceito»[39]. O conceito extensivo funda-se numa ideia de essencialidade, operacionalizando a teoria da *conditio sine qua non*, relativamente ao resultado da ação criminal, ou seja, há que analisar a ação do agente, relativamente à produção do resultado, ainda que não configure e se subsuma a uma ação típica. Isto significaria, nesta lógica, que o instigador e o cúmplice seriam autores, embora devessem ser tratados de modo diferente, dentro do conceito global de autor.

Sem prejuízo desta categorização de autoria, nesta problemática da distinção entre autoria e cumplicidade, surgiram vários contributos doutrinais que pretenderam contribuir para o estabelecimento de critérios entre autor e cúmplice[40], como se elencaram, *inter alia*, a teoria formal objetiva,[41] a teoria material objetiva[42] ou a teoria subjetiva[43].

---

[39] *Acórdão do TRC*, de 21 de Abril de 2010, Relator: Brízida Martins (Proc. nº 6/07.9 GBAGD. C1), disponível em: <www.dgsi.pt>, consultado em: 19 Dez. 2013.

[40] Que não iremos, por metodologia e economia do trabalho, escalpelizar de forma exaustiva, mas tão-somente referenciar, uma vez que este assunto não é premente para a intencionalidade e objetivo deste artigo.

[41] Esta perspetiva focaliza o aspeto formal e imutável do tipo, reputando como autor aquele que, de forma direta, imediata e pessoal, executa as ações que estão previstas na norma incriminadora da parte especial. Embora a sua validade não seja posta em causa, acaba por não se revelar integralmente capaz de explicar a distinção entre autoria e cumplicidade, sobretudo nos crimes que não são *de mão própria*.

[42] Projeta a lógica da causalidade; baseado numa premissa de Farinacio (*cavsa dans* – o que dá a causa – e *cavsa non dans* – o que não dá a causa), o autor é aquele que assume a ação que é a causa da produção do facto criminoso (causalidade ampliada). Esta teoria da causalidade vem vincar a ideia da essencialidade, ou seja, o autor pratica uma ação que é causa essencial à produção do facto, enquanto o cúmplice, embora participe e concorra para a produção do facto, não é essencial para aquela produção. Esta essencialidade também serve para distinguir cumplicidade moral (fortalecer a decisão já tomada) e a instigação, no desiderato de criar a decisão da ação criminosa. Esta era a ideia subjacente já no Código Penal português anterior (1886), designadamente no seu art. 20º nº 5, justificando o que Faria Costa predicou como «velho critério» («Formas do Crime», in: *O Novo Código Penal Português e Legislação Complementar – Jornadas de Direito Criminal*, Universidade de Coimbra, (policopiado), 1982, p. 170. Sendo o critério mais enraizado, não logrou escapar a algumas dificuldades que, mais uma vez, a

II. A atuação conjunta e o domínio do facto

Sem embargo da natural impressão das teorias anteriores, é sob a égide da doutrina do domínio do facto[43] que, recentemente, mais se tem vincado a própria jurisprudência[44], emergindo como o atual «eixo fundamental de interpretação da teoria da comparticipação e de análise do artigo 26º do Código Penal»,[45] ao oferecer os derradeiros critérios operativos de distinção entre os partícipes (que somente auxiliam) e os autores, que detêm o domínio final da ação (é líquido que a norma positiva, arreigada nas exigências da legalidade e da tipicidade, não faz qualquer menção expressa a critérios de interpretação, mas, como nos diz SCHÖNKE, «*la interpretación es igualmente posible y necesaria, lo mismo que en otras parcelas del saber jurídico, en la del Derecho penal. En cada tipo juridicopenal surgen cuestiones interpretativas de las más distintas clases y de la mayor transcendencia para el sentido del mismo*»[46]. Assumindo, assim, o papel de sustentáculo principal na remodelação da teoria da comparticipação e, em especial, como critérios de interpretação dos artigos do Código Penal, relativamente à autoria e às figuras restantes da comparticipação – e apesar do reconhecimento da sua aplicação como critério absoluto, em todos os casos –[47], o seu recurso

---

realidade testou, não escondendo a dificuldade da aplicação deste critério na prática. Consequentemente, o espanhol ORDEIG, considerando que a essencialidade não é um critério muito bem definido para concretizar a participação, tentou adicionar um critério da «escassez de meios», ou seja «a facilidade ou a dificuldade de obter um determinado bem para a produção do facto». *Cfr.* TERESA BELEZA, *Direito Penal*, 2º vol., Lisboa: AAFDL, 1983, p. 435 e ss.

[43] Doutrina do domínio do facto ou «critério final-objectivo». Assim, TERESA BELEZA, *ibidem*, p. 441.

[44] Tem uma projeção na jurisprudência portuguesa e as mais próximas, como a espanhola e, naturalmente, a germânica.

[45] O *Acórdão do STJ*, de 18 de Outubro de 2006, Relator: SANTOS CABRAL (cit. nt. 37). É a partir da construção roxiniana do domínio do facto que, mais tarde, SCHÜNEMANN acaba por equiparar ação à omissão, no campo do domínio, ou, a partir do qual, também JAKOBS pretende afirmar que, atrás de um delito de domínio, está sempre um delito de dever. Sobre este assunto, *cfr.* JOAQUÍN CONTRERAS, «Dominio y deber como fundamento común a todas las formas de la autoría y modalidades del delito», in: *InDret – Revista para el análisis del derecho*, Jan. 2011, p. 5, disponível em: <www.indret.com>, consultado em: 20 Set. 2013.

[46] SCHÖNKE, «Interpretación analogia y derecho consuetudinário en el Derecho Penal» (trad. Juan Rosal), in: *Anuario del Derecho Penal y Ciencias Penales*, 1º serie, nº 3, p. 227, disponível em: <www.cienciaspenales.net>, consultado em: 12 Dez. 2013.

[47] Sobre este assunto, *cfr.* TERESA BELEZA, *Direito Penal* (cit. nt. 42), p. 441. e ss.

não evitou, contudo, revelar já num certo excesso nas fundamentações das decisões[48]. Ilustrativamente, trazemos a lume o Acórdão do STJ de 26 de Fevereiro de 2009[49], onde se levanta o debate sobre a autoria do facto típico e, no epicentro da questão, o problema do domínio do facto: *in casu*, sendo o companheiro da mãe o executor direto da asfixia de um recém--nascido, poderia a mãe, por ter estado em acordo com este, também ser predicada como coautora do crime? O Tribunal não hesitou em considerar a mãe da vítima como coautora, uma vez que, em primeiro lugar, a arguida pretendeu deixar, sem qualquer cuidado, o recém-nascido no local onde teve o parto, durante cerca de dez minutos (abstendo-se de prestar qualquer assistência) e, posteriormente, face à ação violenta do seu companheiro, não se opôs à execução da asfixia do recém-nascido. Concomitantemente, aprova o afastamento forçado, do local, de uma testemunha, que pretendia prestar socorro à criança. O recurso da primeira decisão condenatória ambiciona convencer através do argumento de que a recorrente não continha o *domínio do facto*, porquanto ela não possuía o *domínio da ação* (uma vez que não fora ela a asfixiar a recém-nascida), nem dominava o seu companheiro (co-arguido e executante principal) através de erro ou coação (*domínio da vontade*), nem tão-pouco possuía o *domínio funcional do facto* (que se obtém, normalmente, através da divisão de tarefas com os outros coautores, desempenhando uma função relevante para

---

[48] Veja-se, paradigmaticamente, o caso do «arguido acamado», constante no *Acórdão do STJ*, de 15 de Fevereiro de 2007, Relator: Pereira Madeira (Proc. nº 07P014), disponível em: <www.dgsi.pt>, consultado em: 01 Dez. 2012; em que está em causa uma condenação de coautoria do crime de tráfico de estupefacientes, sustentado na premissa de que este arguido (que se remetia, por questões de limitações físicas, ao simples acondicionamento das doses de estupefaciente) detinha o domínio do facto (iremos referir adiante, neste trabalho).
[49] *Acórdão do STJ*, de 26 de Fevereiro de 2009, Relator: Arménio Sottomayor (Proc. nº 08P3547), disponível em: <www.dgsi.pt>, consultado em: 30 Dez. 2012. Deu-se como provado: AA engravidou de BB. Não tendo acompanhamento médico, no momento do parto, o recém-nascido ficara caído no interior da sanita (em casa), cerca de dez minutos, sem que nenhum dos dois prestasse assistência, propositadamente, para que a criança ficasse sem vida. Para encurtar esta situação, BB pegou no corpo, ainda vivo, e enrolou uma toalha, procurando asfixiar o recém-nascido até à morte. LL visita a casa nesse momento, para auxiliar AA por causa da indisposição e das dores manifestadas anteriormente; contudo, apercebe-se da existência do bebé e suspeitando das intenções do casal, LL pediu para a entregarem, para cuidar dela. Contudo, os arguidos ordenaram que se fosse embora e BB manteve a criança sufocada, até esta falecer. AA e BB foram condenados por homicídio qualificado e ocultação de cadáver.

a realização típica). Assim, no entendimento daqueles, tendo a recorrente um papel meramente passivo – *rectior*, omissivo; não se poderia invocar o domínio do facto como critério da autoria do facto criminoso.

Ora, este é um dos casos paradigmáticos que o próprio Roxin aponta relativamente aos limites da aplicabilidade desta doutrina, designadamente o campo subjetivo da negligência, crimes de omissão, violação de dever de garante ou crimes de mão própria: «o conceito de domínio do facto não pode ser tomado como princípio universal que sirva a caracterização da autoria relativamente a todo e qualquer tipo de ilícito».[50] Não obstante, o Tribunal não deixou de considerar que a arguida, «através duma conduta omissiva, deu o seu acordo ainda que tácito, a que o seu companheiro agisse duma forma tal que tivesse levado a que a recém--nascida viesse a sufocar, querendo ambos tirar-lhe a vida», condenando--a como *coautora*.

1. Uma proposta explicativa ao problema da divisão das tarefas no facto criminoso

Ora, regressando, assim, ao nosso excurso, e privilegiando um recurso imagético de Roxin, esta teoria perspetiva o executor como figura central da ação, colocando os adicionais participantes numa zona marginal ou de gravitação. Surgiu aliado ao conceito restritivo de autor, projetado na norma típica, considerando que o autor de um facto penal – o epicentro do facto, ao possuir o comando e a sua direcção – é o verdadeiro responsável pela produção, pelo modo de execução e pelo resultado criminoso: «quem dele é "senhor", quem toma a execução "nas suas próprias mãos" de tal modo que dele depende decisivamente o "*se*" e o "*como*" da realização típica»[51].

---

[50] Por conseguinte, «o critério do domínio do facto deve restringir a sua validade, segundo Roxin, aos delitos dolosos gerais, sem dúvida a esmagadora maioria dos crimes contidos na PE dos códigos penais que ele apelidou, consequentemente, delitos de domínios» (*Acórdão do STJ*, de 13 de Setembro de 2006, Relator: Santos Cabral (Proc. nº 06P1934), disponível em: <www.dgsi.pt>, consultado em: 14 Nov. 2013.)

[51] *Acórdão do STJ*, de 18 de Outubro de 2006, Relator: Santos Cabral (cit. nt. 37). Em contraposição ao cúmplice, enquanto aquelas «prestem uma certa ajuda, mas das quais não dependa em última análise que o processo vá ou não até ao fim», Teresa Beleza, *Direito Penal* (cit. nt. 42), p. 440.

Sinteticamente, este domínio do facto criminoso pode manifestar-se sob três formas distintas: *domínio da ação* (o agente comanda e domina o facto, de forma direta, na medida em que é ele próprio que executa, fisicamente – é o que configura a autoria imediata); por outro lado, pode dominar-se o facto através do *domínio da vontade* de quem executa (ou seja, mesmo sem realizar o facto típico, poderá um terceiro [que não o executor em si mesmo] dominar o facto, porquanto domina a vontade do executante, colocando-o em estado de erro, aproveitando-se da sua anomalia psíquica, ou cerceando a sua própria vontade, através da coação ou outro, revestindo a forma tradicional da autoria mediata) e, finalmente, *o domínio funcional* («dominar o facto através de uma divisão de tarefas com outros agentes, desde que, durante a execução, possua uma função relevante para a realização típica (possuindo o que Roxin chamou o domínio funcional do facto que constitui o signo distintivo da coautoria))».[52]

Com efeito, numa situação de comparticipação – e em que se torna fundamental avaliar a tarefa do *«vigia»* – revela-se premente escalpelizar os papéis fácticos de cada um no projeto criminoso, para determinar a existência, ou não, desse domínio funcional – o que «nem sempre é fácil definir e autonomizar com exatidão, mesmo em consideração apenas dos chamados "delitos de domínio", o contributo de cada um para a realização típica»[53]. *Alias dictvs*, o que pretendemos saber é se a vigilância do facto criminoso – enquadrada e assumida numa divisão prévia das tarefas – possui essa *«função relevante»*[54] para a realização do resultado típico, para determinar se se reputa como autor (considerando, assim, que o desempenho dessa função permite ao «vigia» compartilhar o domínio do facto) ou como cúmplice («vigia» como mero auxiliador). Afigura-se-nos, mais uma vez, à semelhança dos «conceitos porosos» no direito penal[55], que

---

[52] *Acórdão do STJ*, de 18 de Outubro de 2006, Relator: SANTOS CABRAL (cit. nt. 37). Sublinhe-se que, analogamente, o cúmplice também não viola, com a sua conduta, as normas típicas da parte especial. Sobre este assunto, *cfr.* FIGUEIREDO DIAS, *Direito Penal* (cit. nt. 3), p. 80.

[53] *Acórdão do STJ*, de 18 de Outubro de 2006, Relator: SANTOS CABRAL (cit. nt. 37). Reveja-se, também nesta fonte, o debate sumarizado sobre o «conceito aberto» de domínio de facto, «cujo conteúdo é susceptível de adaptar-se as variadíssimas situações concretas da vida a que se aplica e que só na aplicação alcança a sua medida máxima de concretização».

[54] Ou «contribuição objectiva» do coautor, como nos refere FIGUEIREDO DIAS, *Direito Penal* (cit. nt. 3), p. 58.

[55] *Cfr.* FARIA COSTA, «Formas do Crime» (cit. nt. 42), p. 170.

estamos perante um conceito indeterminado – fruto, igualmente, do «carácter aberto» do próprio conceito do domínio do facto[56] – que carece de uma interpretação (atribuição desse valor ou desse carácter de «relevante») à luz do contexto dos factos e da valoração do próprio decisor.

Ora, como nos relembra Castanheira Neves, independentemente de qualquer debate ideológico, político, hermenêutico ou doutrinal, não podemos subtrair da legislação, o «sistema jurídico do nosso tempo»[57]. Com efeito, sem prejuízo deste intenso debate sobre os critérios interpretativos das normas sobre a autoria, é lógico não esquecer – e estando no domínio do direito penal – que, da própria norma se extrai a vontade do legislador e o sentido da decisão legal, como impõe, aliás, a exigência do princípio da legalidade. Por conseguinte, é fundamental articularmos qualquer das soluções com o próprio texto do Código, em coerência com as palavras imagéticas de Mariano Gutierrez: «*el reclamo punitivo de la persecución de ciertas conductas y ciertos victimarios acelera y fogonea la locomotora de la maquinaria penal, que solo puede seguir las vías para las que está construído*»[58].

Ora, aquela teoria do domínio do facto veio abrir terreno a uma nova dimensão da autoria, que estava arredada pela teoria objetivo formal – que fazia uma relação estreita e unívoca entre a autoria e a realização de uma ação típica. Com efeito, quando olhamos para uma norma penal incriminadora, praticada num contexto de pluralidade de agentes no mesmo facto, admitem-se intervenientes que, embora não realizando uma ação típica, possuam o domínio do facto criminoso[59]. Todavia, esta opção (com reflexos práticos nas decisões jurisprudenciais), chegou a ser objeto de discussão na doutrina, designadamente, com as preocupações relacionadas com o princípio da igualdade, na censura dirigida a cada um dos intervenientes. Em consonância com este entendimento, a jurisprudência portuguesa, no propósito de estreitar a atividade interpretativa,

---

[56] *Cfr. Acórdão do STJ*, de 18 de Junho de 2009 (fixação de jurisprudência), Relator: Pires Graça (Proc. nº 09P0305), disponível em <www.dgsi.pt>, consultado em: 03 Jan. 2014.

[57] Castanheira Neves, *Justiça e Direito*, (policopiado), Universidade de Coimbra, 1976, p. 11.

[58] Mariano Gutierrez, «La Tragedia de la lucha por la justicia», disponível em: <www.derechopenalonline.com>, consultado em: 05 Set. 2013.

[59] Nesse sentido, também a nossa jurisprudência: «por isso, o tipo, em certas condições, pode ser realizado também por aqueles, pese embora não executarem uma acção típica em sentido formal, detêm o domínio do facto porque o comparticipam» (*Acórdão do TRC*, de 21 de Abril de 2010, Relator: Brízida Martins (cit. nt. 39).

solidificou a tese de que, para a existência e qualificação de atuação de coautoria, não é exigível que cada um dos comparticipantes integre todos os atos tendentes à produção do facto típico – «na execução do crime em co-autoria, não é indispensável que cada um dos agentes intervenha em todos os actos de execução, bastando que a actuação de cada um, embora parcial, seja elemento componente do todo e indispensável à produção do resultado»[60]. Com efeito, para a afirmação de uma coautoria, quer a jurisprudência, quer a doutrina, têm carreado elementos distintivos da cumplicidade, que devem estar projetados, obrigatoriamente, na própria norma penal. Como é consabido, o art. 26º do Código Penal reproduz as exigências da coautoria, ao nível da decisão conjunta («*por acordo ou juntamente com outro ou outros*») e a execução também conjunta («*toma parte direta na sua execução*»)[61]. De facto, e uma vez que o planeamento e realização em conjunto de um crime deverá conduzir à responsabilização conjunta dos comparticipantes, há que analisar, primeiramente, o elemento subjetivo (a resolução conjunta, ou seja, o acordo prévio ou simultâneo à prestação da execução – prestado entre o início e o *terminvs* da execução – manifestado de forma tácita, correspondendo a «qualquer comportamento concludente»[62], avaliado às regras da experiência comum, ou de

---

[60] *Acórdão do TRG*, de 11 de Novembro de 2010, Relator: Fernando Monterroso (Proc. nº 838/08.0PBGMR.G1), disponível em: <www.dgsi.pt>, consultado em: 15 Dez. 2013. Todavia, já esta posição podia ser verificada, também, no *Acórdão do STJ*, de 18 de Julho de 1984, Relator: Costa Ferreira (Proc. nº 037420), disponível em: <www.dgsi.pt>, consultado em: 10 Dez. 2013, onde se postula; «já relativamente a execução propriamente dita, não é indispensável que cada um dos agentes intervenha em todos os actos a praticar para a obtenção do resultado desejado e pretendido, bastando que a actuação de cada um, embora parcial, seja elemento componente do todo e indispensável à produção do resultado».

[61] Sendo o próprio art. 26º do Código Penal que nos aponta para as formas de autoria: autoria imediata, mediata e coautoria e instigação (esta última englobada na autoria, pelo próprio Código Penal, superando as discussões existentes acerca da sua classificação na Participação ou autoria). Sobre este assunto, *cfr.* Teresa Beleza, *Direito Penal* (cit. nt. 42), p. 426.

[62] Assim, *Acórdãos do TRG*, de 06 de Dezembro de 2004, Relator: Tomé Branco (Proc. nº 1851/04-1), *Acórdão do TRC*, de 29 de Setembro de 2010, Relator: Alberto Mira (Proc. nº 557/09.0JAPRT.C1); bem como o *Acórdão do STJ*, de 15 de Abril de 2009, Relator: Fernando Fróis (Proc. nº 09P0583), todos disponível em <www.dgsi.pt>, consultado em: 10 Dez. 2013.

forma expressa, entre o grupo) que congrega a consciência e a vontade cooperante na obtenção de um resultado típico[63].

Sem prejuízo, esse acordo prévio conjunto também poderá existir entre autor e cúmplice, não sendo, portanto, por si só, suficiente como requisito da coautoria, ou seja, para a censura jurídico-penal, (como coautor) é necessário que se ultrapasse a mera dimensão da intencionalidade[64], projetando, essa vontade conjunta, numa intervenção direta e execução igualmente conjunta: cada participante deverá «adicionar objectivamente uma contribuição para o facto que, pela sua importância, resulte qualificado para o resultado e caracterize, em todo o caso, mais além de uma mera acção preparatória»[65]. Com efeito, a sua intervenção tem de ser concretamente relevante para a produção do resultado criminoso, ainda que execute um ato parcial, mas integrado e concatenado nos restantes atos dos comparticipantes, produza um resultado típico[66].

Contudo, numa análise refreada, o cúmplice (à semelhança do que se disse para a autoria) pode, na verdade, acordar previamente o seu auxílio, prestando-o durante a execução do crime – torna-se, assim, essencial,

---

[63] Esse acordo não obriga que seja manifestado na forma explícita, bastando ser tácito. Posição já afirmada por Faria Costa, «Formas do Crime» (cit. nt. 42), p. 170, e reiterado pelo *Acórdão do STJ*, de 18 de Outubro de 2006, Relator: Santos Cabral (cit. nt. 37): «as circunstâncias em que os arguidos actuaram nos momentos que antecederam o crime podem ser indício suficiente, segundo as regras da experiência comum, desse acordo tácito. Se o arguido conhecia a possibilidade de o processo em que estava inserido poder conduzir à morte de outrem e, prefigurando tal resultado, não desenvolveu qualquer mecanismo inibitório e, pelo contrário, envolveu-se no processo causal, conformando-se com o resultado, actuou como coautor na produção daquela morte». Num sentido diverso, cfr. Maia Gonçalves, *Código Penal Anotado – Anotado e Comentado*, 18.ª edição, Coimbra: Almedina, 2007, p. 144: «A simples consciência de colaboração parece não ser suficiente para que haja comparticipação, em face da exigência de acordo, que a lei faz».

[64] Veja-se, por apontamento dogmático, a figura da *conspiracy*, no sistema anglo-saxónico.

[65] *Acórdão do TRC*, de 21 de Abril de 2010, Relator: Brízida Martins (cit. nt. 39). Assim, acaba por ser discutível a decisão proferida no *Acórdão do STJ*, de 28 de Outubro de 1993 (apud Maia Gonçalves, *Código Penal Anotado...* (cit. nt. 64), p. 146), que afirma, taxativamente, que «tendo havido lugar à execução do plano criminoso ou simples começo de execução, serão responsáveis como co-autores todas as pessoas que participem na elaboração do plano». Eis o que se designa «unidade de sentido objectivo-subjectivo», *Acórdão do STJ*, de 7 de Novembro de 2007, Relator: Henriques Gaspar (Proc. nº 07P3242), disponível em: <www.dgsi.pt>, consultado em: 20 Dez. 2012.

[66] *Acórdão do STJ*, de 18 de Outubro de 2006, Relator: Santos Cabral (cit. nt. 37).

decalcarmos aqui a pedra-de-toque que diferencia a coautoria e a cumplicidade: por conseguinte, atendendo a que, ao cúmplice, está vedado qualquer domínio (funcional) do facto, tendo apenas a consciência do favorecimento na execução do facto, sem tomar parte nele, nem sendo necessário, tão-pouco, que o próprio autor tenha conhecimento desta colaboração ou auxílio[67]. Assim, além daquelas dimensões subjetiva e objetiva, a doutrina dominante – a que se sustenta à luz da doutrina do *domínio do facto* – tem postulado a terceira dimensão da coautoria, já referida: o «domínio funcional do facto»,[68] concretizada através da *divisão de tarefas*.[69]

Como veremos posteriormente, as interpretações mais recentes do próprio STJ, acolhem a válida circunstância da divisão dos papéis ou tarefas na distribuição das funções – tarefas essas que, como já afirmámos, não são obrigatoriamente consideradas típicas – , mas que, pela sua relevância, permitem revestir a qualidade de autoria (e não como mero cúmplice) – «basta que se trate de uma parte necessária da execução do plano global dentro de uma razoável *divisão de trabalho* (domínio funcional do facto)».[70]

Existem, assim, duas vertentes a considerar nesta questão da «*divisão de tarefas*» de que resulte a coautoria, sob o manto do *domínio funcional*: por um lado, a dimensão subjetiva ou resolutiva, uma vez que é a vontade

---

[67] «O cúmplice não toma parte no domínio funcional dos actos; apenas tem consciência de que favorece um facto alheio sem tomar parte nele e não é necessário que o autor conheça a ajuda ou colaboração que lhe é prestada» (*Acórdão do STJ*, de 30 de Outubro de 2002, Relator: LOURENÇO MARTINS (Proc. nº 02P2930), disponível em: <www.dgsi.pt>, consultado em: 27 Nov. 2013.

[68] «(...) o domínio funcional do facto, no sentido de "deter e exercer o domínio positivo do facto típico" ou seja o domínio da sua função, do seu contributo, na realização do tipo, de tal forma que, numa perspectiva *ex ante*, a omissão do seu contributo impediria a realização do facto típico na forma planeada» (*Acórdão do TRC*, de 29 de Setembro de 2010, Relator: ALBERTO MIRA (cit. nt. 63); *Acórdão do STJ*, de 15 de Abril de 2009, Relator: FERNANDO FRÓIS (cit. nt. 63).

[69] Este domínio funcional, apesar de ser um critério suprapositivo, terá de ter uma projeção na norma, designadamente, na 3ª parte do art. 26º do CP, em que os coautores tomam parte direta na execução dos factos (típicos ou não típicos), no seguimento de um acordo entre eles.

[70] *Acórdão do STJ*, de 18 de Outubro de 2006, Relator: SANTOS CABRAL (cit. nt. 53).

do comparticipante que imprime a relevância autoral[71] e, por outro lado, a *dimensão objetiva ou fáctica*, uma vez que aquela dimensão subjetiva tem de projetar e concretizar materialmente no facto criminoso:

> «a contribuição de cada coautor deve alcançar uma determinada importância funcional, de modo que a cooperação de cada qual no papel que lhe correspondeu constitui uma peça essencial na realização do plano conjunto (domínio funcional). Por conseguinte, é a análise desta dimensão fáctica que permite enquadrar a intervenção de alguém como autoria do facto ou auxílio a este.[72] Aliás, a forma como se faz a repartição de papéis deverá revelar que a responsabilidade pela execução do facto impende sobre todos os intervenientes»[73].

Ora, em jeito de antecipação – e retomando a questão sobre se a vigilância é uma função relevante no conjunto da execução do facto –, assalta-nos logo a interrogação sobre o «vigia» que, previamente, acorda em integrar a ação, possui ou não, derradeiramente, o domínio funcional do facto? Ora, se nos recordarmos do conceito geral do *domínio do facto*, o «vigia», para ser coautor teria de ter capacidade de interromper o facto[74]; todavia, mais importante é o seguinte: a tarefa da vigilância serve o propó-

---

[71] *Acórdão do STJ*, de 18 de Outubro de 2006, Relator: Santos Cabral (cit. nt. 53): «(...) intervenientes se vinculem entre si mediante uma resolução comum sobre o facto, assumindo cada qual, dentro do plano conjunto uma tarefa parcial, mas essencial, que o apresenta como cotitular da responsabilidade pela execução de todo o processo. A resolução comum de realizar o facto é o elo que une num todo as diferentes partes». Repare-se na ideia de essencialidade acima referida, que não foi, de todo afastada, mesmo para explicitar os contornos do domínio do facto.

[72] *Acórdão do STJ*, de 18 de Outubro de 2006, Relator: Santos Cabral (cit. nt. 53): «Um domínio funcional do facto existirá quando o contributo do agente – segundo o plano de conjunto – põe, no estádio da execução, um pressuposto indispensável à realização do evento intentado, quando, assim, todo o empreendimento resulta ou falha». Ora, esta ideia do Supremo acaba por refletir uma mistura da ideia da essencialidade e do domínio do facto.

[73] *Acórdão do STJ*, de 06 de Outubro de 2004, Relator: Henriques Gaspar (Proc. nº 04P1875), disponível em: <www.dgsi.pt>, consultado em: 27 Nov. 2012.

[74] Hipótese que só poderia ter sentido se este, durante a execução do facto, comunicasse aos executantes materiais e estes últimos, por considerarem fundamental a informação do «vigia», se vinculassem e conformassem a sua atuação com a informação transmitida pelo primeiro.

sito de garantir maior segurança à execução do facto criminoso. Ora, este objetivo, poderá ser considerado, de facto, um contributo relevante para a atividade criminosa, ainda que, à primeira vista, não se aparente essencial[75]. Assim, e estribado na própria jurisprudência[76], todo aquele que garante ou facilita a execução do facto criminoso, poderá integrar, neste contexto, o critério do domínio funcional do facto, como nos adianta, de forma líquida, Jescheck:

> «a co-autoria fundamenta-se, assim, também no domínio do facto; o domínio do facto deve ser, então, conjunto, devendo cada coautor dominar o facto global em colaboração com outro ou outros. A co-autoria supõe sempre uma *divisão de trabalho* que torne possível o crime, o facilite ou diminua essencialmente o risco da acção. Exige uma vinculação recíproca por meio de uma resolução conjunta, devendo cada coautor assumir uma função parcial de carácter essencial que o faça aparecer como co-portador da responsabilidade para a execução em conjunto do facto. Por outro lado, a contribuição de cada coautor deve revelar uma determinada medida e significado funcional, de modo que a realização por cada um do papel que lhe corresponde se apresente como uma peça essencial da realização do facto»[77].

---

[75] Repare-se, por exemplo, no caso que deu origem ao *Acórdão do STJ*, de 04 de Abril de 1990, Relator: BARBOSA DE ALMEIDA (Proc. nº 040425), disponível em: <www.dgsi.pt>, consultado em: 25 Nov. 2012 – num grupo, agindo por prévio acordo, um dos intervenientes que tinha a tarefa de chamar o ofendido do interior do café até ao exterior (onde aguardava o grupo, para o agredir) foi considerado cúmplice. Assim, numa linha de coerência, se aquele que chama, para um determinado local, a vítima (no propósito de terceiros a agredirem), não é considerado coautor, poder-se-á questionar, com maior propriedade, o «vigia».

[76] Ainda que a questão não seja totalmente líquida. Vejamos, por exemplo, o que diz o *Acórdão do STJ*, de 15 de Abril de 2009, Relator: FERNANDO FRÓIS (cit. nt.63): «a cumplicidade pressupõe a existência de um facto praticado dolosamente por outro, estando subordinada ao princípio da acessoriedade, pois o cúmplice não toma parte no domínio funcional dos actos constitutivos do crime, isto é, tem conhecimento de que *favorece a prática de um crime mas não toma parte nela, limita-se a facilitar o facto principal*» (itálico nosso).

[77] JESCHECK, apud *Acórdão do STJ*, de 06 de Outubro de 2004, Relator: HENRIQUES GASPAR (cit. nt. 74). Todavia, confira-se a decisão do *Acórdão do TRP*, de 09 de Fevereiro de 2009, Relator: BORGES MARTINS (cit. nt. 16): «é cúmplice o agente que auxilia outro no tráfico de droga, atendendo as chamadas, anotando os locais de encontro e os recados relacionados com essa atividade e acompanhando-o por vezes nas entregas, assim lhe proporcionando acrescida protecção».

Por sua vez, não raras as vezes, a própria jurisprudência associa ao domínio funcional do facto, a nota da essencialidade, porquanto, aquele domínio é um domínio «da sua função, do seu contributo, na realização do tipo, de tal forma que, numa perspetiva *ex ante*, a omissão do seu contributo impediria a realização do facto típico na forma planeada»[78] – ou seja, se não interviesse este agente, o facto já não se produziria. Diversos autores têm vincado a sua posição, quanto à coautoria. Paradigmaticamente, Wessels reitera que a coautoria sustenta-se «no princípio do actuar em divisão de trabalho e na distribuição funcional dos papéis. Todo o colaborador é aqui, como parceiro dos mesmos direitos, co-titular da resolução comum para o facto e da realização comunitária do tipo, de forma que as contribuições individuais completam-se em um todo unitário e o resultado total deve ser imputado a todos os participantes»[79].

Entre nós, como já referimos *supra*, reconhece-se a dualidade na utilização dos critérios de interpretação e distinção. Paradigmaticamente, Faria Costa reconhece a ideia da «subalternização» da cumplicidade[80], considerando, afinal de contas, que a distinção entre as duas participações se faz através de um «apelo a um velho critério – que apesar de tudo é altamente operatório – deparamo-nos aqui com uma causalidade não essencial»[81]. Por seu lado, Teresa Beleza não deixa de salientar a influência marcante da doutrina do domínio do facto para decalcar e separar a coautoria da cumplicidade[82].

Em síntese, a problemática da distinção entre (co)autoria e a cumplicidade tem estimulado a dogmática a elencar diversos critérios de distinção[83] – critérios que não são hetero-excludentes ou absolutos,

---

[78] *Acórdão do STJ*, de 15 de Abril de 2009, Relator: Fernando Fróis (cit. nt. 63), outrossim citado no *Acórdão do TRP*, de 14 de Outubro de 2009, Relator: Donas Botto (Proc. nº 142/08.4PUPRT.P1), disponível em: <www.dgsi.pt>, consultado em: 21 Nov. 2013.

[79] Wessels, apud *Acórdão do STJ*, de 15 de Abril de 2009, Relator: Fernando Fróis (cit. nt. 63).

[80] No mesmo sentido, cfr. Germano Marques da Silva, *Direito Penal...* (cit. nt. 14), p. 291.

[81] Faria Costa, «Formas do Crime» (cit. nt. 42), p. 174.

[82] Teresa Beleza, *Direito Penal* (cit. nt. 42), p. 439.

[83] *V.g.* como a Teoria dos Bens Escassos, de Ordeig, explicado em Teresa Beleza, *Direito Penal* (cit. nt. 42), p. 436.

alias dictvs, não obstando que, numa só decisão, se faça apelo a várias fundamentações[84].

III. As tarefas de vigilância do facto criminoso: os ecos na jurisprudência

Como nos recorda sempre a prudência de Costa Andrade, nesta tensão entre os diversos critérios interpretativos, não podemos «perder de vista as coisas simples»[85]. Na verdade, olhando para o percurso das decisões jurisprudenciais, verificamos que o seu sentido – apesar de não ser uníssono – demonstra uma grande relação com os textos doutrinários mais marcantes do nosso pensamento jurídico-criminal. Escalpelizamos, assim, alguns exemplos paradigmáticos de limite, entre a coautoria e a cumplicidade, que, imediatamente, nos fornecem as diretrizes principais sobre as decisões dos tribunais nos casos mais intrincados de comparticipação. Essa análise permitir-nos-á compreender as opções dos decisores relativamente aos «vigias», marcadas pelo desfavor destes, numa crescente tendência de os inserir co-responsavelmente no projeto criminoso, como seus coautores.

Já em 1971, o STJ, através da sua decisão de 3 de Março[86], considerava como coautor um interveniente num assalto a uma dependência bancária, em que este se cingira à tarefa de aguardar, no exterior, pelos assal-

---

[84] Paradigmaticamente, o *Acórdão do STJ*, de 06 de Outubro de 2004, Relator: Henriques Gaspar (cit. nt 74), que articula, de forma coerente, as duas compreensões ou critérios da distinção: «o cúmplice pode participar no acordo e na fase da execução (embora não tenha necessariamente de assim suceder, ao contrário do que acontece com o coautor) mas, contrariamente ao que se verifica com este – e nisso consiste a característica fundamental de diferenciação entre as duas formas de comparticipação – o cúmplice não tem o domínio funcional do facto ilícito típico. Tem apenas o domínio positivo e negativo do seu próprio contributo, de forma que, se o omitir, nem por isso aquele facto deixa de poder ser executado. A sua intervenção, sendo, embora, concausa do concreto crime praticado, não é causal da existência da acção».
[85] Costa Andrade, «Escutas – Coisas simples duma coisa complexa», in: *Público*, de 18 de Novembro de 2009, disponível em: <www.publico.pt>, consultado em: 29 Out. 2013.
[86] *Cfr.* caso do assalto à agência, na Figueira da Foz, do Banco de Portugal, *apud* Teresa Beleza, *Direito Penal* (cit. nt. 42), p. 487.

tantes, para se colocarem em fuga num veículo, argumentando que a sua tarefa [auxílio na fuga] era essencial à realização do plano. Sem embargo desta decisão, em 1990 e já sob vigência do novo Código Penal, o STJ volta a pronunciar-se sobre uma situação similar, projetando agora um sentido inverso de decisão, considerando o co-arguido, que aguardava no exterior – para facilitar a fuga ao executante, conduzindo o próprio veículo –, como cúmplice do crime de roubo[87]. Com efeito, se não deixaram de existir algumas dissonâncias nestas situações fácticas (em que o arguido está presente no local ou nas imediações, para facilitar a fuga dos executantes "principais"), a questão poder-se-á colocar, *mutatis mutandis* para o papel do «vigia», que não está nas imediações para facilitar a fuga, mas tão-somente para avisar a aproximação de terceiros que possam interromper ou comprometer a ação criminosa. Precipita-se, assim, o momento de olharmos, ainda que, de modo epidérmico, para o nosso discurso jurisprudencial. Recordemos que as próprias decisões judicativas tendem a refletir a influência jurídico-histórica e a própria formação jurídica dos decidentes – oscilando entre o critério (quase contínuo) da essencialidade e o (agora recorrente) domínio funcional do facto –, não ocultando, no entanto, uma tendência para se incorporarem aqueles fundamentos, entrecruzando-os na mesma decisão, acabando, incontornavelmente, por se repetirem, em decisões subsequentes[88].

O arranque da discussão inicia-se sempre da consideração dos elementos comparticipantes que não entram na ação principal, mas que estão presentes no acontecimento criminoso e contribuem (ainda que, por vezes, de modo muito lateral) para a produção do resultado. É já consolidado[89], sobretudo pela jurisprudência do STJ, que a coautoria exige, por

---

[87] No caso, um assalto a uma farmácia. Ditou assim o *Acórdão do STJ*, de 10 de Outubro de 1990, Relator: Cerqueira Vahia (Proc. nº 04118): «não sendo pressuposto para a cumplicidade o intuito de tirar proveito ou benefício material do crime auxiliado pelo cúmplice, é cúmplice do crime de roubo cometido numa farmácia o arguido que não ignorava os desígnios do co-arguido na prática do referido crime e que, a despeito de tal saber, o ajudou na execução desses desígnios, prestando-lhe auxílio material [...]» (disponível em: <www.dgsi.pt>, consultado em: 24 Nov. 2013).

[88] Não raras as vezes citam os mesmos Acórdãos anteriores e, sobretudo, as mesmas citações e as mesmas fontes.

[89] V.g. o *Acórdão do STJ*, de 16 de Janeiro de 1990, Relator: Manso Preto (Proc. nº 040378): «na co-autoria, cada um dos agentes responde pela totalidade do evento»; ou, no mesmo

um lado, a decisão conjunta de se praticar o crime, mas, por outro lado, não é obrigatório, «nem indispensável que cada um dos agentes (coautores) intervenha em todos os actos a praticar para obtenção do resultado pretendido, podendo a atividade do coautor ser parcial»[90]. A questão que, derradeiramente, se coloca é esta: facticamente, será a vigilância um factor de essencialidade à execução do facto? Ou, de forma muito despretensiosa, interrogamo-nos se o «vigia» terá mesmo o domínio do facto? Por conseguinte, advogar que o «vigia» é, por definição antecipada e imperativa, um coautor, é, porventura, um passo precocemente resoluto, sem antes analisar todo o decurso do facto criminoso e, sobretudo, a relevância do seu papel no contexto e no resultado do facto criminoso. Olhando para a nossa *praxis* jurisprudencial, relativamente à distinção entre coautoria e cumplicidade, facilmente nos apercebemos da ligeira tendência para os acórdãos menos recentes se ancorarem no critério da essencialidade do facto – esta influência é fruto, como já o dissemos, da projeção histórica daquele critério, que já se repercute desde o Código Penal de 1852 – e, nos Acórdãos mais recentes, a doutrina do domínio do facto assume-se como o principal referente dogmático, enquanto critério primordial de interpretação da norma no art. 26º do nosso Código Penal.

Paradigmaticamente, uma dessas decisões próximas dos quadros referenciais daquele critério da essencialidade é a que está materializada no Acórdão do STJ de 2 de Dezembro de 2004. No caso apreciado, um dos arguidos, por não ter assumido uma ação direta na execução dos factos (numa agressão conjunta, com posterior homicídio praticado por elementos do grupo, do qual o visado fazia parte), alegou ter praticado factos que se subsumiam à situação de cumplicidade, designadamente, por ter auxiliado na ocultação do cadáver. Todavia, o tribunal superior reiterou a decisão dos tribunais inferiores, reputando-o como coautor dos factos criminosos, considerando que a autoria se avalia segundo «critérios

---

sentido, o *Acórdão do STJ*, de 04 de Junho de 1998, Relator: OLIVEIRA GUIMARÃES (Proc. nº 98P235): «ultrapassando o agente o mero auxílio e praticando uma parte típica do plano criminoso, ou participando mesmo numa determinada parcela dessa execução, aquele tem de ser já considerado autor do facto ilícito» (ambos disponíveis em: <www.dgsi.pt>, consultado em: 15 Nov. 2013).

[90] Cfr. *Acórdão do STJ*, de 30 de Outubro de 2002, Relator: LOURENÇO MARTINS (Proc. nº 02P2930), disponível em: <www.dgsi.pt>, consultado em: 10 Nov. 2013.

da essencialidade» e nos termos da «causalidade adequada». Com efeito, o Tribunal considerou, de forma líquida, que o arguido teria concorrido, com a sua ação, de uma forma decisiva – ainda que não tivesse arrastado, agredido, ou degolado a vítima – para a comparticipação no crime de homicídio[91]. O elemento aglutinador e determinante foi a decisão ou acordo comum, entre todos os elementos (elemento subjetivo ou da vontade) que permitiu a realização do facto criminoso, pelo autor imediato: «este constituiu-se como acto próprio, voluntário e consciente do agente e, ao mesmo tempo, de terceiro, enquanto o executor agiu como intermediário dos restantes». Pelos factos, o tribunal considerou que todos eles foram coautores materiais, uma vez que tudo o que foi executado, foi na presença e com o consentimento de todos – ainda que não tenham sido todos a executar as ofensas ou a provocar a morte. Por sua vez, considerou que a prova da responsabilidade grupal (recorrendo, emblematicamente, à expressão «um por todos, todos por um») reside nos atos de ocultação do cadáver, que foram assumidos, em resolução comum, por todos os elementos do grupo[92]. Por conseguinte, a pedra-de-toque, para o tribunal, centrou-se na avaliação de que o recorrente não se cingiu a um simples auxílio de um facto alheio, mas numa «acção contributiva de todos na produção do facto típico», em que o ato de matar «tinha a assinatura de todos»[93].

Concatenadamente, verifique-se a decisão do STJ no Acórdão de 17 de Março de 2005, que diz respeito a uma condenação (em 1.ª instância, mantida pelo Tribunal da Relação de Coimbra) por coautoria do crime de tráfico de estupefacientes, tendo a recorrente reclamado a posição de

---

[91] Este tribunal traz a lume a argumentação clássica de EDUARDO CORREIA, sobre a causalidade adequada.

[92] Assumindo-se como um projeto comum dos envolvidos, o Tribunal sublinha a presença co-responsabilizante de todos, independentemente dos atos individuais (*Cfr. Acórdão do STJ*, de 2 de Dezembro de 2004, Relator: RODRIGUES COSTA (Proc. nº 3252/2004), disponível em: <www.verbojuridico.com>, consultado em: 03 Jan. 2014.

[93] Por conseguinte, a decisão sustenta que, pelo facto de ter assistido à morte, participado no desembaraço do cadáver e no desaparecimento do automóvel, que o recorrente tinha o «domínio do facto» (*Cfr. Acórdão do STJ*, de 2 de Dezembro de 2004, Relator: RODRIGUES COSTA (cit. nt. 93).

mera cumplicidade, rejeitando a autoria do crime[94]. O STJ, para qualificar a participação da recorrente no facto criminoso, parte, neste acórdão, da clássica teoria da causalidade: «é autor do crime quem dá causa à sua realização, em termos de causalidade adequada»[95]. Para este tribunal, a distinção entre cumplicidade e autoria reside no critério da comparticipação decisiva ou essencial, sendo que a primeira é «prescindível» ao facto criminoso principal, e, como tal, de «menor gravidade objectiva»[96]. Foi, com base nesse critério, analisando o teor da intervenção material da recorrente, que o tribunal considerou que a ação desta, por ser tão acidental, só poderia atingir a esfera da cumplicidade[97]. Todavia, sublinhe-se que o critério utilizado foi sempre o da essencialidade, não deixando de mencionar – embora de modo fugaz e até, um pouco desinteressado – a doutrina do domínio do facto, para referir que o outro comparticipante é que detinha, em exclusivo, o domínio (do facto) e, como tal, a recorrente não poderia ser considerada coautora.

Se, por um lado, o juízo da *essencialidade* marcou a estabilidade doutrinal por um longo período do nosso percurso jurídico, a doutrina do domínio do facto foi rapidamente acolhida entre nós. Contudo, nem sempre se lançou mão deste critério de forma serena ou prevenida, acabando por servir de justificação, por vezes, de forma descontextualizada ou mesmo desadequada. Paradigmaticamente, no que diz respeito aos intervenientes que, diretamente, não intervêm na ação, mas que integram uma determinada tarefa (ainda que, de forma lateral ou acessória), o STJ, no Acórdão de 18 de Outubro de 2006, acabou por coligir a doutrina e determinar o sentido da decisão, integrando todos os intervenientes de um plano criminoso, como coautores. A questão central prático-jurídica

---

[94] A recorrente neste acórdão, considerada coautora no crime de tráfico de estupefacientes, por ter conhecimento da atividade do seu cônjuge, e cingindo-se a atender aleatoriamente alguns telefonemas do telemóvel do marido, anotando os locais de encontro e acompanhando-o (sem interferir) nas entregas.
[95] Claramente, uma influência de Eduardo Correia, como já sublinhámos anteriormente.
[96] O próprio acórdão socorre-se, como é hábito, da recensão da doutrina mais próxima – no caso, de uma expressão de Germano Marques da Silva (*cfr.* nt. 24).
[97] Apesar de a norma que diz respeito ao tráfico de estupefacientes tipificar um conjunto abrangente de atos, como «*cultivar, produzir, fabricar, preparar, oferecer, pôr à venda, vender, distribuir, comprar, ou por qualquer título, receber, proporcionar a outrem, transportar, importar, exportar, fizer transitar ou ilicitamente detiver*» (*cfr.* art. 21º, nº 1, do Decreto-Lei nº 15/93, de 22 de Janeiro).

seria a imputação da autoria a todos os intervenientes do facto criminoso, ainda que a figura central fosse o agente do crime que delineou o plano e o executou, tendo o recorrente (um dos intervenientes que, nem sequer saiu do automóvel, não tendo qualquer interferência no resultado) sustentado a sua defesa na inexecução de qualquer ato que tenha levado à morte da vítima (resultado final). Todavia, a decisão jurisprudencial, não ignorando os contributos e as diferentes visões que os conceitos da autoria forneceram, reconheceu que o art. 26º do nosso Código Penal deverá ser interpretado à luz da teoria do domínio do facto[98]. Para este acórdão, o problema está nucleado na síntese das circunstâncias: em primeiro lugar, a existência de um acordo ou pacto prévio quanto às funções que cada um iria assumir («condições de logística e de desempenho operacional»), tendo em conta a finalidade e a previsão que o executor principal efetuasse os disparos – admitindo a morte do ofendido – e, em segundo lugar, a conformação de todos com esse resultado (ainda que previsível). Assim, por um lado, assinala-se a resolução comum da realização do facto criminoso (primeiro elemento relevante para a coautoria) e, por outro, a «vontade consciente e querida na sequência da qual se partilham tarefas e, consequentemente, se assumem responsabilidades»[99] – tais pressupostos são fundamentantes para o Tribunal, na imputação da coautoria. Ainda que o recorrente tenha sublinhado que a intenção deste, no momento do acordo, era somente «dar um susto», o arguido: «(...) conhecia a possibilidade de que o processo em que estava inserido poder conduzir à morte de outrem e, pré-figurando tal resultado, não desenvolveu qualquer mecanismo inibitório e, pelo contrário, envolveu-se, pela forma descrita no processo causal, conformando-se com o resultado»[100]. Com efeito:

---

[98] «Após este breve excurso é importante agora enunciar os pressupostos doutrinais que, a nosso ver, colocam a teoria do domínio do facto como eixo fundamental de interpretação da teoria da comparticipação e de análise do artigo 26º e seguintes do Código Penal», *Acórdão do STJ*, de 18 de Outubro de 2006, Relator: Santos Cabral (cit. nt. 37).

[99] Neste caso, o recorrente A forneceu um contato para um elemento adicional ao grupo, forneceu a arma do crime e deu «cobertura pessoal e operacional», segundo o acórdão (*Acórdão do STJ*, de 18 de Outubro de 2006, Relator: Santos Cabral (cit. nt. 37).

[100] Aqui, e no que se segue, *Acórdão do STJ*, de 18 de Novembro de 2006, Relator: Santos Cabral (cit. nt. 37).

«Podemos, assim, afirmar que o arguido deu a sua adesão a uma tarefa conjunta que sabia poder conduzir à morte de outrem e aceitou tal facto. O facto de não existir uma declaração expressa sobre a produção do resultado da morte da vítima não invalida que, implicitamente, esta estivesse presente no acordo [entre o recorrente e o autor "principal"] sobre o planeamento da operação. Conforme se referiu, a existência de um acordo explícito não é essencial à existência da figura da co-autoria, bastando que a existência de tal acordo, na sua vertente subjectiva e objectiva, se possa afirmar sem qualquer dúvida».

Conjugando, assim, a existência da dimensão subjetiva ou volitiva (ao nível da intencionalidade e da vontade) e a realização física da ação típica ou criminosa (ao nível da execução conjunta), à luz das diretrizes do domínio do facto (na relevância da repartição de tarefas entre os comparticipantes), o tribunal considerou que, desde cedo, havia uma resolução comum em realizar o facto, a partir da qual se delinearam tarefas[101], cabendo ao arguido recorrente o fornecimento de contatos, a cedência de arma para o crime e a cobertura pessoal e operacional. Repare-se, no entanto, que foi um só agente que executou o crime, bem como, o plano e a resolução criminosa foram sempre centralizados nessa mesma pessoa – os outros que aderiram ao plano, não foram no propósito inicial de executarem, de forma imediata, o crime, mas ajudar a que ele concretizasse.

Por outro lado, esta decisão nunca se refere a qualquer juízo de essencialidade dos restantes intervenientes (ou comparticipantes) na concretização final do crime – pois sempre se poderia questionar, com indubitável legitimidade, qual foi a tarefa relevante (ou o contributo objetivo) que o recorrente concorreu para o resultado final, uma vez que, analisados os factos, este não teria a capacidade de suspender ou interromper a execução do plano (como um autor, que domina o facto, possui). Emblematicamente e a este propósito, relembramos o Acórdão do STJ de 15 de Fevereiro de 2007[102], em que o tribunal recorrido condenara uma

---

[101] Não se deixa de afirmar e reconhecer a centralidade e o protagonismo principal de uma figura, em torno da qual todo o plano criminoso gravitou.
[102] *Acórdão do STJ*, de 15 de Fevereiro de 2007, Relator: PEREIRA MADEIRA (cit. nt. 49). A factualidade desta decisão resumia-se ao seguinte: a arguida dedicava-se à venda de estupefacientes; para tal, era auxiliada pelo seu companheiro que estava acamado, o qual somente

arguida pela prática de um crime de tráfico de estupefacientes. Quanto ao co-arguido, pessoa que se encontrava fisicamente condicionada, por estar acamada, a decisão condenatória [como coautor] sustentou-se na consciência da atividade ilícita, conformando-se com a proveniência dos seus rendimentos, bem como, foi considerado que a sua intervenção não se limitava a facilitar o crime, mas tomando parte direta na sua execução – o que nos levanta algumas reticências.

Assim, não estranhou que a instância superior viesse redefinir o sentido da decisão relativamente ao co-arguido acamado [recorrente], considerando que os envolvidos não estavam no mesmo patamar da atuação objetiva. Por conseguinte, veio o STJ afirmar que, aquele co-arguido, era um «mero ajudante ou colaborador» e, porquanto, a sua ação, ainda que conscientemente ilícita[103], estava «claramente em subordinação da estratégia definida e executada pela arguida, estratégia que não dominava. De resto, em consonância com a sua condição de acamado»[104]. *In casu*, o tribunal considerou que a autora principal assumiu um «papel de primeiro plano, dominando a acção»[105], enquanto que a intervenção do arguido recorrente não era «causal da existência da acção»[106].

Nesse mesmo ano e escudando-se no mesmo critério, o Acórdão do STJ de 07 de Novembro de 2007, também pugnou pela consagração do critério do domínio funcional do facto, considerando que o coautor, ainda que tenha tido uma atuação parcelar, «na realização do objectivo acordado se tem de revelar indispensável à realização da finalidade pretendida».

Por outro lado, no caso do Acórdão do STJ de 15 de Abril de 2009, destacamos a apreciação valorativa, relativamente à interferência de um dos comparticipantes num assalto. Decalcando a factualidade específica da decisão, o interveniente, conforme antecipadamente combinado (acordo prévio) entre os restantes comparticipantes, tão-somente transportara

---

recortava pequenos pedaços de plástico, para acondicionamento do estupefaciente (única tarefa deste arguido).
[103] Tão-somente recortavam os plásticos e ajudavam no acondicionamento da droga.
[104] Subjacente à ideia do *domínio do facto*.
[105] *Acórdão do STJ*, de 15 de Fevereiro de 2007, Relator: Pereira Madeira (cit. nt. 49).
[106] Sublinhe-se, assim, a circunstância de o STJ ter trazido os fundamentos, quer do domínio da ação, quer da teoria da causalidade, para a fundamentação da determinação jurídica de cada um dos coarguidos.

os arguidos e por estes aguardara (em inequívoca missão de vigilância), junto à ourivesaria que pretendiam assaltar. Apesar de não ter executado qualquer ato típico, ressalta da decisão que nunca fora colocado em causa o seu papel como coautor do crime, uma vez que a sua intervenção parcelar foi, desde sempre, prevista na intensa planificação prévia (divisão de tarefas), para a qual ele tinha contribuído – ou seja, tornara-se sempre uma figura presente e transversal a todo o projeto criminoso, desde o ato de planeamento, até ao final da execução[107]. Ainda que o resultado produzido (morte de um dos ofendidos) tivesse sido um ato individual de um dos executantes, tal fora previsto por todos, sustentando a imputação do crime, a todos os intervenientes, a título de autoria (inclusivamente ao coarguido que se cingiu ao acompanhamento e condução dos que, efetivamente, iam assaltar a ourivesaria). Nesta situação, considerou-se que o coautor, apesar de não ter um desempenho direto no crime de homicídio, assumiu a execução num terceiro: «o coautor, não tem um papel na execução direta do crime autónomo, mas sim um outro, numa execução que podemos denominar de paralela, "submete" o seu dolo na realização do crime autónomo ao autor principal, no sentido de que se este tem pleno domínio desse facto criminoso, que era uma consequência previsível e que se conforma com a mesma, aquele também não deixa de partilhar esse domínio, como sucedeu com os arguidos AA [condutor] e CC [co-arguido]»[108]. Ademais, para tal imputação, não só teve relevo a sua missão de vigia, mas também, o contributo do arguido no planeamento da ação (efetuando um reconhecimento prévio, providenciando o aluguer

---

[107] Como, aliás, reforçava o *Acórdão do STJ*, de 28 de Outubro de 1993, apud *Acórdão do STJ*, de 15 de Abril de 2009, Relator: FERNANDO FRÓIS (cit. nt. 63): «o planeamento de um crime por várias pessoas reunidas em conjunto constitui uma decisão colectiva que responsabiliza cada uma das pessoas intervenientes. Assim, tendo havido lugar à execução do plano criminoso ou simples começo de execução, serão responsáveis como coautores do crime todas as pessoas que participem na elaboração do plano».
[108] Assim acrescenta o mesmo acórdão: «(...) o arguido BB como executor material do roubo, acompanhado da arguida CC cuja presença serviria para não chamar as atenções, ambos aparentando serem um casal normal; o arguido/recorrente AA, transportou aqueles arguidos BB e CC ao local do crime, e a sua participação foi imprescindível não só para a execução do plano traçado, uma vez que conhecia bem o local (ao contrário dos outros arguidos), mas também sendo importante para providenciar a fuga do local, de todos os intervenientes, após os factos» (*Acórdão do STJ*, de 15 de Fevereiro de 2007, Relator: PEREIRA MADEIRA (cit. nt. 49).

e a entrega do automóvel utilizado, a aquisição de uma arma branca para recurso de outro co-arguido). Assim concluía o tribunal: «do exposto resulta uma *intervenção fundamental* do recorrente nos factos (tinha o domínio funcional a que acima fizemos referência) e agiu de acordo com o plano previamente acordado entre todos os arguidos».

Ainda com a dicotomia (co)autoria e cumplicidade como pano de fundo, chamamos a atenção para o acórdão do STJ de 7 de Dezembro de 2006[109], em que a decisão recorrida condenara três arguidos pela coautoria de um crime de homicídio. Com efeito, e apesar de entendimento diverso do Ministério Público neste caso[110] – que considerava o recorrente como cúmplice –, o STJ considerou o visado coautor, porquanto: este fazia parte integrante inicial de um grupo, elaboraram o plano previamente (acordo prévio) e executaram-no em conjunto, dividindo as respetivas tarefas[111] (e nem todas essas tarefas se revestem de tipicidade, *v.g.*, cedendo a arma e o carro que serviu de transporte; outro, tacitamente, ao se ocultar propositadamente na bagageira do automóvel, fazia-o por que tinha consciência de que, se fosse visto, a vítima não entraria para dentro do automóvel). Neste ponto, o tribunal superior considerou que esta ação revestia um carácter de ato de execução – «a ocultação na mala

---

[109] *Acórdão do STJ*, de 07 de Dezembro de 2006, Relator: RODRIGUES DA COSTA (Proc. nº 06P3137), disponível em: <www.dgsi.pt>, consultado em: 14 Dez. 2013.

[110] Sublinhe-se, ainda, o voto vencido do Juiz EDUARDO MAIA COSTA, relativamente à classificação de um dos intervenientes como coautor, reclamando que, no seu entendimento, haveria lugar antes que considerá-lo cúmplice, à luz da doutrina do domínio do facto. O visado comparticipa na resolução criminosa, no quadro de preparação e na própria divisão dos proveitos do crime. Todavia, pelo facto de se esconder na mala do automóvel, no momento da execução, revela que a sua intervenção nunca foi necessária ou essencial aos propósitos do projeto comum. Assim esclarece: «(...) a doutrina do domínio do facto caracteriza-se precisamente por eliminar todos os resquícios de subjectivismo na caracterização da autoria, em benefício da consideração da função objectiva que o agente desempenha na acção. E, insisto, não encontro qualquer participação funcional deste arguido na execução do plano».

[111] «Dentro do plano traçado por todos, cada qual teve a sua função: o arguido DD conduziu o veículo, o arguido CC forneceu a arma e o carro, e para além disso, ele e o arguido BB ocultaram-se na mala para desse modo atraírem a vítima ao interior do veículo, e o arguido AA disparou a pistola. Tudo actos de execução que se encaixam perfeitamente uns nos outros, de forma a, adequadamente, causalmente e em conjugação de esforços, como resulta dos factos provados, produzirem o resultado» (*Acórdão do STJ*, de 07 de Dezembro de 2006, Relator: RODRIGUES DA COSTA (cit. nt. 110).

é, nesse sentido, um acto de execução como os restantes, não obstante a sua aparência de *não acto*, por que fazia parte do artifício para enganar a vítima». Por conseguinte, acabou por concluir, de forma líquida: «ora, não há dúvida nenhuma que os factos dados como provados e que foram agora recapitulados preenchem os elementos essenciais da comparticipação por co-autoria, e não da cumplicidade»[112].

Contextualizados por esta abordagem tópica, estreitamos ainda mais o percurso e nucleamos a nossa atenção para as decisões jurisprudenciais particularmente dirigidas aos nominados «vigias». Relativamente a este assunto em particular, não abundam os acórdãos ou decisões que se versem em concreto; contudo, e sem prejuízo disso, tendo em consideração as linhas de análise anteriores, a posição jurisprudencial nesta matéria não deixa de acompanhar o sentido e os fundamentos das decisões que versam a antinomia autoria/cumplicidade. A vigilância não é mais que uma tarefa, uma missão específica atribuída a um comparticipante, que visa assegurar ou diminuir o risco daqueles que, fisicamente, executam o crime. É sobejamente frequente este tipo de intervenção subsidiária em locais próximos de venda de estupefacientes – normalmente protegidos com «vigias» que avisam a aproximação de alguém estranho e que poderá até ser assumido por alguém supervisionado pelo próprio executor do crime – ou em ações de roubo ou furto, em que alguém, nas imediações, garante que a execução do crime decorra dentro do planeado. Todavia, e em coerência com aquilo que temos vindo a discorrer, não cabe ao «vigia» a transação do produto ilícito, nem é este que coage ou recebe um bem roubado; nem é o «vigia» que subtrai um artigo furtado. Como trata, assim, o direito penal, relativamente ao contributo do «vigia» para a obtenção do resultado – que, muitas vezes, até nem é do seu interesse pessoal ou de proveito direto?

Ora, antes de olharmos para as decisões do STJ, é imperativo – para efeitos de contextualização prévia e, ademais, por se tratar de um acórdão emblemático – referir uma das decisões nucleares deste trabalho, que se projeta no Acórdão do TRL, de 19 de Novembro de 2008 e que traduz,

---

[112] «Fazê-lo entrar no veículo era um pressuposto necessário à produção do resultado, e o ocultar-se na mala/bagageira era imprescindível a esse estratagema» (*Acórdão do STJ*, de 07 de Dezembro de 2006, Relator: RODRIGUES DA COSTA (cit. nt. 110).

um pouco, as dificuldades da delimitação prática entre a cumplicidade e a autoria, exigindo o socorro dos critérios de interpretação (transpositivos) do art. 26º e 27 do Código Penal[113]. Esta decisão reveste-se de particular interesse porque resgata *in limine* a atividade de vigilância do facto criminoso da mera cumplicidade, projetando-a no quadro da autoria material, ao considerar que «a vigilância constitui uma função *necessária* e *autónoma* no quadro da cooperação»[114], à luz da teoria do domínio do facto (critério doutrinal eleito para a interpretação da norma penal sobre a autoria). Ora, na factualidade intermediada no acórdão em discussão, verificou-se sempre um *acordo prévio*[115] entre os dois comparticipantes, em que um deles executava materialmente os factos – ameaçava, verbal e fisicamente, as vítimas, levando-as à entrega dos seus pertences – e outro permanecia sempre nas proximidades e em linha de vista (normalmente, no outro lado da rua) em ação de vigilância, para alertar a proximidade da polícia ou de terceiros que constituíssem perigo, podendo interferir no decurso do plano criminoso. O recurso para a instância superior foi suscitado, precisamente, pela interrogação da qualificação do comparticipante que não executara quaisquer atos materiais de roubo – mas que

---

[113] Os factos que servem de substrato ao *Acórdão do TRL*, de 19 de Novembro de 2008, Relator: Carlos Almeida (Proc. nº 9737/2008-3, disponível em: <www.dgsi.pt>, consultado em: 20 Out. 2013), sintetizam-se na seguinte situacionalidade: A e B foram acusados de crimes de roubo, tendo motivado que B interpusesse recurso por considerar que a sua intervenção nos factos deveria ser a título de cumplicidade. Porquanto, A e B, numa noite, propuseram-se subtrair a C um telemóvel. Antecipadamente, combinaram que A ameaçaria diretamente a vítima com uma arma, enquanto B deveria, tão-somente, manter-se atento, nas imediações, para verificar e sinalizar a aproximação de terceiros que pudessem comprometer o plano criminoso. Assim concretizaram e lograram obter de A diversos bens – tudo sob a vigilância de B, que apenas participou na ação como "vigia".

[114] Itálico nosso. A questão que, legitimamente, se levanta prende-se com a densificação da «função necessária». Roxin, citado no próprio acórdão, considera que já é passível de ser reputada como «função necessária», o agente «que devesse ter tido intervenção se tivessem ocorrido as circunstâncias pertinentes», ou seja, se se tivesse verificado a situação para a qual a sua inclusão no plano tinha sido pensada» (*Acórdão do TRL*, de 19 de Novembro de 2008, Relator: Carlos Almeida (cit. nt. 114).

[115] Assim, o mesmo acórdão explica: «E para melhor concretizar os seus desígnios, decidiram actuar, de modo concertado, dividindo tarefas e fazendo uso da força e da ameaça, usando, para tanto, uma navalha, de modo a dominar os ofendidos e evitar que estes pudessem reagir aos mesmos, limitando, assim, a sua capacidade de reacção» (*Acórdão do TRL*, de 19 de Novembro de 2008, Relator: Carlos Almeida (cit. nt. 114).

não impediram de ser condenado, em 1.ª instância, como coautor desses crimes[116].

Por conseguinte, o TRL, convenientemente, sustentou a sua decisão em confirmar a condenação do recorrente por coautoria, analisando a acumulação dos dois pressupostos norteadores daquela coautoria – uma decisão prévia conjunta de atuação e uma participação objetiva na fase da execução. Mas, acima de tudo, a principal sustentação dogmática derivou do *princípio do domínio do facto,* reconhecendo que, apesar de a intervenção do recorrente, em si mesmo e isoladamente considerada, não preencher qualquer tipo criminal, existe uma relação de interligação – «de acordo com o critério central do domínio do facto, é indispensável que do contributo objectivo dependa o *se* e o *como* da realização típica e não apenas que o agente se limite a oferecer ou pôr à disposição os meios de realização»[117] – daquele ato ou contributo com o resultado final[118].

Como já referimos, é o próprio Roxin a admitir uma zona não totalmente líquida, designadamente, no que diz respeito ao ato de vigiar (se é coautoria ou cumplicidade), afirmando que esta ponderação terá de ser feita casuisticamente, não aceitando uma solução antecipativa e rígida: «o ficar a vigiar fundamenta ou não a co-autoria de acordo com as circunstâncias de caso concreto, o que requer uma solução judicial individual»[119]. Por conseguinte, o tribunal considerou que a vigilância, que foi uma tarefa assumida pelo recorrente, configurou-se como uma função necessária e autónoma dentro do contexto da atuação conjunta, imputando a este a qualidade de coautor. Com efeito, e em coerência com as influên-

---

[116] A defesa alegou que o arguido, ao não ter executado materialmente os crimes de roubo, apenas permanecendo nas imediações, vigiando a ação do executor principal, consubstanciaria um mero auxílio ao facto criminoso, afirmando que não existira «actuação directa nem domínio do facto». Tal posição, remetida à cumplicidade, resgatava o arguido de uma maior censura jurídico-penal, do que aquela que é dirigida a título da coautoria e, por outro lado, fruto dessa simples vigilância, a insuficiência dos factos provados, uma vez que só se baseava, praticamente, em prova testemunhal.
[117] Roxin, *apud Acórdão do TRL,* de 19 de Novembro de 2008, Relator: Carlos Almeida (cit. nt. 114).
[118] Apesar de o referencial doutrinal ser outro, certo é que não se apaga a ideia da essencialidade do contributo ou da ação, para a obtenção do resultado final.
[119] Roxin, *apud Acórdão de TRL,* de 19 de Novembro de 2008 (cit. nt. 114).

cias históricas, nem sempre assim foi decidido relativamente aos «vigias», independentemente dos critérios utilizados.

Em 1981, na vigência de Código Penal anterior, trazendo a lume um argumento (legalmente previsto) da *essencialidade* da intervenção, consideraram-se *cúmplices* de um crime de violação, «os agentes que ficam de vigilância ao local onde outros violentam uma mulher, uma vez que não se prove que, sem essa vigilância, nenhum dos violadores praticaria os actos de violentação»[120]. Já em 1989, no Acórdão de 10 de Maio[121], por sua vez (e já atendendo à nova redação do artigo relativo à autoria), o STJ considerou que o comparticipante (na sequência de um plano previamente delineado entre todos os elementos do grupo, atribuindo a cada um a sua função), que ficara de «vigia» ao arrombamento de uma porta, foi reputado como *coautor* do próprio crime de furto, uma vez que «para haver co-autoria, basta que os agentes actuem em cooperação consciente e querida e a culpabilidade de cada um deles deve referir-se ao acto conjunto».[122]

No mesmo sentido se pronunciou aquele tribunal, em 1992, imputando a coautoria do crime, apesar da sua tarefa de «vigia»: «qualquer dos arguidos é *co-autor* dos crimes de furto e de introdução em casa alheia, quando o plano criminoso que executaram consistia em um deles ficar de vigia, enquanto outro entrava na casa de habitação do ofendido contra a sua vontade, donde retirou os valores que distribuíram entre eles»[123]. Por sua vez, em 1993, no Acórdão de 10 de Fevereiro, e apesar de se socorrer do critério da essencialidade, o STJ acabava por reputar *a coautoria* do crime de furto qualificado, do agente que ficava na rua a vigiar, enquanto os restantes executavam a introdução no domicílio alheio. Para tal decisão, o decisor considerou o critério da essencialidade, ou seja, que o

---

[120] *Acórdão do STJ*, de 13 de Maio de 1981, Relator: QUESADA PASTOR (Proc. nº 036185), disponível em: <www.dgsi.pt>, consultado em: 02 Jan. 2014.

[121] *Acórdão do STJ*, de 10 de Maio de 1989, Relator: FERREIRA VIDIGAL (Proc. nº 039957), disponível em: <www.dgsi.pt>, consultado em: 23 Dez. 2013.

[122] *Acórdão do STJ*, de 10 de Maio de 1989, Relator: FERREIRA VIDIGAL (cit. nt. 122). Acrescentava o próprio acórdão: «o vigia (...) praticou todos os actos que lhe competia, sabia que os seus comparsas iam subtrair os valores que encontrassem e entrou na partilha do produto do furto, cometeu, como os outros arguidos, o crime de furto».

[123] *Acórdão do STJ*, de 15 de Julho de 1992, Relator: FERREIRA DIAS (Proc. nº 042917), *apud* MAIA GONÇALVES, *Código Penal Anotado...* (cit. nt. 64), p.146.

contributo do vigilante do assalto haveria sido fundamental, «pois sem a ajuda do vigia, o assalto não se faria jamais nas condições de segurança e viabilidade»[124]. Curiosamente, nesse mesmo mês, esta posição seria novamente reproduzida noutro acórdão, relativamente ao crime de introdução em lugar vedado ao público: «é *co-autor* de um crime de introdução em lugar vedado ao público quem, embora não penetrando no seu interior, fica de *vigia* no seu exterior, em execução de plano previamente traçado, para alertar os outros co-arguidos que nele penetraram face a eventual aproximação de pessoas e possibilitar a fuga sem serem descobertos»[125]. Em moldes aproximados, refira-se o Acórdão do STJ de 11 de Outubro de 2001, em que um dos intervenientes, que assume a tarefa de vigilância, no decurso de um roubo a um estabelecimento comercial, remeteu-se a ficar no automóvel, no lugar destinado ao passageiro, para «caso surgisse algum problema, avisar o arguido». Tendo sido o objeto do recurso uma matéria totalmente diversa (*in casu*, a questão de se tratar de roubo qualificado, por se recorrer a pistola de alarme), foi sempre assumida e consolidada a condenação da arguida por *coautoria* do crime de roubo, não se questionando a eventual cumplicidade da co-arguida.

De referir ainda que as questões jurídico-penais suscitadas pela participação dos factos a título de vigilância, recupera renovados contornos de interesse quando se remete para os casos-tipo do tráfico ilícito de estupefacientes, em que uma despicienda organização dos compartipantes permite destrinçar o traficante, do vendedor e do «vigia»[126]. O Acórdão do STJ de 11 de Abril de 2002 deparou-se com as diversas funções do «vigia» (recorrente), que detinha a tarefa de prevenção e guarda, nas imediações, à ação de venda de estupefacientes, por parte dos respetivos vendedores. O tribunal reiterou a decisão de o considerar como *coautor* do crime de tráfico (no momento da intervenção policial, o «vigia» permanecia nas imediações do local do crime, como era habitual, e apenas tinha

---

[124] *Acórdão do STJ*, de 04 de Fevereiro de 1993, Relator: ALVES RIBEIRO (Proc. nº 042860), disponível em: <www.dgsi.pt>, consultado em: 14 Dez. 2013. Mais uma vez, o debate centrou-se na dialética autoria-cumplicidade. Não obstante, atendendo a que o arguido teria integrado o planeamento e a preparação do crime, considerou-se como fazendo parte da execução.

[125] *Acórdão do STJ*, de 04 de Fevereiro de 1993, Relator: ALVES RIBEIRO (cit. nt. 125).

[126] Cfr. *Acórdão do STJ*, de 11 de Abril de 2002, Relator: DINIS ALVES (Proc. nº 02P128), disponível em: <www.dgsi.pt>, consultado em: 22 Nov. 2013.

na sua posse uma quantidade muito reduzida, considerada para consumo próprio). Este acórdão, todavia, apesar de reconhecer que este arguido detinha, de facto, funções de vigilante – «para prevenir a aproximação de qualquer elemento da polícia» – e não de vendedor, mantém a decisão condenatória como coautor («o facto de ser utilizado o vigia como forma de garantir a continuação da acção e impunidade [criminosas]»)[127].

Conclusão

Como que trazendo o fio de Ariana até à conclusão desta breve reflexão, e depois das interrogações que esta discussão incitou, relembramos a velha inquietação, tantas vezes recordada por Orlando de Carvalho: no final, «onde fica a justiça?»[128]

A vigilância, à primeira vista desatenta, parece afigurar-se um mero auxílio, não merecendo a exata medida de censura de quem, efetivamente, mata, rouba, furta ou agride – surgindo sempre como uma tarefa subsidiária e de apoio à execução do facto principal. Contudo, a grande maioria das vozes na jurisprudência portuguesa tem assumido que estes comparticipantes revestem a qualidade jurídico-penal de um coautor. Para tanto, a norma do art. 26º do Código Penal tem sido reinterpretada sob a tensão de duas grandes lentes: a autoria através da avaliação da essencialidade da conduta para o resultado final, e a doutrina do domínio do facto, que se estendeu para a circunstância de os coarguidos dividirem as tarefas no projeto criminoso, através do seu *contributo relevante*. A jurisprudência nacional tem tateado entre os dois critérios, embora, historicamente, as decisões mais recentes se sustentem, cada vez mais, à luz da teoria do domínio funcional. Contudo, algumas dúvidas legitimamente persistirão nestes edifícios dogmáticos, e que repetimos diversas vezes ao longo do trabalho: o papel do «vigia» é mesmo essencial? Ou o «vigia»

---

[127] Todavia, esta posição maioritária não deixou de ser ferida por uma declaração de voto, que considerou que o tribunal não dilucidou, de forma eficaz, as dúvidas que permaneciam em processo: se o arguido assumia funções de vigilante dos movimentos da polícia, como poderá ter sido acusado de tráfico? Por outro lado, sublinha a falta de clarificação de «concertação de intentos», entre o distribuidor, vendedor e vigilante.
[128] ORLANDO DE CARVALHO, «*Ivs – Qvod Ivstvm?*», in: *BFDUC*, Vol. LXXII, 1996, p. 9.

será mesmo um *senhor do facto*, «de tal modo que a ele cabe papel director da iniciativa, interrupção, continuação e consumação da realização, dependendo estas, de forma decisiva, da sua vontade»?[129]

Sem embargo destas incertezas, a censura jurídico-penal do «vigia» é sempre legítima: não se tratará, certamente, de mais um paradigma da «morte de um bom samaritano»[130]. A vigilância, acima de tudo, revela que o agente integra conscientemente um plano criminoso e, assim, torna-se uma parte da execução do crime; como tal, ao diminuir o risco da sua realização e ao garantir que aquele projeto tem sucesso, intrinsecamente, o cometimento do crime – e a consequente danosidade social que provoca – também é vontade do «vigia».

Assim também tem ditado a nossa jurisprudência.

---

[129] *Acórdão do STJ*, de 18 de Outubro de 2006, Relator: SANTOS CABRAL (cit. nt. 37).
[130] SANCHEZ MERCADO, «Las conductas neutrales en el derecho penal y la muerte del buen samaritano», disponível em: <www.derechopenalonline.com>, acesso em: 04 Jun. 2011.

Comparticipação Criminosa e Comportamento Organizacional

Sérgio Mascarenhas de Almeida[1]

«*Onde mais se notam as insuficiências da teoria [do crime] objectiva-formal é nos âmbitos delitivos em que a realização do delito se produz através de organizações, grupos de pessoas, aparelhos de poder, nos quais a verdadeira responsabilidade das acções que se realizam recai nas pessoas que as decidem e não nas que as executam, que embora também possam ser responsáveis têm, em todo o caso uma responsabilidade subordinada e, portanto, acessória dos verdadeiros responsáveis*»[2]

SUMÁRIO: Introdução. I. A doutrina da comparticipação em contexto organizacional. II. O facto criminoso e a comparticipação. III. Organização e comportamento organizacional. IV. Comportamento organizacional e comparticipação criminosa. V. Um caso de comparticipação criminosa em contexto organizacional. Conclusão.

Introdução

O presente estudo incide sobre a imputação de responsabilidade penal aos participantes em factos puníveis cometidos no contexto de organizações com intervenção dos vários agentes interdependente e assi-

---

[1] Professor Adjunto. Assessor Jurídico da Direção, Instituto Superior de Gestão Bancária. Doutorando na Faculdade de Direito da Universidade Nova de Lisboa.
[2] FRANCISCO MUÑOZ CONDE, «La superación del concepto objectivo-formal de autoria y la estructura de las organizaciones empresariales II – Problemas de determinación de la autoria en el âmbito de la delinquencia organizada y económica empresarial», in: *Direito*, S. 2, nº 3 (p. 55-67), 1998, p. 58.

métrica, ou seja, em que há divisão de tarefas e vínculos hierárquicos que determinam o contributo de cada um deles para o facto total. Procuraremos verificar se, por um lado, é possível enfrentar as insuficiências apontadas à teoria do crime por Muñoz Conde na passagem com que abrimos o estudo e, por outro lado, apurar se tal abordagem é compatível com os termos da comparticipação vertidos no nosso direito positivo[3].

I. Doutrina da comparticipação em contexto organizacional

O problema da comparticipação em contexto organizacional tem suscitado propostas diversas quanto ao apuramento da responsabilidade penal de quem, sem uma intervenção material ou operacional, ordena, dirige ou cria, com os seus atos de gestão, as condições para a prática de crimes por terceiros. Assim sucede com Claus Roxin que desde os anos 60 vem elaborando a teoria do *domínio da organização*[4], de acordo com a qual um agente – o sujeito de trás – «tem à sua disposição um "aparelho" pessoal (quase sempre organizado estatalmente) com cuja ajuda pode cometer os seus crimes sem ter de delegar a sua realização à decisão autónoma do executor»[5] e «está instalado na alavanca de comando de um aparelho de poder – qualquer que seja o nível da respectiva hierarquia – e que pode provocar, por comando, a prática de infracções criminais rela-

---

[3] Ao longo do estudo serão empregues as seguintes abreviaturas: CC, Código Civil; CP, Código Penal; CRP, Constituição da República Portuguesa; STJ, Supremo Tribunal de Justiça; TRL, Tribunal da Relação de Lisboa; TRP, Tribunal da Relação do Porto. As referências a artigos sem indicação de diploma entendem-se feitas para o Código Penal.

[4] Claus Roxin, «Problemas de autoría y participación en la criminalidad organizada», in: *Revista Penal*, nº 2, 1997, p. 61-65; Claus Roxin, *Autoría y domínio del hecho en derecho penal* (Trad. da 7ª ed.), Madrid: Marcial Pons, 2000; Claus Roxin, «Autoria mediata através de domínio da organização», in: *Direito*, S. 2, nº 3, 1998, p. 39-54; Claus Roxin, «El dominio de organización como forma independiente de autoría mediata», in: *Revista Penal*, nº 18, 1997, p. 242-248. Não sendo consensual, esta proposta teórica vem obtendo acolhimento crescente no tratamento de crimes de Estado, nomeadamente na Alemanha, nos países ibero-americanos, Espanha e inclusivamente em tribunais penais internacionais (cfr., entre outros, Kai Ambos, (Coord.), *Imputación de crímenes de los subordinados al dirigente. Un estudio comparado*, 2ª ed. revista, Bogotá: Editorial Temis, 2009, disponível em: <www.cejamericas.x-red.com>, consultado em: 07 Jun. 2011.

[5] Claus Roxin, *Autoría y domínio...* (cit. nt. 3), p. 270.

tivamente às quais não tenha relevo a individualidade do executante»[6].

No decurso da sua reflexão, Roxin fixou-se em quatro fatores necessários para se verificar uma situação de domínio da organização (poder de comando, desvinculação do ordenamento jurídico do aparelho de poder, fungibilidade do executor imediato, a muito elevada disponibilidade para o facto por parte do executor material), de que o segundo e o terceiro são os fundamentais e, em boa medida, os mais contestados.

O *poder de comando* não nos levanta questões de maior, pelo que nada de particular temos aqui a dizer. Voltaremos a ele em sede de comportamento organizacional.

Já a *muito elevada disponibilidade para o facto por parte do executor material* é questão de facto que respeita fundamentalmente ao apuramento da responsabilidade do agente imediato. Sem ser devidamente determinada a sua relevância nessa sede, não se vê como poderá relevar em sede de responsabilidade do agente mediato.

Quanto à *desvinculação do ordenamento jurídico do aparelho de poder*, entendemos com Muñoz Conde que quando tal aparelho «não está fora do Ordenamento jurídico, antes é essa mesma Ordem jurídica ou ao menos parte dela... é difícil fundamentar que o sistema está "à margem do Direito"»[7]. Consideramos assim que podemos prescindir desta característica na configuração do domínio da organização.

A *fungibilidade do agente imediato* é pensada em organizações que exibem «uma vida independente da identidade variável dos seus membros. Funciona "automaticamente", sem que importe a pessoa individual do executor», logo, «se... o sujeito de trás... [dá] a ordem de matar, pode confiar que a ordem vai ser cumprida sem que tenha de conhecer o executor»[8],

---

[6] Claus Roxin, «Autoria mediata...» (cit. nt. 3), p. 41-42.
[7] Francisco Muñoz Conde, «Dominio de la voluntad en virtud de aparatos de poder organizados en organizaciones 'no desvinculadas del Derecho'?», in: *Revista Penal*, nº 6 (p. 104-114), 1997, (republicado em Valdágua, 2002, p. 87-107), p. 107. Recordemos neste contexto, a título de exemplo, a memória de Ahlmann relativa a eventos de 1933: «já nada se podia fazer relativamente à tomada de poder pelos nazis ... era necessário manter os pés bem assentes no chão do Estado novo, ao mesmo tempo que se lhe devia dar algum fundamento jurídico, que os nazis aceitariam e ao qual se sentiriam vinculados em última análise» (Paulo Mendes, *O torto intrinsecamente culposo como condição necessária da imputação da pena*, Coimbra: Coimbra Editora, 2007, p. 524).
[8] Claus Roxin, *Autoría y domínio...* (cit. nt. 3), p. 272.

daí que a fungibilidade do agente da frente se traduza na «possibilidade ilimitada de substituição do autor material, que garante ao homem de trás a execução do facto e lhe permite dominar o evento»[9]. Em suma, está aqui em causa «a substituibilidade dos que no atuar delitivo de aparelhos organizados de poder executam o último ato parcial que realiza o tipo»[10].

Roxin aponta para a fungibilidade de pessoas. Porém, o conceito de fungibilidade tem um sentido preciso no seu quadro de referência, o direito civil, onde qualifica coisas de que não é, sequer, uma característica necessária pois elas podem ser infungíveis[11]. Assim sendo, aplicar tal conceito a pessoas sem o justificar de forma precisa é cometer um erro técnico ou abandonar o rigor jurídico a favor de uma linguagem metafórica, por isso requer-se uma adequada fundamentação da transposição do par fungível/infungível das coisas para as pessoas[12].

Além disso, Roxin foi buscar a ideia da fungibilidade do agente imediato à argumentação da defesa de Adolf Eichmann[13], ou seja, aderiu à lógica do carrasco. Numa sociedade de direito humanista e democrática há que, precisamente, desmontar essa lógica, afirmando que a pessoa é inequacionável à luz do par concetual fungível/infungível. Aplicar tais

---

[9] CLAUS ROXIN, «Autoria mediata...» (cit. nt. 3), p. 42.
[10] CLAUS ROXIN, «El dominio de organización...» (cit. nt. 3), p. 245.
[11] ROXIN não define onde colhe o conceito de fungibilidade, pelo que inferimos tê-lo ido buscar ao direito civil sem explicitar a fundamentação dessa transposição para o direito penal. Na nossa análise temos como referência o Art. 207º CC.
[12] Em rigor, a equiparação entre pessoas e coisas teria de equiparar as primeiras a coisas *fora do comércio*.
[13] CLAUS ROXIN, *Autoría y domínio...* (cit. nt. 3), p. 273. A defesa de EICHMANN insistiu que ele apenas tinha obedecido a ordens. Sobre este ponto, MARIA DEL CARMEN GÓMEZ RIVERO recorda que «o poder dos superiores de emitir ordens encontra o seu correlato no consequente dever de obedecer de quem na organização se encontre nos níveis inferiores» («Aun un espacio de la racionalidad para la obediencia debida? De su clássica problemática al Estatuto de la Corte Penal Internacional», in: *Revista Penal*, nº 14 (p. 24-48), 1997, p. 24), por isso, «nos casos em que se afirme a responsabilidade do obediente suscita-se nada menos que a questão da forma de a articular com aquela em que incorre o superior» (MARIA DEL CARMEN GÓMEZ RIVERO, *ibidem*, p. 25). Daí que «se se outorga um tratamento penal distinto para quem argumente ter obedecido a ordens, apesar da sua manifesta ilegalidade, estaria a deslocar-se o foco de responsabilidade exclusivamente para a figura do superior, esvaziando de forma correlativa e injustificada a quota que corresponde a quem as executou materialmente» (*idem*, *ibidem*, p. 32).

qualificativos a pessoas pressupõe a coisificação destas. Ora a coisificação da pessoa está por detrás de fenómenos como a escravatura, o racismo, o antissemitismo, a menorização da mulher, enfim, formas de discriminação assentes na redução dos seres humanos a instâncias de «género», «qualidade» ou «quantidade», não por acaso os termos que no nosso direito definem a fungibilidade das coisas. Daí que, independentemente do contexto e propósitos que tenha subjacentes, a noção de fungibilidade de pessoas viola a dignidade humana afirmada no Art. 1º CRP e o direito à identidade pessoal consagrado no Art. 26º 1. CRP. Não é, por isso, sustentável construir-se uma figura jurídica assente em tal noção[14].

Em suma, os dois fatores essenciais propostos por Roxin para a configuração de situações de domínio da organização não são sustentáveis, pelo que «é caso para perguntar se o conceito de domínio da organização será útil e necessário. Ou se, pelo contrário, é um conceito que, para além de uma autonomia discutível, apresenta mais inconvenientes do que vantagens»[15]. Entendemos com Feijoo Sanchez que «o acerto desta ideia reside, por um lado, no reconhecimento da organização como realidade social e, com base nessa ideia, de que já não se trata de falar de "domínio do facto", sendo o domínio decisivo o "domínio da organização"»[16]. Se não podemos seguir Roxin na sua concetualização do domínio da organização, não deixamos de considerar que aponta para uma questão que precisa de resposta[17].

---

[14] A Roxin terá também escapado a ironia de propor a fungibilidade do agente imediato a propósito dos atos do nazismo contemporâneos do movimento *satyagraha* liderado na Índia por Gandhi; ou de a propor para os atos do regime alemão oriental, sincrónicos do movimento pelos direitos civis nos EUA, inspirado por Martin Luther King Jr. Num e noutro caso, a ação política concreta de milhares de pessoas anónimas demonstrou que não há pessoas fungíveis.
[15] Teresa Serra, «A autoria mediata através do domínio de um aparelho organizado de poder», in: *Revista Portuguesa de Ciência Criminal*, Ano 5, p. 303-327, 1995, p. 321.
[16] Bernardo Feijoo Sanchez, *Autoria e participação em organizações empresariais complexas*, Instituto de Direito Penal e de Ciências Criminais, FDUL, 2009, p. 11, disponível em: <www.fd.ul.pt>, consultado em: 14 Jun. 2011.
[17] Ao fim de quase quatro décadas de regime democrático é natural que não se coloquem entre nós situações de criminalidade de estado ou paraestatal como aquelas que mobilizam ou mobilizaram a atenção da jurisprudência e dogmática alemã ou ibero-americana. Não admira por isso que situações relativas ao domínio de aparelhos organizados de poder, nos termos em que os configura Roxin, não venham suscitando a intervenção do nosso aparelho

Fernando Muñoz Conde tem dedicado particular atenção à punibilidade criminal em contexto empresarial, tomando como ponto de referência a proposta de Roxin mas defendendo que é necessário estabelecer uma tipologia de casos com tratamentos diferenciados em sede de comparticipação, a saber: a criminalidade estatal ou paraestatal; as organizações criminosas; a criminalidade praticada por organizações lícitas, em particular empresariais. No que respeita à criminalidade estatal ou paraestatal o nosso investigador retoma a proposta de Roxin, reiterando a sua aplicabilidade a situações de instrumentação do aparelho de Estado para a execução de planos criminosos[18]. Reiteram-se aqui, sem mais, as considerações que tecemos antes.

---

judicial, em particular da jurisprudência. Constitui exceção, neste domínio, o *Acórdão do STJ* nº 11/2009 de fixação de jurisprudência (*Diário da República*, 1ª série, nº 139, 21-07-2009, p. 4566-4599). Tendo como referência casos de tentativa de homicídio com comparticipação a título pessoal e não organizacional, afirma o Acórdão que «a relação de subordinação vinculada nos aparelhos organizados de poder, como nas associações criminosas, não exclui que idêntico tipo de relação, mesmo voluntária, possa existir a nível das relações individuais ou particulares, apesar de não constituírem aparelhos organizados de poder» (p. 4583). Dado que esta asserção não é fundamentada, não é confrontada com a delimitação da figura do domínio da organização e nem sequer é o critério fundamentador do sentido da fixação de jurisprudência; e dado que a situação controvertida não respeita à comparticipação organizada, menos ainda em situações de instrumentalização do aparelho estatal ou paraestatal; nada de concreto retiramos desta decisão para o nosso estudo.

[18] Neste domínio o contributo mais interessante de Muñoz Conde reside no tratamento do golpe de Estado, visto como um ato desvalioso onde identifica uma estrutura hierárquica com uma base composta por uma massa «anónima» e *fungível* (Francisco Muñoz Conde, «Problemas de autoría y participación en el derecho penal económico, o como imputar a título de autores a las personas que sin realizar acciones ejecutivas, deciden la realización de un delito en el ámbito de la delincuencia económica empresarial?», in: *Revista Penal*, nº 9 (p. 59-98), 1997, p. 64 ss.). A sua referência histórica é o falhado golpe do 23 de Fevereiro de 1981 em Espanha, um golpe perpetrado contra uma democracia tendo em vista a instauração de uma ditadura. É a partir deste caso que o nosso autor generaliza uma perspetiva de tratamento criminal do golpe de Estado. Pelo nosso lado, partimos duma referência de sinal oposto, o 25 de Abril, golpe perpetrado contra uma ditadura e instaurador duma democracia. Por isso, dificilmente podemos aceitar a generalização do desvalor de um ato político desta natureza. Quanto ao contributo da massa «anónima», suspeitamos que nenhum participante no golpe português aceitaria ser qualificado de recurso *anónimo* e *fungível*, por modesto que tenha sido o seu contributo ou secundária que fosse a sua posição na estrutura que montou e executou a operação.

Quanto à criminalidade organizada, considera que «a figura da coautoria se adapta melhor que outras categorias de autoria e participação a algumas formas de realização do delito em que o cérebro principal responsável não está presente na execução mas está em imediata conexão com ela, a controla e decide da sua realização» porque «o que se passa é que a distinção entre fase preparatória e fase executiva, nem sequer quando se trata de um autor individual é fácil de fazer e, desde logo, complica-se muito mais quando são várias pessoas as que intervêm na realização do facto. Uma consideração formalista, estritamente vinculada à realização da ação executiva, conduz, portanto, a uma restrição inadmissível do conceito de coautoria, deixando fora do seu âmbito intervenções pessoais tão graves e diretamente lesivas do bem jurídico como a própria realização executiva»[19]. Daí que «não sobra, pois, outra via do que apreciar a coautoria... como uma forma de domínio funcional do facto, baseada na divisão de funções de acordo com um esquema organizativo previamente estabelecido e que todos têm que respeitar, de acordo com o qual uns têm funções de direção, ajuda, vigilância ou apoio, enquanto outros levam a cabo as ações propriamente executivas do facto delituoso», sabendo que «no âmbito empresarial... os "centros de decisão" são mais importantes que os "centros de execução"»[20]. Fica por definir como se concilia esta visão, pelo menos no quadro do nosso direito penal, com o princípio da tipicidade e com o requisito expresso de um contributo pessoal na execução por parte de quem atua por acordo ou conjuntamente com outros.

Temos, finalmente, que «enfrentar os problemas que surgem no *âmbito económico empresarial* na hora de determinar quem são verdadeiros autores, ainda que não realizem diretamente as ações executivas constitutivas do delito», logo, «como responsabilizar como autores os que realmente dominam estes factos delituosos, sem que intervenham diretamente na sua execução»?[21] É que é preciso atender «à irrelevância que em si mesmas apresentam as ações executivas nos delitos empresariais, principalmente económicos, já que... são em si mesmas ações penalmente irrelevantes que só adquirem um significado ou relevância penal quando

---

[19] Francisco Muñoz Conde, «Problemas de autoría y participación...» (cit. nt. 17), p. 66 e 67, respetivamente.
[20] *Idem, ibidem*, p. 71 e 77, respetivamente.
[21] *Idem, ibidem*, p. 60.

situadas num determinado contexto e na medida em que formem parte de um plano conjunto de decisão criminal»[22]. Por isso, não tem aqui cabimento a proposta de Roxin que coloca particulares problemas neste contexto, mormente no que respeita à verificação da fungibilidade dos meros executores[23]. A proposta de Muñoz Conde é a de que «vem, pois, em consideração uma (co)autoria mediata quando as decisões são levadas a cabo por um executor ou instrumento irresponsável; ou um caso normal de coautoria quando o executor é responsável e não é um mero instrumento. Deste modo podemos imputar a título de (co)autores às pessoas que, sem realizar ações executivas mas controlando e dominando grupos de pessoas, decidem a realização de um delito no âmbito da delinquência organizada e empresarial»[24]. É este último tipo de situações que nos interessa em particular. Muñoz Conde sugere várias linhas de desenvolvimento que inspirarão a nossa abordagem do problema.

Para Ana Isabel Pérez Cepeda «a tese tradicional ou determinação da responsabilidade de baixo para cima» parte do apuramento da responsabilidade do *homem da frente* para o apuramento da responsabilidade do *homem de trás*. Porém, é possível contrapor-lhe uma outra tese que opera a «determinação da responsabilidade de cima para baixo», apurando a responsabilidade a partir do *homem de trás*, do superior hierárquico, tendo presente que «em numerosas ocasiões os sujeitos que se encontram nos escalões mais baixos da organização, ainda que realizem materialmente a conduta típica, não são responsáveis criminalmente»[25].

Também Bernardo Feijoo Sanchez entende que «a interpretação do sentido objectivo de alguns comportamentos/relacionados com organizações complexas a partir de um prisma estritamente individual não constitui uma abordagem adequada», em particular porque «a partir de um certo grau de complexidade já não é possível encontrar uma pessoa na qual coincidam criação ou participação no risco, com representação desse mesmo risco, ou que disponha de informação global sobre a atividade empresarial». Isto leva, do seu ponto de vista, a uma dissociação

---

[22] *Idem, ibidem*, p. 75.
[23] *Idem, ibidem*, p. 80.
[24] Francisco Muñoz Conde, «Problemas de autoría y participación...» (cit. nt. 17), p. 83.
[25] Ana Pérez Cepeda, «Criminalidad de empresa: problemas de autoría y participación», in: *Revista Penal*, nº 6 (p. 106-121), 1997, p. 107.

entre a intervenção de gestores de topo e operacionais, em tais termos que os primeiros «têm uma visão demasiado global e aqueles que conhecem directamente os efeitos da actividade empresarial não têm a visão de conjunto necessária para compreender a perigosidade que encerram certas/actividades industriais ou empresariais», pelo que «há um desmembramento entre a actividade de direcção, a disponibilidade de informação e o poder de decisão, o que representa um problema central para a determinação da responsabilidade»[26]. A responsabilização dos agentes requer o *domínio normativo do facto* em termos que tenham presentes que «a posição de cada um na empresa fundamenta, isto é, constitui e limita, uma área de competência e de responsabilidade pessoal»[27]. Por isso, para se considerar que há domínio normativo do facto «o relevante não é o domínio ou não domínio psicofísico de processos causais, mas sim a incumbência ou não incumbência de um determinado facto ou acontecimento, de acordo com regras normativas de imputação»[28], de acordo com as quais «verificada a imputação objectiva do facto à empresa, deve determinar-se quem são as pessoas físicas que dentro da organização empresarial são/competentes pelo facto como autores ou participantes»[29].

Entre nós, cumpre aqui referir o estudo de Sónia Fidalgo sobre responsabilidade penal por negligência no exercício da medicina em equipa que «caracteriza-se por: especialização, interdisciplinaridade e cooperação», ou seja, um exercício intrinsecamente organizado, assente no trabalho em equipa e onde as tarefas dos membros podem ser simultâneas ou sucessivas[30]. Para Sónia Fidalgo, é o princípio da divisão do trabalho que permite delimitar a responsabilidade de cada membro da equipa[31], divisão que pode ser horizontal ou hierárquica[32]. Esta divisão está ligada ao princípio da confiança entendido, na esteira de Figueiredo Dias, como decorrente do princípio de autorresponsabilidade[33]. A autora analisa na

---

[26] BERNARDO FEIJOO SANCHEZ, *Autoria e participação...* (cit. nt. 15), p. 1-4.
[27] BERNARDO FEIJOO SANCHEZ, *ibidem*, p. 8.
[28] BERNARDO FEIJOO SANCHEZ, *Autoria e participação...* (cit. nt. 15), p. 36.
[29] *Idem, ibidem*, p. 15-16.
[30] SÓNIA FIDALGO, *Responsabilidade penal por negligência no exercício da medicina em equipa*, Coimbra: Coimbra Editora, 2008, p. 97-98.
[31] *Idem, ibidem*, p. 102-103.
[32] *Idem, ibidem*, p. 104 ss.
[33] *Idem, ibidem*, p. 138-139.

parte final do seu estudo um conjunto de situações com ou sem hierarquia entre os intervenientes, referindo quanto ao primeiro caso, de forma extensa, a aplicabilidade do princípio da confiança e dos deveres de coordenação e controlo. Antes confronta também a divergência na dogmática sobre a questão da comparticipação na negligência mas acaba por se alinhar com as correntes que defendem a não comparticipação, logo adere à proposta do seu tratamento como autoria paralela, termos em que trata os casos de negligência médica que mobilizam a sua atenção. Importa referir uma limitação de monta do estudo: apenas considera as relações entre membros da equipa médica que intervém no exercício concreto da medicina, não levando em conta que num serviço hospitalar essa intervenção é enquadrada por uma estrutura mais vasta onde aquela equipa e os seus membros obedecem a relações hierárquicas ou funcionais que modelam a sua intervenção concreta. Sucede assim que, por exemplo, a intervenção da equipa, haja ou não relações hierárquicas entre os seus membros, é determinada e enquadrada pela estrutura hierárquica e funcional da instituição, pelo que esta é também, ao menos potencialmente, responsabilizável pelas falhas que ocorram.

A diversidade de perspetivas sobre o tratamento penal da comparticipação em contexto organizacional que acabámos de expor suscita a questão da adequabilidade para o seu tratamento de conceitos como «domínio da organização», «competência», etc., os quais nos remetem para campos semânticos e quadros de referência que não é certo aterem-se aos parâmetros com que em direito se estrutura o facto criminoso[34]. Não basta verificar que a organização «apresenta uma vida independente da identidade variável dos seus membros. Funciona "automaticamente"»[35] ou que «o verdadeiro instrumento é mais corretamente o aparelho como tal.

---

[34] A considerar-se que aqueles conceitos não cabem nos termos da teoria do crime, teríamos de concluir pela existência neste domínio duma lacuna que, escusado será dizer, só poderia ser preenchida por via legislativa. Tal poderia fazer-se na esteira da disposição pioneira do Código Penal de 2000 da Colômbia que inclui entre os casos de autoria «quem atua como membro ou órgão de representação autorizado ou de facto de uma pessoa jurídica, de um ente coletivo sem tal atributo ou de uma pessoa natural cuja representação voluntária se detém e realiza a conduta punível, ainda que os elementos especiais que fundamentam a penalidade da figura punível respetiva não concorram nele mas antes na pessoa ou ente coletivo representado» (Kai Ambos, *Imputación de crímenes...* (cit. nt. 3).
[35] Claus Roxin, *Autoría y domínio...* (cit. nt. 3), p. 272.

Este compõe-se de uma pluralidade de pessoas que estão integradas em estruturas preestabelecidas que cooperam em diversas funções relativas à organização e cuja trama assegura ao homem de trás o domínio sobre o resultado»[36]. Não conseguimos, também nós, evitar «a sensação de que a autonomia desta figura de domínio da vontade está dependente de uma construção que concebe a organização como uma espécie de *black--box*. Em que consiste o *conteúdo* da mediação da organização é questão que fica por discutir e aprofundar»[37], questão que se coloca não apenas relativamente à teoria de Roxin mas também a propósito de algumas das demais propostas doutrinais que delineámos.

Se «o problema dogmático consiste apenas em encontrar o fundamento do critério material que permite atribuir a estas pessoas a qualidade de autor em sentido estrito»[38], para lhe darmos resposta convém assentarmos ideias sobre o quadro de referência da teoria geral do crime, quadro que baliza a colocação do problema.

II. O facto criminoso e a comparticipação

Cabe então apurar em que termos o comportamento em contexto organizacional, por natureza integrador dos contributos de uma multiplicidade de agentes, se pode conceber à luz dos quadros de referência jurídica do comportamento criminoso[39].

---

[36] CLAUS ROXIN, «El dominio de organización...» (cit. nt. 3), p. 244.
[37] TERESA SERRA, «A autoria mediata...» (cit. nt. 14), p. 323-324.
[38] FRANCISCO MUÑOZ CONDE, «La superation del concepto...» (cit. nt. 1), p. 59.
[39] Não abordamos no presente estudo as questões que se colocam a propósito da tipificação da criminalidade organizada ou da associação criminosa. Está aí em causa a punibilidade da criação do próprio grupo, associação ou organização, questão diversa do tema do presente trabalho dedicado a «resolver em que casos e a quem se pode imputar, independentemente do delito de *associação ilícita* que tenham cometido, os factos puníveis concretos (assassinatos, sequestros, estragos, incêndios, etc.) que realizam alguns membros da associação criminosa ou de qualquer grupo que não revista as características de uma associação ilegal mas que, no decurso da sua atuação, possa igualmente dar lugar à comissão de factos delituosos dolosos» (FRANCISCO MUÑOZ CONDE, «Problemas de autoría y participación...» (cit. nt. 17), p. 61). Pelas mesmas razões não trataremos da problemática da imputação de crimes à organização em si mesma.

Convém termos presente que o nosso Código não se refere a «autor» ou a «cúmplice», antes estabelece no Art. 26º quem «*é punível* como autor» e quem «*é punível* como cúmplice»[40]. Temos, assim no nosso direito dois referenciais, a autoria e a cumplicidade, que não são definidos. Mera questão de forma? Não nos parece[41]. Na letra da lei a sua delimitação ocorre, não por conformidade com uma referência conceptual, antes pelo desvalor diverso que lhes associa – *serem puníveis* com medidas da pena diferentes. Cada um destes dois graus de desvalor agrega um conjunto de situações que podem ou não ser reconduzíveis ao conceito que subjaz ao respetivo qualificativo (autor ou cúmplice)[42].

---

[40] Na elaboração da proposta de Código Penal de 1963 com base no projeto de Eduardo Correia, discutiu-se a abrangência do conceito de autor e a sua demarcação de conceitos afins, vindo a comissão revisora a optar, na redação do Art. 27º, por um conceito amplo de *agente* suscetível de englobar as várias figuras discutidas a propósito da comparticipação (*Actas das sessões da comissão revisora do Código Penal. Parte Geral*, Vol. I, Lisboa: AAFDL, 1979). Esta opção mereceu, inclusive, a concordância de Eduardo Correia, autor do projeto que serviu de base aos trabalhos da comissão, pois isso permitiria «expurgar o preceito da sua principal carga doutrinária» associada à doutrina do conceito extensivo de autor. Passadas duas décadas uma outra geração de penalistas optou, na redação do Código de 1982, por deixar cair o conciliador *agente* a favor de *autor* e de *cúmplice*, dissociando formalmente autoria (Art. 26º) de cumplicidade (Art. 27º). Foi também recuperada a figura da instigação, ou melhor, da *determinação de outrem à prática do facto*, antes repudiada por Eduardo Correia. Em suma, as contingências do processo legiferante, mais ou menos enformadas pela clareza dos modelos teóricos, impuseram, entre abordagem unitária de Eduardo Correia e a tripartição germânica (autoria, instigação, cumplicidade), o desdobramento entre autoria e cumplicidade, tratando da instigação a propósito da primeira.

[41] Por isso, optamos por respeitar no nosso estudo a exata terminologia do direito positivo, em lugar de a reconduzirmos, sem mais, aos termos do léxico doutrinário (as consagradas expressões autoria singular, autoria mediata, coautoria, instigação). É, aliás, curioso observar que nem no projeto encontramos estas expressões, donde Eduardo Correia se ter visto compelido a nomear expressamente as diversas situações nos trabalhos da comissão (*Actas*... (cit. nt. 39), p. 196). Neste campo a construção do direito penal português diverge doutros sistemas jurídicos que nos são próximos. A título de exemplo, o direito alemão contempla uma enviesada mas clara qualificação das várias figuras, ao separar autoria (assente na execução), instigação e cumplicidade; e ao qualificar expressamente a coautoria no parágrafo sobre autoria. Já o direito espanhol qualifica as situações de autoria e as de cumplicidade; não qualifica as figuras "intermédias" (como a instigação) mas delimita de forma clara que não são qualificáveis como autoria. Os direitos peruano e colombiano qualificam expressamente cada uma das situações que preveem.

[42] Consideremos a *determinação de outrem à prática do facto*. Enquadra-a o Código na autoria *por*

Antes de avançarmos para as várias figuras da autoria tenhamos presente que, antes de ser comparticipado, o crime é crime, quer dizer, é concebido no direito positivo à luz de uma unidade de referência básica, o *facto criminoso* ou *facto punível*[43]. Ocorre que nenhuma disposição exprime o que se deve entender por *facto* nem como é que este se carateriza. Só se consegue traçar o seu desenho estrutural por uma análise sistemática das várias disposições, em particular dos Arts. 10º, 14º, 15º, 21º, 22º CP e, como veremos, 26º e 27º. Os primeiros três artigos enquadram-se nos *pressupostos da punição*, pressupostos que delineiam a estrutura do facto criminoso em tais termos que ele:

A. Se traduz numa «comissão» que pode ser por «ação» ou por «omissão», Art. 10º 1.;
B. A comissão desdobra-se em «atos de execução» que, causal ou teleologicamente estruturados, são requeridos para a consumação, Art. 22º;
C. Pode produzir um «resultado», Art. 10º 1.;
D. Pode corresponder à «representação» do *facto* pelo agente, Arts. 14º e 15º; representação que abrange a comissão e o resultado, caso este seja requerido pelo tipo;
E. Pode ser praticado com «intenção», com «conformação» ou sem intenção nem conformação, Arts. 14º e 15º[44];
F. A comissão pode ser antecedida de «atos preparatórios» (ou *preparação*), Art. 21º.

---

definição? Não. O Art. 26º diz apenas que aquela *determinação* tem o desvalor da autoria e, por isso, é tratada com esta. A doutrina ou a jurisprudência que decidam se tal determinação deve ser qualificada e concetualizada como instigação, como autoria ou noutros termos. Note-se também que embora a expressão «é punível como autor» tenha sido inspirada pelo direito alemão, não pode ser lida nos mesmos termos em que figura neste, a partir do momento em que o nosso Código agrega num mesmo artigo, sem qualquer qualificação das figuras de caso, aquilo que o direito alemão distribui por dois artigos e com parcial qualificação das figuras de caso.

[43] Do facto trata logo o Art. 1º CP e ao facto é dedicado o respetivo Título II; o *facto* é a referência constante das várias disposições, nomeadamente as relativas à comparticipação.
[44] As variantes relativas à presença ou ausência da representação e à presença ou ausência de intenção ou conformação determinam a configuração das várias alternativas de dolo ou de negligência.

Ou seja, o *facto* começa por ser *representado*, antevisto no seu desenrolar e consequências, concretiza-se na *comissão* que exige a *execução* (que pode ser por *ação* ou por *omissão* e objeto de *preparação*). A comissão pode também ter em vista a eventual produção de um *resultado*, se isso for requerido pelo tipo concreto de crime. A representação liga-se à comissão por intermédio da *intenção* ou da *conformação*[45]. Esta estrutura do facto criminoso tem por protótipo o facto isolado cometido por um agente isolado, centrado na comissão por ação. Ora, separadas da comissão, a representação e a intenção/conformação não se incluem na execução, no entanto no caso prototípico tende a passar despercebida a representação ou intenção/conformação que não dê lugar a comissão, a não ser que o agente de alguma forma as exprima e as torne conhecidas de terceiros, o mesmo se podendo dizer da preparação[46].

Em suma, independentemente dos seus pressupostos ou da sua forma, o crime constitui sempre e apenas *um facto único* e como tal deve ser tratado, independentemente do número de agentes que nele se vejam envolvidos e da natureza desse envolvimento, como exprimem inequivocamente os Arts. 26º e 27º ao referirem o *facto*, no singular: os agentes podem ser múltiplos, o facto é um só. De forma esquemática:

---

[45] Não esgotamos nesta análise sumária os comportamentos relacionados com o facto criminoso. A comissão pode ser antecedida ou acompanhada de atos auxiliares ou «auxílio», que fundamentam a punibilidade por cumplicidade, Art. 27º; ocorrer em paralelo com outros factos criminosos em *concurso real*; dar lugar a um conjunto heterogéneo de *atos posteriores* ao crime como a recetação, o encobrimento, etc., atos que não foram objeto de tratamento na parte geral do CP e que surgem apenas em disposições *ad hoc* da parte especial, onde se podem identificar algumas situações reiteradas em vários tipos de crime. Este desenho sai reforçado quando o compaginamos com as disposições da parte especial do código que refletem nos seus grandes traços o esquema que vimos explicitando, caso da referência a «preparar, facilitar, executar ou encobrir» que surge nos Arts. 132º 2. g), 256º 1. e 261º, a qual abrange a preparação, a execução, o auxílio («facilitar») e uma instância de facto adicional («encobrir»).
[46] A clara diferenciação conceptual entre estas figuras vem ao de cima quando se considera que o agente pode alterar a sua representação ou a intenção/conformação ao longo da comissão ou entre esta e a produção do resultado; daí, por exemplo, as disposições relativas à desistência, Art. 24º. Daí também que, como a punibilidade pressupõe a passagem ao estágio da execução, a representação e a intenção/conformação não são puníveis antes ou independentemente da execução (exceto, é evidente, se disposição especial determinar noutro sentido).

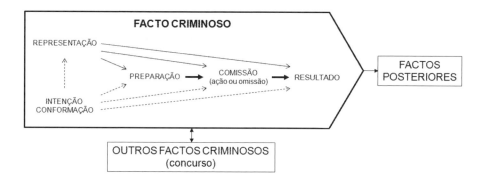

Resta saber como se integram na estrutura do facto os contributos dos vários agentes, tendo presente que as disposições sobre comparticipação não acrescentam nem retiram elementos estruturais aos previstos na estrutura do crime cometido por autor singular. Entendemos que o que distingue as várias modalidades de comparticipação[47] é o contributo que os agentes dão para cada uma das componentes do facto (representação, intenção/conformação, preparação, comissão, auxílio, etc.). Está aqui em causa qual o contributo parcial de cada agente para o facto total[48].

Pensamos que há, no entanto, uma especificidade de monta na comparticipação. Esta não se fica por um conjunto de comportamentos independentes de vários agentes, antes requer que todos ou partes deles tenham consciência do facto total e unitário, representando-o em tais

---

[47] Recordemos os casos de comparticipação previstos no Código Penal:
Quem executar o facto por si mesmo (Art. 26º, primeira previsão);
Quem executar o facto por intermédio de outrem (Art. 26º, segunda previsão);
Quem tomar parte direta na execução do facto por acordo com outros (Art. 26º, terceira previsão);
Quem tomar parte direta na execução do facto juntamente com outros (Art. 26º, quarta previsão);
Quem, dolosamente, determinar outra pessoa à prática do facto desde que haja execução ou começo de execução (Art. 26º, quinta previsão);
Quem, dolosamente e por qualquer forma, prestar auxílio material ou moral a pratica por outrem de um facto doloso (Art. 27º 1.).

[48] Observa-se assim que as situações previstas no Art. 26º se centram na execução, sem qualificarem ou especificarem em que consiste esta, e que a delimitação entre situações de autoria e situações de cumplicidade opera ao nível da distinção entre atos de execução e atos auxiliares. Em qualquer dos casos, a coerência concetual determina que se entenda o conceito de execução nos termos previstos para o facto singular nos Arts. 21º e 22º (inclusivamente quanto à exclusão da punibilidade dos atos preparatórios).

termos que configurem o seu contributo e os contributos dos demais agentes. Do nosso ponto de vista, é este nível adicional de reflexão sobre o facto total que distingue a comparticipação de situações de autoria singular paralela.

À luz destas ideias básicas podemos sintetizar as várias modalidades de autoria com intervenção de múltiplos agentes estabelecidas no nosso direito penal:

A. Quem executar o facto por intermédio de outrem, em que este outrem atua em erro (Art. 26º, segunda previsão).

- *(i)* Homem da frente – pratica os atos executivos sem se representar que os mesmos se traduzem num facto criminoso, antes representando-se um facto lícito, logo sem intenção ou conformação;
- *(ii)* Homem de trás – representa-se o facto total e age com intenção da sua realização; leva o homem da frente a praticar os atos executivos que materializam o facto criminoso sem que este se represente o facto, ou seja, induzindo-o em erro, indução que constitui ato preparatório do ato de execução do homem da frente; o homem de trás pode desfazer o erro impedindo assim o ato do homem da frente, logo tem um comportamento omissivo integrado na fase da execução do facto.

B. Quem executar o facto por intermédio de outrem, em que este outrem é fisicamente coagido (Art. 26º, segunda previsão).

- *(i)* Homem da frente – não pratica, por si, atos executivos materiais;
- *(ii)* Homem de trás – representa-se o facto total e age com intenção da sua realização; usa o homem da frente como instrumento passivo; se cessar a coação física, o homem da frente não procede à execução; a coação física constitui, assim, ato de execução.

C. Quem executar o facto por intermédio de outrem, em que este outrem é psicologicamente coagido (Art. 26º, segunda previsão).

- *(i)* Homem da frente – representa-se, pratica e conforma-se com os atos executivos materiais que realiza; não se conforma com o facto total;

(ii) Homem de trás – representa-se o facto total e age com intenção da sua realização; se o homem de trás cessar a coação psicológica, o homem da frente não procede com a execução; a coação psicológica constitui, assim, ato de execução.

D. *Quem tomar parte direta na execução do facto por acordo com outros* (Art. 26º, terceira previsão) – os vários agentes representam o facto e estabelecem uma intenção/conformação conjunta em tais termos que a representação do facto inclui contributos de todos ao nível da execução e que essa representação e a formulação da intenção/conformação são explicitadas em momento anterior à execução (o *acordo*), logo ocorre na fase preparatória do facto.

E. *Quem tomar parte direta na execução do facto juntamente com outros* (Art. 26º, quarta previsão) – os vários agentes representam o facto e estabelecem uma intenção/conformação conjunta mas sem que isso se traduza numa formulação explícita, antes decorrendo implicitamente dos termos da execução.

F. *Quem, dolosamente, determinar outra pessoa à prática do facto desde que haja execução ou começo de execução* (Art. 26º, quinta previsão).

(i) Homem da frente – pratica os atos de execução; é levado a representar-se o facto e a formular a intenção/conformação com o mesmo em virtude da intervenção do homem de trás; porém, a sua intenção/conformação e execução são interiorizadas como um comportamento próprio e autónomo relativamente aos demais agentes envolvidos no facto;

(ii) Homem de trás – representa-se o facto total e age com intenção da sua realização mas não intervém na execução; atua sobre o homem da frente no sentido de formar neste a representação do facto criminoso e a intenção/conformação com o mesmo; este seu comportamento é preparatório do facto.

G. *Formas complexas* que combinam para um ou mais agentes contributos qualificáveis nos termos de mais de uma das situações previstas no Art. 26º.

Interessam-nos em particular as situações em que há intervenções sucessivas e *encadeadas* de agentes em que a execução fica a cargo do último na cadeia, os elos anteriores apenas operando ao nível da representação e da formação da intenção/conformação. Se a formação da intenção/conformação do homem da frente é ditada por um agente e este agente visou, com o seu comportamento, formar essa intenção/conformação, estamos no âmbito do Art. 26º quinta previsão, mesmo que a comunicação entre homem da frente e homem de trás seja mediada por outros agentes (que intervêm então na qualidade de cúmplices). Se o homem de trás determina o homem do meio a determinar o homem da frente e o homem da frente é determinado pelo homem do meio, então o comportamento do homem de trás não cai no âmbito do Art. 26º quinta previsão; a ação do homem de trás tem de ser entendida como tendo caráter preparatório não punível ou, no máximo, ser reconduzida à figura da cumplicidade.

Em suma, o facto criminoso, singular ou comparticipado, obedece a um único modelo estrutural. A acrescida complexidade da comparticipação traduz-se na distribuição das componentes do crime pelos vários agentes e no estabelecimento das relações de interdependência entre os atos e a conformação da vontade dos agentes. É este, do nosso ponto de vista, o quadro de referência teórico-penal para o tratamento de crimes realizados com intervenção de vários agentes enquadrados em organizações. Não podemos, porém, ficar por aqui. Há ainda que compreender de forma mais adequada em que consiste e como opera esse enquadramento organizacional do comportamento dos agentes implicados no crime[49].

III. Organização e comportamento organizacional[50]

Recordou Teresa Beleza que «a linguagem do direito penal deve ser entendida, pelo menos à primeira vista, no sentido social comum das

---

[49] Tendo presente que a organização é uma das componentes mais trabalhadas do sistema jurídico como um todo e que fora do direito não param de se avolumar novas perspetivas teóricas ou aplicadas sobre as organizações em domínios como a gestão, a economia, a psicologia, etc.

[50] Agradeço à Senhora Professora Doutora Maria Teresa Pereira Esteves as generosas indicações para a presente seção do trabalho, sem que tal a comprometa com o que aqui vai exposto.

palavras, com a excepção das palavras usadas em sentido técnico»[51], ora quando falamos de criminalidade comparticipada no contexto de organizações lícitas estamos a apontar para conceitos há muito trabalhados fora do direito penal nas ciências da gestão[52]. Cabe, pois, não descurarmos o *sentido comum* de conceitos que se formaram em contextos não especificamente jurídicos.

A teoria da organização empresarial aponta quatro elementos fundamentais à *política* de empresa: estratégia, estruturas, processos de decisão e identidade[53]. Interessam-nos em particular o segundo e o terceiro.

A estrutura consiste num «conjunto de funções e relações que determinam formalmente as missões que cada unidade que compõe a organização deve realizar e os modos de colaboração entre essas unidades»[54], pelo que «pode ser definida simplesmente como o total da soma dos meios utilizados para dividir o trabalho em tarefas distintas e em seguida assegurar a necessária coordenação entre as mesmas»[55], daí ser caraterístico da estrutura a especialização, a coordenação e a formalização[56]. Ela comporta cinco componentes: centro operacional, linha hierárquica, vértice estratégico, tecnoestrutura e pessoal de apoio[57]. A interação entre as componentes da organização é dinâmica e opera por fluxos: fluxo de trabalho operacional, fluxo de controlo das informações e das decisões, fluxo das informações funcionais[58].

A coordenação determina o modo de colaboração entre as unidades da organização: como se interligam e o grau de centralização/descentralização dos processos de decisão[59]. Interessam-nos em particular os mecanismos de coordenação fundamentais que são «ajustamento

---

[51] TERESA BELEZA, *Direito Penal*, 2º Vol., Lisboa: AAFDL, 1985, p. 99.
[52] Trabalhados, quer numa perspetiva académica, quer para formular técnicas e práticas a integrar no saber-fazer das organizações, mormente por via da formação dos seus quadros, em particular dos gestores.
[53] JEAN-PIERRE ANASTASSOPOULOS (et. al.), *Pour une nouvelle politique d'entreprise*, Paris: PUF, 1985, p. 209.
[54] *Idem, ibidem*, p. 71.
[55] HENRY MINTZBERG, *Estrutura e dinâmica das organizações*, Lisboa: Dom Quixote, 1995, p. 20.
[56] JEAN-PIERRE ANASTASSOPOULOS (et. al.), *Pour une nouvelle...* (cit. nt. 52), p. 72.
[57] HENRY MINTZBERG, *Estrutura e dinâmica...* (cit. nt. 54), p. 37 ss.
[58] HENRY MINTZBERG, *ibidem*, p. 56 ss.
[59] JEAN-PIERRE ANASTASSOPOULOS (et. al.), *Pour une nouvelle...* (cit. nt. 52), p. 72.

mútuo, supervisão directa, estandardização dos processos de trabalho, estandardização dos resultados e estandardização das qualificações dos trabalhadores»[60]. A coordenação é assegurada pelas relações verticais superior-subordinado e, também, por mecanismos de integração lateral[61].

A hierarquia confere legitimidade formal e substantiva à intervenção dos diversos graus da linha hierárquica, assegurando que a intervenção na base resulta da regularidade da ligação entre os diferentes elos que medeiam entre a mesma e o topo. Os atos de interligação entre os vários níveis concretizam-se em delegação e comando, sendo certo que «o poder de emitir ordens dos superiores tem o seu correlato no consequente dever de obedecer de quem organizacionalmente se encontra nos níveis inferiores»[62].

A obediência não assenta na relação pessoal e direta do subordinado com as chefias, antes radica na legitimidade conferida a estas relações pela posição formal que subordinado e chefias ocupam na estrutura. O comportamento dos agentes é imputado, em primeiro lugar, à organização e é legítimo na medida em que eles integram a estrutura organizacional e lhes é conferida responsabilidade para o agir concreto. Em consequência, o ato praticado na base é imputável em simultâneo aos níveis que lhe são superiores pois que, para que aquele ato seja legítimo, tem de ser suportado por comandos ou delegação originados nos níveis superiores, numa interligação que só termina no topo da hierarquia. Estabelece-se, por esta via, um vínculo direto entre topo e cada elo sucessivo da cadeia de comando. Desta forma a base age sempre no quadro duma determinação do topo ou, pelo menos, a este imputável.

As decisões são então primeiramente decisões da organização e podem ser «(1) rotineiras, recorrentes e certas [categoria I], e (2) não rotineiras, não recorrentes e incertas [categoria II]»[63]. Em organizações complexas as decisões de categoria I devem ser deixadas para os níveis

---

[60] HENRY MINTZBERG, *Estrutura e dinâmica...* (cit. nt. 54), p. 21. Refira-se que é ao nível dos três últimos mecanismos que se pode, de alguma forma, recuperar o conceito de fungibilidade mas em termos de fungibilidade das *prestações* dos agentes da organização.
[61] JEAN-PIERRE ANASTASSOPOULOS (et. al.), *Pour une nouvelle...* (cit. nt. 52), p. 74.
[62] MARIA DEL CARMEN GÓMEZ RIVERO, «Aun un espácio...» (cit. nt. 12), p. 24.
[63] E. FRANK HARRISON, *The managerial decision-making process*, 4ª ed., Boston: Houghton Mifflin, 1995, p. 19.

de gestão intermédios, operacionais, enquanto a gestão de topo se deve concentrar nas decisões de tipo II[64]. O processo de decisão dimensiona-se de acordo com as funções ou componentes do processo[65], o processo total e o dinamismo do processo total[66]. O processo decorre com sucesso se se realizam os objetivos definidos no seu início[67]. A decisão, em particular a decisão da categoria II, pode ser configurada como o «processo de ação pelo qual uma empresa passa de uma posição estratégica concreta a uma outra. (...) Desta forma, toda a empresa tem uma estratégia, seja esta boa ou má, coerente ou não, consciente ou não... Este ponto de vista obriga-nos a alargar a noção de decisão para lá da ação de escolha voluntária»[68]. Por consequência, «o processo mental pelo qual o dirigente solitário da teoria clássica realiza escolhas é substituído por um processo organizacional»[69].

Entre ator único voluntarista e processo administrativo organicista[70] coloca-se o entendimento da decisão como determinado, pelo menos em parte, pelas relações contextuais e de poder, daí que «as práticas decisionais de tipo político são enfim caraterísticas de situações onde o poder está repartido por vários pólos com diversas fontes de poder e que podem chegar entre si a acordos mais ou menos circunstanciais»[71]. Tal pode levar a situações em que para os agentes subordinados «é fácil e muitas vezes confortável sentir-se sem poder – dizer "não sei o que fazer,

---

[64] *Idem, ibidem*, p. 21.
[65] Que são: definição de objetivos; procura, comparação e avaliação de alternativas; escolha do curso de ação e implementação da decisão; acompanhamento e controlo (E. FRANK HARRISON, *The managerial...* (cit. nt. 62), p. 37-38). O processo total ocorre fundamentalmente em decisões da categoria II. Nas decisões da categoria I pode-se prescindir de algumas das funções (E. FRANK HARRISON, *The managerial...* (cit. nt. 62), p. 41) ou substitui-las por procedimentos automáticos ou regulamentados.
[66] E. FRANK HARRISON, *ibidem*, p. 37. Merecem destaque os capítulos 7 e 8 desta obra dedicados ao comportamento dos grupos e à forma como este determina ou influencia o comportamento dos seus membros, em particular no que respeita ao impacto dos enviesamentos dos processos de decisão, pela sua particular importância em contexto organizacional na conformação de conhecimento e vontade dos envolvidos.
[67] *Idem, ibidem*, p. 39.
[68] JEAN-PIERRE ANASTASSOPOULOS (et. al.), *Pour une nouvelle...* (cit. nt. 52), p. 119.
[69] E. FRANK HARRISON, *The managerial...* (cit. nt. 62), p. 124.
[70] E. FRANK HARRISON, *ibidem*, p. 135.
[71] E. FRANK HARRISON, *ibidem*, p. 138.

não tenho poder para conseguir que se faça e, além disso, realmente não tenho estômago para a luta que pode envolver". É fácil, e agora muito vulgar, dizer, quando se é confrontado com algum erro da nossa organização, "na realidade, não é da minha responsabilidade, de qualquer maneira, não posso fazer nada e se a companhia quiser fazer isso, bem é para isso que os executivos seniores ganham muito dinheiro – é à responsabilidade deles"»[72]. Da mesma forma, é fácil e confortável para o gestor de topo pairar no zénite estratégico acima da dura e suja realidade operacional, só que esta não deixa de ser da sua responsabilidade, por muito desligado que dela esteja pelo acumular de níveis intermédios de gestão.

O comportamento organizacional surge-nos como um todo que incorpora contributos diversos, ordenados seja sequencialmente, seja em paralelo. No apuramento de responsabilidades pela situação concreta cabe, assim, responsabilizar todos os níveis hierárquicos, cada um na medida da sua intervenção. Em particular, o contributo das chefias conexiona-se com o contributo dos subordinados por três modos:

A. Antecedente por via do comando, da preparação material ou normativa e dos mecanismos de promoção e motivação;
B. Simultâneo mediante mecanismos de coordenação e acompanhamento;
C. Subsequente através dos mecanismos de controlo e de avaliação de desempenho.

O desempenho dos quadros da organização não consiste num conjunto de atos discretos, antes corresponde a uma disponibilidade para intervir sempre e quando for requerido dentro do respetivo âmbito de competência. No caso da competência para dirigir e coordenar os trabalhos dos subordinados, ela não se esgota no comando concreto, é contínua e paralela ao desempenho dos últimos. Por isso, o desempenho do líder integra o comportamento organizacional em todo o seu desenrolar. O processo acionado por atos de comando e coordenação desenrola-se

---

[72] JEFFREY PFEFFER, *Gerir com poder*, Venda Nova: Bertrand, 1994, p. 387. Noutros termos, «o dever de obediência presta-se como poucos institutos jurídicos a servir de cobertura com que silenciar os crimes cometidos à sua sombra» (MARIA DEL CARMEN GÓMEZ RIVERO, «Aun un espácio...» (cit. nt. 12), p. 25).

até à sua conclusão, mesmo que não volte a ter lugar uma intervenção ativa da liderança, no pressuposto partilhado por todos de que a qualquer momento esta poderá intervir e de que só não intervém por desnecessidade decorrente do funcionamento eficiente da organização, convicção que se sedimenta na história da mesma. Decisões da categoria II exigem maior intervenção das chefias enquanto nas decisões da categoria I a normalização do desempenho liberta-as de um acompanhamento continuado. Num caso e noutro, o controlo das operações constitui uma função de chefia permanente e não uma sucessão de atos discretos. A liderança (desdobrada na capacidade de comando, coordenação e controlo) constitui, desta maneira, uma componente integrante do comportamento organizacional em todos os seus momentos.

IV. Comportamento organizacional e comparticipação criminosa

Como se estabelece a ponte entre facto criminoso comparticipado e comportamento organizacional? A resposta óbvia é a de que o crime cometido em contexto organizacional com o envolvimento de vários agentes constitui por natureza um facto criminoso comparticipado. A questão a que há que responder é a de saber em que termos exatos é que se deve configurar este facto.

1. Comportamento organizacional e questão de facto

A delimitação e descrição dos factos para efeitos penais constitui também, de forma intencional ou não, uma descrição do comportamento organizacional, logo deve ser completa e coerente, quer para a leitura jurídica, quer para a leitura dos saberes da organização (tendo presente que estes modelam em grande medida o funcionamento da organização moderna). Esta dupla leitura interdisciplinar é indispensável para uma adequada compreensão do ocorrido e para uma adequada qualificação jurídica[73].

---

[73] Neste domínio, como noutros, os intervenientes no processo judicial podem recorrer ao parecer de peritos sobre comportamento organizacional que contribuam para o adequado entendimento e comprovação dos factos.

2. Comportamento organizacional e esfera da comparticipação

Quem, dentro da organização, não está envolvido no concreto comportamento organizacional também não comparticipa no facto punível pois «este fenómeno da existência de áreas definidas de organização e de responsabilidade faz com que, ainda que alguém saiba ou possa saber que está a favorecer uma conduta criminosa, não lhe possa ser imputado o facto típico desde que este nada tenha que ver com o seu sector de actividade dentro da empresa»[74].

3. Hierarquia e «instigação» em cadeia

Alguma doutrina considera que a relação hierárquica com um ou mais níveis intermédios estabelece uma relação indireta entre o topo da hierarquia que emite o comando e o subordinado que pratica atos de execução pelo que, a tratar-se tal situação como um caso de instigação, os primeiros não responderiam pelos atos dos segundos[75]. Como referimos antes, a relação operacional entre os diversos graus da hierarquia pode ser direta ou mediada por graus intermédios, porém a sua relação institucional é direta: a cadeia hierárquica é um todo em que os elos estão entre si em relação como partes desse todo. Por isso mesmo, processos de racionalização organizacional podem eliminar níveis intermédios ou, pelo contrário, adicionar novos níveis hierárquicos sem criar ruturas no funcionamento da empresa. Quando a atuação da base visa cumprir com o comando ou diretiva do topo transmitida pelos níveis intermédios, a *determinação* da base é direta pois a base tem presente que o comando provém do topo ou é imputável a este e age com base nesse pressuposto. Logo, a qualificar-se esta situação como uma situação de instigação, não se tratará de instigação em cadeia[76].

---

[74] BERNARDO FEIJOO SANCHEZ, *Autoria e participação...* (cit. nt. 15), p. 22.
[75] ANA PÉREZ CEPEDA, «Criminalidad de empresa...» (cit. nt. 24), p. 120.
[76] Embora façam parte do pano de fundo do presente estudo, não nos detemos na análise da doutrina da instigação em cadeia, nomeadamente estudos como os de HELENA MARISA MORÃO (*Da instigação em cadeia: contributo para a dogmática das formas de comparticipação na instigação*. Tese de mestrado em Ciências Jurídico-Criminais Faculdade de Direito da Universidade de Lisboa, Lisboa: [s.n.], 2004) e JOÃO RAPOSO («A punibilidade nas situações de 'insti-

4. Comando, coordenação, controlo e comissão

Como referimos em momento oportuno, a liderança (desdobrada na capacidade de comando, coordenação e controlo) constitui uma componente integrante do comportamento organizacional em todos os seus momentos. Sendo certo que, como diz Feijoo Sanchez, «a responsabilidade dos membros do governo da empresa tem mais a ver com a administração e o consequente controlo dos riscos inerentes ao trabalho colectivo e à repartição de funções. As suas competências dizem respeito, em muitos casos, a estes aspectos genéricos e carecem de influência sobre decisões concretas»[77], isso não quer dizer que o exercício dessas competências não se integre no todo que constitui o comportamento organizacional pois «cada nível da empresa possui competências diferentes que geram fundamentos distintos da responsabilidade penal»[78]. Por tudo isto o desempenho dos diversos graus hierárquicos acima daquele que pratica atos materiais de execução integra igualmente o facto criminoso enquanto componente da comissão. Pode ocorrer que o comando concreto e o esforço mobilizador e integrador de recursos constitua preparação do ponto de vista do facto punível[79], porém a intervenção do ou dos graus hierárquicos que não intervêm na execução material não se esgota com essa preparação. Ainda aqui acompanhamos Feijoo Sanchez: «um indivíduo não só toma decisões e responde pelos seus comportamentos, mas o seu domínio de decisão e, portanto, de responsabilidade, também se estende até abranger o comportamento de terceiros que estão numa posição subordinada. Nesse caso, a incorrecta organização dessa área de domínio ampliada supõe que um indivíduo responda não por um ilícito

---

gação em cadeia'», in: *O Direito*, ano 133-IV, 2001, p. 907-958), pois não se pronunciam sobre processos organizados. Recordemos também que a expressão *cadeia* constitui uma metáfora com uma grande diversidade de utilizações. Atendendo-nos apenas ao léxico da empresa e da organização, encontramos *cadeia hierárquica, cadeia de comando, cadeia de valor, cadeia de produção*, etc., nenhum deles linearmente equacionável com o conceito de instigação em cadeia.

[77] BERNARDO FEIJOO SANCHEZ, *Autoria e participação...* (cit. nt. 15), p. 11.
[78] BERNARDO FEIJOO SANCHEZ, *ibidem*, p. 27.
[79] Como defende ANA PÉREZ CEPEDA quando defende que a decisão que ordena ao subordinado a prática de um ato delitivo «não constitui uma execução mas um ato preparatório» («Criminalidad de empresa...» (cit. nt. 24), p. 113).

alheio, mas pela própria infracção dos seus deveres de garante»[80] pelo que «os níveis superiores da empresa só responderão se não tiverem cumprido aqueles deveres gerais de organização»[81]. A direção, supervisão e controlo constitui comissão, por ação ou por omissão, consoante os casos[82].

Cabe agora aplicar estas noções a um caso concreto que selecionaremos a partir de situações de criminalidade praticada em contexto organizacional.

V. Um caso de comparticipação criminosa em contexto organizacional

No sentido de verificarmos as implicações da proposta que vimos formulando sobre a comparticipação em contexto organizacional, convém analisarmos um caso concreto onde a questão se possa colocar. Propomos um estudo de caso dum *crime de infração de regras de construção, dano em instalações e perturbação de serviços* (Art. 277º CP), de que há numerosa jurisprudência[83]. Recordemos que se trata dum crime de perigo concreto em que a negligência é punível.

---

[80] Bernardo Feijoo Sanchez, *Autoria e participação...* (cit. nt. 15), p. 24.
[81] *Idem*, *ibidem*, p. 27. Contra esta posição se manifesta Ana Pérez Cepeda para quem «o facto de que exclusivamente exista um domínio positivo na fase preparatória, unido à falta do resto dos pressupostos necessários para a existência da coautoria, impossibilita que os membros do Conselho possam ser caraterizados como autores do delito. Isto explica precisamente que, neste caso, se continue a defender a existência de uma instigação». Sendo certo que «a decisão de cometer o delito está nas mãos do executor», tal não supõe, ao contrário do que defende esta autora, «um alheamento da conduta dos administradores ou empresários no que respeita à lesão do bem jurídico» porque, precisamente, uma das responsabilidades fundamentais dos administradores ou empresários é assegurar que a organização não lesa bens jurídicos. Aquele alheamento, a existir, é indício de incumprimento dos seus deveres que mais não seja, por omissão («Criminalidad de empresa...» (cit. nt. 24), p. 117-120).
[82] Pelo seu lado, Ana Pérez Cepeda considera que esta responsabilidade dos gestores de topo «aparece fundamentada num delito de ação por infração do dever de cuidado» (*ibidem*, p. 113).
[83] Para a preparação deste estudo trabalhamos mais desenvolvidamente nove acórdãos do STJ, TRL e TRP de entre as poucas dezenas de acórdãos incidentes sobre este tipo de ilícito criminal.

É possível identificar na jurisprudência algumas factualidades mais comuns, sendo particularmente frequentes os casos de acidentes de trabalho com morte ou danos pessoais graves (resultantes de desprendimento de terras em valas, queda, choque elétrico, explosivos, etc.). A autoria e comparticipação só são referidas expressamente num número muito limitado de acórdãos e sem fundamentação de tais qualificações[84]. Em boa parte dos acórdãos a acusação ou a condenação imputa o facto a título de negligência, caso em que, de acordo com a doutrina dominante, não cabe comparticipação[85]. Observa-se também que em vários casos se delineiam estruturas organizativas com níveis hierárquicos que não são considerados em sede de comparticipação. Vemos assim que a jurisprudência consultada não trata as situações de intervenção de agentes múltiplos em contexto organizacional como situações de comparticipação ou, quando o faz, não explicita a natureza dessa comparticipação, talvez porque em boa parte dos casos reconduz os factos a situações de negligência. Sem prejuízo do exposto, a jurisprudência é extremamente valiosa por nos fornecer uma base de situações fatuais concretas com base nas quais podemos testar soluções.

De entre os processos analisados, escolhemos para o estudo de caso o Acórdão do STJ, Processo nº 08P3702[86], que convoca os pontos que vimos procurando explorar no presente estudo ao mesmo tempo que, pela sua simplicidade, não exige uma análise excessivamente complexa. Os factos:

A G Lda. adquiriu um terreno para construção dum edifício, sendo AA sócio gerente, representante e responsável técnico pela obra. Contratado um empreiteiro (S Lda., representada por HH), este procedeu à

---

[84] Por exemplo, o *Acórdão do STJ*, Processo nº 06P1398, de 25-06-2008, tem referências à coautoria na citação da pronúncia e na citação da condenação pelo tribunal da relação, e à autoria paralela na citação da pronúncia (disponível em: <www.dgsi.pt>, consultado em: 23 Out. 2013).

[85] O que é expressamente defendido no *Acórdão do TRL*, Processo nº 7/04.9TAPVC.L1-3, de 03-02-2010, disponível em: <www.dgsi.pt>, consultado em: 23 Out. 2013. Há recurso para o STJ que manteve em parte a decisão no que respeita à matéria crime, Processo nº 7/04.9TAPVC.L1.S1 de 2010-07-07, Relator OLIVEIRA MENDES, disponível em: <www.dgsi.pt>, consultado em: 23 Out. 2013.

[86] *Acórdão do STJ*, Processo nº 08P3702, de 13-07-2009, disponível em: <www.dgsi.pt>, consultado em: 23 Out. 2013.

escavação das fundações tendo deixado uma faixa de terreno por escavar (banqueta) para prevenir a derrocada doutro prédio confinante com o terreno. II, trabalhador da S Lda., executou a escavação sob supervisão do HH. HH, AA e II sabem que a banqueta é essencial para escorar o edifício confinante e requerida nos termos das normas técnicas a que obedecem as obras desta natureza[87], daí que o livro de obra inclua e preveja a retirada da banqueta só quando da instalação das sapatas e pilares do novo edifício.

Concluída a escavação, a S Lda. saiu da obra. AA, representando a G Lda., contratou com aquela empresa, representada pelo HH, o aluguer de uma escavadora e de um camião, e o serviço do manobrador da máquina, II, devendo este obedecer ao AA no cumprimento de ordens não especificadas.

Na obra AA decidiu retirar a banqueta sem que estivessem completos as sapatas e pilares. Deu a II ordens nesse sentido, o qual obedeceu (factos que o HH só veio a saber *a posteriori*). Retirada a banqueta, as fundações do edifício confinante ficaram sem suporte, a sua parede deslizou e o edifício ruiu, soterrando mortalmente LL e GG nos escombros.

Nos termos do acórdão, AA «sabia que, ao fazer retirar a banqueta e por força do desconfinamento lateral, passava a existir uma possibilidade elevada de o edifício contíguo ruir como consequência daquela ação, possibilidade que aceitou», «confiou, contudo em que... tal queda não chegaria a ocorrer nem, desse modo se causariam danos no edifício nem se atingiriam as pessoas que se encontrariam no edifício». Pelo seu lado, II «sabia que a retirada da banqueta... infringia as regras técnicas de construção... tendo ainda assim observado as instruções dadas pelo arguido AA». Ele «sabia ainda que, ao ser retirada a banqueta... passava a existir uma possibilidade elevada de o edifício contíguo ruir como consequência daquela acção, possibilidade aquela que pensou que seria excluída por o arguido AA melhor saber o que se deveria fazer e que, provavelmente, utilizaria outra forma de contenção». Aliás, «estava convencido que deveria obedecer às ordens que o arguido AA, como responsável pela obra, lhe dirigisse», além de que «era a primeira obra em que este arguido

---

[87] Escusamos, por não ser essencial para o estudo, referir as normas técnicas que as decisões jurisprudenciais consideraram ter sido violadas e que parcialmente transcrevem.

intervinha e em que existiam edifícios contíguos ao espaço escavado, cabendo-lhe realizar na obra as tarefas que o arguido AA lhe indicasse».

São estes os factos essenciais. O acórdão não refere expressamente mas resulta do mesmo que II não foi condenado. AA foi condenado nos termos dos Arts. 277º 1. *a)* e 285º CP, ou seja, pela violação dolosa de normas técnicas resultante em perigo (Art. 277º 1. *a)*) e morte não dolosa (Art. 285º). O acórdão não enuncia como as sucessivas instâncias configuraram os factos para os poderem qualificar nos termos em que o fizeram quanto ao contributo dos implicados (AA, II e HH). Sem prejuízo disso, cabe olharmos para a situação do ponto de vista do comportamento organizacional e do seu impacto na comparticipação penal.

Do ponto de vista da organização, temos uma situação que não levanta questões de maior onde uma empresa subcontrata equipamento e serviços a outra, com a especificidade de se criar uma relação com contornos de subordinação hierárquica (entre o AA e o II) fora da estrutura formal no quadro da qual se estabelece a efetiva relação hierárquica (entre o HH e o II). Para além da pureza dos modelos teóricos, a realidade da vida das organizações acomoda estas situações menos claras tendo em vista a eficácia e eficiência do desempenho de tarefas que, por natureza, podem ser enquadradas por múltiplos desenhos organizacionais alternativos, por isso entendemos que o II viu-se face ao AA numa posição que, não sendo formalmente de subordinação hierárquica, é assimilável a esta.

O contexto em que ocorrem os factos – o projeto de construção do edifício – aparenta obedecer aos padrões do saber-fazer na área. Em condições normais a remoção da banqueta seria uma decisão de categoria I (enquadra-se na instalação de fundações contíguas a edifícios pré-existentes, o que é rotina na construção civil) implementada por dois agentes em posições hierárquicas diversas e com especialização de funções. É certo que a instrução do AA vai contra o plano de ação projetado, mas também é certo que fora ele quem legitimamente aprovara esse plano e que um plano pode sempre ser alterado em fase de execução se as circunstâncias o justificarem, cabendo ao AA, no caso vertente, determinar se tal seria o caso. A obediência do II ao comando do AA assentou no princípio da confiança na competência acrescida do AA para ajuizar da adequação do ato e na convicção de dever cumprir com o comando de um superior. Essa ação decorreu sob a supervisão e controlo do desempenho do II pelo AA. Temos aqui assim um comportamento organizacional bem definido envolvendo três agentes em posições diversas e com formas de intervenção bem diferenciadas.

Do ponto de vista penal temos também uma situação clara nos seus contornos[88]:

A. Preparação. A preparação do facto consistiu nos seguintes comportamentos sucessivos:

- *(i)* Contratação entre HH e AA, em representação das respetivas empresas, do aluguer do equipamento e dos serviços do II à G Lda., ficando o II subordinado ao AA. Não são estabelecidos os atos a ser realizados pelo II sob instruções do AA, mas é de presumir que estivesse implícito que esses atos deveriam respeitar o disposto nas normas técnicas. O AA omitiu as suas reais intenções.
- *(ii)* Ordem do HH ao II para este agir de acordo com as instruções do AA.

B. Comissão. A comissão consistiu nos comportamentos interligados do AA e do II:

- *(iii)* Ordem do AA ao II para retirar a banqueta com violação das normas técnicas, invocando a faculdade que lhe fora conferida nos termos de *(i)*;
- *(iv)* Retirada da banqueta pelo II com violação das normas técnicas, em obediência a *(ii)* e a *(iii)*, tendo pressuposto *(i)*;
- *(v)* Supervisão e controlo de *(iv)* pelo AA com violação das normas técnicas.

C. Resultado. O facto redundou[89]:

- *(vi)* No perigo de dano ou ruína do edifício contíguo à obra, em virtude de *(iii)*, enquadrável nos termos do Art. 277º 1. *a)*;

---

[88] Na nossa exposição do facto começamos pelo ciclo *preparação -> comissão –> resultado*. Depois, elaboraremos sobre este ciclo a análise da representação e da intenção/conformação. Esta opção suscita questões metodológicas e teóricas que não cabe no escopo do presente estudo explorar.

[89] Mesmo que não se tivessem verificado estes resultados, o facto redundaria na criação de perigo para o edifício contíguo e para a vida e integridade física dos seus residentes.

(vii) No perigo de dano ou ruína do edifício contíguo à obra, em virtude de *(iv)* e *(v)*, enquadrável nos termos do Art. 277º 1. *a)* e *b)*[90];

(viii) No perigo para a vida ou integridade física do LL e do GG, em virtude de *(iii)*, enquadrável nos termos do Art. 277º 1. *a)*;

(ix) No perigo para a vida ou integridade física do LL e do GG, em virtude de *(iv)* e *(v)*, enquadrável nos termos do Art. 277º 1. *a)* e *b)*;

(x) Na morte de LL e GG em consequência direta de *(vi)* e indireta dos atos de comissão *(iv)* e *(v)*, enquadrável nos termos do Art. 285º[91].

D. *Representação*. Cada um dos agentes terá representado os eventos nos seguintes termos:

(xi) O HH representou-se *(i)* e *(ii)* mas não se representou as reais intenções do AA, os atos de comissão ou os resultados.

(xii) O AA representou-se os atos de preparação e os atos de comissão, seus e dos demais agentes; representou-se os resultados *(vi)* e *(vii)* (perigo de ruína do edifício), decorrentes dos seus atos *(iii)* e *(v)*; não se representou os resultados *(viii)*, *(ix)* e *(x)* (perigo para a vida e morte de LL e GG).

(xiii) O II representou-se os atos de preparação nos termos do HH. Representou-se os atos de comissão, seus e do AA. Em particular, representou-se o resultado *(vii)*, decorrente do seu ato *(iv)*; não se representou os resultados *(ix)* e *(x)*.

E. *Intenção/conformação*. Finalmente, cabe ver como se formou a intenção ou conformação dos vários agentes com os eventos.

(xiv) O HH interveio nos atos preparatórios com intenção, mas essa intenção incidiu sobre uma representação não coincidente com

---

[90] Os factos *(iv)* e *(v)* permitem a subsunção às duas alíneas desta disposição pois implicam uma infração de regras técnicas (alínea *a)*) e a *destruição de um meio* – a banqueta – *existente em local de trabalho e destinado a prevenir acidentes* (alínea *b)*).

[91] O acórdão não levanta a possibilidade de enquadramento dos factos nos termos de homicídio por negligência, Art. 137º. Deixemos a questão por esclarecer pois não acresce nada de significativo ao enfoque do nosso estudo.

o facto ocorrido, pelo que não se pode dizer que tenha atuado com intenção quanto a este nem que se tenha conformado com ele.

(xv) O AA agiu com intenção quanto ao perigo de ruína do edifício (*(vi)* e *(vii)*) decorrente dos seus atos (*(iii)* e *(v)*) e do II (*(iv)*); não teve intenção nem se conformou com o perigo de vida e morte de LL e GG (*(viii)*, *(ix)* e *(x)*).

(xvi) O II conformou-se com o perigo de ruína do edifício (*(vii)*) decorrente do seu ato (*(iv)*) e do ato do AA (*(v)*); não teve intenção nem se conformou com o perigo de vida e morte de LL e GG (*(ix)* e *(x)*).

Temos, assim, duas análises dos mesmos eventos, uma informada pela teoria da organização, a outra enquadrada pela teoria geral do crime. A convergência entre as duas afirma-se nos seguintes pontos:

A. Representações e atos dos vários agentes com interdependência em múltiplos níveis;
B. O exercício da supervisão e controlo do superior hierárquico (no caso, AA relativamente a II) combina comportamentos por ação e omissão que acompanham a execução material pelo subordinado (II) e que, dessa forma, integram a comissão;
C. Situações de representação parcial ou insuficiente do facto por parte dos agentes, decorrente da assunção do pressuposto de que os demais agentes terão a representação adequada das componentes do facto por que são responsáveis e de que a coerência das várias intervenções é efetivamente assegurada pela predeterminação da estrutura organizacional (HH relativamente a AA e II);
D. Emergência de situações de conformação à intenção de terceiros decorrentes da obediência aos padrões de funcionamento da hierarquia (II relativamente a HH e a AA)[92].

---

[92] Anotemos que as noções de intenção/conformação do direito penal se cruzam com as noções de motivação e liderança da teoria do comportamento organizacional (cfr. por todos, Fred Luthans, *Organizational Behavior*, 7ª ed. internacional, Nova Iorque: McGraw-Hill, Inc., 1995, p. 140 ss). Seria necessário uma investigação interdisciplinar mais fina para aprofundar a sua adequada compatibilização, o que não é possível fazermos no presente estudo.

Esta convergência é essencial para o enquadramento jurídico do facto no que respeita à sua imputação aos três eventuais comparticipantes. Resta, pois, saber em que termos decorre desta situação uma concreta imputação do facto aos agentes a título de comparticipação, imputação essa iluminada por um entendimento da respetiva intervenção no quadro do comportamento organizacional.

O comportamento dos vários agentes é analisável do ponto de vista do dolo e da comparticipação nos seguintes termos:

A. O HH não contribuiu para a execução, pelo que não se coloca relativamente a ele a questão da sua punibilidade como autor. A sua intervenção consistiu apenas na prática de atos preparatórios, indispensáveis para a prática do facto pelos outros agentes, atos que não são puníveis nos termos do Art. 21º mas que constituem *auxílio* à prática do facto, Art. 27º. Como não se representou o facto, não agiu *dolosamente*, logo não é *punível* (Art. 27º).

B. O AA tem uma intervenção complexa que se desdobra em várias situações com relevância penal diferenciada e que configuram situação de coautoria complexa:

1) Instrumentalizou *dolosamente* o HH para a prática de *(i)* e *(ii)* mas, como os atos preparatórios não são puníveis (Art. 21º), tal comportamento não tem incidência penal.

2) *(vi)* é-lhe imputável a título de dolo nos termos do Art. 14º 1. (há representação e intenção); como executou o facto *por si mesmo*, cai nos termos do Art. 26º primeira previsão (autoria singular).

3) *(vii)* é-lhe imputável a título de dolo nos termos do Art. 14º 1. (há representação e intenção); neste caso, a imputação decorre de ter determinado II à prática do facto (art. 26º quinta previsão), e tomado parte direta na execução juntamente com o II (art. 26º quarta previsão).

4) Relativamente a *(viii)* e *(ix)*, não há representação nem intenção, logo não lhe são imputáveis a título de dolo[93].

---

[93] Poderia colocar-se a questão de saber se houve negligência nos termos do Art. 277º 2. Mais uma vez, é questão que deixamos em suspenso por não alterar de forma radical os dados do problema.

5) A concretização do perigo em duas mortes determina a agravação pelo resultado p.p. no Art. 285º.

C. O II requer também uma análise próxima da que fizemos para o AA:

6) Interveio na preparação nos termos do HH.
7) Não interveio em *(vi)*.
8) *(vii)* é-lhe imputável a título de dolo nos termos do Art. 14º 3. (há representação e conformação), tomado parte direta na execução juntamente com o AA (Art. 26º quarta previsão).
9) Aplica-se-lhe o que fica dito relativamente ao AA em 4) e 5).

O que é distintivo relativamente ao II é que agiu sob o comando de AA a quem estava subordinado e com a convicção da maior preparação técnica deste, pelo que se pode, em sede de juízo de culpa, considerar que estamos perante um caso de *obediência indevida desculpante* nos termos do Art. 37º[94].

Em conclusão, neste caso observa-se que um adequado entendimento do facto criminoso exige a compreensão dos termos em que a intervenção dos vários agentes é moldada pela sua integração numa organização e pelos termos em que uma tal integração determina o seu comportamento. Em particular, destaca-se a responsabilidade direta de quem exerce funções de chefia (o AA), traduzida nos poderes de comando, supervisão e controlo. Quanto ao homem da frente, sobreleva-se a sua responsabilidade pelo facto ilícito, sem prejuízo de se atender à posição de subordinação em sede de juízo de culpa.

Conclusão

Ao longo do estudo partimos da constatação de que «a tradicional imputação individualizada... encontra sérias dificuldades ante lesões

---

[94] Note-se que o desenho dos eventos que apresentamos na nossa interpretação exclui a instrumentalização do II pelo AA. O II configurou autonomamente as eventuais consequências do seu ato em obediência à ordem do AA. Ele poderia até ter questionado este sobre os riscos da remoção da banqueta e sobre a sua legitimidade. Não o fez, eventualmente por temor reverencial hierárquico ou técnico, mas isso não faz dele um instrumento nas mãos do AA.

de bens jurídicos que têm a sua origem em determinadas organizações humanas ou configurações organizacionais próprias das empresas modernas que são caracterizadas por uma intensa divisão – horizontal e vertical – descentralização e diferenciação de funções e tarefas»[95]. A ultrapassagem destas dificuldades terá de se ater aos termos do direito positivo pois «não pode fazer-se depender a autoria de variantes e circunstâncias não definidas legalmente»[96]. Abordadas algumas propostas doutrinárias e revisitada a estrutura do facto punível, avançámos com uma enunciação básica do agir na perspetiva da organização por entendermos que não é possível responder de forma satisfatória ao desafio dogmático sem considerar como se molda o comportamento dos agentes da organização.

Testada a nossa proposta num caso simples de facto criminoso organizado, concluímos que o desenho do facto criminoso consagrado no nosso direito penal é suficientemente robusto para permitir o enquadramento da comparticipação em crime realizado em contexto organizacional. Mais do que ajustamentos à teoria do crime, o que é necessário é um entendimento adequado das especificidades do comportamento na organização, em particular no que respeita ao desempenho de funções de chefia. Estão aqui em causa a especial relação que se estabelece entre superior hierárquico e subordinados, e as implicações dos poderes de supervisão e controlo. Do ponto de vista penal, não saímos dos termos do facto criminoso comparticipado.

---

[95] BERNARDO FEIJOO SANCHEZ, *Autoria e participação...* (cit. nt. 15), p. 4-5.
[96] ANA PÉREZ CEPEDA, «Criminalidad de empresa...» (cit. nt. 24), p. 118-119. Caso os termos do direito positivo sejam para estes efeitos lacunosos, só restará a via de uma alteração do Código Penal, a exemplo do que já se fez noutras paragens, como referimos oportunamente.

O conceito extensivo de autor no direito de mera ordenação social: análise a partir da jurisprudência constitucional

Joana Amaral Rodrigues[1]

SUMÁRIO: Introdução. I. A autoria no direito de mera ordenação social na jurisprudência do Tribunal Constitucional. 1. Nota genérica. 2. O Acórdão nº 99/2009. 2.1. Enquadramento. 2.2. Teses do Acórdão nº 99/2009. 2.2.1. "Titular do dever de garante". 2.2.2. "Conceito extensivo de autor". 2.2.3. "Dolo eventual" e "juízos de inferência". 2.2.4. Conclusão/Decisão. 3. Os restantes Acórdãos. II. Enquadramento genérico do ilícito de mera ordenação social. III. A autonomia do direito de mera ordenação social. IV. A comparticipação no Regime Geral das Contraordenações. 4. A evolução do artigo 16º do RGCO: sistematização. 5. A interpretação do artigo 16º do RGCO. 5.1. Elemento literal. 5.2. Elemento histórico. 5.3. Elemento sistemático. 5.3.1. O artigo 28º do Código Penal. 5.3.2. O nº 3 do artigo 16º do RGCO. 6. Síntese e referências adicionais. V. Densificando o possível conceito extensivo de autor. VI. Reflexão crítica. 7. Em geral. 8. Em especial: a jurisprudência do TC.

Introdução

Propõe-se analisar, desde a perspetiva dogmática e jurisprudencial, a problemática da autoria no âmbito do direito de mera ordenação social[2]. A atenção será dedicada à jurisprudência do Tribunal Constitucional

---

[1] Mestre em Ciências Jurídico-Criminais pela Faculdade de Direito da Universidade de Coimbra e doutoranda na Faculdade de Direito da Universidade Nova de Lisboa.
[2] O presente texto foi redigido em 2011 no âmbito da disciplina de Direito Penal, integrada no 3º Ciclo de Estudos da FDUNL. Para efeitos da presente publicação, procedeu-se, em

(TC), considerando a relevância que esta matéria assumiu, e os desenvolvimentos que experienciou, em vários Acórdãos proferidos no domínio desta jurisdição[3].

Metodologicamente sistematiza-se a jurisprudência do TC, passando-se depois à análise teórica da construção de autoria preconizada, possibilitando-se assim uma reflexão crítica a final.

I. A autoria no direito de mera ordenação social na jurisprudência do Tribunal Constitucional

1. Nota genérica

Os Acórdãos do TC relevantes nesta sede, porque se pronunciam sobre o conceito de autoria no direito de mera ordenação social, são os Acórdãos nº 99/2009, nº 405/2009, nº 643/2009, nº 87/2010, nº 198/2010 e nº 316/2010[4]. Todos abordam a matéria da imputação a pessoas singulares de infrações praticadas no âmbito de pessoas coletivas (partidos políticos)[5].

Na medida em que o Acórdão nº 99/2009 foi aquele que ditou a jurisprudência constitucional sobre a questão de que nos ocupamos –

---

novembro de 20?? à sua adaptação e atualização, designadamente ao nível das referências bibliográficas (*cfr.*, em especial, IV. 5. e V.).

[3] Compete ao TC, no âmbito da lei de financiamento dos partidos políticos e das campanhas eleitorais, pronunciar-se sobre a regularidade e a legalidade das contas dos partidos políticos, assim como o apuramento da responsabilidade contraordenacional que lhes esteja associada.

[4] *Acórdão do TC nº 99/2009*, de 3 de março (Processo nº 11/CPP – Plenário – Relator: Conselheiro CARLOS ALBERTO FERNANDES CADILHA); *Acórdão do TC nº 405/2009*, de 30 de julho (Processo nº 1/CCE – Plenário –Relator: Conselheira ANA MARIA GUERRA MARTINS); *Acórdão do TC nº 643/2009*, de 15 de dezembro (Processo nº 12/CPP – Plenário – Relator: Conselheira ANA MARIA GUERRA MARTINS); *Acórdão do TC nº 87/2010*, de 3 de março (Processo nº 2/CCE – Plenário – Relator: Conselheira MARIA JOÃO DA SILVA BAILA MADEIRA ANTUNES); *Acórdão do TC nº 198/2010*, de 18 de maio (Processo nº 13/CPP – Plenário – Relator: Conselheira MARIA JOÃO DA SILVA BAILA MADEIRA ANTUNES); *Acórdão do TC nº 316/2010*, de 14 de julho (Processo nº 4/CCE – Plenário – Relator: Conselheira MARIA JOÃO DA SILVA BAILA MADEIRA ANTUNES).

[5] De referir que em todos os casos foi também apurada a responsabilidade contraordenacional da pessoa coletiva.

podendo afirmar-se que os restantes sufragam a sua tese, aplicando-a às particularidades factuais do respetivo caso *sub iudice* –, ser-lhe-á dado especial destaque.

Antecipando, pode afirmar-se que o TC acolheu o conceito extensivo de autor no domínio contraordenacional, na esteira das opiniões doutrinárias de Figueiredo Dias[6] e, especialmente, de Costa Pinto[7].

2. O Acórdão nº 99/2009

2.1. Enquadramento

O Acórdão do TC nº 455/2006[8] havia aplicado a partidos políticos coimas por infrações cometidas no ano de 2003, em matéria de financiamento e organização contabilística, tendo determinado a continuação dos autos com vista ao Ministério Público (MP) para efeitos de apurar a responsabilidade pessoal dos dirigentes.

O MP, contestando a "sistemática e inaceitável '*diluição*' das possíveis e plausíveis responsabilidades dos dirigentes partidários nas infracções que motivaram a condenação dos partidos", considerou que, apesar de os elementos coligidos não permitirem responsabilizar dirigentes partidários a título de dolo quanto às infrações ao dever genérico de os partidos possuírem contabilidade organizada e quanto às infrações a certos deveres específicos, tal não aconteceria com outras infrações; as quais, "por estarem inquestionavelmente ligadas a aspectos estruturais e essenciais da organização financeira e contabilística dos partidos, não poderiam, ao menos numa análise liminar e indiciária, ter escapado ao controlo dos

---

[6] JORGE DE FIGUEIREDO DIAS, «O movimento da descriminalização e o ilícito de mera ordenação social», in: AAVV, *Direito Penal Económico e Europeu: Textos Doutrinários*, Vol. I, Coimbra: Coimbra Editora, 1998, p. 19-33 (texto de 1983); JORGE DE FIGUEIREDO DIAS, «Para uma dogmática do direito penal secundário», in: AAVV, *Direito Penal Económico e Europeu: Textos Doutrinários*, Vol. I, Coimbra: Coimbra Editora, 1998, p. 35-74 (texto de 1981); ainda JORGE DE FIGUEIREDO DIAS, *Temas Básicos da Doutrina Penal*, Coimbra: Coimbra Editora, 2001, p. 150.

[7] FREDERICO DE LACERDA DA COSTA PINTO, «O ilícito de mera ordenação social e a erosão do princípio da subsidiariedade da intervenção penal», in: AAVV, *Direito Penal Económico e Europeu: Textos Doutrinários*, Vol. I, Coimbra, Coimbra Editora, 1998, p. 209-274 (texto de 1997).

[8] *Acórdão do TC nº 455/2006*, de 18 de julho (Processo nº 11/CPP – Plenário – Relator: Conselheiro GIL MANUEL GONÇALVES GOMES GALVÃO).

titulares dos órgãos a quem estava cometido, segundo os estatutos e regulamentos financeiros em vigor, o '*domínio*' da gestão financeira dos partidos".

Estava em causa, segundo o MP, o apuramento da responsabilidade relativa à falta de apresentação de contas (verificada quanto ao PDA) e à ausência de contas abrangendo todo o universo partidário (verificada quanto ao PS, ao PPD/PSD e ao CDS-PP), tudo com referência à disciplina legal dos artigos 10º, nº 4, 13º, nº 1, e 14º, da Lei nº 56/98, de 18 de agosto, alterada pela Lei nº 23/2000, de 23 de agosto[9].

O MP promoveu a aplicação de coimas a vários dirigentes que identificou, justificando a determinação das pessoas a sancionar segundo o critério da responsabilidade pela omissão de um dever que diretamente recaía sobre tais pessoas.

2.2. Teses do Acórdão nº 99/2009

No Acórdão nº 99/2009 são perfilhadas várias teses, que concorrem no sentido da responsabilização de pessoas singulares por factos praticados no âmbito de atuação de entes coletivos. São apresentadas em dois momentos: enquanto "pressupostos da responsabilidade", sendo afirmadas em termos teóricos e genéricos; e na concretização da responsabili-

---

[9] A Lei nº 56/98, de 18 de agosto, lei de financiamento dos partidos políticos e das campanhas eleitorais, sofreu diversas alterações (tendo sido entretanto revogada pela Lei nº 19/2003, de 20 de junho). Remete-se para o texto do Acórdão para efeitos de melhor compreensão do quadro legal aplicável, tendo em conta o momento da prática da infração e os efeitos (ou não) *in casu* das várias alterações legislativas.

Dispunha o nº 4 do artigo 10º da Lei nº 56/98, na versão em vigor à data dos factos: "4 – As contas nacionais dos partidos deverão incluir, em anexo, as contas das suas estruturas descentralizadas ou autónomas, de forma a permitir o apuramento da totalidade das suas receitas e despesas, podendo, em alternativa, apresentar contas consolidadas".

Por sua vez, o nº 1 do artigo 13º dispunha: "1 – Até ao fim do mês de Maio, os partidos enviam ao Tribunal Constitucional, para apreciação, as suas contas relativas ao ano anterior".

Já no artigo 14º (norma sancionatória) podia ler-se: "1- Sem prejuízo da responsabilidade civil ou penal (...) quem violar as regras contidas no presente capítulo fica sujeito às sanções previstas nos números seguintes. 2 – Os partidos políticos que não cumprirem as obrigações impostas no presente capítulo são punidos com coima (...). 3 – Os dirigentes dos partidos políticos que pessoalmente participem na infracção prevista no número anterior são punidos com coima (...)".

dade de cada pessoa singular, ocasião em que são desenvolvidas e aplicadas às circunstâncias do caso concreto. Esquematizam-se, seguidamente, em termos assumidamente sucintos.

2.2.1. "Titular do dever de garante"

Segundo o TC, tendo em conta a disciplina do artigo 14º da Lei nº 56/98, há desde logo que encontrar as pessoas que exercem funções de direção no partido, individualmente ou enquanto membros de um órgão colegial, o que deve fazer-se, por se tratar de matéria atinente à organização interna dos partidos, por via dos respetivos estatutos.

Num segundo passo, considera o TC ser necessário encontrar as pessoas com concretas "responsabilidades no âmbito da elaboração, fiscalização e aprovação das contas dos partidos, aos quais em especial cabe garantir o cumprimento das obrigações impostas aos partidos em matéria de financiamento e organização contabilística", devendo também aqui recorrer-se aos estatutos de cada partido.

Afirma o TC, a certo ponto, que o essencial é encontrar a pessoa (ou pessoas) que tenha a qualidade de "titular do dever de garante", identificado como aquele "a quem, de acordo com as linhas da hierarquia da pessoa colectiva formalizada nos respectivos estatutos, esteja atribuída a competência para a prática de actos, a dinamização dos procedimentos ou a implementação dos mecanismos idóneos a (...) assegurar a verificação do resultado juridicamente conforme ou a dificultar a possibilidade da sua não ocorrência"[10].

2.2.2. "Conceito extensivo de autor"

A segunda tese expressa no Acórdão do TC nº 99/2009 é a que concretamente interessa à economia do presente texto.

---

[10] Admite o TC, todavia, que embora existindo uma convergência mais do que tendencial entre a titularidade formal dos poderes e competências estatutariamente atribuídos e a titularidade do dever de garante, o exercício de liberdade de autorregulação ou de autogestão interna de que dispõem as pessoas coletivas, se efetivado no âmbito de enquadramento dos estatutos, pode introduzir algumas variações – *cfr.* nota 15.

Segundo o TC, há que ter em conta as "especificidades do critério de delimitação do conceito de autoria no direito contra-ordenacional", na medida em que vigora aqui o conceito extensivo de autor evidenciado na fórmula normativa do artigo 16º, nº 1, do Regime Geral das Contraordenações (RGCO), "conceito de acordo com o qual é considerada suficiente para a imputação do facto a um agente a simples identificação de um nexo causal entre a conduta deste e o facto previsto no tipo de ilícito contra-ordenacional".

Nos termos do Acórdão, e concretizando, "qualquer contributo causal para o facto da parte de uma pluralidade de agentes faz com que cada um deles incorra em responsabilidade por contra-ordenação", uma vez que "o que se exige para imputar a contra-ordenação a um agente é (...) que esse agente tenha um contributo *causal* ou *co-causal* para o facto, que pode inclusivamente consistir numa *acção* ou numa *omissão*"[11].

Desenvolvendo, expressa o TC que "em casos como este [factos que envolvem a estrutura orgânica e funcional de uma pessoa colectiva[12]], a regra de imputação objectiva colocada pelo conceito extensivo de autor conduzirá à responsabilização dos superiores hierárquicos titulares do dever de garante sempre que estes, *por acção ou omissão*, hajam *promovido ou facilitado* a execução do facto ilícito dentro da pessoa colectiva".

Mais se retira do Acórdão do TC que sempre que o resultado proibido houver sido atingido com a contribuição de *terceiros*, a responsabilidade contraordenacional do titular do dever de garante não se encontrará imediatamente excluída, sendo ao invés de reconhecer sempre que o mesmo, por ação ou omissão, tiver *contribuído* para a verificação de tal resultado[13].

---

[11] Citação de Costa Pinto, «O ilícito de mera ordenação social...» (cit. nt. 7), p. 222.

[12] Revelando "envolvimento de uma pluralidade de intervenientes, de circuitos de informação e de ordens, com algumas zonas de autonomia decisória e outras de responsabilidade funcional", como referido por Costa Pinto, *ibidem*, p. 225.

[13] Resposta do TC à contestação do Secretário do PPD/PSD, que invocava que a violação teria resultado diretamente da incapacidade de as estruturas não nacionais do partido corresponderem às necessidades relativas aos procedimentos tendentes a evitar deficiências; e, por outro lado, do facto de a estrutura regional autónoma da Madeira ser uma organização perfeitamente autonomizada. Ou seja, nos termos alegados, o dever de apresentação de uma conta nacional pressupõe um conjunto de contribuições positivas procedentes de vários agentes, implicando a consideração de elementos oriundos de estruturas descentralizadas do partido.

Argumenta-se ainda que, mesmo não existindo uma posição de monopólio, a posição de garante conduz a que caiba a quem dela seja titular "implementar fórmulas procedimentais e dinamizar mecanismos de responsabilização interna em ordem a tornar mais difíceis as condições em que, através das respectivas prestações internas, outros intervenientes poderiam condicionar negativamente o cumprimento da obrigação que onerava o partido".

A tónica é posta, no caso concreto, na contribuição omissiva, causal ou co-causalmente promotora do resultado consistente na violação do dever imposto pelas normas em causa. Afirma-se em suma, inequivocamente, um autónomo conceito extensivo de autor no direito de mera ordenação social, sendo a fundamentação feita por remissão para as referidas obras de Figueiredo Dias e, essencialmente, em termos muito próximos, de Costa Pinto[14].

2.2.3. "Dolo eventual" e "juízos de inferência"

O TC assentou ainda a sua decisão na tese do dolo eventual, sustentando que "em se tratando do quinto ano consecutivo de incumprimento do dever" "sem que tivesse sido introduzido, no plano das providências desenvolvidas em ordem ao acautelamento do resultado legalmente imposto, qualquer inovação superlativamente referenciável relativamente às práticas anteriores, tal omissão teria sido necessariamente acompanhada" "da representação de vir a ocorrer novo incumprimento e da conformação com tal possibilidade".

Na lógica do Acórdão, não se trata de "presumir o dolo ou de fazê-lo automaticamente decorrer da afirmação de um dever de controlo", mas sim de "considerar demonstrados os factos em que o dolo assenta através de elementos de prova indiciária ou circunstancial, obtida através de juízos de inferência".

---

[14] *Cfr.* notas 6 e 7.

2.2.4. Conclusão/Decisão

A partir das teses identificadas, o TC decidiu condenar: a) pela participação na infração prevista no nº 4 do artigo 10º da Lei nº 56/98, o Secretário-Geral Adjunto para a área financeira do PPD/PSD[15], os membros da Comissão Nacional de Fiscalização Económica e Financeira do PS, o membro da Comissão Diretiva responsável pelo setor financeiro do CDS-PP; b) pela participação na infração prevista no nº 1 do artigo 13º da Lei nº 56/98, o Presidente da Comissão Política Nacional do PDA.

3. Os restantes Acórdãos

Sendo inconciliável com o objetivo do presente texto reproduzir o caso *sub iudice* e a tese particular de todos os outros Acórdãos do TC que analisaram o conceito de autoria neste âmbito, sublinha-se que, apesar de cada um ter as suas especificidades e o seu esforço ínsito de fundamentação, em todos se afirmou sem hesitação a tese do conceito extensivo de autor como base do sistema comparticipativo no direito de mera ordenação social.

Com efeito, o conceito extensivo é invocado, em todos os Acórdãos, enquanto pressuposto geral de responsabilidade, com recurso a citação do Acórdão nº 99/2009 (quer diretamente, quer por intermédio de Acórdão anterior que já o citava). Na maioria dos casos, o conceito é recuperado novamente aquando do tratamento e concretização da responsabilidade de cada pessoa singular (especialmente em resposta às alegações dos arguidos). Note-se que, também na maioria dos casos (com exceção

---

[15] O caso do PPD/PSD apresenta a seguinte particularidade: de acordo com o entendimento sufragado, o TC determinou a condenação do Secretário-Geral Adjunto para a área financeira do PPD/PSD, pela circunstância de sobre si, bem como sobre o Secretário-Geral, impender o dever de garantir o cumprimento do ónus estabelecido por aquele diploma legal, designadamente o de apresentar uma conta consolidada. No entanto, apesar de tal dever impender sobre ambos, considerando a circunstância de o Secretário-Geral ter delegado no Secretário-Geral Adjunto para a área financeira toda a gestão administrativa, contabilística e financeira do partido no ano de 2003, aceitou-se que materialmente tal dever passou a caber, de facto, apenas ao último arguido, que respondeu em exclusivo pela "respectiva erosão". Sobre esta questão, *cfr.* nota 10.

do Acórdão nº 643/2009), a discussão é feita ao abrigo de legislação diversa, ainda que os problemas teóricos se afigurem idênticos.

Tendo-se sistematizado os eixos fundamentais da tese do TC plasmada no Acórdão nº 99/2009, e secundada pelos Acórdãos subsequentes, interessa analisar mais profundamente os pressupostos do reconhecimento de um autónomo conceito extensivo de autor, enquanto base do sistema de comparticipação vigente no direito de mera ordenação social. A abordagem que se segue tem natureza porventura mais teórica, recorrendo aos contributos doutrinais em que assenta a teoria (e que foram diretamente incorporados na jurisprudência constitucional, sendo difícil dissociar, neste caso, a doutrina da jurisprudência constitucional), por forma a possibilitar uma análise crítica e mais fundada desta construção.

II. Enquadramento genérico do ilícito de mera ordenação social

O ilícito de mera ordenação social foi pela primeira vez consagrado no Decreto-Lei nº 232/79, de 24 de julho[16] (ainda na vigência do Código Penal de 1886), em cujo preâmbulo se expressou que a "necessidade de dotar o nosso país de um adequado 'direito de mera ordenação social' vem sendo, de há muito e de muitos lados, assinalada", evidenciando-se ser "cada vez mais instante a necessidade de dispor de um ordenamento sancionatório alternativo e diferente do direito criminal"[17].

Fortemente inspirado pela lição de direito comparado, com particular atenção para o modelo alemão, este novo sistema teve como objetivo principal libertar o direito penal de certas infrações consideradas desajustadas no quadro de uma sociedade democrática, bem como de um número considerado "inflacionário" e "incontrolável" de infrações destinadas a assegurar a eficácia dos comandos normativos da Administração, cuja desobediência não revestiria a ressonância moral própria do direito

---

[16] Diploma que teve direta intervenção de EDUARDO CORREIA, Ministro da Justiça à data.
[17] Dando conta do desenvolvimento do direito de mera ordenação social, EDUARDO CORREIA, «Direito penal e direito de mera ordenação social», in: AAVV, *Direito Penal Económico e Europeu: Textos Doutrinários*, Vol. I, Coimbra: Coimbra Editora, 1998, p. 3-18 (texto original de 1973). Uma importante análise também em FIGUEIREDO DIAS, «O movimento da descriminalização...» (cit. nt. 6).

penal. Dessa forma, permitir-se-ia reservar a intervenção do direito penal para a tutela de valores ético-sociais fundamentais, dando-se cumprimento à exigência de que o direito penal só intervenha como *ultima ratio* na proteção de bens jurídicos fundamentais.

Conforme o legislador expressou no preâmbulo do diploma legal referido, a emergência do direito de mera ordenação social é considerada como consequência da concorrência de duas ordens de razão.

Por um lado, a superação definitiva do Estado liberal, com os Estados contemporâneos a serem chamados a tarefas de planificação e conformação da vida económica e social, exigindo uma larga intervenção da Administração, que, nesse esforço, necessitava de uma estrutura de ordenação a que correspondessem ilícitos específicos e sanções próprias.

Por outro lado, o movimento de descriminalização, como resposta a um fenómeno de hipertrofia do direito criminal, o qual, não correspondendo a uma atitude puramente negativa ou abstencionista por parte do Estado, significava a purificação do direito penal de formas de ilícito cuja sede natural era a do direito de mera ordenação social. Aquela hipertrofia do direito penal esteve associada designadamente, como sublinha Eduardo Correia[18], à circunstância de as contravenções terem sido enxertadas no âmbito do direito criminal com vista a salvaguardar as garantias dos particulares, ou seja, "remetidas para um ilícito, dominado pelo princípio da *nulla poena sine judicio, sine culpa et sine lege*, que é justamente o criminal, alargando-o e hipertrofiando-o"[19].

Com a criação do ilícito de mera ordenação social tratava-se, pois, de instituir um sistema qualitativamente diferente do direito penal. O direito relativo à violação da ordenação social foi assim construído, pelo menos inicialmente, com base na seguinte ideia: a de um "*aliud* que, qualitativamente, se diferencia daquele [direito penal], na medida em que o respectivo ilícito e as reacções que lhe cabem não são directamente fundamentáveis num plano ético-jurídico, não estando, portanto, sujeitas aos princípios e corolários do direito criminal"[20].

---

[18] Eduardo Correia, *ibidem*, p. 4.
[19] Sobre a distinção entre contravenções e crimes, Teresa Pizarro Beleza, *Direito Penal*, 1º volume, 2ª ed revista e atualizada, reimpressão, Lisboa: AAFDL, 1998, p. 106 e ss.
[20] Eduardo Correia, «Direito penal e direito de mera ordenação social» (cit. nt. 17), p. 9.

O objetivo principal do Decreto-Lei nº 232/79, plasmado no respetivo preâmbulo, foi o de "pôr de pé um regime geral relativo às contra-ordenações, tanto no plano substantivo como processual", partindo das lições de direito comparado e da cuidada reflexão levada a cabo pela doutrina nacional e estrangeira.

O Decreto-Lei nº 232/79 viria a ser revogado pelo Decreto-Lei nº 433/82, de 27 de outubro, atualmente em vigor após várias alterações legislativas. A principal foi conduzida pelo Decreto-Lei nº 244/95, de 14 de setembro, que introduziu profundas alterações naquele regime geral, que viriam a comprometer a desejada autonomia deste ramo do direito sancionatório.

III. A autonomia do direito de mera ordenação social

O direito de mera ordenação social foi construído a partir de uma base concetual centrada na respetiva autonomia, perfilhando-se a criação de um sistema qualitativamente diferente do direito penal.

A pretendida autonomia dogmática, sancionatória e processual[21] deste direito viria contudo a ser posta em causa. Comprometeu-se, pois, a desejada *"bipolarização clara entre o ilícito de mera ordenação social e o ilícito criminal"*[22], com uma cada vez maior aproximação do direito contraordenacional aos princípios e normas do direito penal, movimento que se concretizou legislativamente em 1995 com as alterações introduzidas ao regime geral pelo Decreto-Lei nº 244/95.

Partindo-se da premissa da importância "dificilmente imaginável" do ilícito de mera ordenação social, e constatando-se um alargamento significativo das áreas de atividade objeto do mesmo, aliado à fixação de coimas de montantes muito elevados e à cominação de sanções acessórias especialmente severas, concluiu-se que "não pode o direito de mera

---

[21] A expressão é de FIGUEIREDO DIAS, «O movimento da descriminalização...» (cit. nt. 6), p. 28. Mais desenvolvidamente, FIGUEIREDO DIAS, *Temas Básicos da Doutrina Penal* (cit. nt. 6), p. 144 e ss.
[22] Assim COSTA PINTO, «O ilícito de mera ordenação social...» (cit. nt. 7), p. 214.

ordenação social continuar a ser olhado como um direito de bagatelas penais" (assim se dispôs no preâmbulo do diploma de 1995)[23].

A reforma de 1995 cifrou-se, pois, essencialmente, no reforço das garantias dos arguidos perante o crescente poder sancionatório da Administração, sustentando Figueiredo Dias[24] que esta reforma se aproximou "lamentavelmente de uma 'contra-revolução contra-ordenacional', a pretender encapotadamente regressar aos tempos passados do modelo (penal e processual penal) das contravenções".

De referir, neste contexto, a novidade que havia sido trazida pela Revisão Constitucional de 1989, que veio aditar ao preceito constitucional referente às garantias do processo criminal um número autónomo, no qual se dispôs que "nos processos por contra-ordenação são assegurados ao arguido os direitos de audiência e de defesa".

O aumento das garantias expressou-se, por exemplo, na importação de alguns institutos próprios do direito penal para o âmbito do direito de mera ordenação social, como demonstra a aplicação do princípio da proibição da *reformatio in pejus*. Pense-se ainda no maior polimento dado ao direito de audição do arguido, no reforço da assistência por advogado, ou no aumento dos prazos para a impugnação judicial da decisão da autoridade administrativa.

De referir, finalmente, que ao direito de mera ordenação social se aplicam, como direito subsidiário, as normas do Código Penal (CP) no que respeita ao regime substantivo, e as normas do Código de Processo Penal (CPP) no que se refere ao regime processual, o que reforça a viabilização do recurso aos conceitos e princípios próprios do direito e processo penal, tornando particularmente difícil determinar os limites de tal remissão. O Acórdão do TC n.º 99/2009 retrata, a certo ponto, essa dificuldade de forma particularmente elucidativa.

Não pretendendo promover uma análise exaustiva da tendência garantística do direito de mera ordenação social, parece-nos relevante assinalar que se verifica de facto a sua tendencial descaracterização, com perda para a respetiva autonomia. Não obstante esta circunstância, a doutrina

---

[23] Desenvolvendo as duas razões justificativas desta "descaracterização do Direito de Mera Ordenação Social", COSTA PINTO, «O ilícito de mera ordenação social...» (cit. nt. 7), p. 215-216.
[24] FIGUEIREDO DIAS, *Temas Básicos da Doutrina Penal* (cit. nt. 6), p. 143.

tem identificado alguns domínios onde se logra encontrar a persistência da marca dessa autonomia. Caberá analisar se o regime da comparticipação é um desses domínios, questão a que, como foi assinalado, o TC respondeu afirmativamente.

IV. A comparticipação no Regime Geral das Contraordenações

4. A evolução do artigo 16º do RGCO: sistematização

O Decreto-Lei nº 232/79 previa, no seu artigo 15º, a disciplina da comparticipação nos seguintes termos:

"1. Se vários agentes comparticipam no facto, qualquer deles incorre em responsabilidade por contra-ordenação mesmo que a ilicitude ou o grau de ilicitude do facto dependam de certas qualidades ou relações especiais do agente e estas só existam num dos comparticipantes.
2. Cada comparticipante é sancionado segundo a sua culpa, independentemente da sanção ou do grau de culpa dos outros comparticipantes.
3. A cumplicidade e o encobrimento só serão sancionados quando a lei expressamente o determinar".

O Decreto-Lei nº 433/82 decalcou nos nºs 1 e 2 do seu artigo 16º as disposições previstas nos nºs 1 e 2 do artigo 15º do Decreto-Lei nº 232/79, com ligeiras alterações de pormenor no nº 2. Alterou, no entanto, o nº 3, que passou a dispor que "se a lei determinar que um facto em princípio qualificado como contra-ordenação deve ser considerado como crime devido a certas qualidades ou relações especiais do agente, só se aplicará a lei penal ao comparticipante ou comparticipantes que detenham essas qualidades ou relações especiais".

O nº 3 do artigo 16º viria a ser alterado novamente pelo Decreto-Lei nº 244/95, que passou a dispor que "é aplicável ao cúmplice a coima fixada para o autor, especialmente atenuada". Os nºs 1 e 2 mantiveram-se inalterados, destacando-se a imutabilidade do nº 1 (e do nº 2, salvo uma alteração de pormenor) desde 1979.

Cabendo determinar o critério que deve presidir à delimitação da autoria nas situações em que haja o envolvimento de várias pessoas, há que iniciar a tarefa de interpretação do preceito.

5. A interpretação do artigo 16º do RGCO

5.1. Elemento literal

Recorrendo aos critérios de interpretação legal, iniciemos pela letra da lei, que constitui o genericamente reconhecido ponto de partida da interpretação.

Como refere Baptista Machado[25], ao elemento literal "cabe-lhe desde logo uma função negativa: a de eliminar aqueles sentidos que não tenham qualquer apoio, ou pelo menos uma qualquer 'correspondência' ou ressonância nas palavras da lei". "Mas cabe-lhe igualmente uma função positiva (...) se o texto comporta apenas um sentido é esse o sentido da norma". Todavia, quando, como em regra, as fórmulas normativas "comportam mais do que um significado, então a função positiva do texto traduz-se em dar mais forte apoio a ou sugerir mais fortemente um dos sentidos possíveis".

Podemos começar por admitir a possibilidade de dividir o nº 1 do artigo 16º em duas partes ou duas asserções distintas: a) "se vários agentes comparticipam no facto, qualquer deles incorre em responsabilidade por contra-ordenação" – uma; b) "mesmo que a ilicitude ou o grau de ilicitude do facto dependam de certas qualidades ou relações especiais do agente e estas só existam num dos comparticipantes" – outra.

De acordo com a letra da lei, parece-nos possível interpretar a primeira parte do nº 1 do artigo 16º como uma afirmação autónoma em relação à plasmada na segunda parte; teremos, assim, a consagração de que *"se vários agentes comparticipam no facto qualquer deles incorre em responsabilidade por contraordenação".*

Seguindo esta leitura possível da norma, podemos concluir que o nº 1 do artigo 16º não faz qualquer distinção entre as várias figuras da com-

---

[25] João Baptista Machado, *Introdução ao Direito e ao Discurso Legitimador*, Coimbra: Almedina, 1999, p. 182 e ss.

participação, parecendo aceitar a responsabilidade contraordenacional com base numa ideia *extensiva* de comparticipação no facto ilícito – *i. e.*, contribuindo várias pessoas para a realização do facto contraordenacional, o que interessa, na perspetiva da responsabilização de cada uma, é existir uma contribuição, independentemente do sentido ou alcance da mesma[26]. Em síntese, qualquer que seja a modalidade de comparticipação – o que poderá afigurar-se uma análise irrelevante –, qualquer agente que *contribua* para o facto ilícito é punido de igual forma, ou seja, como autor.

Em nossa opinião, tal entendimento, que no fundo corresponde ao plasmado na decisão do TC que se analisa, não é posto em causa pela letra do artigo 16º; pelo menos pela letra do nº 1, que agora nos interessa (veremos mais adiante as consequências a retirar da leitura sistemática deste número com o nº 3). Na verdade, este sentido da norma tem um "qualquer apoio", "correspondência" ou "ressonância" nas palavras da lei.

No entanto, há que reconhecer que à interpretação defendida pode ser assacada uma fragilidade, suscitada pela leitura da segunda parte do preceito e pelas conclusões que dela se poderão extrair para a compreensão da norma. De acordo (por enquanto) com o estrito elemento literal, será legítimo invocar-se, nesta tarefa interpretativa, que o objetivo da primeira parte do preceito é tão-somente o de anteceder a segunda, enquadrando-a. Seguindo-se tal leitura da norma, teríamos que a primeira parte visaria iniciar o preceito, servindo de ponte para a segunda parte, que comportaria aquilo que o legislador pretenderia especificamente regular com o mesmo. Ou seja, a regra da comunicação da ilicitude, através da previsão de que *"qualquer agente incorre em responsabilidade mesmo que a ilicitude ou o grau de ilicitude do facto dependam de certas qualidades ou relações especiais do agente e estas só existam num dos comparticipantes"*.

Tal leitura parece-nos possível, na medida em que também ela tem um "qualquer apoio", "correspondência" ou "ressonância" na letra da lei. Note-se, aliás, que a primeira e a segunda parte do preceito não estão separadas com vírgula ou outra pontuação, o que poderia entender-se reforçar a ligação gramatical ou o nexo de correlação entre ambas.

---

[26] Caberá densificar esse conceito extensivo, na medida em que não é possível afirmar decisivamente que basta qualquer contributo; será necessário um critério adicional. *Cfr.* o ponto VI.

Tendo em conta os dois sentidos *literais* possíveis do preceito, restará averiguar dos outros elementos interpretativos, por forma a retirar da norma o seu concreto e adequado sentido ou alcance. Com efeito, a letra da lei, ainda que seja elemento irremovível de toda a interpretação, não será suficiente, sobretudo quando os seus sentidos possíveis nos dão um quadro de certa forma vasto[27] ou pelo menos, como parece ocorrer no presente caso, ambíguo.

5.2. Elemento histórico

Atentemos, então, no elemento histórico da norma, o qual compreende os "materiais relacionados com a história do preceito" (como "a história evolutiva do instituto, da figura ou do regime jurídico em causa"), "as chamadas 'fontes da lei', ou seja, os textos legais ou doutrinais que inspiraram o legislador na elaboração da lei" – que tanto podem ser os nacionais como os estrangeiros que serviram de inspiração ao legislador português – e os "trabalhos preparatórios"[28].

Não restam dúvidas de que o regime do ilícito de mera ordenação social português foi fortemente inspirado pelo direito alemão. Tal circunstância, além de ser unanimemente reconhecida pela doutrina nacional, ficou expressamente assumida no preâmbulo do Decreto-Lei nº 232/79.

Segundo Costa Pinto[29], a redação do preceito teve como fonte o "§ 14 da *OWiG* alemã que estabelece dois regimes distintos no seu nº 1: na primeira proposição acolhe um *conceito unitário de autor* (corroborado pela ausência de regulamentação específica para a cumplicidade que é, por isso, plenamente equiparada à autoria) e na segunda proposição estabelece um regime de *comunicação de ilicitude entre participantes*"[30]. Segundo o Autor, a lei portuguesa acolheu este regime, mas, diferentemente do preceito alemão, não separou claramente através de pontuação a primeira

---

[27] JOSÉ DE OLIVEIRA ASCENSÃO, *O Direito. Introdução e Teoria Geral*, 11.ª ed. (revista), Coimbra: Almedina, 2001, p. 382.
[28] BAPTISTA MACHADO, *Introdução ao Direito...* (cit. nt. 25), p. 184 e 185.
[29] COSTA PINTO, «O ilícito de mera ordenação social...» (cit. nt. 7), p. 220.
[30] Dispõe o preceito, na sua versão original: *"Beteiligen sich mehrere an einer Ordnungswidrigkeit, so handelt jeder von ihnen ordnungswidrig. Dies gilt auch dann, wenn besondere persönliche Merkmale (§ 9 Abs. 1), welche die Möglichkeit der Ahndung begründen, nur bei einem Beteiligten vorliegen"*.

da segunda proposição. Não obstante, Costa Pinto entende que as duas proposições devem ser lidas autonomamente, na medida em que só dessa forma o preceito está em sintonia com a intencionalidade normativa das suas fontes.

Por outro lado, do ponto de vista dos argumentos retirados da interpretação histórica, poderá assinalar-se que o autor do projeto legislativo de 1979, Eduardo Correia, nele deixou a sua marca dogmática. Ora, Eduardo Correia era defensor de um conceito extensivo de autor, mesmo no âmbito do direito penal, o que está aliás evidenciado no seu Projeto de 1963.

5.3. Elemento sistemático

O elemento sistemático "compreende a consideração das outras disposições que formam o complexo normativo do instituto em que se integra a norma interpretanda, isto é, que regulam a mesma matéria (*contexto de lei*), assim como a consideração de disposições legais que regulam problemas normativos paralelos ou institutos afins (*lugares paralelos*)"[31].

Vejamos que conclusões se podem retirar de uma análise sistemática do artigo 16º, nº 1, procurando interpretá-lo, não apenas de acordo com o seu nº 3, mas igualmente confrontando-o com o artigo 28º do CP.

5.3.1. O artigo 28º do Código Penal

Seguindo novamente Costa Pinto[32], podemos referir que quando se confronta a norma do RGCO e o artigo 28º do CP (regime da comunicação da ilicitude) se constata que os dois preceitos são idênticos na parte propriamente respeitante ao regime da comunicação da ilicitude entre comparticipantes[33].

---

[31] BAPTISTA MACHADO, *Introdução ao Direito* (cit. nt. 25), p. 183.
[32] COSTA PINTO, «O ilícito de mera ordenação social...» (cit. nt. 7), p. 220 e 221.
[33] Lê-se no nº 1 do artigo 28º do CP: "Se a ilicitude ou o grau de ilicitude do facto dependerem de certas qualidades ou relações especiais do agente, basta, para tornar aplicável a todos os comparticipantes a pena respectiva, que essas qualidades ou relações se verifiquem em qualquer deles, excepto se outra for a intenção da norma incriminadora".

Contudo, como também argumenta o Autor, a parte respeitante ao invocado conceito extensivo de autor, no artigo do RGCO, não tem correspondência alguma com a norma do CP, o que reforça a ideia de que o RGCO quis introduzir algo *diferente* ou *novo* no regime da comparticipação, aproveitando um único preceito para prever duas distintas matérias: a introdução de um conceito extensivo de autor, por um lado, e a clarificação sobre a vigência do regime da comunicação da ilicitude, por outro.

Poderá ainda perguntar-se: se o artigo do RGCO pretendesse meramente prever o regime da comunicação da ilicitude, nos exatos termos em que o faz o CP, sem a introdução de qualquer novidade, porque o consagraria expressamente, ao invés de deixar tal matéria, que não necessitaria de regulação específica, para a extensa área de aplicação subsidiária daquele Código? Apesar de este argumento não se afigurar decisivo – até porque casos existem em que o RGCO se limita a reproduzir normas do CP, não parecendo existir um critério rigoroso no sistema de remissões –, a verdade é que, quando associado a outros, contribui para reforçar a interpretação defendida.

> Há que clarificar, todavia, que aquando da primeira redação do artigo 16º do RGCO (à data, artigo 15º), o artigo 28º do CP, tal como sistematizado, não se encontrava em vigor, uma vez que subsistia o Código de 1886. No entanto, o artigo 28º já se encontrava esboçado no *Projecto de Eduardo Correia*, com idêntica redação àquela que veio a ser incorporada no Código de 1982.
>
> Ora, Eduardo Correia, autor material do projecto da lei contra ordenacional de 1979, terá certamente colhido inspiração no *Projecto de Eduardo Correia*. Não surpreende, pois, que tenha sido incorporado o regime da comunicação da ilicitude na lei contra ordenacional (que viria, como vimos, a ser incorporado também no CP de 1982), mas com a diferença de se ter optado por consagrar na primeira parte, na linha do argumentado por Costa Pinto, um conceito extensivo de autor que não se encontrava consagrado na fórmula do artigo 28º esboçado no Projecto, assim como não se encontra hoje consagrado na fórmula do artigo 28º do CP[34].

---

[34] Especificamente sobre o regime da comunicação da ilicitude, Teresa Pizarro Beleza, «Ilicitamente comparticipando – o âmbito de aplicação do art. 28º», *in:* Teresa Pizarro

5.3.2. O nº 3 do artigo 16º do RGCO

Afirmámos, aquando da análise do elemento literal, que da leitura do nº 1 do artigo 16º pode admitir-se que o mesmo, na sua primeira e autónoma parte, aceita a responsabilidade contraordenacional com base numa ideia *extensiva* de comparticipação no facto ilícito. Sustentámos que tal entendimento tem cobertura na letra do nº 1 do artigo 16º, ressalvando a existência do nº 3 do preceito (com a redação que lhe foi dada pela revisão de 1995).

Tal ressalva deve-se ao facto de aquele preceito ter vindo introduzir um factor de uma certa perplexidade, ao dispor que "é aplicável ao cúmplice a coima fixada para o autor, especialmente atenuada".

Com efeito, existe uma certa dissonância entre o nº 1 e o nº 3 do artigo 16º, podendo considerar-se que a redação deste último, na revisão de 1995, tirou algum fôlego à interpretação segundo a qual o nº 1 do artigo 16º (na redação de 1982) consagraria, à semelhança do preceito alemão, um conceito *unitário* ou *extensivo* de autor. Isto porque o nº 3 afastou um verdadeiro conceito *unitário*, ao autonomizar a figura da cumplicidade como algo *diverso*. Passou, pois, a importar diferenciar expressamente a figura da autoria da figura da cumplicidade, de modo a poder dar-se aplicação à obrigatoriedade de atenuação da pena para o segundo caso.

Costa Pinto[35], reconhecendo a dificuldade, considera que a referência base do sistema comparticipativo continua a ser a primeira proposição do nº 1 do artigo 16º, inalterada pela revisão de 1995, que acolhe o conceito extensivo de autor. Também nos parece que assim é, desde logo porque se o legislador tivesse pretendido introduzir uma alteração significativa nesta construção, tê-lo-ia feito através de uma alteração clara ao nº 1, nessa revisão ou nas várias outras oportunidades que lhe seguiram.

Segundo o Autor, o legislador, com a alteração em causa, terá feito cair um puro conceito *unitário* de autor, mas não o conceito *extensivo*, o qual, no seu entendimento, significa que a cada um dos agentes será imputável o ilícito contraordenacional e não apenas a parcela correspondente ao

---

Beleza, *Direito Penal – 2º volume. Textos de Actualização*, Lisboa: AAFDL, reimpressão, 2003 (texto original de 1988).

[35] Costa Pinto, «O ilícito de mera ordenação social...» (cit. nt. 7), p. 221.

seu contributo ou envolvimento no facto (como acontece no conceito restritivo de autor).

Com efeito, tem-se entendido que o conceito unitário de autor pressupõe um conceito extensivo de autor, mas que o inverso não é necessariamente verdadeiro. Eduardo Correia, aliás, sustenta que ver na causalidade a essência da comparticipação, assim aderindo a um conceito extensivo de autor, não significa que seja impossível encontrar diferenças entre os vários comportamentos que têm valor causal para a realização de certo crime. Refira-se que parece ser essa, precisamente, a *ratio* do nº 3 do artigo 16º do RGCO: a de clarificar a necessidade de sopesar (apenas) os casos de cumplicidade para efeitos de atenuação especial da pena, sem outro "significado dogmático ou prático-normativo para quaisquer outros efeitos"[36]. Note-se, aliás, que no preceito originário de 1979 – artigo 15º do Decreto-Lei nº 232/79 – já se previa uma referência autónoma à cumplicidade (que veio a desaparecer em 1982 e a ressurgir, com diferente teor, em 1995, nos termos referidos).

Subsistirá, todavia, o problema de determinar onde buscar o critério delimitador da cumplicidade para os efeitos previstos no nº 3 do artigo 16º, questão a recuperar em VI.

6. Síntese e referências adicionais

Não obstante a persistência de uma ou outra dúvida, parece-nos acertada a tese que sustenta, à luz da letra, do elemento histórico e do elemento sistemático da lei, e ainda da própria configuração geral do direito de mera ordenação social desde a sua génese, que foi intenção do legislador contraordenacional *desviar-se* das normas do CP em matéria de comparticipação, com a consagração de um *autónomo* regime.

Dessa forma, o legislador terá preferido adotar uma definição extensiva de autor, apta a integrar no núcleo da figura da autoria qualquer contributo (causal, como se verá) no facto ilícito, sem necessidade de maior densificação ou abstração das concretas figuras em causa.

---

[36] A expressão é de FIGUEIREDO DIAS, *Direito Penal. Parte Geral*, tomo I, 2ª ed., reimpressão, Coimbra: Coimbra Editora, 2011, p. 760.

Perante o exposto, concordamos que o artigo 16º do RGCO assume como irrelevante a determinação concreta da figura da comparticipação em causa, considerando que qualquer contributo no facto ilícito corresponderá, sem necessidade de maior abstração, à autoria na contraordenação. Contudo, a partir de 1995, ter-se-á sentido a necessidade – possivelmente por se considerar que aquela construção poderia levar a resultados algo injustos quando estivessem em causa situações de mero auxílio – de autonomizar a figura da cumplicidade; e apenas desta por outra não ter sido contemplada na alteração legislativa. Ou seja, a tal sistema assente no conceito extensivo de autor haverá de reconhecer-se uma especificidade: a necessidade de valorar o contributo no facto ilícito que se identifique ainda como de mera cumplicidade, para efeitos de atenuação especial da pena.

Assim sendo, parece-nos acertado o reconhecimento da autonomia do direito de mera ordenação social em matéria de comparticipação, tal como defendida por uma parte relevante da doutrina nacional, independentemente do entendimento que se possa ter sobre a relevância prática de tal diversidade ou desvio (a analisar *infra*, quanto à matéria dos Acórdãos do TC) ou sobre a bondade de tal solução legislativa.

Aproveitamos o presente ponto, de síntese, para brevemente dar conta da posição de alguns Autores que se têm pronunciado sobre esta matéria.

Refira-se desde logo Costa Pinto[37], cuja posição foi extensamente examinada no presente texto e está assumida pelo TC. Destacamos, neste ponto, a seguinte afirmação do Autor – que se afigura relevante como argumento contrário à defesa, no direito de mera ordenação social em vigor, de um conceito restritivo alicerçado na teoria do domínio do facto típico: "o conceito extensivo de autor decorrente do art. 16º, nº 1, do regime geral *não pode ser contrariado pelas modalidades típicas da comparticipação criminosa*, nem tão pouco pode ser *desvirtuado ou inutilizado pela invocação de uma base teórica* (como seja, por exemplo, a *teoria do domínio do facto*) que, podendo explicar eficazmente as modalidades de envolvimento de

---

[37] Costa Pinto, «O ilícito de mera ordenação social...» (cit. nt. 7). Na citação que se segue, p. 235.

várias pessoas *num crime*, não decorre expressamente da lei, nem se pode sobrepor àquela já vigente no sistema legal das contra-ordenações".

Figueiredo Dias[38], também citado pelo TC, defendia já em 1983 a consagração de um conceito extensivo de autor no RGCO, sustentando que "a especialidade mais notável reside na introdução de uma concepção lata e unitária de *autoria* pelo artigo 16º-1 – seguindo, também nesta parte, a solução da lei alemã-federal, apesar da generalizada contestação doutrinária de que tal solução tem sido alvo".

Segundo o Autor, nesse texto de 1983, ainda se poderia pôr em dúvida, em face do Decreto-Lei nº 232/79, a intenção legislativa de aceitar um tal conceito extensivo de autor, na medida em que o nº 3 do artigo 15º pressupunha um conceito restritivo e entrava em conflito com o nº 1: porém, referia o Autor, aquele nº 3 não encontrava paralelo no Decreto-Lei nº 433/82, pelo que estaria sanada tal dúvida. Já assinalámos que a redação do artigo 16º, nº 3, do Decreto-Lei nº 433/82, viria a sofrer uma alteração com a reforma de 1995, o que poderia ter conduzido a uma alteração da posição do Ilustre Professor. No entanto, mesmo depois da entrada em vigor do novo nº 3 do artigo 16º, Figueiredo Dias, num texto mais recente[39], continua a defender o conceito *extensivo*, na medida em que refere a autoria como exemplo que revela a autonomia do ilícito de mera ordenação social.

Sustentando igualmente que o nº 1 do artigo 16º contempla um conceito extensivo de autor, e já após a reforma de 1995, estão Almeida Costa[40], Oliveira Mendes e Santos Cabral[41] e Pinto de Albuquerque[42].

---

[38] FIGUEIREDO DIAS, «O movimento da descriminalização...» (cit. nt. 6), p. 30.
[39] FIGUEIREDO DIAS, *Temas Básicos da Doutrina Penal* (cit. nt. 6), p. 150.
[40] ANTÓNIO MANUEL DE ALMEIDA COSTA, «A propósito do novo Código do Trabalho: bem jurídico e pluralidade de infracções no âmbito das contra-ordenações relativas ao 'trabalho suplementar' – subsídio para uma dogmática do direito de mera-ordenação-social-laboral», in: AAVV, *Direito Penal Económico e Europeu: Textos Doutrinários*, Vol. III, Coimbra: Coimbra Editora, 2009, p. 698, nota 8.
[41] ANTÓNIO DE OLIVEIRA MENDES; JOSÉ DOS SANTOS CABRAL, *Notas ao Regime Geral das Contra-Ordenações e Coimas*, 3ª ed., Coimbra: Almedina, 2009, p. 55 a 57.
[42] PAULO DE PINTO DE ALBUQUERQUE, *Comentário do Regime Geral das Contra-Ordenações à luz da Constituição da República Portuguesa e da Convenção Europeia dos Direitos do Homem*, Lisboa: Universidade Católica Editora, 2011, p. 72 a 74.

Almeida Costa é de entendimento que "na versão em vigor, o assinalado art. 16º evidencia, pelo menos no plano das formulações utilizadas, uma aproximação ao chamado 'conceito extensivo de autor', tal como se encontra enunciado em EDUARDO CORREIA (...) – i. e., começa por qualificar de 'autor' aquele que der um contributo causal para o facto (nº 1, 1ª parte), mas depois autonomiza (no nº 3) a categoria da cumplicidade".

Para Oliveira Mendes e Santos Cabral, "a referência base do sistema comparticipativo no Direito de mera ordenação social continua a ser a primeira proposição constante do número 1 (deste artigo) [artigo 16º], a qual contém um amplo conceito de autoria (conceito extensivo de autor), segundo o qual a cada um dos comparticipantes imputa-se o ilícito contra-ordenacional e não apenas a parcela correspondente ao seu contributo ou envolvimento no facto (como acontece no conceito restritivo de autor)", isto é, "qualquer contributo para o facto da parte de uma pluralidade de agentes faz com que cada um deles incorra em responsabilidade por contra-ordenação (teoria da causalidade)".

Para Pinto de Albuquerque, "o RGCO consagra um conceito extensivo de autor, diferentemente do que sucede no direito penal", pelo que "basta para a imputação da contra-ordenação a verificação de um contributo causal ou co-causal da conduta do agente para o facto", o que constitui "a mais notória especialidade do direito contra-ordenacional, que afasta a teoria do domínio do facto".

Em sentido divergente parecem estar Simas Santos e Lopes de Sousa[43], na medida em que anotam o artigo 16º do RGCO de acordo com as categorias próprias da comparticipação em direito penal, não reconhecendo autonomia ao direito contraordenacional nesta matéria. Também em sentido aparentemente contrário, porque não reconhecendo uma base comparticipativa diferente no domínio contraordenacional, Beça Pereira[44] afirma que "o nº 1 [do artigo 16º] é idêntico ao artigo 28º do Código Penal" e que "os conceitos de autoria e cumplicidade encontram-se nos artigos 26º e 27º do Código Penal".

---

[43] MANUEL SIMAS SANTOS; JORGE LOPES DE SOUSA, Contra-Ordenações. Anotações ao Regime Geral, 6ª ed., Lisboa: Vislis, 2011, p. 164 e ss.
[44] ANTÓNIO BEÇA PEREIRA, Regime Geral das Contra-Ordenações e Coimas Anotado, Coimbra: Almedina, 2009, p. 59 e 60.

Em sentido expressamente contrário à tese do conceito extensivo de autor, e em termos críticos, Teresa Quintela de Brito[45] argumenta nos seguintes termos: "o carácter sancionatório do DMOS e a sua consequente sujeição aos princípios da legalidade e da tipicidade das infracções – mesmo entendendo essa submissão em termos mais flexíveis do que no Direito Penal – força-nos a adoptar, também neste âmbito, um conceito restritivo de autor. O conceito extensivo de autor de base causal conduz à dissolução e ao alargamento desmesurado das fronteiras do tipo. E quando, para evitar tal consequência, se reintroduzem, nessa matriz, distinções entre as diversas formas de autoria, frequentemente atraiçoa-se o ponto de partida estritamente causal aderindo à teoria do domínio do facto [nota nossa: esta última questão está discutida no ponto que se segue – VI.], ou avança-se com distinções entre os contributos causais que são fortuitos e impraticáveis".

Na opinião da Autora, "a necessidade de um conceito restritivo de autor (...) nos impõe a diferenciação entre as diversas formas de comparticipação no facto, também em sede de DMOS", para o que "podemos e devemos recorrer aos artigos 26º e 27º do Código Penal". Sustentando que "nesta matéria, o DMOS não se afasta do Direito Penal", recusando assim a autonomia neste âmbito, Teresa Quintela de Brito defende a vigência, no domínio de aplicação do RGCO, de "um conceito restritivo de autor, alicerçado na teoria do domínio do facto típico".

Cumpre referir, finalmente, a recentíssima obra de Alexandra Vilela[46], que embora aceitando expressamente que "o artigo 16º consagra um conceito extensível de base causal", nega "que seja ele que oferece mais vantagens no âmbito do direito de mera ordenação social".

Por um lado, sustenta a Autora que, à luz do artigo 16º, nº 1, do RGCO, "o legislador português (...), tal como o seu homólogo alemão, juntou no mesmo preceito o conceito unitário de autoria com o regime da comuni-

---

[45] Teresa Quintela de Brito, «Autoria das contra-ordenações e dos dirigentes de organizações», in: AAVV, *Estudos em Homenagem ao Professor Doutor Jorge de Figueiredo Dias*, Coimbra: Coimbra Editora, 2009, 2º vol., p. 203-231. Na citação que se segue, *cfr.*, em especial, p. 211 a 213.

[46] Alexandra Vilela, *O Direito de Mera Ordenação Social. Entre a Ideia de 'Recorrência' e a de 'Erosão' do Direito Penal Clássico*, Coimbra: Coimbra Editora, 2013, p. 519 e ss. A referida obra tem data de edição de março de 2013.

cação de ilicitude, sem, todavia, retirar autonomia a qualquer um deles". Com a revisão operada pelo Decreto-Lei nº 244/95, "o nº 3 do artigo 16º passou a dispor expressamente que a coima aplicada ao cúmplice seria igual à do autor, mas especialmente atenuada", o que no seu entender significa que, abandonado o conceito unitário de autor, a "escolha recaiu sobre o conceito extensivo de autoria", de base causal (nos termos que defendemos).

Por outro lado, sustenta Alexandra Vilela que tal "conceito extensivo de autor conduz-nos a um entendimento demasiadamente amplo dos tipos de ilícito, em que a sua execução é completamente livre, na medida em que 'a comparticipação é delimitada pela simples identificação de um nexo de causalidade entre a conduta de um agente e a verificação de um facto'". Assim, e admitindo proximidade à posição de Teresa Quintela de Brito, sufraga a "adopção de um conceito restritivo de autor, 'alicerçado na teoria do domínio do facto típico'", sustentando a aplicação das figuras da comparticipação penal previstas nos artigos 26º e 27º do CP.

V. Densificando o possível conceito extensivo de autor

Cabendo densificar – na esteira da tese defendida, que entendemos ter assento na lei vigente – o que se entende por um conceito *extensivo* de autor, não se estranhará que a doutrina e a jurisprudência constitucional tenham procurado fazê-lo à luz das lições de Eduardo Correia, defensor, ainda que a sua análise se integrasse no domínio do direito penal, desta construção.

Segundo Eduardo Correia[47], de acordo com o conceito extensivo de autor, determinado segundo as regras da causalidade, "autor de um crime será todo aquele que tiver dado causa à sua realização". Na sua tese[48], tem-se "por correcto o conceito extensivo de autoria, e por exacto que a causalidade deve continuar a considerar-se o verdadeiro fulcro à volta do qual gira a teoria da participação – e não só aliás com um sentido positivo: o de fundamentar a punibilidade de todos aqueles que pelo seu compor-

---

[47] Eduardo Correia, *Direito Criminal*, II, Coimbra: Almedina, 1965, p. 246.
[48] Eduardo Correia, *Direito Criminal* (cit. nt. 47), p. 249.

tamento dão causa à realização de um crime; como com um sentido negativo: o de que, sempre que tal nexo se não verifique, não pode falar-se de participação criminosa a qualquer título".

A doutrina penalista identifica o conceito extensivo de autoria com a teoria material-objetiva assente na causalidade. Ora, segundo Figueiredo Dias[49], tal teoria "visa, no princípio e no limite, tratar unitariamente – e, por conseguinte, por modo fundamentalmente igual – *todos* os comparticipantes no mesmo facto ilícito típico e, na verdade, tratá-los *como autores*". Segundo o Ilustre Professor, crítico de tal conceção (ainda que no estrito domínio do direito penal, porque a defende no *diverso* domínio contraordenacional), "diferenças intercedentes entre os diversos contributos causais só podem relevar para efeito de medida concreta da pena, mas não devem assumir significado dogmático ou prático-normativo para quaisquer outros efeitos"[50].

De todo o modo, Eduardo Correia[51] sustenta que ver na causalidade a essência da comparticipação, assim aderindo a um conceito extensivo de autor, "não significa, porém, que seja impossível encontrar diferenças entre os vários comportamentos que têm valor causal para a realização de certo crime". Para o Autor, partindo das conceções de Farinacio e Feuerbach, assentes na ideia de *causam dans et non dans*, "cumplicidade será pois a determinação ou auxílio a um crime que, todavia, sem aquela determinação ou auxílio teria sido também realizado – embora o fosse então por modo, em tempo, lugar ou circunstância diversas". Portanto, o que determinará a integração de um agente na categoria de autor será a avaliação da essencialidade da sua atuação para o cometimento do ilícito típico: se se puder afirmar que o facto não teria sido cometido sem a sua atuação, será autor (*causam dans*); se se considerar que o facto teria sido cometido sem a sua atuação, ainda que o tivesse sido por modo, em tempo, lugar ou circunstâncias diferentes, será cúmplice (*causam non dans*).

---

[49] FIGUEIREDO DIAS, *Direito Penal...* (cit. nt. 36), p. 760.
[50] Sublinhe-se novamente que parece ser essa, precisamente, a *ratio* do nº 3 do artigo 16º do RGCO neste domínio: a de clarificar a necessidade de sopesar os casos de cumplicidade para (apenas) efeitos de atenuação especial da pena.
[51] EDUARDO CORREIA, *Direito Criminal* (cit. nt. 47), p. 249 e ss.

Costa Pinto[52], defendendo a primeira proposição do nº 1 do artigo 16º como a *"referência base do sistema comparticipativo* no Direito de Mera Ordenação Social", define este conceito extensivo de autor da seguinte forma, nos termos da construção sufragada por Eduardo Correia: "a cada um desses agentes imputa-se o ilícito contra-ordenacional e não apenas a parcela correspondente ao seu contributo ou envolvimento no facto (como acontece no conceito restritivo de autor) pois, de acordo com a matriz dogmática do conceito extensivo de autoria, cada um deles é considerado *autor* do facto".

Para Costa Pinto, o critério da autoria, de acordo com o conceito extensivo, deve encontrar-se na teoria da causalidade (defendida por Eduardo Correia), ou seja, "qualquer contributo causal para o facto da parte de uma pluralidade de agentes faz com que cada um deles incorra em responsabilidade por contra-ordenação". O que interessa é, diz-nos, que o "agente tenha um contributo *causal* ou *co-causal* para o facto, que pode inclusivamente consistir numa *acção* ou *omissão*". É esta, nestes precisos termos, a tese do TC nos Acórdãos em análise.

Todavia, parece-nos ainda complexa a questão de saber como identificar a cumplicidade: com referência direta à doutrina casualista (*causam non dans*) que se entende presidir ao conceito, ou com referência, afinal, ao direito penal através da filtragem imediata do artigo 27º do CP? Ou através de uma forma mitigada, considerando a prestação de um auxílio material ou moral, segundo o recorte legal do artigo 27º do CP, que se possa identificar como "apoio não necessário"?

Partindo de uma conceção vinculada à doutrina causalista, e sem conceder à remissão para o direito subsidiário, Oliveira Mendes e Santos Cabral[53] sustentam que é "desnecessária a invocação ou apelo às formas de comparticipação do Direito Penal, isto é, às formas típicas dos artigos 26º e 27º, do Código Penal", destacando que "ter-se-á em consideração que têm de ser autonomizadas em relação à autoria as formas de *apoio não necessário* para realização do facto que se traduzam em casos de mera cumplicidade". Almeida Costa[54], por sua vez, assinala a autonomização

---

[52] Costa Pinto, «O ilícito de mera ordenação social...» (cit. nt. 7), p. 221 e 222. Nos mesmos termos, Oliveira Mendes; Santos Cabral, *Notas ao Regime Geral...* (cit. nt. 41), p. 55 a 57.
[53] Oliveira Mendes; Santos Cabral, *ibidem*, p. 55 a 57.
[54] Almeida Costa, «A propósito do novo Código do Trabalho...» (cit. nt. 40), p. 698, nota 8.

da categoria da cumplicidade no n.º 3 do artigo 16.º, identificando-o com as "hipóteses em que semelhante contributo causal se mostre *não*-essencial (=*causam non dans*) para a ocorrência da contra-ordenação". Também nesta linha de raciocínio, Pinto de Albuquerque[55] considera que "a única forma de compatibilizar estas opções contraditórias [n.º 1 e n.º 3 do artigo 16.º] é a seguinte: o conceito de cúmplice no RGCO não é o mesmo do CP"; assim, "no direito contra-ordenacional, só é cúmplice o agente que tenha um contributo material ou moral completamente acessório ou secundário, que tenha contribuído para o curso dos factos com uma conduta de pequeníssima relevância prática".

Em sentido não decisivamente distante, mas assumindo com maior alcance a remissão para o sistema subsidiário, sem todavia perder a essência da nota da autonomia, Costa Pinto[56] sustenta que em face do n.º 3 o artigo 16.º surge "a necessidade de se proceder a uma diferenciação abstracta sobre a forma de envolvimento no facto contra-ordenacional"; ora, "como o preceito não tipifica a *conduta de cumplicidade* o mais adequado será recorrer para esse efeito ao regime do art. 27.º do Código Penal". No entanto, esta "ponderação adicional" é de operar apenas no caso de identificação da cumplicidade, e sem "prejudicar o *conceito extensivo de autor* acolhido no art. 16.º, n.º 1, da lei geral das contra-ordenações que funciona, neste sector, como matriz do regime de comparticipação". Assim, e em sentido que acompanhamos, "entre nós têm (...) de ser autonomizada em relação à autoria as formas de *apoio não necessário* para a realização do facto que se traduzem em casos de mera cumplicidade".

VI. Reflexão crítica

7. Em geral

Concluímos, nos termos enunciados, no sentido do reconhecimento da autonomia do direito de mera ordenação social em matéria de auto-

---

[55] Pinto de Albuquerque, *Comentário do Regime Geral...* (cit. nt. 42), p. 73.
[56] Costa Pinto, «O ilícito de mera ordenação social...» (cit. nt. 7), p. 224, 230, 234 e 235.

ria, isto é, no sentido da consagração de um conceito extensivo de autor como base do sistema comparticipativo previsto no RGCO.

Em face do que antecede, afigura-se-nos relevante questionar se as especificidades do direito de mera ordenação social justificam, quando em confronto com as do direito penal, a configuração de tal solução *diversa* em matéria de comparticipação.

Poderá, a este propósito, sustentar-se que o conceito extensivo de autor se justifica especialmente no direito contraordenacional, por este se ocupar de factos que assumem especial complexidade, em virtude de serem frequentemente praticados no contexto de atuação de organizações complexas. Contudo, em nossa opinião, os problemas ao nível da imputação da responsabilidade no direito de mera ordenação social não assumem uma especialidade assim tão evidente, quando confrontados com aqueles do direito penal.

Desde logo, o sistema penal veio a admitir, por via do disposto no artigo 11º do CP, ainda que com *nuances*, a responsabilização criminal das pessoas coletivas, aproximando-se da solução plasmada no direito de mera ordenação social (que desde a sua génese a prevê plenamente). De todo o modo, mesmo antes de tal alteração legislativa, o direito penal era já chamado a dar resposta a factos com relevância criminal praticados no seio de organizações complexas, ainda que a responsabilização penal ficasse limitada às pessoas singulares que atuavam em tal contexto.

No entanto, reconhecer que as preocupações e dificuldades com que se debatem ambos os ramos de direito neste específico âmbito se assemelham, não equivale a aceitar que as soluções legais adotadas sejam idênticas.

Com efeito, não se estranha que o legislador, ao perspetivar um sistema que se pretendia qualitativamente diferente do direito penal, com uma forte componente administrativa, com regras próprias (desejavelmente não sujeito "aos princípios e corolários do direito criminal"), menos garantístico, e a que seria por exemplo estranha a pena privativa da liberdade, tivesse considerado aceitável recorrer a uma regra de comparticipação de aplicação prática menos complexa; e assim idónea para dar resposta a uma fenomenologia com que se contava, desde a sua configuração inicial, que caberia no âmbito de intervenção deste direito sancionatório.

A ideia assinalada pode melhor traduzir-se através da seguinte afirmação de Costa Pinto[57]: "ao usar como matriz objectiva de comparticipação a ideia de causalidade o conceito extensivo de autor oferece ao intérprete e ao aplicador do direito um critério jurídico idóneo para relacionar os diversos agentes com o facto e que tem a virtualidade de se adequar a qualquer entidade"; de facto, "a matriz causalista consegue abarcar formas de concetração mais diversificadas, quer em função dos contributos que os agentes prestam ao facto ilícito quer em função da natureza dos próprios agentes envolvidos".

Na verdade, ainda que o direito penal seja, também, chamado a intervir perante factos ilícitos praticados no seio de organizações complexas, o certo é que a parte geral dos Códigos Penais, onde se inserem as regras da comparticipação, não foi equacionada para deles se ocupar. Diversamente, o direito de mera ordenação social surge, na sua génese, vocacionado para dar resposta a um conjunto de comportamentos contrários às ordenações de uma Administração cada vez mais interventiva, suscetíveis de serem levados a cabo por sujeitos não apenas singulares mas igualmente coletivos, ou singulares a atuar num contexto de integração organizacional. A solução gizada, logo no Decreto-Lei nº 232/79, de consagrar a responsabilidade das pessoas coletivas parece ser prova disso mesmo.

Note-se que as regras de comparticipação criminosa, ao não estarem originariamente concebidas para dar resposta a situações com que o direito penal se confronta atualmente, têm sido consideradas insuficientes ou inadequadas. O que tem levado a tentativas doutrinárias de ultrapassar tais dificuldades, por via da elaboração de soluções teóricas que, partindo do direito positivo (ainda que muitas vezes o extravasando), auxiliem na tarefa de imputação dos factos praticados em organizações complexas (sobretudo para efeitos da responsabilização daqueles que as dirigem e decidem a prática de atos a executar por outros). Como exemplo, pode invocar-se a ainda controversa teoria da autoria mediata por domínio da organização de Roxin, cuja extensão ao domínio da crimina-

---

[57] Costa Pinto, «O ilícito de mera ordenação social...» (cit. nt. 7), p. 230.

lidade empresarial traz discussão acrescida (considerando que Roxin a concebeu como limitada às organizações à margem do direito)[58].

Parece-nos que a principal reserva à aceitação da vigência do conceito extensivo de autor no RGCO reside no facto de tal construção não resulta tão inequivocamente quanto seria desejável em termos de uma estrita certeza jurídica da *letra* da lei; no entanto, conclusão diversa se retira, como se indicou *supra*, da consideração dos restantes elementos de interpretação.

Há todavia que assinalar que a doutrina tem tradicionalmente um papel importante na densificação de conceitos que a lei não esclarece, na sua letra, de forma lapidar. Parece ter sido essa, precisamente, a tarefa levada a cabo por Costa Pinto no texto que largamente citámos: a de densificar uma construção, com assento numa adequada interpretação da lei, que possa auxiliar a resolver os casos que a realidade concreta convoque neste domínio.

De todo o modo, consideramos que a *aplicação* de tal conceito extensivo de autor deverá tomar em devida conta os riscos de um alargamento excessivo do círculo dos potenciais "causadores" do facto. Com efeito, há que reconhecer, e assim evitar em sede de aplicação prática, os perigos da extensão desmesurada da punibilidade a condutas ou a pessoas que nem com a interpretação mais lata entram dentro do círculo da autoria[59].

---

[58] *Cfr.*, quanto a esta discussão, CLAUS ROXIN, "El dominio de organización como forma independiente de autoría mediata", *Revista Penal*, n.º 18, 2006, p. 242-248; FRANCISCO MUÑOZ CONDE, "Problemas de autoría y participación en el derecho penal económico, o ¿cómo imputar a título de autores a las personas que sin realizar acciones ejecutivas, deciden la realización de un delito en el ámbito de la delincuencia económica?", *Revista Penal*, n.º 9, 2002, p. 59-98; TERESA SERRA, "A autoria mediata através do domínio de um aparelho organizado de poder", *Revista Portuguesa de Ciência Criminal*, ano 5, fasc. 3º e 4º, jul.-dez. 1995, p. 303-327; BERNARDO FEIJOO SANCHEZ, *Autoria e participação em organizações empresariais complexas*, Instituto de Direito Penal e de Ciências Criminais da Faculdade de Direito da Universidade de Lisboa, disponível em: <www.fd.ul.pt>, consultado em: 20 Nov. 2013; TERESA QUINTELA DE BRITO, «Autoria das contra-ordenações...» (cit. nt. 45), p. 218.

[59] Assim MUÑOZ CONDE, «Problemas de autoría y participación...» (cit. nt. 58), p. 88.

8. Em especial: a jurisprudência do TC

Analisando em concreto a jurisprudência constitucional – em especial o Acórdão nº 99/2009 –, poderá concluir-se que o TC assumiu sem hesitação o conceito extensivo de autor no domínio contraordenacional.

É possível alegar que o TC poderia, porventura, ter ido mais longe na fundamentação desta matéria, sobretudo considerando a possível repercussão que esta corrente jurisprudencial terá nas decisões dos tribunais comuns. Todavia, é forçoso atentar na extrema complexidade, quer em termos de facto, quer em termos de direito, da matéria sujeita ao juízo do TC nesta sede de fiscalização, a exigir uma análise aprofundada de tantas, e tão diversas, outras questões. De toda a forma, conclui-se pela segurança existente, no seio do TC, quanto ao efetivo reconhecimento de um conceito extensivo de autor neste domínio.

Apesar do exposto, parece-nos interessante refletir, no âmbito do exercício levado a cabo neste texto, se o TC *precisava* de ter assumido, tão decisivamente, tal construção *in casu*. Contudo, mesmo que concluamos que não precisava, tal não equivale a repudiar a teoria e a recusar a sua força explicativa noutros casos; o que nos interessa, de momento, é apenas tentar perceber que importância teve esta teoria na lógica interna do Acórdão.

Nos termos do nº 2 do artigo 14º da Lei nº 56/98, em vigor à data, "os partidos políticos que não cumprirem as obrigações impostas no presente capítulo são punidos com coima", o que equivale a dispor que os partidos políticos que *violarem os deveres* previstos naquele capítulo da Lei nº 56/98 praticam uma contraordenação.

Verifica-se, pois, que o legislador se limitou à referência, na tipificação da infração, à violação do dever previsto noutro preceito. Nessa medida, parece estar em causa um dos "tipos legais puramente consistentes na descrição da violação do dever"[60], ou seja, o que a doutrina tem vindo a identificar, a partir da construção dos *crimes de violação de dever*, como *infrações de dever*.

---

[60] Teresa Pizarro Beleza, «A estrutura da autoria nos crimes de violação de dever – Titularidade *versus* domínio do facto?», *Revista Portuguesa de Ciência Criminal*, ano 2, fasc. 3, jul.-set. 1992, p. 342.

Segundo Roxin[61], neste tipo de crimes não se exige um domínio do facto reportado à ação, bastando a titularidade do dever violado como critério de autoria; o critério delimitador da autoria consiste, pois, na titularidade do dever integrado como elemento do tipo.

Costa Pinto[62] admite que as *infrações de dever* e o *critério de autoria reportado à titularidade do dever*, na esteira de Roxin, podem ser conceitos férteis no âmbito do ilícito de mera ordenação social, até porque neste ramo as "infracções por simples lesão do dever são muito mais comuns do que no Direito Penal e os tipos não carecem em regra de estar constituídos com base numa relação cumulativa entre a descrição do dever e uma conduta lesiva, bastando a identificação do primeiro momento típico" (esta última parte está plenamente aceite pelo TC).

Cabendo delimitar o dever em apreço (para depois encontrar o seu titular), assinala-se que estavam em causa, no feito submetido ao TC, dois deveres previstos na Lei nº 58/98: o dever de apresentar uma conta consolidada e o dever de enviar as contas ao TC para apreciação até ao final do mês de maio.

Relativamente ao titular de tal dever, este encontra-se na pessoa coletiva *partido político*: são os partidos políticos que devem enviar as contas ao TC e incluir nas mesmas todos os elementos legalmente previstos, sob pena de responsabilidade contraordenacional nos termos do nº 2 do artigo 14º da Lei nº 56/98.

Se o titular de tal dever se encontrar apenas no *partido político*, faz sentido que, aceitando a tese de Costa Pinto, se invoque o conceito extensivo de autor na decisão sobre a responsabilidade contraordenacional de certas pessoas singulares, alheias à titularidade direta de tal dever, por atos ou omissões que contribuam para a respetiva lesão. É que a construção do conceito extensivo de autor no âmbito das infrações de dever, tal como desenvolvida por Costa Pinto, parece assumir particular relevo precisamente nos casos em que se procura relevar a conduta de terceiros (terceiros em relação à titularidade do dever) que contribuam para a lesão do dever tutelado.

---

[61] CLAUS ROXIN, *Autoría y dominio del hecho en derecho penal*, traducción de la séptima edición alemana por Joaquín Cuello Contreras y José Luis Serrano González de Murillo (Universidad de Extremadura), Madrid: Marcial Pons, 2000, p. 385 e ss.
[62] COSTA PINTO, «O ilícito de mera ordenação social...» (cit. nt. 7), p. 236.

Com efeito, Costa Pinto[63] sustenta que "o início da execução de uma infracção consistente na violação de um dever ocorre, mesmo num sistema de comparticipação que parta do conceito restritivo de autor, quer com a conduta do titular do dever, quer com a conduta de terceiros que lesem o dever tutelado". Ora, para o Autor, focando nas regras de autoria próprias do direito contraordenacional que defende, "no âmbito das contra-ordenações e à luz de um *conceito extensivo de autor*, este raciocínio não suscita qualquer reserva, pois relevante para a imputação da contra-ordenação é o contributo causal para o facto e isso tanto pode ocorrer pela acção ou omissão próprias (do *intraneus*) como pela acção de outrem (*extraneus*) acompanhada da omissão do próprio titular do dever (*intraneus*)".

Por forma a concretizar o exposto, o Autor dá um exemplo de uma *infração de dever* praticada no seio de uma pessoa coletiva, demonstrando como é possível imputar a prática da infração às pessoas singulares X e Y, que não eram os diretos titulares do dever – que se entendeu caber à pessoa coletiva Z –, mas que contribuíram causalmente para a lesão do mesmo, assim resultando responsáveis por aplicação do conceito extensivo de autor, por um lado, e da regra da comunicação da ilicitude, por outro[64].

Assim, verifica-se como o Autor convoca o conceito extensivo de autor para justificar a responsabilização contraordenacional de pessoas que, desde a ótica da titularidade do dever, dele se consideravam à partida desvinculados.

No entanto, em alguns dos casos em apreciação no Acórdão nº 99/2009, as pessoas singulares cuja responsabilidade se pretende apurar são identificadas como as diretas titulares do dever de apresentar a conta, como se a titularidade do dever coubesse ao partido, por um lado, e à pessoa singular a quem os respetivos estatutos incumbiram desse dever concreto, por outro. Isto, portanto, numa lógica "pluripessoal".

---

[63] Costa Pinto, *ibidem*, p. 237 e ss.
[64] Delimitando a autoria nas *contraordenações de violação de dever* de forma distinta (porque assente num conceito restritivo de autor, mas fazendo também funcionar o regime de comunicação de ilicitude), Teresa Quintela de Brito, «Autoria das contra-ordenações...» (cit. nt. 45), p. 211.

Assumindo o TC, em vários momentos, serem aquelas pessoas singulares os diretos titulares do dever de apresentar a conta, então não fica evidente a razão pela qual se invoca, simultaneamente, a construção do conceito extensivo de autor. Partindo da premissa de que estamos perante *infrações de dever,* poderia continuar a raciocinar-se com Roxin e Costa Pinto e a considerar bastante a titularidade do dever, sem outra particular concretização do ponto de vista da autoria: o critério delimitador da autoria consistiria na titularidade do dever abrangido pelo tipo – *in casu,* a titularidade do dever caberia aos dirigentes partidários, pessoas singulares, a quem se considerou estar adstrita, por referência aos respetivos estatutos, a apresentação das contas[65].

Assim perspetivada (e se bem a compreendemos), a fundamentação do Acórdão parece incorrer, salvo o devido respeito, numa ligeira incoe-

---

[65] TERESA BELEZA, «A estrutura da autoria nos crimes de violação de dever...» (cit. nt. 60), p. 337-351, defende, neste seu texto sobre *crimes de violação do dever,* a necessidade de, nestes casos, nos socorrermos quer do critério da titularidade do dever extrapenal quer do critério do domínio do facto para determinar corretamente o círculo dos autores nos crimes de violação do dever. No entanto, fá-lo em relação a crimes (por referência ao Código de 1982) que "não se limitam à referência, na sua tipificação, à violação de um dever extrapenal", uma vez que "essa violação é objectivada numa acção ou num resultado, por vezes acompanhados de uma determinada direcção da vontade". Nestes casos, "para o preenchimento dos vários elementos do tipo de crime é necessário que uma pessoa detenha a qualidade de funcionário (artigo 415º: 'Prevaricação'), médico (artigo 276º: 'Recusa de facultativo'), administrador de bens (artigo 319º: 'Infidelidade'), etc., *e* viole os deveres inerentes a essa qualidade, *decidindo* um processo contra a lei, *recusando* o seu auxílio profissional a um doente ou *causando prejuízo* ao proprietário dos bens que lhe foram confiados". Nesses casos, defende a Autora, se a titularidade de um dever indica uma exigência particular, adicional à mais corrente determinação de quem é (pode ser) autor de um crime específico próprio (...) por contraposição aos crimes comuns, não se vê à partida razão para afastar o outro critério, a outra exigência habitual: saber quem desenvolveu uma certa actividade ou causou um certo resultado (*lato sensu,* i. e., quem dominou esses acontecimentos)". Concordando, FIGUEIREDO DIAS, *Direito Penal...* (cit. nt. 36), p. 771. No entanto, em casos como o que se analisa, a infração está efetivamente limitada à referência, na sua tipificação, à violação de um dever, o que poderá conduzir a que a titularidade do dever se erija em único pressuposto delimitador da autoria, pelo menos nos casos do direito de mera ordenação social em que as *infrações de dever* não são excepcionais (contrariamente ao que sucede no direito penal, como refere FIGUEIREDO DIAS, *ibidem,* quando afirma "mal descortinamos, no ordenamento jurídico-penal português vigente, tipos de ilícito constituídos desta forma, que renunciem à descrição, à menção ou, ao menos, à pressuposição indiscutível da prática de uma *acção*").

rência de fundamentação[66]: perscruta o titular do dever nas pessoas singulares a quem o MP imputa as infrações, mas convoca simultaneamente um conceito extensivo que, segundo a posição doutrinal sufragada, tem a virtualidade de explicar a intervenção, para efeitos sancionatórios, de pessoas a quem não se reconhece tal titularidade (mas que, não obstante, se considera terem contribuído causalmente para a lesão do dever)[67].

Identifica-se a referida incoerência nos seguintes casos discutidos no Acórdão nº 99/2009:

a) No que se refere ao PPD/PSD, o TC começa por encontrar o titular do dever por referência ao disposto nos estatutos. Assim, depois de sublinhar que a infração se estrutura sobre a "violação do dever imposto pelo respetivo artigo 10º, nº 4", afirma que "parece isenta de dúvidas a constatação de que sobre os arguidos [pessoas singulares] (...) impendia o dever de garantir o cumprimento do ónus estabelecido". No entanto, o TC invoca o conceito extensivo de autor em face da argumentação (da defesa) de que a violação teria resultado da incapacidade de outras estruturas corresponderem às necessidades relativas aos procedimentos, e do facto de a estrutura da Madeira ser perfeitamente autonomizada. Ora, se se tinha encontrado já o titular do dever na pessoa cuja responsabilidade se discutia, cumpre questionar se tal não seria suficiente para imputar-lhe a violação do dever com consequente responsabilização contraordenacional, na lógica até então assumida. A invocação do conceito extensivo de autor só se afiguraria necessária se se estivesse a operar numa lógica inversa: a averiguar da responsabilidade de um terceiro (*extraneus*) que tivesse contribuído causalmente para o facto;

---

[66] A incoerência apontada tem importância para o tema que se discute neste texto, no qual se procura compreender e explicitar a teoria do conceito extensivo e a sua aplicação prática, mas não teve consequências para a boa decisão da causa.

[67] Note-se que o Acórdão cita Costa Pinto com uma inexatidão, no seguinte trecho (p. 241): "a omissão de controlo por parte do *titular do dever* é suscetível de ser vista como *uma das causas do ilícito* ou, noutros termos, como uma condição que *promoveu o facto* ilícito". Na verdade, o que o Autor diz, referindo-se a uma pessoa cuja responsabilidade justifica mas cuja titularidade do dever não reconhece, é que "a omissão de controlo por parte do *superior hierárquico* [nota nossa: não titular do dever] é suscetível de ser vista como *uma das causas do ilícito* ou, noutros termos, como uma condição que *promoveu o facto* ilícito", em coerência com a tese que explicita.

verificar-se-ia tal situação se estivesse a apurar-se, por exemplo, a responsabilidade dos dirigentes da estrutura da Madeira.

b) Relativamente ao CDS-PP, é aqui que o Acórdão mais desenvolve a tese da infração como violação do dever. A tese do conceito extensivo de autor não é particularmente desenvolvida, mas retoma-se a ideia da "contribuição omissiva, causal ou co-causalmente promotora do resultado consistente na violação do dever". Em idênticos termos, não se compreende plenamente a razão pela qual se invoca a figura da contribuição omissiva causal (por referência ao conceito extensivo de autor), já que se assume o pressuposto da titularidade do dever na pessoa do dirigente.

§

Após leitura dos restantes Acórdãos, parece-nos que a tese do TC surge mais polida no Acórdão nº 198/2010, na medida em que nele se reconhece a titularidade do dever sempre no *partido político*[68].

Melhor explicitando, nos termos do referido Acórdão: a) o dever recai sobre o partido político, *i. e.*, sobre a pessoa coletiva (não se liga diretamente à pessoa singular a titularidade do dever); b) mas certos dirigentes (pessoas singulares) têm a seu cargo, à luz dos respetivos estatutos, um dever genérico de tudo controlar no âmbito financeiro, donde resulta que as suas ações e omissões possam ser co-causalmente ou causalmente produtoras do incumprimento do dever que recai sobre o partido (conceito extensivo de autor).

Mantida esta lógica, sem diretamente imputar à pessoa singular o dever cujo incumprimento está em causa, mas apenas um poder fiscaliza-

---

[68] Tal parece resultar da seguinte afirmação expressa no Acórdão: "com efeito, sobre estes dirigentes recai o dever de garantir o cumprimento das *obrigações impostas aos partidos* [itálico nosso] em matéria de financiamento e organização contabilística. Trata-se de um dever de garante, pelo que, como tal, compete a tais dirigentes, no exercício dos seus poderes, desenvolver, no interior das estruturas partidárias, fórmulas procedimentais e mecanismos de responsabilização interna, de modo a tornar mais difíceis as condições que comprometam o cumprimento das obrigações que *oneram os partidos* [itálico nosso]. Deste modo, os dirigentes em causa são contra-ordenacionalmente responsáveis, nos termos previstos na Lei nº 19/2003, não apenas nas hipóteses em que, por acções suas, tiverem originado directamente o resultado antijurídico, mas, também, quando tiverem contribuído, por omissão, causal ou co-causal, para a produção de tal resultado".

dor genérico, não se encontra contradição com a posição de Costa Pinto sufragada pelo próprio TC, assumindo o conceito extensivo de autor especial importância na lógica da fundamentação acolhida.

§§

Independentemente da força explicativa que a tese do conceito extensivo de autor possa ter tido nos casos subjacentes aos Acórdãos, e na lógica interna da respetiva fundamentação, não pode deixar de sublinhar-se a importância que a referida tese assumirá, ao ter sido tão decisivamente incorporada na jurisprudência constitucional.

Com efeito, conclui-se, da leitura dos Acórdãos citados, inexistir hesitação da parte do TC em reconhecer um *diverso* sistema de comparticipação como característica estrutural do ilícito de mera ordenação social, nos termos da lei vigente. Este entendimento do TC relevará certamente noutras sedes e parece-nos, considerando os argumentos desenvolvidos *supra*, de saudar. Em especial porque reforça a nota de autonomia do direito de mera ordenação social, respeitando a sua base conceptual, e assim contribui positivamente para evitar a sua maior descaracterização.